La régulation du secteur des communications électroniques

Logiques Juridiques

Fondée par Gérard Marcou

Dirigée par Jean-Claude Némery et Thomas Perroud

Le droit n'est pas seulement un savoir, il est d'abord un ensemble de rapports et pratiques que l'on rencontre dans presque toutes les formes de sociétés. C'est pourquoi il a toujours donné lieu à la fois à une littérature de juristes professionnels, produisant le savoir juridique, et à une littérature sur le droit, produite par des philosophes, des sociologues ou des économistes notamment.

Parce que le domaine du droit s'étend sans cesse et rend de plus en plus souvent nécessaire le recours au savoir juridique spécialisé, même dans des matières où il n'avait jadis qu'une importance secondaire, les ouvrages juridiques à caractère professionnel ou pédagogique dominent l'édition, et ils tendent à réduire la recherche en droit à sa seule dimension positive. À l'inverse de cette tendance, la collection « Logiques juridiques » des éditions L'Harmattan est ouverte à toutes les approches du droit. Tout en publiant aussi des ouvrages à vocation professionnelle ou pédagogique, elle se fixe avant tout pour but de contribuer à la publication et à la diffusion des recherches en droit, ainsi qu'au dialogue scientifique sur le droit. Comme son nom l'indique, elle se veut plurielle.

Dernières parutions

Romain FEYDEL, *La société en commandite spéciale. Essai en droit luxembourgeois,* 2022.
Cristina Elena POPA TACHE, *Vers un droit de l'âme et des bioénergies du vivant*, 2022.
Sabine NDZENGUE AMOA, *Le permis de construire dans le droit de l'urbanisme,* 2022.
Demba MBOW, *Le secret dans l'arbitrage international, Approche critique,* 2021.
Benoît GRÉMARE, *De l'arme nucléaire française. Essai sur la constitutionnalisation de la force de frappe,* 2021.
Gladys TREZENEM, *La dignité de la personne humaine et le juge administratif,* 2021.
Chryssi PAPANIKOLAOU, *Le principe de l'Etat social, Étude sur les limites de l'activité législative en droit comparé français et hellénique*, 2021.
Yves Gabriel DJEYA KAMDOM, *La responsabilité des ordonnateurs des crédits publics dans le système financier contemporain. Étude des droits camerounais et français,* 2021.
Laurie MARGUET, *Le droit de la procréation en France et en Allemagne. Etude sur la normalisation de la vie*, 2021.
Rhita BOUSTA, *La notion de médiation administrative*, 2021.

Abdelmohsen Sheha

La régulation du secteur des communications électroniques

Étude comparée des droits français et égyptien

Tome I
L'institutionnalisation

Préface de Jean-Philippe Kovar

L'Harmattan

5-7, rue de l'Ecole-Polytechnique, 75005 Paris

http://www.editions-harmattan.fr

ISBN : 978-2-343-25493-7
EAN : 9782343254937

A mes parents

PRÉFACE

L'ouverture à la concurrence des services publics en réseau (énergie, postes, télécommunications, transports ferroviaires) est l'une des manifestations de la « Grande Transformation » qui a marqué la fin du siècle dernier et le début de ce siècle : le passage de l'Etat producteur à l'Etat régulateur. Dans la plupart des pays développés ou en voie de développement, cette transformation s'est traduite par un changement des modes d'organisation du marché (démonopolisation), des formes d'intervention de la puissance publique (régulation) et du régime de propriété des entreprises (privatisation).

Au sein de l'Union européenne, la politique de libéralisation des services publics en réseau, annoncée par le Livre blanc de la Commission sur l'achèvement du marché intérieur, publié le 14 juin 1985 et l'Acte unique européen signé les 17 et 28 février 1986, a trouvé un terrain d'expérimentation dans le secteur des télécommunications, qui se caractérisait alors par une forte innovation technologique, l'apparition de besoins nouveaux et des perspectives de rentabilité importantes. A la suite de la publication du Livre vert sur le développement du marché commun des services et des équipements de télécommunications (Commission européenne, Vers une économie européenne dynamique. Livre vert sur le développement du marché commun des services et équipements des télécommunications, COM (87) 290 final), la Commission s'est engagée dans un processus à plusieurs étapes : l'ouverture du marché des terminaux de télécommunications en 1988 (directive 88/301/CEE de la Commission du 16 mai 1988 relative à la concurrence dans les marchés de terminaux de télécommunications, JO L 131 du 27 mai 1988, p. 73), la libéralisation des services de télécommunications avancés, dont la téléphonie mobile, en 1990 (directive 90/388/CEE de la Commission du 28 juin 1990 relative à la concurrence dans les marchés des services de télécommunications, JO L 192 du 24 juillet 1990, p. 10) et, enfin, la libéralisation des marchés des réseaux de télécommunications et des services de téléphonie vocale en 1996 (directive 96/19/CE de la Commission du 13 mars 1996 modifiant la directive 90/388/CEE en ce qui concerne la réalisation de la pleine concurrence sur le marché des télécommunications, JO L 74 du 22 mars 1996, p. 13).

En France, l'ouverture à la concurrence s'est heurtée à une forte opposition au nom de la défense d'une certaine conception du service public héritière du programme du Conseil national de la Résistance, des nationalisations de la Libération et de l'Etat Providence des Trente Glorieuses, que le discours politique a résumé par l'expression, impropre et réductrice, de service public « à la française ». Cette conception du service public renvoyait à une forme d'organisation des grands services publics en réseau nationaux fondée sur l'attribution d'un monopole de droit à une entreprise publique propriété de l'Etat dont le personnel était doté d'un statut particulier, qui sans être nécessairement de droit public, dérogeait au droit commun. Au début des années 1990, les secteurs de l'électricité, du gaz, des chemins de fer, des postes et des télécommunications étaient ainsi organisés sous forme de monopoles ou de quasi-monopoles publics exploités par des établissements publics à caractère industriel et commercial soumis à la tutelle de l'Etat (EDF, GDF, SNCF, La Poste, France Télécom). Or, l'ouverture à la concurrence des services publics en réseau sous l'effet de la montée en puissance des exigences européennes et de « l'air du temps » rendait caduque une organisation dans laquelle la mission (le service public), l'organe (l'entreprise publique) et le mode de gestion (le monopole public) se confondaient.

Longtemps réticente, la France s'est finalement engagée sur la voie de l'ouverture des services publics en réseau avec l'entrée en vigueur de la loi n° 96-659 du 26 juillet 1996 de réglementation des télécommunications (JORF n° 174 du 27 juillet 1996, p. 11384) et de la loi n° 96-960 du 26 juillet 1996 relative à l'entreprise nationale France Télécom (JORF n° 174 du 27 juillet 1996, p. 11398). Ces deux lois ont jeté les bases d'une nouvelle organisation du secteur des télécommunications en soumettant à un régime d'autorisation l'établissement et l'exploitation d'un réseau ouvert au public ainsi que la fourniture du service téléphonique au public, en consacrant un droit à l'interconnexion au réseau de télécommunications, en garantissant le service public dans un environnement concurrentiel au travers de la mise en place d'un fonds de service universel abondé par tous les opérateurs de télécommunications et en transformant l'exploitant public France Télécom en société anonyme à capitaux majoritairement publics. Surtout, la loi du 26 juillet 1996 de réglementation des télécommunications a instauré une autorité administrative indépendante chargée de la régulation du secteur des télécommunications. L'Autorité de régulation des télécommunications (ART), qui est devenue l'Autorité de régulation des communications électroniques et des postes (ARCEP) en 2005 (loi n° 2005-516 du 20 mai 2016 relative à la régulation des activités postales, JORF du 21 mai 2005, texte n° 1), a constitué le modèle institutionnel sur lequel se sont formées les autorités indépendantes françaises de régulation de l'énergie (Commission de régulation de l'énergie) et des transports (Autorité de régulation des transports) comme de nombreux régulateurs sectoriels ailleurs dans le monde. L'ART a été ainsi l'un des modèles dont se sont inspirés les rédacteurs de la loi égyptienne n° 10-2003 relative à la régulation des télécommunications instituant l'Autorité nationale de régulation des télécommunications (National Telecommunications Regulatory Authority – NTRA).

L'origine de la thèse de doctorat soutenue par Monsieur Abdelmohssen Sheha le 8 février 2021 à l'Université de Strasbourg, dont est tiré le présent ouvrage, est à chercher dans cette filiation institutionnelle entre la NTRA et l'ARCEP, qui rappelle les liens historiques unissant l'Egypte et la France. La double culture juridique de Monsieur Abdelmohssen Sheha, membre du Conseil d'Etat d'Egypte et ancien élève de l'Ecole nationale d'administration (ENA), lui a permis de se livrer une étude comparative mettant en évidence les convergences et les divergences qui rapprochent ou séparent les autorités de régulation des télécommunications égyptienne et française. Mais cet ouvrage est davantage qu'une étude de droit comparé portant sur deux autorités administratives spécialisées. Le mérite de son auteur est de proposer une véritable thèse de droit public démontrant, à la lumière de deux expériences nationales inscrites dans des contextes politiques et économiques différents, que l'ouverture à la concurrence des services publics de réseau, bien loin de se réduire à une forme de « déréglementation », s'est accompagnée d'un redéploiement de la puissance publique seul à même d'assurer la pérennité de sa mission fondamentale de garante de l'ordre public économique, du service public et de l'intérêt général. L'avènement de la régulation en tant que fonction juridique consistant à concilier les impératifs concurrentiels et extra-concurrentiels dans un secteur – celui des télécommunications par exemple – ouvert à la concurrence et la création d'autorités de régulation dotées de prérogatives de puissance publique ont ainsi contribué, en France comme en Egypte, à la permanence de l'Etat en économie de marché.

Jean-Philippe Kovar
Professeur à l'Université de Strasbourg

AVERTISSEMENT

Cet ouvrage est tiré d'une thèse de droit soutenue le 8 février 2021 à l'université de Strasbourg. Elle a été dirigée par M. Jean-Philippe Kovar, professeur à l'université de Strasbourg. Le comité du jury a été présidé par M. Gabriel Éckert, professeur à l'université de Strasbourg, et composé de Mme Aurore Laget Annamayer, professeur à l'université de Rouen, M. Hubert Delzangles, professeur à Science Po Bordeaux et M. Louis De Fournoux, maître des conférences à l'université de Strasbourg.

En vue de la publication du présent ouvrage, le travail de thèse accompli a dû être actualisé. Cet ouvrage comporte en effet des développements encore plus récents touchant aux sujets traités. De plus, la structure de l'ouvrage a été adaptée pour répondre plus adéquatement aux attentes d'un lectorat plus large.

LISTE DES PRINCIPAUX ACRONYMES ET ABRÉVIATIONS

• En droit français

A.A.I.	Autorité administrative indépendante
A.M.F.	Autorité des marchés financiers
A.N.F.R.	Agence nationale des fréquences
A.N.J. (ex-ARJEL)	Autorité nationale des jeux
A.P.I.	Autorité publique indépendante
A.R.N.	Autorité réglementaire nationale (notion de droit de l'Union)
AJDA	*Actualité juridique droit administratif*
ARAFER	Autorité de régulation des activités ferroviaires et routières
ARCEP (ex-ART)	Autorité de régulation des communications électroniques, des postes et de la distribution de la presse
ARJEL	Autorité de régulation des jeux en ligne
ART	Autorité de régulation des télécommunications
ART (ex-ARAFER)	Autorité de régulation des transports
Ass.	Assemblée (Conseil d'État)
C.A. Paris	Cour d'appel de Paris
C.C.E.E.	Code des communications électroniques européen
C.E.	Conseil d'État
C.E.D.H.	Cour européenne des droits de l'Homme
C.E.E.	Communauté économique européenne
C.J.C.E.	Cour de justice des Communautés européennes (devenue la C.J.U.E. depuis 2009)
C.J.U.E.	Cour de justice de l'Union européenne
C.N.C.I.S.	Commission nationale de contrôle des interceptions de sécurité
C.N.C.L.	Commission nationale de la communication et des libertés
C.N.I.L.	Commission nationale de l'information et des libertés
C.P.C.E.	Code des postes et des communications électroniques
C.R.P.A.	Code des relations entre le public et l'administration

C.S.A.	Conseil supérieur de l'audiovisuel
C.T.P.P.	Commission pour la transparence et le pluralisme de la presse
CADA	Commission d'accès aux documents administratifs
Cons. const.	Conseil constitutionnel
D.A.	Droit administratif (JurisClasseur)
D.D.H.C.	Déclaration des droits de l'Homme et du citoyen
Déc.	Décision
Dir.	Direction
H.A.C.A.	Haute autorité de la communication audiovisuelle
J.C.P. A	*Juris-Classeur périodique*, édition administrations et collectivités territoriales
J.O.C.E	Journal officiel des Communautés européennes
J.O.R.F.	Journal officiel de la République française
J.O.U.E.	Journal officiel de l'Union Européenne
L.G.D.J.	*Librairie générale de droit et de jurisprudence*
L.O.L.F.	Loi organique relative aux lois des finances
O.N.P.	*Open Network Provision* (Fourniture d'un réseau ouvert)
O.R.E.C.E.	Organe des régulateurs européens des communications électroniques
R.D.P.	*Revue du droit public et de la science politique en France et à l'étranger*
R.F.A.P.	*Revue française d'administration publique*
R.F.D.A.	*Revue française de droit administratif*
R.I.D.E.	*Revue Internationale de droit économique*
R.J.E.P.	*Revue juridique de l'économie publique*
R.R.J.	*Revue de recherche juridique (droit prospectif)*
Rec.	*Recueil Lebon*
Rec. T.	*Mentionné dans les tables du Recueil Lebon*
Règ	Règlement
Rés.	Résolution
RTD eur.	*Revue trimestrielle de droit européen*
S.S.R.	Sous-sections réunies (Conseil d'État)
Sect.	Section (Conseil d'État)
T.A.	Tribunal administratif
U.E.	Union Européenne

• **En droit égyptien**

Ass.	Assemblée générale des sections de la législation et de l'avis du C.E.E. (sections consultatives réunies)
C.C.S.	Cour constitutionnelle suprême
C.C.A.	Cour du contentieux administratif

C.E.E.	Conseil d'État d'Égypte
E.C.A.	*Egyptian Competition Authority* (Autorité égyptienne de la concurrence)
E.R.A.	*Electricity Regulatory Authority* (Autorité de régulation de l'électricité)
F.R.A.	*Financial Regulatory Authority* (Autorité du contrôle des marches financiers)
J.O.F.E.	Faits égyptiens (annexe au Journal officiel)
G.R.A.	*Gas Regulatory Authority* (Autorité de régulation du gaz)
H.C.A.	Haute cour administrative
J.O.R.A.E.	Journal officiel de la République arabe d'Égypte
N.I.T.R.A.	*National and International Transportation Regulatory Authority* (Autorité de régulation des transports routiers nationaux et internationaux)
N.T.R.A. (ex-T.R.A.)	*National Telecommunications Regulatory Authority* (Autorité nationale de régulation des télécommunications)
T.R.A.	*Telecommunications Regulatory Authority* (Autorité de régulation des télécommunications)

- **Divers**

B.M.	Banque mondiale
F.M.I.	Fonds monétaire international
O.M.C.	Organisation mondiale du commerce
U.I.T.	Union internationale des télécommunications

SOMMAIRE

INTRODUCTION GÉNÉRALE

1. La fonction de régulation est apparue lorsque les États, français comme égyptien, se sont engagés dans la voie de la libéralisation des grands réseaux de l'État (télécommunications, postes, électricité, gaz et transport).

2. Longtemps soumis à un régime de monopole public, les grands réseaux étaient établis et exploités par l'État. C'est à travers ces réseaux que l'État fournissait les services aux usagers. Il s'agissait alors d'un service public de prestation que l'État gérait par ses propres moyens et sous sa responsabilité, selon des lois régissant ce service public (les fameuses lois de Roland : continuité, égalité, adaptabilité), et selon des règles exorbitantes au droit commun.

3. Puisqu'il s'agissait d'un monopole, les opérateurs privés avaient interdiction de proposer leurs services dans le secteur monopolisé. La question de la concurrence ne se posait donc pas et par conséquent celle de marché. Pour le dire autrement, l'État, en monopolisant le secteur, évinçait la logique de marché.

4. Le mouvement d'ouverture à la concurrence des secteurs fonctionnant en réseau, entrepris depuis les années 1980, changea radicalement la donne. L'État, en tirant les enseignements de l'école néo-libérale, décida de se retirer de la sphère de production des biens et des services pour laisser place aux opérateurs privés qui s'occupent désormais de l'exploitation économique du secteur.

5. Or, le monopole de l'État de ce type de secteurs n'était pas justifié uniquement par la recherche de la rentabilité financière. En créant un service public pour les secteurs en réseau, l'État cherchait surtout à garantir l'accès de tous les citoyens à un ensemble des services vitaux, assurant ainsi l'interdépendance sociale promue par Duguit comme étant le fondement premier du service public[1]. Le monopole représentait également une garantie suffisante pour la protection de la sécurité nationale, et ainsi pour l'ordre public.

6. En mettant fin à son monopole aux secteurs fonctionnant en réseaux, l'État ne pouvait purement et simplement se retirer de ces secteurs, comme il le faisait jadis, lors de la privatisation de ses entreprises. Les spécificités économiques et techniques propres aux secteurs fonctionnant en réseau rendent nécessaire une permanence du rôle de l'État. Il est inimaginable qu'une exploitation privée, libérée de toute contrainte publique et alimentée par une quête permanente de rentabilité, permette la réalisation des objectifs sociaux que l'État peinait à satisfaire sous le régime de monopole. La continuité, l'égalité et l'adaptabilité sont des principes qui doivent être assurés

---

[1] L. DUGUIT, *Traité de droit constitutionnel*, T. II, 1928, p. 70-71.

même si l'État n'a plus la charge de l'exploitation économique, et même si l'accès aux marchés fonctionnant en réseau devrait rester libre. Si l'État faisait autrement, il risquerait de voir accroître les inégalités territoriales et économiques entre les citoyens, affaiblissant alors le lien social qui les unit.

7. Se retirer sans s'éteindre, tel fut l'équilibre que cherchait l'État lors de la libéralisation des secteurs fonctionnant en réseau. Il fallait en effet trouver une place médiane entre l'accaparement total du marché par l'État et sa disparation totale de celui-ci. Cette place « médiane » s'est trouvée grâce à la régulation[1].

8. La fonction de régulation[2] apparaît alors comme une nouvelle fonction de l'État caractérisant cette recherche d'équilibre entre le marché, animé par la concurrence, et les objectifs d'ordre social et territorial qui ne seront pas nécessairement satisfaits par la logique de marché[3]. Autrement dit, il s'agit d'une fonction conciliatrice entre la concurrence (objectif concurrentiel) et autre chose que la concurrence (objectifs extra-concurrentiels)[4] ; un compromis intelligent et durable entre la liberté des opérateurs économiques et les impératifs de l'intérêt général.

9. La fonction de régulation est apparue en premier dans le secteur des télécommunications. Il s'agissait du premier secteur fonctionnant en réseau ouvert à la concurrence en France comme en Égypte.

10. En France, l'ouverture à la concurrence du secteur des télécommunications s'est opérée graduellement depuis la fin des années 1980, sous l'influence décisive du droit européen. Elle s'est achevée avec la libéralisation des infrastructures des télécommunications par l'adoption de la loi n° 96-659 du 26 juillet 1996 relative à la réglementation des télécommunications[5].

11. En Égypte, l'ouverture à la concurrence du secteur des télécommunications a été entamée à la fin des années 1990 et s'est achevée en 2003 par l'adoption de la loi n° 10-2003 relative à la régulation des communications[6].

---

[1] S. BRACONNIER, « La régulation des services publics », *RFDA*, 2001, p. 44.

[2] *التنظيم* [altanzi:m].

[3] V. notamment M.-A. FRISON-ROCHE, « Définition du droit de la régulation économique », *Recueil Dalloz Sirey* 2004, p. 126-129 et, pour le même auteur, M.-A. FRISON-ROCHE, « La régulation, objet d'une branche du droit », *Petites affiches* 2002, n° 110, p. 3-5.

[4] G. MARCOU, « La notion juridique de régulation », *AJDA*, 2006, p. 347.

[5] L. n° 96-659 du 26 juill. 1996 de réglementation des télécommunications (J.O.R.F. n° 174, du 27 juill. 1996, p. 11384).

[6] L. n° 10-2003 du 4 fév. 2003 relative à la régulation des communications (J.O.R.A.E. n° 5*bis* (a), 4 fév. 2003, p. 3). Il convient de préciser ici qu'alors que la traduction littéraire de la dénomination de la loi est « la loi n° 10-2003 relative à la régulation des communications », il est d'usage d'utiliser le terme « télécommunications » dans les traductions de la loi dans les langues étrangères. Pourtant, il me semble que cet

12. L'ouverture à la concurrence du secteur des télécommunications a été pensée et achevée avant toute libéralisation des secteurs du gaz, de l'électricité ou du transport, en France et en Égypte[1].

13. Les traits distinctifs de la fonction de régulation ont donc été révélés lors de la libéralisation de ce secteur dans les systèmes juridiques étudiés. Ces mêmes propriétés ont été transposées ultérieurement aux autres secteurs susmentionnés.

14. L'ancienneté de l'ouverture à la concurrence du secteur des télécommunications, condition première pour la transformation du rôle de l'État en la matière, faisait de ce dernier un terrain fertile d'expérimentation et d'analyse de la fonction de régulation. Il ne s'agit donc pas d'une fonction exclusive au secteur des télécommunications, appelé depuis 2002 secteur des communications électroniques[2], mais plutôt d'une fonction générale exercée

---

usage n'est pas correct, car il limite le champ d'application de la loi aux seuls instruments destinés à la communication bidirectionnelle alors que les dispositions de la loi permettent d'y inclure également les infrastructures et les services de la communication audiovisuelle. Le régulateur égyptien lui-même reconnait implicitement la justesse du terme qu'on utilise ici en délivrant des licences d'établissement et d'exploitation des réseaux des communications dans les lotissements résidentiels « *compounds* » pour permettre les offres *triple play* (https://tra.gov.eg/en/media-center/news/Pages/NTRA-Awards-Etisalat-Misr-and-Vodafone-Egypt-Licence-to-Establish-and-Operate-Telecom-Services-in-Closed-Communities.aspx, consulté le 14 avril 2019). Ces offres permettent la transmission des données pour les télécommunications et l'audiovisuel. En plus, le régulateur égyptien, NTRA, accorde des licences d'exploitation de satellites pour des usages de transmissions de télécommunications et d'audiovisuel.

[1] En France, ce n'est qu'en 2007 que les marchés de l'énergie ont été libéralisés partiellement (Dir. 2003/54/CE du Parlement européen et du Conseil du 26 juin 2003 concernant des règles communes pour le marché intérieur de l'électricité et abrogeant la directive 96/92/CE (J.O.C.E., n° L. 176, du 15 juill. 2003, p. 36) ; Dir. 2003/55/CE du Parlement européen et du Conseil du 26 juin 2003 concernant des règles communes pour le marché intérieur du gaz naturel et abrogeant la directive 98/30/CE (J.O.C.E., n° L. 176, du 15 juill. 2003, p. 57). En Égypte, les secteurs de l'électricité et du gaz ont été libéralisés respectivement en 2015 et en 2017 (L. n° 87-2015 du 7 juill. 2015 relative à l'électricité (J.O.R.A.E. n° 27b*is* (g), du 8 juill. 2015, p. 2 ; L. n° 196-2017 du 1er août 2017 relative à la régulation des marchés du gaz (J.O.R.A.E. n° 30*bis* (b), du 1er août 2017, p. 3).

[2] Cela résulte du deuxième paquet télécoms européen de 2002. Il consiste en une série de directives et de décisions prises par le Parlement européen et le Conseil, et autrefois par la Commission. Ce paquet est destiné à régir tous les aspects des réseaux et services de communications électroniques, ce qui englobe les communications unidirectionnelles de l'audio-visuelles, et celles bidirectionnelles des télécommunications. Alors que le droit égyptien ne connaît que le terme « communications » sans l'adjectif « électroniques », j'ai préféré tout de même, et pour des raisons de commodité, d'utiliser le terme « communications électroniques » dans les deux droits étudiés. Pour plus d'informations sur le droit des communications

par l'État en économie de marché. Elle reflète la manière dont l'intérêt général cohabite avec les lois de marché. Ils se croisent harmonieusement sans que le marché remplace l'État, ou que l'État annihile le marché.

15. Dans l'étude de la régulation du secteur des communications électroniques, j'ai préféré distinguer l'institutionnalisation de la régulation, d'une part (Tome I), de l'encadrement de la régulation, d'autre part (Tome II).

16. Par l'étude de l'institutionnalisation de la régulation, je montre la façon dont cette nouvelle fonction de l'État a fait son apparition en droits français et égyptien. En mettant en exergue la différence des contextes politiques et économiques entourant la libéralisation, nous pouvons comprendre les convergences et surtout les divergences entre les deux droits étudiés. Nous pouvons surtout, à la lumière de la science politique et des sciences économiques, déterminer les raisons expliquant la différence du statut entre les régulateurs français et égyptien : Autorité de régulation des télécommunications (ART)[1] et *National Telecommunications Regulatory Authority* (NTRA)[2].

17. L'étude de l'encadrement de la régulation fait référence à cet aspect dynamique qui caractérise une fonction en exercice. Ancrée à la théorie générale du droit administratif, elle montre les nécessités et les limites d'une fonction en quête d'effectivité. Encadrer la régulation revient à délimiter les pouvoirs attribués à l'autorité de régulation des communications électroniques. Dans cette délimitation, le juge administratif joue un rôle essentiel de mise en équilibre entre les pouvoirs du régulateur, et les droits et libertés des opérateurs économiques.

électroniques, v. B. RICOU et M. TOUZIL-DIVINA (dir.), *Communications électroniques. objets juridiques au coeur de l'Unité des droits*, L'Epitoge, 2012.

[1] Devenant l'Autorité de régulation des postes et des communications électroniques et de la distribution de la presse (ARCEP) depuis la loi n° 2019-1063 du 18 octobre 2019 (L. n° 2019-1063 du 18 oct. 2019 relative à la modernisation de la distribution de la presse (J.O.R.F. n° 0244, du 19 oct. 2019, texte n° 1).

[2] [alGiheəz alkaʊmi li tãzi:m alitisa:lat] *الجهاز القومى لتنظيم الاتصالات*.

INTRODUCTION DU TOME I

L'INSTITUTIONNALISATION

18. Dans le sens le plus général, l'institution désigne « l'ensemble des formes ou structures sociales, telles qu'elles sont établies par la loi ou la coutume »[1].

19. Cette définition est proche de celle adoptée en sciences juridiques. D'après le Lexique des termes juridiques, l'institution désigne toute « [s]tructure fondamentale de l'organisation sociale, manifestant la dimension créatrice et organisatrice de la volonté humaine »[2].

20. On distingue en sciences juridiques deux types d'institution : les institution-organes et les institutions-mécanismes. C'est dans cette première acception qu'il s'agira d'insister dans ce cadre : « organismes dont le statut et le fonctionnement sont régis par le droit, comme le Parlement ou la famille »[3].

21. Découlant du verbe institutionnaliser, l'institutionnalisation de la régulation reflète ainsi un mouvement, une dynamique, faisant apparaître une nouvelle fonction de l'État : la fonction de régulation économique.

22. L'institutionnalisation de la fonction de régulation dans le secteur des communications électroniques revêt d'abord un caractère organique. Celui-ci se rapporte à l'organe chargé de la régulation du secteur. Les États français et égyptien ont créé un organe spécifique : l'autorité de régulation des communications électroniques. L'étude de cet organe permet de comprendre le contexte d'émergence et les raisons pour lesquelles cet organe a été institué ainsi que l'implication de ces deux éléments sur son statut dans les deux droits étudiés (Titre I).

23. Au-delà de l'aspect organique de la régulation, l'institutionnalisation de la régulation comporte un autre aspect matériel. Celui-ci s'illustre à travers l'ensemble de missions concurrentielles et extra-concurrentielles dont la réalisation incombe au régulateur des communications électroniques. Considérées jadis comme antinomiques, la fonction de régulation économique introduit une nouvelle logique de conciliation entre ces missions diverses. Il revient au régulateur de trouver *in fine* l'équilibre permettant la réalisation de l'ensemble de ces missions dans le cadre concurrentiel du marché (Titre II).

---

[1] *Le Petit Robert*, Le Robert, Lonrai, 2014, p. 1345.

[2] S. GUINCHARD et T. DEBARD (dir.), *Lexique des termes juridiques*, Dalloz, éd. 28, 2021, p. 577.

[3] *Ibid.*

TITRE I.

LA CONSTRUCTION ORGANIQUE DES AUTORITÉS FRANÇAISE ET ÉGYPTIENNE DE RÉGULATION DES COMMUNICATIONS ÉLECTRONIQUES

24. L'autorité de régulation des communications électroniques a acquis un statut singulier parmi les autres institutions de l'État du fait des circonstances particulières dans lesquelles elle a émergé.

25. Examiner la singularité du statut du régulateur des communications électroniques revient nécessairement à s'interroger au préalable sur l'historique de sa création. En effet, l'autorité de régulation des communications électroniques a vu le jour dans un contexte spécifique : l'ouverture à la concurrence du secteur des télécommunications et le retrait de l'État de la sphère de production des biens et services de télécommunications. La métamorphose des fonctions de l'État s'est répercutée non seulement sur son rôle dans le secteur, mais aussi sur sa structure institutionnelle. L'émergence de l'autorité de régulation des télécommunications s'est inscrite pleinement dans cette dynamique. La création de l'autorité répondait en effet à des besoins spécifiques d'un secteur en pleine mutation (chapitre I).

26. Du fait de ces impératifs contextuels, l'autorité de régulation des télécommunications a été dotée de traits statutaires singuliers la distinguant des autres institutions de l'État. Le trait le plus notable reste la position de l'autorité par rapport au gouvernement. En effet, la recherche d'une certaine impartialité objective nécessitait de mettre une certaine distance entre l'autorité de régulation des télécommunications et le gouvernement, mettant l'autorité à l'abri de toute influence politique. Cette distance s'est traduite dans la plupart des États par l'indépendance : indépendance de l'autorité de régulation à l'égard du gouvernement. Depuis lors, cette caractéristique d'indépendance, au sein de l'État et non par rapport à lui, constituait un élément fondamental marquant, dans des degrés variables selon les États, le statut du régulateur des communications électroniques (chapitre II).

CHAPITRE I.

LA CRÉATION D'UNE AUTORITÉ DE RÉGULATION DES COMMUNICATIONS ÉLECTRONIQUES : UN CHOIX COMMUN DANS DES CONTEXTES DIFFÉRENTS

27. Avant qu'elles ne soient chargées de la régulation des communications électroniques, les autorités française et égyptienne ont émergé comme d'autorités de régulation des télécommunications. Ces deux autorités ont vu le jour à l'occasion du passage du monopole à la concurrence. La création d'un régulateur sectoriel s'est donc inscrite dans la ligne de la libéralisation du secteur des télécommunications.

28. L'unité du choix ne doit pas pour autant laisser penser à une unité de contexte dans lequel ces régulateurs sectoriels ont émergé. Autrement dit, si la création d'un régulateur sectoriel fut un des éléments marquants de la libéralisation du secteur des télécommunications en France et en Égypte, le contexte politique et économique national était différent. Cette différence de contexte permet de comprendre la véritable raison d'être de chaque régulateur et de justifier leurs traits statutaires respectifs.

29. En prenant acte de cette importante différence contextuelle, il semble plus pertinent d'étudier l'émergence de chaque régulateur dans son écosystème respectif. Selon un ordre chronologique d'émergence, je commence par le régulateur français (section I) pour ensuite me concentrer sur le régulateur égyptien (section II).

Section I.
La libéralisation mouvementée des télécommunications et l'instauration d'une autorité de régulation sectorielle en France

30. Après avoir fourni en régie des services de télécommunications pendant près d'un siècle, l'État s'est trouvé face à des mutations profondes poussant à revoir le mode de gestion en monopole. Des évolutions technologiques et économiques, un rapprochement entre l'informatique et les télécommunications, et une tendance mondiale à l'ouverture à la concurrence : telles furent les nouvelles donnes qui accentuèrent la remise en cause de l'emprise de l'État sur le secteur des télécommunications.

31. Sous l'effet du droit communautaire et de la libéralisation des marchés dans la Communauté économique européenne, l'emprise de l'État sur le secteur des télécommunications allait être réduite progressivement, marquant le début de la phase de démonopolisation.
32. Tous ces enjeux formèrent donc les prémices de l'ouverture à la concurrence du secteur des télécommunications (§1).
33. Avec la libéralisation du secteur des télécommunications, une redéfinition du rôle de l'État en la matière s'est imposée. Son statut d'exploitant n'était plus adapté à un secteur libéralisé. L'État allait devoir se concentrer sur l'organisation des règles de la concurrence sur le marché et sur l'atteinte des autres objectifs d'intérêt général. Le rôle et le statut de l'État en tant qu'exploitant allaient donc s'éclipser pour laisser la place à son nouveau rôle de régulateur. Dans la quête d'impartialité, cette nouvelle fonction de régulation du secteur des télécommunications allait être confiée à une autorité indépendante qui l'exerce au nom de l'État (§2).

§1. La contestation du monopole d'État dans le secteur des télécommunications

34. La transformation du rôle de l'État en matière de télécommunications fut précédée par des prémices économiques et juridiques importantes. Ceux-ci ont comme dénominateur commun la remise en question du monopole d'État dans le secteur des télécommunications et la nécessité de son ouverture à la concurrence. D'abord, sous l'influence des évolutions technologique et économique, une tendance à l'ouverture à la concurrence du secteur des télécommunications apparut dans un certain nombre de pays les plus avancés (A). Le droit communautaire, d'esprit éminemment libéral, joua ensuite un rôle fondamental dans la libéralisation du secteur des télécommunications (B).

A. La remise en cause de la philosophie économique du monopole

35. La gestion en monopole des télécommunications reposait sur une certaine légitimité économique. Sous l'effet des évolutions technologiques du XXe siècle, la légitimité du monopole s'effrita au profit d'un retour de légitimité de la concurrence (I). Cela enclencha un revirement du dogme monopolistique dans les pays les plus avancés. Cette évolution influa sur la situation du secteur des télécommunications en France (II).

I. Le monopole naturel des télécommunications en mutation

36. En quête d'efficacité économique, la littérature économique du XIXe siècle proposa des justifications à l'établissement du monopole sur les marchés de réseau (a). Sous l'effet des évolutions technologiques du XXe siècle, ces justifications ne furent plus valables, notamment dans le secteur des télécommunications (b).

a. Le monopole naturel : fondement de la gestion monopolistique des télécommunications

37. Les enseignements de l'économie classique de la main invisible perçoivent la concurrence comme le moteur qui anime les marchés par le jeu de l'offre et de la demande. Ces mécanismes de marché doivent l'amener, d'une manière spontanée, à l'équilibre et à la meilleure utilisation des ressources rares. La concurrence est donc perçue comme garant d'une allocation optimale de ressources.

38. Si ce postulat est validé comme règle générale pour le meilleur fonctionnement de marchés, cette règle accepte néanmoins une exception : les marchés dits de réseaux.

39. Les marchés de réseaux, tels les marchés du gaz, de l'électricité, des chemins de fer, des postes ou encore des télécommunications, constituent un type particulier de marchés où la concurrence n'est pas porteuse d'efficacité dans l'utilisation des ressources. La production d'un certain bien par une multiplicité de producteurs coûte plus cher à la collectivité que sa production par un seul producteur. En termes d'efficacité économique, la production en monopole devrait donc être naturellement privilégiée, d'où son appellation : un monopole naturel[1].

---

[1] F. LÉVÊQUE, *Économie de la réglementation*, Éd. Découverte, 2009, p. 51. La théorie du monopole naturel « *natural monopoly theory* » constitue le chef d'œuvre de l'économiste John Stuart MILL. Il l'a dévoilé dans son fameux livre « les principes » en 1848. Le monopole naturel concerne la situation où il est plus efficace de laisser opérer une seule firme sur un marché déterminé que de l'ouvrir à plusieurs. Pour Mill, la multiplicité de firmes est une source d'improductivité car elle emporte une duplication inutile d'infrastructures et de mains d'œuvre. Les effets bénéfiques de l'économie d'échelles associées au monopole étayent ainsi la thèse de son efficacité. Le monopole permet en effet de garantir une meilleure utilisation des forces ouvrières et de distribuer plus efficacement le coût fixe de l'établissement de l'infrastructure sur un nombre important d'utilisateurs. Par ailleurs, comme la firme qui détient le monopole tendra naturellement, dans sa quête de maximisation des profits, à abuser de sa position monopolistique par l'élargissement de ses marges au détriment des

40. En termes économiques, un monopole naturel a une caractéristique principale : une importante économie d'échelle[1].

41. Du côté de l'offre, l'économie d'échelle résulte du double effet de l'existence d'importants coûts fixes destinés à établir le réseau, et de faibles coûts variables liés à son exploitation. Ainsi, quantitativement, les coûts afférents à la production des unités supplémentaires ne sont pas proportionnels à l'accroissement des coûts variables. Le coût marginal, autrement dit le coût de la dernière unité produite, mesuré en fonction du coût variable, est presque nul. Ainsi, plus le réseau est grand et étendu, plus il génère des rendements d'échelles importants, sans pour autant supporter des coûts variables de production. Puisque les coûts variables sont presque nuls, le producteur disposant d'un réseau étendu peut distribuer les coûts fixes sur le plus grand nombre de consommateurs. Cela revient à minimiser le coût total moyen de production, débouchant sur des gains de productivité supérieurs à ceux générés par la production par plusieurs firmes[2].

---

consommateurs, MILL préconisait deux solutions : soit que le gouvernement prend en charge directement la fourniture de ces services à caractère particulière, soit de soumettre la firme monopoliste à un contrôle étatique (G. NUMA, « Note sur le monopole naturel et le monopole pratique chez J. S. Mill », *Revue Économique*, 2010, pp. 341 et 352).

[1] L'économie d'échelle est un concept économique qui signifie un décroissement constant des coûts moyens au fur et à mesure que la taille de la firme grandit. La taille optimale de la firme, conçue pour atteindre la maximisation des profits, dépend des caractéristiques économiques du projet. Il faut par ailleurs remarquer que l'économie d'échelle du monopole naturel n'est pas exclusivement associée aux rendements croissants. Cette économie d'échelle, même dans sa partie décroissante, peut se prouver génératrices de gains de productivité. Tout doit être mesuré à la marge, en comparant les coûts où la production est confiée à un seul producteur avec ceux résultant d'une production confiée à plusieurs. Pour reprendre les termes de M. Nicolas CURIEN et M. Michel GENSOLLEN, « rendements croissants impliquent donc nécessairement monopole naturel. En revanche, la réciproque est inexacte (…) le monopole est naturel bien que les rendements sont décroissants » (N. CURIEN et M. GENSOLLEN, *Économie des télécommunications*, Economica, 1992, p. 250).

[2] Le coût total moyen de production est la somme additive du coût fixe moyen et du coût variable moyen de toutes les unités produites (R.S. PINDYCK, D.L. RUBINFELD, et M. SOLOGOUB, *Microéconomie*, Pearson Education, 2011, p. 242). D'ailleurs si l'économie d'échelle, dans ses deux dimensions croissantes et décroissantes, justifie le recours au monopole naturel, la soutenabilité de ce monopole s'avère une question étrangère à la justification du monopole. Autrement dit, que la pérennité de ce monopole soit naturellement garantie par la structure de ses coûts ou non, cela reste une question secondaire à l'institution du monopole. Cette question de soutenabilité est plutôt importante dans le cas du monopole insoutenable, dont la pérennité requiert l'érection d'une barrière légale à l'entrée (N. CURIEN et M. GENSOLLEN, *op. cit.*, p. 251).

42. Du côté de la demande, les marchés en réseaux, et notamment le secteur des télécommunications, se caractérisent également par une autre économie d'échelle. Elle provient des externalités de club[1].

43. L'externalité de club se manifeste par un accroissement de la demande sous un effet d'avalanche. Dans le secteur des télécommunications, il est dû « au fait que chaque individu raccordé bénéficie de la présence des autres raccordés, présence qui précisément confère au réseau son utilité ; il y a bien externalité, puisque la satisfaction d'un membre donné du club que constitue le réseau dépend, non seulement de la propre décision de raccordement de cet individu, mais encore de celles des autres membres potentiels, décisions que l'individu ne contrôle pas et qui lui sont donc externes »[2].

44. L'effet de club produit deux types d'externalités, positives et négatives. D'abord, il produit des externalités positives pour le producteur et les demandeurs. D'une part, l'opérateur est incité à développer son réseau téléphonique pour atteindre plus de croissance. La raison est simple : « plus le réseau offert est de taille importante, plus le club est attrayant et plus les demandes d'accès au réseau se manifestent ». D'autre part, au fur et à mesure que le réseau se développe et que le nombre d'abonnés s'accroît, les individus sont de plus en plus enclins à s'abonner à ce réseau pour profiter de l'étendue du club et pour communiquer avec ses membres. Il existe donc un effet d'avalanche par cette relation synergique entre l'offre et la demande[3].

45. Autant que l'effet de club profite au producteur par ces externalités positives, il produit de la même manière des externalités négatives pour les concurrents potentiels de ce producteur. En effet, ces derniers sont dissuadés d'entrer sur le marché car ils auront du mal à attirer de la clientèle : la clientèle préfère naturellement rejoindre le club déjà établi avec le plus grand nombre d'abonnés plutôt que de s'enfermer dans un nouveau club avec peu d'abonnés. La position du premier entrant se trouve ainsi consolidée et son monopole est ainsi naturellement protégé par la structure même du marché. En outre, si la production au départ se répartissait entre plusieurs petites entreprises, ces dernières ont tout intérêt à s'intégrer pour fournir un seul réseau qui maximise l'utilité du réseau et par conséquent leur profit[4].

---

[1] *Ibid.*, p. 45.

[2] *Ibid.*, pp. 42-43.

[3] *Ibid.*, p. 43.

[4] On remarque cette tendance de consolidation entre opérateurs privés en France à la fin du XIXe siècle. Les trois sociétés privées titulaires des autorisations d'établissement et d'exploitation des réseaux téléphoniques en 1879 se sont intégrées déjà en 1881 en une seule société : la Société générale de téléphones (SGT), pour constituer ainsi un monopole privé de téléphones (V. LEROUX, « Les fondements économiques de la monopolisation du réseau téléphonique en 1889 », In C. Bertho-Lavenir (dir.), *l'État et les télécommunications en France et à l'étranger 1837-1987*, Librairie Droz, 1987, p. 41).

46. Si le monopole naturel permet une utilisation optimale des ressources rares, il n'en reste pas moins qu'un monopole non-réglementé peut être source d'inefficacité économique. En sciences économiques, une firme en monopole produit de l'inefficacité sur le marché. En effet, en pratiquant des prix au-dessous du coût marginal, le bien-être social ne fait que diminuer, causant une perte sèche d'utilité. Un monopole a tout intérêt à réduire la quantité produite et à augmenter ses prix pour réaliser le plus de profits même au détriment des consommateurs. Les différents pays ont pris acte de l'efficacité économique de la gestion des télécommunications sous un régime de monopole et des risques associés à ce mode de gestion. La plupart des pays, dont la France et l'Égypte, optèrent donc pour l'institution d'un monopole public sur lequel l'État gardait un contrôle des coûts et des prix pratiqués. Les États-Unis firent l'exception par l'attribution de la gestion du secteur à une firme privée, protégée et réglementée.

b. Les évolutions technologiques et la contestation de l'étendue du monopole naturel

47. Le secteur des télécommunications fut regardé comme un monopole naturel parce qu'on tenait compte du coût global d'un réseau unique et indivisible. En l'état technologique de l'époque, le réseau des télécommunications était constitué d'un ensemble intégré et indivisible d'éléments. Ainsi, on ne faisait pas de distinction entre le transport d'une part, et la distribution d'autre part.

48. Cependant, sous l'effet de l'avancée technologique, le schéma technique des réseaux des télécommunications changea, et avec lui toute l'économie du secteur.

49. D'abord, avec l'introduction des équipements techniques avancés de commutation et de transport, on put distinguer au sein du réseau des télécommunications trois composantes principales : le transport, la collecte et la distribution. La ventilation des coûts afférents à chaque composante permit de cerner plus précisément le segment du marché qui réunit les caractéristiques du monopole naturel. Cet exercice permit de constater que la partie des réseaux de distribution locale, la partie terminale arborescente du réseau, était la plus coûteuse, celle dont la duplication est économiquement inefficace[1]. Partant de ce constat, la gestion en monopole du transport et de la collecte ne se justifiait plus. La concurrence sur ces segments du marché permet, en effet, une utilisation plus efficace des ressources.

---

[1] MM. Nicolas CURIEN et Michel GENSOLLEN relèvent que le coût de cette partie du réseau s'élevait à 50% du coût total du réseau (N. CURIEN et M. GENSOLLEN, *op. cit.*, p. 42).

50. De plus, l'établissement des réseaux satellitaires et cellulaires accentua la remise en cause du monopole des télécommunications, même dans la partie terminale du réseau. En permettant de contourner la partie la plus coûteuse du réseau, par l'acheminement des services des télécommunications vers l'utilisateur final à travers les fréquences radioélectriques, les réseaux satellitaires et cellulaires voyaient leurs coûts se réduire considérablement. Dans ces conditions, les réseaux basés sur les fréquences radioélectriques échappaient complètement aux impératifs du monopole naturel, justifiant leur ouverture à la concurrence.

51. Enfin, avec le progrès technologique que constituaient les systèmes de commutation et le développement des technologies de l'information, on put distinguer au sein du secteur des télécommunications trois couches principales : haute, médiane et basse. Chaque couche constitue une activité économique distincte, exercée par des opérateurs différents. Ainsi, il n'est plus nécessaire que l'opérateur qui exploite le réseau soit le même qui fournit le service. Si la gestion en monopole de la couche basse, celle de l'infrastructure, peut se justifier économiquement, il n'en va pas de même pour la couche haute, celle du service.

II. L'ouverture à la concurrence : une tendance mondiale en formation

52. Sous la pression des avancées technologiques d'un secteur où le monopole ne se justifiait plus, une tendance mondiale à l'ouverture à la concurrence apparut progressivement (a). Cette tendance mondiale permit le commencement du débat sur la libéralisation du secteur des télécommunications en France (b).

a. L'abandon progressif du dogme monopolistique à l'étranger

53. Les développements entrepris dans le secteur des télécommunications aux États-Unis (i), au Royaume-Uni (ii) et au Japon (iii) formèrent une tendance mondiale vers la libéralisation du secteur. Vu la taille de leurs marchés[1] et les promesses du développement technique et économique

[1] À l'heure de la libéralisation, le secteur des télécommunications aux États-Unis était le plus grand secteur d'équipements et de services au niveau mondial. Sa part dans le marché mondial atteignait plus de 35%. Le Royaume-Uni arrivait en deuxième position. Le Japon occupait la troisième position avec 11% du marché mondial. Le poids que représentent ces secteurs suffisait donc pour former une véritable tendance mondiale (Livre vert de la Commission sur le développement du marché commun des

apporté par ce marché, les autres États commencèrent à libéraliser leurs secteurs des télécommunications.

i. Les États-Unis : de la pression du marché au démantèlement du monopole

54. Le secteur des télécommunications aux États-Unis était géré en monopole depuis 1934 par une société privée : *American Telephone and Telegraph* (AT&T)[1].

55. Après plus d'un demi-siècle d'accaparement par AT&T, les évolutions technologiques des télécommunications et l'essor inédit de l'informatique affaiblissaient son monopole protégé. Petit à petit, ce monopole s'éroda, permettant l'apparition d'une concurrence sur des marchés émergents.

56. En règle générale, les dynamiques de cette transformation résultèrent de facteurs exogènes à l'État. Comme l'indique M. Robert W. CRANDELL, le « gouvernement n'avait (…) pas un plan clair d'introduction de la concurrence aux télécommunications. La libéralisation s'imposa à travers des actions régulatrices et légales incoordonnées »[2].

57. D'abord, l'émergence d'une demande croissante des équipements de télécommunications dans les années 1950 et 1960 constitua un nouveau

---

services et équipements des télécommunications, COM (87) 290 final, spéc., 30 juin 1987, p. 26).

[1] AT&T était une filiale de la société américaine Bell, créée en 1885. Au tout début de son activité, AT&T suit une politique monopolistique basée sur deux axes : le premier, l'acquisition d'autres opérateurs concurrents. Le deuxième, plus défensif, était l'abus de ses deux principaux brevets de téléphones et l'érection des larges barrières à l'entrée au marché par le refus des demandes d'interconnexion à son réseau national présentées par les opérateurs locaux. Malgré l'atténuation progressive de ces obstacles qui suit la trêve de *Kingsbury Commitment* de 1913, ce qui permit l'essor des sociétés locales de fourniture des services de téléphone, AT&T reprit sa politique prédatrice d'acquisition. Elle refusa donc les demandes d'interconnexion aux réseaux locaux. La protection de son monopole a été rendu possible grâce au *The Communications Act* adoptée en 1934. Par cette loi, AT&T a été reconnue comme exerçant un monopole naturel sur tous les réseaux téléphoniques. En contrepartie, l'administration états-unienne contrôlait les prix pratiqués par la société. Vu l'étendue nationale des réseaux de l'AT&T, qui dépassait la juridiction de chacun des États fédérés, une administration fédérale fut spécialement créée, dénommée *Federal Communications Commission* (F.C.C.). (D. NEZIH, « Déréglementation de l'industrie des télécommunications : le cas américain. », *Réseaux*, 1987, pp. 10-14).

[2] « The U.S. Government did not have a clear plan to introduce competition into telecommunications. Rather, liberalization lurched forward through a series of uncoordinated regulatory and legal actions » [Traduction libre] (R. W. CRANDALL, « Telecommunications Liberalization: The U.S. Model », In T. ITO et A. O. Krueger (dir.), *Deregulation and Interdependence in the Asia-Pacific Region*, Univ. of Chicago Press, 2000, p. 418).

marché lucratif d'équipements de télécommunications. L'invalidation de l'interdiction opposée par AT&T à la connexion des éléments accessoires aux équipements téléphoniques qu'il fournissait à ses usagers par la décision *Hush-A-Phone* de 1956[1] permit de remettre en question son monopole sur les équipements téléphoniques. Cet arrêt ouvrit la voie à l'adoption de la décision *Carterfone* par la *Federal Communications Commission* (F.C.C.) en 1968[2], obligeant AT&T à ne pas faire obstacle à la connexion des équipements de télécommunications à son réseau.

58. Ensuite, le monopole d'AT&T fut soumis à une double pression découlant de l'émergence des satellites et de la validité de leurs usages pour les télécommunications, et de la libéralisation du marché de communications longues distances qui générait la majorité des profits d'AT&T[3].

59. Avec l'essor de la téléinformatique, la frontière entre la sphère réglementée du monopole d'AT&T et la sphère libéralisée fut à nouveau modifiée pour éviter un accaparement du marché par le monopole. Dans sa décision réglementaire, les *computer inquiries,* la F.C.C. posa une distinction entre les services de communication de base fournis en monopole par AT&T, et les services à valeur ajoutée des données ouverts à la concurrence[4].

60. Néanmoins, la position monopolistique d'AT&T sur les marchés réglementés lui permettait de restreindre le jeu de la libre concurrence sur les marchés libéralisés. Cela poussa le Département de la justice à intenter un procès judiciaire contre AT&T. À la suite de la décision de la *District Court of Columbia* du 11 août 1982[5], AT&T fut démantelé, ce qui mit fin à son monopole intégré.

61. Cet arrêt ouvrit tout le secteur des télécommunications à la concurrence, à l'exception du marché de réseaux régionaux. Par conséquent, AT&T put entrer sur les marchés libéralisés qui lui étaient interdits depuis 1956, notamment celui de l'informatique, et s'implanter à l'étranger. Les autres opérateurs furent également en mesure d'entrer dans le marché anciennement réservé à AT&T. Au niveau local, le démantèlement d'AT&T en monopoles régionaux - les « *baby bells* » - sur la téléphonie locale visa à garantir un accès non-discriminatoire au réseau au profit des concurrents d'AT&T. De plus,

---

[1] U.S. *Court of Appeals*, District of Columbia circuit, *Hush-A-Phone Corp. v. United States.*, November 8, 1956, 238 F.2d 266 (D.C. Cir. 1956).

[2] F.C.C., *Carterfone, 13 FCC 2d 420* (1968).

[3] G. ALAIN, « Le mouvement de dérégulation. », *Réseaux*, 1987, p. 91.

[4] *Ibid.*, p. 92.

[5] *U.S. District Court for the District of Columbia, United States v. American Tel. and Tel. Co.*, August 11, 1982.- 552 F. Supp. 131 (D.D.C. 1983). Il convient de préciser que cette décision avait une base consensuelle.

l'indépendance organique de chaque opérateur régional devait éviter les pratiques de subventionnement croisé entre la société mère et ses filiales[1].

62. Cette évolution majeure ouvrit de nouvelles perspectives pour le marché de l'informatique, qui offrait déjà un avenir prometteur. Or, le développement de ce marché à une échelle globale était tributaire de l'existence de réseaux internationaux des télécommunications, ouverts, interconnectés et à haute capacité de transmission. Il y avait donc un double intérêt pour le secteur privé américain à conquérir les marchés internationaux : s'implanter sur les nouveaux marchés d'équipements, des réseaux et des services des télécommunications et ouvrir des nouveaux marchés pour la fourniture de services informatiques à distance[2].

63. L'intérêt du secteur privé à l'ouverture à la concurrence des marchés étrangers des télécommunications se doublait d'une nécessité d'ordre macroéconomique pour les États-Unis. En effet, le gouvernement américain se souciait d'une concurrence bidirectionnelle vers les États-Unis, sans une possibilité analogue pour les firmes américaines de s'implanter dans les autres États. Comme l'expliquent Mme Jocelyne BARREAU et M. Abdelaziz MOULINE :

> « La concurrence pour la fourniture des matériels de télécommunications[, à la suite de la déréglementation,] est désormais très vive sur le marché américain (ATT Technologies, ex Western Electric, n'est plus l'unique fournisseur des compagnies locales, récemment sorties du groupe ATT) ; l'ouverture du marché américain des matériels de télécommunications profite aux firmes européennes et surtout japonaises. Les États-Unis accusent dans ce secteur (essentiellement les équipements connectés) un déficit d'un milliard de dollars en 1984, contre un excédent en 1980. On comprend alors la pression exercée par le gouvernement américain sur ses partenaires commerciaux afin qu'ils ouvrent leurs marchés aux firmes américaines »[3]

64. Prenant acte de cette nécessité, le gouvernement américain dut faire en sorte que d'autres marchés des télécommunications soient ouverts à la concurrence, en Europe et ailleurs. Pour ce faire, une politique américaine néo-libérale fut menée par l'administration Reagan. Elle incita tous les pays, développés ou en voie de développement, à prendre part à la démarche

---

[1] J. PINHEIRO, « AT&T Divestiture & the Telecommunications Market », *Berkeley Technology Law Journal*, 1987, p. 316.

[2] J. BARREAU et A. MOULINE, « La déréglementation américaine des télécommunications et l'Europe : les exemples français et britanniques », *Revue d'économie industrielle*, 1987, p. 172.

[3] *Ibid.*

libéralisatrice par une ouverture progressive à la concurrence des marchés des télécommunications[1]. En complément des négociations bilatérales, les États-Unis saisirent l'occasion des négociations dans le cadre de GATT[2] et GATS[3] pour favoriser le thème de la libéralisation des échanges en services, et plus particulièrement la libéralisation du secteur des télécommunications[4].

ii. Le Royaume-Uni : la politique économique libérale, moteur de la libéralisation

65. Le secteur des télécommunications britannique fut géré durant la plus grande partie du XXe siècle en monopole, par une administration d'État dénommée *Post Office*, chargée à la fois des postes et des télécommunications.

66. À la fin des années 1960, le *Post Office* rencontra des problèmes de gestion majeurs menant à une trop lente extension du parc téléphonique et à un retard considérable dans le développement technologique des réseaux[5]. À la fin des années 1970, les problèmes ne cessèrent de s'accroître à tel point que la situation devint intenable.

67. Le tournant majeur fut l'arrivée au pouvoir d'un nouveau gouvernement conservateur en 1979, avec Margaret Thatcher comme Premier ministre. L'esprit libéral du gouvernement et sa croyance dans les vertus d'une économie fondée sur la libre concurrence forgèrent une politique gouvernementale favorable à la libéralisation en général, et à l'ouverture à la concurrence du secteur des télécommunications en particulier.

68. En plus de concevoir la libéralisation des télécommunications comme un remède au manque d'efficience du *Post Office*, le Gouvernement avait « la conviction supplémentaire qu'une meilleure efficacité des télécommunications aurait des répercussions positives dans toute l'économie,

---

[1] G. ALAIN, « Le mouvement de dérégulation », *Réseaux*, 5, 1987, p. 93.

[2] *General Agreement on Trade and tariffs* (GATT).

[3] *General Agreement on Trade in services* (GATS).

[4] G. ALAIN, *op. cit.*, p. 95.

[5] « Le réseau accuse un retard technologique patent (jusqu'au début des années 1980, 60 à 70 % des commutateurs du réseau sont du type 'Strowger' d'avant-guerre, et le développement du commutateur électronique 'System X', où l'Administration est partie prenante, a pris un retard considérable) ; la demande est mal satisfaite (la Grande-Bretagne est notamment l'un des derniers pays européens à avoir fourni aux entreprises des réseaux de transmission de données) ; le personnel est pléthorique (…) et cette constatation ne s'explique pas uniquement par un moindre recours à la sous-traitance que dans les pays étrangers ; des comportements peu commerciaux et une tarification non fondée sur les coûts entravent le développement et la diffusion des produits nouveaux » (D. ENCAOUA et P. KOEBEL, « Réglementation et déréglementation des télécommunications », *Revue économique*, 1987, p. 498).

et notamment dans les services, traditionnellement points forts en Grande-Bretagne »[1].

69. C'est ainsi qu'au Royaume-Uni les circonstances politiques commandèrent l'ouverture à la concurrence du secteur des télécommunications ainsi que son calendrier. La situation du Royaume-Uni peut donc être vue en contraste avec celle des États-Unis où le secteur privé poussa dans la voie de la libéralisation[2].

70. L'ouverture à la concurrence du secteur des télécommunications se fit en deux temps. Le premier concerna le principe de l'ouverture à la concurrence ; le second se rapporta aux règles de la concurrence dans les marchés des télécommunications.

71. D'abord, l'adoption du *British Telecommunications Act*[3] en 1981 opéra une séparation entre les postes et les télécommunications, et mit fin au monopole de droit de *Post Office* en matière de télécommunications. Avec la séparation des postes et des télécommunications, la gestion des télécommunications fut confiée à une nouvelle entreprise d'État dénommée *British Telecom*.

72. À l'exception du marché des équipements de télécommunications qui fut immédiatement ouvert à la concurrence, la loi adopta une approche graduelle d'ouverture à la concurrence pour les marchés de services et de réseaux de télécommunications. Cette approche se cristallisa par la confirmation du principe d'une possible concurrence dans le secteur des télécommunications par l'octroi d'une autorisation gouvernementale. La mise en œuvre de l'ouverture à la concurrence ainsi que son rythme furent ainsi laissées à la discrétion du Secrétaire d'État au Commerce et à l'Industrie.

73. C'est ainsi que le Secrétaire d'État au Commerce et à l'Industrie autorisa le nouvel opérateur « Mercury » en 1982 à concurrencer *British Telecom* dans l'établissement et la gestion des réseaux des télécommunications interurbains et internationaux, et la fourniture des services des télécommunications. Les marchés des réseaux et des services de base de télécommunications furent donc partiellement ouverts à la concurrence par une exploitation en duopole. Par ailleurs, le Secrétaire d'État autorisa l'entrée sur le marché de deux nouveaux opérateurs pour la radiotéléphonie[4].

---

[1] *Ibid.*, p. 499.

[2] *Ibid.*, p. 502.

[3] British Telecommunications Act, 1981, ch. 38, §§ 1,10 (Eng.) (establishing British Telecommunications as a public corporation to provide telecommunications equipment and services).

[4] K. DYSON, « La réforme des télécommunications dans les années 80 », *Réseaux*, 1990, p. 39.

74. Le marché des services à valeur ajoutée de télécommunications fut également ouvert à la concurrence par une autorisation générale accordée par le Secrétaire d'État au Commerce et à l'Industrie à la fin de l'année 1982[1].

75. Deux ans plus tard, le *Telecommunications Act* fut adopté en 1984 pour compléter le processus de libéralisation. Cette loi créa un nouvel organe chargé de la régulation du marché, dénommé *Office of Telecommunications* (OFTEL). Le *Telecommunications Act* transforma également *British Telecom* en une société anonyme dont le capital social était possédé par l'État, permettant ensuite au gouvernement de procéder à la cession de plus de la moitié du capital. En conséquence, *British Telecom* fut privatisée.

76. C'est ainsi que le Royaume-Uni libéralisa son secteur des télécommunications par des actions mesurées d'ouverture à la concurrence. Cela permit aux nouveaux opérateurs d'accéder aux différents marchés des télécommunications[2].

iii. Le Japon : la libéralisation pour le commerce international

77. Dès le commencement de l'usage du télégraphe au Japon en 1869, le secteur des télécommunications fut géré en monopole par une administration d'État. Au lendemain de la Seconde Guerre mondiale, la gestion fut confiée à une entreprise d'État : *The Nippon Telegraph and Telephone Corporation* (NTT)[3].

78. Les effets de la mouvance créée par la libéralisation du secteur des télécommunications aux États-Unis et au Royaume-Uni au début des années 1980 arrivèrent très vite au Japon.

---

[1] *Ibid.* Il convient de noter que le British Telecommunications Act se limitait à enlever les barrières juridiques qui entravèrent tout opérateur économique de concurrencer *Post Office*, sans régler les questions liées aux barrières factuelles résultant du poids de *British Telecom* dans le marché, notamment avec sa conservation de sa structure en tant qu'entreprise verticalement intégrée. Les questions de la concurrence furent donc pour le moment réglées par le droit commun de la concurrence (S. P. FARRELL, « Telecommunications in the United Kingdom: A Prototype for Deregulation Or a Flash in the Pan », *Hastings Communications and Entertainment Law Journal*, 1995, p. 327).

[2] En conséquence de l'ouverture à la concurrence, « le développement des services à valeur ajoutée [était] spectaculaire : en 5 ans, 600 autorisations de réseaux à valeur ajoutée ont été accordées. La Grande-Bretagne est ainsi devenue, en Europe Occidentale, le plus grand prestataire de réseaux à valeur ajoutée et le pays où les milieux d'affaires bénéficient des meilleurs tarifs » (J. BARREAU et A. MOULINE, *op. cit.*, p. 176).

[3] D.W. COLBER, « Reform of Japanese Telecommunications Law: Panacea or Placebo », *Northwestern Journal of International Law & Business*, 1987, p. 145.

79. Contrairement au Royaume-Uni, la libéralisation du secteur des télécommunications japonais résulta « d'une série de pressions politiques ou économiques [plutôt] que d'une longue réflexion théorique sur les vertus comparées du monopole et de la concurrence »[1]. Ces pressions vinrent surtout des États-Unis qui furent « parmi les plus fervents prosélytes de cette politique de dérégulation au Japon, réclamant de moindres barrières tarifaires pour les équipements et les services de télécommunications et réclamant en particulier une ouverture de la politique d'achat très intégrée de la NTT dans le cadre d'une tendance mondiale à la libéralisation de ces marchés »[2]. Cette pression pouvait se comprendre car à l'époque le marché japonais était très lucratif pour les entreprises américaines grâce à sa croissance rapide et son énorme potentiel d'expansion[3].

80. En outre, le Japon lui-même sentait la pression pour prendre part à un marché mondial des télécommunications en expansion[4]. Il fallait qu'il accepte le pari d'une croissance des firmes japonaises par l'ouverture de son secteur des télécommunications à la concurrence.

81. Ainsi, soucieux d'élargir sa part dans le commerce international des télécommunications, le Japon entama la libéralisation du secteur des télécommunications par une ouverture à la concurrence en deux temps.

82. Dans un premier temps, le marché des équipements de télécommunications pour les besoins du N.T.T. ainsi que celui des services à valeur ajoutée de télécommunications pour l'usage professionnel furent ouverts à la concurrence en 1982. Cela permit aux opérateurs d'équipements de télécommunications de développer une industrie d'équipements pour répondre aux besoins du N.T.T., que ce soit pour son infrastructure ou pour l'équipement de ses abonnés, et aux opérateurs de services à valeur ajoutée de fournir des services de transmissions des données sur des lignes louées du N.T.T.[5].

83. Dans un second temps, une libéralisation complète du secteur se produisit à la fin de l'année 1984. Les buts affichés de cette seconde phase de libéralisation furent d'accroître la variété des services offerts pour satisfaire les besoins croissants des usagers auxquels les offres uniformes du N.T.T. ne

---

[1] J. ARLANDIS et V. LE PELTIER, « La déréglementation des télécommunications au Japon », *Réseaux*, 1990, p. 9.

[2] *Ibid.*, pp. 9-10.

[3] D. W. COLBER, *op. cit.*, p. 147.

[4] En effet, depuis la signature d'un accord permettant le libre échange en équipements de télécommunications, la N.T.T. a permis aux firmes américaines de concurrencer les firmes japonaises dans les appels d'offres de la fourniture d'équipements de télécommunications. Depuis lors, la balance commerciale entre le Japon et les États-Unis a été déficitaire au profit de ces derniers, dont les importations ont représenté 90% des produits des télécommunications importés au Japon (*Ibid.*, p. 148).

[5] *Ibid.*, p. 151.

pouvaient répondre[1] ; de profiter des avancées technologiques pour atteindre plus d'efficacité économique dans un marché où la concurrence n'implique plus nécessairement une duplication de réseaux[2] ; et de libérer le marché des contraintes qui pesaient sur les firmes japonaises et éviter des sanctions sur les leurs exportations[3].

84. L'instrument de cette libéralisation fut deux lois successives adoptées le 20 décembre 1984.

85. La première loi[4] prévoyait la transformation de l'opérateur national N.T.T. en une société anonyme, dont l'État devait détenir au moins un tiers du capital social. La 'sociétisation' du N.T.T. et la vente d'une partie de son capital apparaissaient comme un moyen de dynamiser l'entreprise et d'assurer plus d'efficacité dans son fonctionnement[5].

86. La seconde loi, *the Telecommunications Business Law*[6], libéralisa d'une manière générale tout le secteur des télécommunications, des réseaux comme des services, dans des conditions variables. La variabilité des conditions de fourniture des services était tributaire de la distinction que la loi effectuait entre les opérateurs qui fournissaient des services sur leurs propres réseaux (catégorie I) d'une part, et les opérateurs qui fournissaient leurs services via des lignes louées auprès des autres opérateurs des réseaux (catégorie II), d'autre part. Si les premiers devaient obtenir une autorisation du ministre et restaient soumis à la régulation du ministère, les deuxièmes étaient uniquement assujettis à des obligations de déclaration[7].

b. La libéralisation des télécommunications en France : l'ébauche d'un mouvement

87. La libéralisation des télécommunications aux États-Unis, au Royaume-Uni et au Japon suscita en France un débat à propos de la pertinence et la nécessité d'une action rapide pour accompagner ces développements

[1] *Ibid.*, p. 163.
[2] *Ibid.*
[3] *Ibid.*, p. 164.
[4] Law No. 85 of December 25, 1984, concerning Nippon Telegraph and Telephone Corporation.
[5] D. W. COLBER, *op. cit.*, p. 160.
[6] Law No. 86 of December 25, 1984, concerning the Telecommunications Business Law.
[7] L'ouverture à la concurrence du secteur japonais des télécommunications a permis, à la fin de l'année 1988, l'entrée sur le marché de 39 opérateurs de télécommunications catégorie (I), et de plus de 500 opérateurs des télécommunications catégorie (II) (J. ARLANDIS et V. LE PELTIER, *op. cit.*, pp. 12-15).

mondiaux. Ce débat a pu aboutir grâce à un environnement politique favorable.

88. Le succès de la droite aux élections législatives de 1986 changea la donne sur la scène politique française[1]. Il imprima un tournant libéral à la politique économique du pays. Le nouveau Gouvernement était conscient des transformations mondiales en matière de télécommunications. Il crut en la nécessité absolue d'accompagner ces développements et d'entrer sans retard dans cette nouvelle ère.

89. En prenant la communication comme une base commune, le Gouvernement voulait déclencher une réforme globale destinée à toucher principalement au secteur de l'audiovisuel et dans une moindre mesure à celui des télécommunications[2].

90. Le choix de regrouper les communications audiovisuelles avec les télécommunications dans le même texte de loi était techniquement justifiable : la capacité des mêmes procédés techniques à servir tant les emplois unidirectionnels des communications audiovisuelles, que ceux bidirectionnels des télécommunications, invitait à ne pas traiter ces deux secteurs différemment[3].

91. L'objectif principal de cette réforme était d'ouvrir ces deux secteurs à une participation plus grande du secteur privé, et d'effectuer parallèlement un retrait progressif de l'État.

92. Par ailleurs, partant du constat de l'accaparement de l'État des moyens des communications dans ces deux secteurs, le Gouvernement croyait que le succès du projet de réforme supposait de garantir la transparence et de dépolitiser les processus d'attribution des diverses autorisations. À cette fin, l'agence états-unienne en charge de la régulation des télécommunications et des communications audiovisuelles, la F.C.C., servit de modèle. Ainsi, le

---

[1] À la suite des élections législatives de 1986, la droite française remportait la majorité parlementaire. Étant un courant politique opposé à celui du président de la République à l'époque, M. François MITTERAND, celui-ci était amené, au risque de déclencher une crise politique, à nommer un Premier ministre assorti de cette majorité parlementaire. La France est ainsi entrée dans la première période de cohabitation, avec un gouvernement présidé par Jacques CHIRAC (1986-1988).

[2] Si le secteur de l'audiovisuel était déjà sujet à une réforme d'essence libérale en 1982 sous la loi n° 82-652 du 29 juillet 1982 sur la communication audiovisuelle (J.O.R.F. n° 175, du 30 juill. 1982, p. 2429), il s'agissait de la première réforme pour le secteur des télécommunications depuis l'établissement du monopole d'État à la fin du XIXe siècle.

[3] En effet, le même moyen de communication pouvait être utilisé pour toute sorte de transmission, que ce soit pour le son, l'image ou les données. De cette manière, « la communication forme un tout dans lequel les frontières entre le domaine des télécommunications et celui de la communication audiovisuelle sont de plus en plus difficiles à tracer » (Projet de loi relatif à la liberté de communication, exposé des motifs, Doc., Sénat n°402, 1985-1986, Second session ordinaire, p. 4).

projet de loi déposé au Sénat le 11 juin 1986 comporta la création d'une autorité administrative indépendante chargée de conduire l'ouverture à la concurrence du secteur de l'audiovisuel, puis de celui des télécommunications.

93. La loi n° 86-1067 du 30 septembre 1986 relative à la liberté de communication consacra la liberté d'établissement et d'exploitation des installations de télécommunications, ainsi que la liberté d'exploitation et d'utilisation des services de télécommunications[1]. Cette liberté ne pouvait être limitée que pour des raisons précises, prévues par la loi. Il s'agit notamment des exigences de service public[2]. Par ailleurs, la loi créa une nouvelle autorité administrative indépendante dénommée Commission nationale de la communication et des libertés (C.N.C.L.)[3]. Cette dernière était dotée d'attributions étendues en matière audiovisuelle, mais plus réduites dans le domaine des télécommunications du fait de la compétence partagée avec le ministre chargé des postes, télégraphe et téléphones (P.T.T.).

94. La loi n° 86-1067 du 30 septembre 1986 dotait la C.N.C.L. d'attributions diverses en matière des télécommunications, lesquelles étaient auparavant réservées au ministre chargé des P.T.T. Ces nouvelles attributions, qui ne concernaient pas le réseau de l'État, se répartissaient en deux catégories : d'une part, la loi transférait à la C.N.C.L. les compétences du ministre chargé des P.T.T. en matière d'autorisation d'établissement et d'exploitation des réseaux de télécommunications câblés ou radioélectriques à usage privé ; d'autre part, elle aménageait la compétence du ministre chargé des P.T.T. en matière d'autorisation d'établissement et d'exploitation des réseaux ouverts aux tiers, puisque la C.N.C.L. devait être consultée sur toute demande d'autorisation adressée au ministre à cette fin[4].

95. D'ailleurs, il faut savoir que cet aménagement des compétences fut une étape intermédiaire vers une véritable libéralisation du secteur des télécommunications. La loi n° 86-1067 du 30 septembre 1986 reconnaissait ce caractère transitoire[5]. Elle prévoyait un transfert complet des compétences du ministre chargé des P.T.T. à la C.N.C.L. en matière de délivrance des

---

[1] Art. 1, al. 1.

[2] Art. 1, al. 2.

[3] L. n° 86-1067 du 30 septembre 1986 relative à la liberté de communication (J.O.R.F. n° 228, du 30 sep. 1986, p. 11755), art. 3.

[4] Art. 10.

[5] L'article 10, alinéa 3, énonçait : « À compter de l'entrée en vigueur d'une loi qui précisera, dans le respecter des droits statutaires du personnel, au plus tard le 31 décembre 1987, les principes relatifs à la concurrence dans le secteur des télécommunications, compte tenu des contraintes de service public qui sont applicables à ce secteur, la Commission nationale de la communication et des libertés délivrera les autorisations prévues par les articles L. 33 et L. 34 du code des postes et télécommunications pour l'établissement et l'utilisation de toutes les liaisons et installations de télécommunications, à l'exception de celles de l'État ».

autorisations pour l'établissement et l'exploitation des installations de télécommunications ouvertes à des tiers.

96. C'est par ce nouveau cadre juridique que les services de radiotéléphonie et de radiomessagerie furent ouverts à la concurrence en 1987[1], permettant l'entrée sur le marché des télécommunications du premier opérateur privé du réseau radiotéléphonique[2].

97. Pour se préparer à une concurrence imminente avec des acteurs privés, la Direction générale des télécommunications (D.G.T.), qui faisait partie du ministère des P.T.T.[3], prit le nom commercial de France Télécom à partir du 1er janvier 1988. Cette nouvelle dénomination reflétait clairement la volonté de changer l'image du public sur la D.G.T. en tant qu'administration d'État.

98. Or, après la réélection de François MITTERAND à la présidence de la République le 1er mai 1988, et la dissolution de l'Assemblée nationale, la gauche remporta les élections législatives, et Michel Rocard fut nommé Premier ministre. Cette évolution politique constituait une pierre d'achoppement sur la voie de l'ouverture à la concurrence du secteur des télécommunications.

99. Le nouveau Gouvernement, inquiet de cette ouverture hâtive du secteur des télécommunications à la concurrence « sans en mesurer toutes les conséquences »[4], déposa un projet de loi au Sénat le 12 octobre 1988 tendant à modifier la loi n° 86-1067 du 30 septembre 1986. Ce projet de loi visait, plus particulièrement, à dissocier le secteur des télécommunications du secteur de l'audiovisuel, à retirer à la C.N.C.L. les compétences qui lui avaient été attribuées en matière de télécommunications, et à les attribuer de nouveau au ministre compétent.

100. La loi n° 89-25 du 17 janvier 1989 modifiant la loi du 30 septembre 1986[5] supprima le principe de la liberté d'établissement et d'exploitation des installations de télécommunications inscrit dans la loi n° 86-1067 du 30

---

[1] J. CHEVALLIER, « La réglementation des télécommunications », *AJDA*, 1991, p. 203.

[2] G. RAYMOND, « SFR: L'histoire d'un opérateur à l'origine de la révolution mobile », sur *Huffpost*, publié en 2014, disponible sur https://www.huffingtonpost.fr/2014/04/05/sfr-histoire-concurrence-telephonie-mobile_n_4956538.html, consulté le 7 fév. 2019.

[3] La DGT était la direction principale au sein de l'administration centrale du ministère des P.T.T. chargée de la réglementation et l'exploitation des réseaux des télécommunications de l'État. Elle a été créée par le décret n° 71-609 du 20 juill. 1971 relatif à l'organisation centrale du ministère des postes et télécommunications.

[4] Projet de loi modifiant la loi n° 86-1067 du 30 sep. 1986 relative à la liberté de communication, exposé des motifs, Doc. Sénat n° 27, 1988-1989, 1ère session ordinaire, p. 2.

[5] L. n° 89-25 du 17 jan. 1989 modifiant la loi n° 86-1067 du 30 sep. 1986 relative à la liberté de communication (J.O.R.F. n° 15, du 18 jan. 1989, p. 728).

septembre 1986[1]. En outre, elle transféra au ministre chargé des P.T.T. toutes les compétences qui avaient été dévolues à la C.N.C.L. en matière de télécommunications[2].

101. Avec la réduction de son champ d'intervention au seul secteur de l'audiovisuel, il était logique que la dénomination de la C.N.C.L. soit revue pour mieux refléter la nouvelle délimitation de ses compétences. Elle fut ainsi dénommée Conseil supérieur de l'audiovisuel (C.S.A.)[3].

B. L'influence déterminante du droit communautaire

102. Au niveau communautaire, la concurrence s'introduisait progressivement dans le secteur des télécommunications. Au début, c'est grâce à une œuvre jurisprudentielle que les limites du monopole ont été posées (I). La véritable promotion de la concurrence et la libéralisation de plusieurs marchés de télécommunications furent commandées par une politique communautaire. Cela s'inscrivait dans le cadre de la réalisation du projet du marché unique (II).

I. L'arrêt « *British Telecom* » : premier pas vers la remise en cause du cumul des fonctions de réglementation et d'exploitation

103. Les premières prémices de la libéralisation du secteur des télécommunications se produisirent à travers l'arrêt « *British Telecom* »[4] rendu par la Cour de justice des Communautés européennes[5] : un arrêt précurseur en matière de télécommunications.

104. La Cour avait été saisie par la République italienne d'un recours en annulation formé contre une décision de la Commission des Communautés européennes adoptée en 1982 à l'encontre de l'opérateur britannique *British*

---

[1] Art. 1.

[2] Il convient de noter que la loi habilitait la C.N.C.L. de continuer à exercer, à titre provisoire, ses fonctions en matière de télécommunications jusqu'à ce qu'une loi sur la réglementation des télécommunications soit adoptée.

[3] L. n° 86-1067 du 30 sep. 1986, préc., art. 1, al. 3, remplacé par la loi n° 89-25 du 17 jan. 1989, préc., art. 1.

[4] C.J.C.E., 20 mars 1985, *République Italienne c/ Commission*, aff. 41/83, concl. M. DARMON, 16 jan. 1985, Rec. 1985 p. 873.

[5] Il est à noter que la Cour a changé de dénomination en vertu du traité de Lisbonne (art. 9). Elle est désormais dénommée Cour de justice de l'Union européenne (C.J.U.E.).

Telecom sur le fondement de l'article 86 du traité C.E.E. qui interdisait les abus de position dominante[1].

105. L'entreprise publique *British Telecom,* successeur du *United Kingdom Post Office*, détenait le monopole légal de la gestion des réseaux de télécommunications au Royaume-Uni en vertu du *Telecommunications Act* de 1981. Sur le fondement de cette loi, *British Telecom* exerçait un pouvoir normatif lui permettant de fixer, par voie de règlements, les prix et les conditions auxquels les services de télécommunications étaient offerts au Royaume-Uni.

106. Faisant usage de ce pouvoir normatif, *British Telecom* édicta plusieurs règlements successifs destinés à empêcher les agences privées de réexpédition de messages en provenance et à destination des pays étrangers de développer leur activité. *British Telecom* fit obligation à ces agences privées de s'abstenir de pratiquer des prix plus favorables que ceux qui auraient été pratiqués si le message avait été envoyé par une liaison directe, avant d'interdire totalement leur activité.

107. Pour justifier ces règlements, *British Télécom*, qui représentait le Royaume-Uni au sein de l'Union internationale des télécommunications (U.I.T.), soutenait qu'il était dans l'obligation de respecter les dispositions de la Convention internationale des télécommunications et les avis rendus par le Comité consultatif international télégraphique et téléphonique (C.C.I.T.T.) en vue de l'application de cette convention. Ces dispositions imposaient aux administrations d'État et aux exploitants privés de s'abstenir de mettre des services télex à la disposition des agences privées de transit de messages

---

[1] Art. 86 du Traité instituant la Communauté européenne (T.C.E.) signé à Rome en 1957 énonce : « Est incompatible avec le marché commun et interdit, dans la mesure où le commerce entre États membres est susceptible d'en être affecté, le fait pour une ou plusieurs entreprises d'exploiter de façon abusive une position dominante sur le marché commun ou dans une partie substantielle de celui-ci. Ces pratiques abusives peuvent notamment consister à :

a) imposer de façon directe ou indirecte des prix d'achat ou de vente ou d'autres conditions de transaction non équitables,

b) limiter la production, les débouchée ou le développement technique au préjudice des consommateurs,

c) appliquer à l'égard de partenaires commerciaux des conditions inégales à des prestations équivalentes, en leur infligeant de ce fait un désavantage dans la concurrence,

d) subordonner la conclusion de contrats à l'acceptation, par les partenaires, de prestations supplémentaires, qui, par leur nature ou selon les usages commerciaux, n'ont pas de lien avec l'objet de ces contrats ».

constituées dans le but « de soustraire ces correspondances au paiement intégral des taxes dues pour le parcours entier »[1].

108. Examinant le moyen soulevé par la République italienne tiré de l'erreur de droit commise par la Commission en appréciant la légalité des règlements litigieux pris par *British Telecom* à la lumière de l'article 86 du traité C.E.E., la Cour confirma tout d'abord la qualification de l'activité de *British Telecom* en tant qu'activité d'entreprise, caractérisée par la mise à la disposition du public des installations publiques de télécommunications en contrepartie du paiement de redevances. L'activité en cause entrait bien, par conséquent, dans le champ d'application de l'article 86 du traité C.E.E. La Cour releva, ensuite, que le pouvoir normatif dévolu à *British Telecom* ne pouvait pas être regardé comme un pouvoir réglementaire émanant d'une autorité publique. Ce pouvoir, strictement limité à la fixation du prix et la formulation des conditions de fourniture des services de télécommunications, était utilisé par *British Telecom* en toute discrétion et en dehors de toute intervention des autorités publiques ou d'exigence législative particulière en lien avec le contenu des règlements. Les règlements édictés étaient donc matériellement assimilables à des clauses contractuelles. La Cour considéra dès lors ces règlements comme « faisant partie intégrante de l'activité d'entreprise de BT »[2]. Il résulta de cet arrêt que l'attribution du pouvoir réglementaire à une entreprise ne saurait pas le protéger contre l'application de l'article 86 du traité C.E.E : la légalité des règlements litigieux pouvait être valablement appréciée au regard de l'interdiction des abus de position dominante. Ainsi, « la Cour, sans interdire le principe même du cumul des fonctions de réglementation et d'exploitation, en condamn[a] ses dérives »[3].

109. De surcroît, en écartant le moyen tiré de la méconnaissance par la Commission de l'article 222 du traité C.E.E.[4], interprété par la requérante comme reconnaissant la liberté des États membres de déterminer dans leur ordre interne les activités qui sont réservées au secteur public et de créer des monopoles nationaux, la Cour retint une interprétation stricte du monopole légal détenu par *British Telecom*. En effet, la Cour limita le champ du monopole attribué à l'entreprise publique à la seule gestion des réseaux de télécommunications et à leur mise à la disposition du public. Ainsi, elle estima que les services annexes, dont les services de réexpédition de messages, sortaient du champ de ce monopole[5].

---

[1] Règlement télégraphique international du 11 avril 1973, Actes finals de la Conférence administrative mondiale télégraphique et téléphonique, Genève, 1973, art. 6-3.

[2] Cons. 20.

[3] H. DELZANGLES, *op.cit.*, p. 130.

[4] L'article 222 du traité C.E.E. énonçait : « Le présent Traité ne préjuge en rien le régime de la propriété dans les États membres ».

[5] Cons. 22.

110. Enfin, examinant le moyen selon lequel la Commission avait méconnu l'article 90-2[1] du traité C.E.E. qui permettait notamment de déroger aux règles de concurrence si celles-ci pouvaient compromettre l'accomplissement d'une mission d'intérêt économique général confiée à *British Telecom*, la Cour jugea qu'il n'était pas établi que l'activité des agences privées de réexpédition au Royaume-Uni, bien qu'elles puissent avoir des répercussions sur les recettes de l'entreprise publique, compromette l'accomplissement de cette mission[2].

111. Ainsi, la Cour valida l'analyse de la Commission suivant laquelle *British Telecom*, en prenant les règlements litigieux, avait abusé de la position dominante qu'elle détenait en raison de son monopole légal au détriment des agences privées de réexpédition[3].

II. Le droit communautaire dérivé et le commencement de la libéralisation

112. La signature de l'Acte unique européen les 17 et 28 février 1986 accéléra l'intégration économique européenne. L'objectif poursuivi était de réaliser le marché unique au sein duquel les quatre libertés de circulation allaient être garanties[4], au plus tard le 1er janvier 1992[5].

113. C'est dans ce contexte que la Commission publia le 30 juin 1987 un Livre vert sur le développement du marché commun des services et équipements des télécommunications[6]. Ce Livre vert soulignait les multiples raisons justifiant la libéralisation du secteur des télécommunications : la constitution d'une tendance mondiale d'ouverture à la concurrence du secteur des télécommunications ; le potentiel économique d'un marché de l'information qui allait servir de base à l'essor de l'échange de services au niveau mondial ; les effets positifs potentiels d'une concurrence mondialisée

---

[1] L'article 90-2 du traité C.E.E. énonçait : « Les entreprises chargées de la gestion de services d'intérêt économique général ou présentant le caractère d'un monopole fiscal sont soumises aux règles du présent Traité, notamment aux règles de concurrence, dans les limitée où l'application de ces règles ne fait pas échec à l'accomplissement en droit ou en fait de la mission particulière qui leur a été impartie. Le développement des échanges ne doit pas être affecté dans une mesure contraire à l'intérêt de la Communauté ».

[2] Cons. 33.

[3] Cons. 51.

[4] Les quatre libertés sont la circulation des marchandises, des personnes, des services et des capitaux.

[5] Acte unique européen signé à Luxembourg les 17 et 28 février 1986, art. 13 (J.O.C.E. L 169, du 29 juin 1987, p. 1).

[6] Livre vert sur le développement du marché commun des services et équipements des télécommunications du 30 juin 1987, préc.

en matière des télécommunications ; la volonté d'élargir la part de la Communauté dans le marché international des télécommunications ; et la nécessité d'une forte coordination entre les États membres pour adopter une position commune dans les négociations internationales, notamment dans le cadre du GATT.

114. Ayant relevé la nécessité de la construction d'un marché commun des services et des équipements de télécommunications, la Commission traçait une feuille de route pour le futur des télécommunications au niveau communautaire. Cette feuille de route visait l'introduction de la concurrence dans un certain nombre de marchés du secteur des télécommunications. Si elle admettait le maintien des droits exclusifs pour les marchés de service de base des télécommunications (*inter alia* la téléphonie fixe) et de gestion des réseaux, la Commission prônait une ouverture immédiate à la concurrence du marché des équipements terminaux et du marché des services à valeur ajoutée.

115. Partant du constat de l'insuffisance de la seule application du droit communautaire de la concurrence pour un décloisonnement rapide des marchés nationaux des télécommunications au sein de la Communauté, la Commission entreprit des démarches plus actives pour parvenir à une libéralisation progressive du secteur.

116. Ainsi, profitant d'une interprétation restrictive donnée par la Cour de justice aux droits exclusifs ou spéciaux accordés aux administrations ou aux entreprises d'État pour la gestion et l'exploitation des réseaux des télécommunications en vue de l'accomplissement d'une mission d'intérêt économique général[1], la Commission prit, le 16 mai 1988, sur la base de l'article 90-3 du traité C.E.E.[2], une première directive visant à libéraliser le marché des équipements terminaux[3].

117. Conformément à cette directive, les États membres étaient contraints de mettre fin aux droits spéciaux ou exclusifs accordés aux administrations ou

---

[1] *Ibid.*, pp. 64-65.

[2] « 1. Les États membres, en ce qui concerne les entreprises publiques et les entreprises auxquelles ils accordent des droits spéciaux ou exclusifs, n'édictent ni ne maintiennent aucune mesure contraire aux règles du présent Traité, notamment à celles prévues aux articles 7 et 85 à 94 inclue.

2. Les entreprises chargées de la gestion de services d'intérêt économique général ou présentant le caractère d'un monopole fiscal sont soumises aux règles du présent Traité, notamment aux règles de concurrence, dans les limitée où l'application de ces règles ne fait pas échec à l'accomplissement en droit ou en fait de la mission particulière qui leur a été impartie. Le développement des échanges ne doit pas être affecté dans une mesure contraire à l'intérêt de la Communauté.

3. La Commission veille à l'application des dispositions du présent article et adresse, en tant que de besoin, les directives ou décisions appropriées aux États membres ».

[3] Dir. 88/301/CEE de la Commission du 16 mai 1988 relative à la concurrence dans les marchés de terminaux de télécommunication (J.O.C.E. L 131, du 27 mai 1988, p. 73).

aux entreprises d'État en matière d'importation, de commercialisation, de raccordement, de mise en service et d'entretien des équipements terminaux de télécommunication. De tels droits étaient déclarés contraires aux articles 37 et 59 du traité C.E.E.[1].

118. En outre, la directive « terminaux de télécommunications » obligeait les États membres à publier les spécifications techniques et les procédures relatives aux agréments des appareils terminaux[2]. Cette publication visait à assurer l'accessibilité des producteurs aux spécifications et conditions requises afin de les prendre en compte lors de la fabrication des équipements terminaux. Par ailleurs, la directive introduisait pour la première fois la règle de l'interdiction du cumul des fonctions de réglementation technique et d'exploitation de l'activité économique. Ainsi, la formulation des spécifications et l'octroi des agréments devaient être confiés à une entité indépendante de l'organisme chargé de la gestion et l'exploitation du réseau des télécommunications[3]. Cette disposition visait à garantir la neutralité du traitement et à éviter toute distorsion de la concurrence résultant d'une formulation des spécifications sur-mesure.

119. Saisie d'un recours en annulation introduit par la République française contre plusieurs dispositions de la directive « terminaux de télécommunications » [4], la Cour conforta la compétence de la Commission pour édicter, par voie de directives et sur le fondement de l'article 90-3 du traité, des règles générales destinées à « préciser les obligations découlant du traité »[5], même à l'égard des droits exclusifs et spéciaux mentionnés à l'article 90-1 du traité C.E.E.[6]. La Cour confirma ensuite la légalité de l'exigence d'indépendance de l'entité chargée de la formulation des spécifications techniques et l'octroi des agréments de l'opérateur économique, au nom du principe de « l'égalité des chances »[7]. À cet égard, elle releva que « Confier à une entreprise qui commercialise des appareils terminaux la tâche de

---

[1] L'article 37 du traité C.E.E. énonçait : « Les États membres aménagent progressivement les monopoles nationaux présentant un caractère commercial, de telle façon qu'à l'expiration de la période de transition soit assurée, dans les conditions d'approvisionnement et de débouchés, l'exclusion de toute discrimination entre les ressortissants des États membres ». L'article 59 du traité C.E.E. énonçait : « Dans le cadre des dispositions ci-après, les restrictions à la libre prestation des services à l'intérieur de la Communauté sont progressivement supprimées au cours de la période de transition à l'égard des ressortissants des États membres établie dans un pays de la Communauté autre que celui du destinataire de la prestation ».

[2] Art. 5.

[3] Art. 6.

[4] C.J.C.E., 19 mars 1991, *République française c/ Commission*, Aff. C-202/88, Rec. 1991, p. I-1223.

[5] Cons. 21.

[6] Cons. 21.

[7] Cons. 51.

formaliser des spécifications auxquelles devront répondre les appareils terminaux, de contrôler leur application et d'agréer ces appareils revient à lui conférer le pouvoir de déterminer, à son gré, quels sont les appareils terminaux susceptibles d'être raccordés au réseau public et à lui octroyer ainsi un avantage évident sur ses concurrents »[1].

120. La Commission avait été soutenue dans ses démarches de libéralisation par le Conseil des Communautés européennes. Dans le but de la réalisation d'un marché commun des services et équipements de télécommunications, le Conseil adopta la résolution du 30 juin 1988[2], qui reprenait intégralement le programme d'actions proposé par la Commission dans sa communication du 8 février 1988 publiée pour la mise en œuvre du Livre vert par une ouverture progressive du marché des télécommunications à la concurrence.

121. Or, la réalisation de ce marché était menacée par la disparité des dispositions législatives et réglementaires applicables dans les États membres. Cela relevait la nécessité d'entamer une démarche d'harmonisation au niveau communautaire pour remédier aux problèmes qui entravaient l'ouverture à la concurrence de ces secteurs. Parmi ces problèmes se trouvaient les difficultés persistantes en rapport avec l'accès des prestataires des services au réseau public des télécommunications, à cause du caractère monopolistique des organismes chargées de sa gestion. Cela créait des risques sérieux de distorsion de la concurrence. Pour remédier à ce problème, le Conseil, sur proposition de la Commission, adopta le 28 juin 1990 une directive posant les principes généraux de l'accès aux réseaux publics des télécommunications par la fourniture d'un réseau ouvert, dit « *Open Network Provisions* » (O.N.P.)[3].

122. Cette directive avait comme objectif de mettre en place les principes généraux qui garantissaient une fourniture effective d'un réseau ouvert à toute demande d'accès, fondée sur les principes d'objectivité, de transparence dans les conditions d'accès, qu'elles soient d'ordre technique ou tarifaire, d'égalité et de non-discrimination. Conformément à l'article 3 §2 de la directive « O.N.P. », aucune restriction ne devait être apportée à l'accès aux réseaux publics de télécommunications ou aux services publics de télécommunications, sauf pour une raison fondée sur des exigences essentielles, définies comme « des raisons d'intérêt général et de nature non économique qui peuvent amener un État membre à limiter l'accès au réseau public de télécommunications ou aux services publics de

---

[1] Cons. 51.

[2] Rés. 88/C 257/01 du Conseil du 30 juin 1988 concernant le développement du marché commun des services et équipements des télécommunications d'ici à 1992 (J.O.C.E., C 257, du 4 oct. 1988, p. 1).

[3] Dir. 90/387/ CEE du Conseil du 28 juin 1990 relative à l'établissement du marché intérieur des services de télécommunications par la mise en œuvre de la fourniture d'un réseau ouvert de télécommunications (J.O.C.E. L 192, du 24 juill. 1990, p. 1).

télécommunications » [1]. Ces exigences essentielles, limitativement énumérées, étaient la sécurité du fonctionnement du réseau, le maintien de son intégrité, l'interopérabilité des services et la protection des données[2].

123. En complément de la directive « O.N.P. », dont la visée était de l'harmonisation, la Commission adopta une nouvelle directive de libéralisation, destinée à ouvrir à la concurrence les marchés des services de télécommunications[3]. Cette directive concernait tous les services de télécommunications, à l'exception de la radiotéléphonie, de la radiomessagerie, du télex et des communications par satellite. Elle visait essentiellement à circonscrire le périmètre des droits exclusifs ou spéciaux accordés aux organismes des télécommunications et à assurer un suivi minutieux de l'évolution des marchés nationaux.

124. Selon les dispositions de la directive « services de télécommunications », les États membres étaient dans l'obligation de mettre fin à tous les droits exclusifs ou spéciaux accordés aux organismes des télécommunications en matière de fourniture des services, à l'exception de la fourniture du service de la téléphonie vocale. Cette exception apparaissait comme nécessaire au bon accomplissement de la mission d'intérêt économique général confiée à ces organismes[4].

125. Pour garantir une concurrence loyale, la fourniture des services libéralisés devait être autorisée dans des conditions objectives, transparentes et non-discriminatoires, à tout prestataire de service qui en faisait la demande[5]. En outre, afin de garantir un accès effectif de ces prestataires au réseau public des télécommunications, la Commission, suivant la directive « O.N.P. », mit les États membres, qui maintenaient des droits exclusifs ou spéciaux pour l'établissement et l'exploitation des réseaux publics de télécommunications, dans l'obligation de prendre les mesures nécessaires pour rendre publiques, objectives et non discriminatoires les conditions d'accès aux réseaux[6]. De plus, les spécifications techniques des interfaces nécessaires pour l'utilisation de réseau public de télécommunications devaient faire l'objet d'une publication avant le 31 décembre 1990[7].

126. En outre, la directive « services de télécommunications » exigeait que dans chaque État membre, à partir du 1er juillet 1991, une entité indépendante de l'organisme des télécommunications soit établie pour assurer l'effectivité

---

[1] Dir. 90/387/CEE, préc., art. 2, 6).

[2] Dir. 90/387/CEE, préc., art. 3, §2.

[3] Dir. 90/388/CEE de la Commission du 28 juin 1990 relative à la concurrence dans les marchés des services de télécommunications (J.O.C.E., L 192, du 24 juill. 1990, p. 10).

[4] Dir. 90/388/CEE, préc., art. 2, al. 1.

[5] Dir. 90/388/CEE, préc., art. 2, al. 2.

[6] Dir. 90/388/CEE, préc., art. 4.

[7] Dir. 90/388/CEE, préc., art. 5.

des exigences relatives à la liberté d'accès et la loyauté de la concurrence. Cette entité devait être chargée de « l'attribution des autorisations d'exploitation, du contrôle des agréments et des spécifications obligatoires, l'attribution des fréquences et de la surveillance des conditions d'utilisation »[1]. Cette obligation témoignait d'un renforcement des exigences de la neutralité, puisque l'entité indépendante se voyait confier non seulement la fonction de réglementation *stricto sensu*, mais également le pouvoir de prendre des actes de nature individuelle. La fonction de régulation, identifiée matériellement, commence ainsi à émerger.

127. Enfin, dans le but d'exercer un suivi effectif du respect des différentes dispositions de la directive « services de télécommunications », la Commission imposa aux États membres de lui communiquer toutes les mesures prises en vue de l'application de ces dispositions avant le 31 décembre 1990.

§2. L'ouverture progressive à la concurrence du secteur des télécommunications et l'apparition de l'autorité de régulation

128. La libéralisation progressive du secteur des télécommunications impliquait une réorganisation de l'État, dans sa structure et dans ses missions.

129. Le droit communautaire commandait l'ouverture du secteur des télécommunications à la concurrence en deux temps successifs : une ouverture partielle à la concurrence des marchés des équipements terminaux et des services de télécommunications, puis une ouverture complète par la libéralisation de l'infrastructure. La transformation du rôle de l'État suivait le même rythme. D'abord, une séparation des fonctions de réglementation et d'exploitation accompagnait l'ouverture à la concurrence des marchés des équipements terminaux et des services à valeur ajoutée de télécommunications (A). Puis, une autorité de régulation fut instituée à la veille de l'extension de la concurrence à tous les marchés de télécommunications (B).

A. L'ouverture partielle à la concurrence et la séparation des fonctions de réglementation et d'exploitation

130. L'ouverture à la concurrence du marché des équipements terminaux de télécommunications à la fin des années 1980 et l'ouverture imminente de celui des services de télécommunications commandaient la mise en place des

---

[1] Dir. 90/388/CEE, préc., art. 7.

réformes nécessaires en France dès 1988. Or, le cumul des fonctions au sein du ministère des P.T.T. constituait une pierre d'achoppement sur la voie de la libéralisation : l'administration ne pouvait, au regard des exigences du droit communautaire, être à la fois régulateur et régulée. Il fallait donc opérer un réaménagement institutionnel pour séparer les fonctions de réglementation et d'exploitation. Cette séparation fut tout d'abord fonctionnelle (I), avant d'être organique (II).

I. La libéralisation du marché des équipements terminaux de télécommunications et la séparation fonctionnelle des activités de réglementation et d'exploitation

131. Les autorités françaises tirèrent les conséquences de l'obligation faite aux États, par la directive « équipements de télécommunications » du 16 mai 1988, de créer une entité indépendante de l'organisme chargé de la gestion et de l'exploitation du réseau des télécommunications pour la formulation des spécifications techniques et l'octroi des agréments. Un an après l'adoption de cette directive par la Commission[1], une direction chargée de la réglementation, distincte de France Télécom, dénommée Direction de la réglementation générale (D.R.G.) fut instituée au sein du ministère des P.T.T. par le décret n° 89-327 du 19 mai 1989[2].

132. Ce décret confia à la D.R.G. des attributions variées : la préparation des projets de lois et de règlements relatifs aux activités des différents opérateurs des postes et des télécommunications[3] ; l'instruction des demandes d'autorisation d'établissement et d'exploitation des réseaux de télécommunications[4] ; la rédaction des cahiers des charges correspondants[5] ; le contrôle du respect par les titulaires de ces autorisations des conditions incluses dans les cahiers de charges[6] ; la préparation du projet de répartition des fréquences radioélectriques attribuées par le ministre aux opérateurs autorisés[7] ; la mise en place et la publication des spécifications et des procédures d'agréments relatives aux équipements terminaux de

---

[1] G. MOINE, « Les habits neufs des postes et télécommunications », *RFDA*, 1991, p. 225.

[2] D. n° 89-327 du 19 mai 1989 modifiant le décret n° 86-129 du 28 janvier 1986 portant organisation de l'administration centrale du ministère des P.T.T (J.O.R.F. n° 117, du 21 mai 1989, p. 6412).

[3] Art. 2, al. 5.

[4] Art. 2, al. 5.

[5] Art. 2, al. 5.

[6] Art. 2, al. 6.

[7] Art. 2, al. 7.

télécommunications, ainsi que l'attribution des agréments d'installations terminales[1].

133. La création de cette nouvelle direction annonça une séparation fonctionnelle au sein du ministère des P.T.T. entre France Télécom, la direction chargée de l'exploitation, et la D.R.G., la direction chargée de la réglementation.

134. Cependant, la C.J.C.E. estima dans l'arrêt *Taillandier* du 27 octobre 1993 que la séparation des fonctions de réglementation et d'exploitation entre deux directions distinctes d'un même ministère ne suffisait pas à garantir l'indépendance de l'entité chargée de l'agrément des équipements terminaux de télécommunications par rapport à celle chargée de l'exploitation[2]. Saisie d'une question préjudicielle, la Cour qualifia la direction chargée de l'exploitation commerciale, au sein de l'administration française des P.T.T., d'entreprise publique en vue de l'application de l'article 86 du traité C.E.E. Elle précisa ainsi que « l'exploitation du réseau public et la commercialisation des appareils terminaux (...) confiée à des entités intégrées dans l'administration publique ne saurait soustraire ces dernières à la qualification d'entreprise publique »[3]. La Cour jugea ensuite que « des directions différentes d'une même administration ne sauraient être considérées comme indépendantes l'une de l'autre, au sens de l'article 6 de la directive [du 16 mai 1988 relative à la concurrence dans les marchés d'équipements terminaux de télécommunications] »[4].

135. Cette décision, rendue en 1993, avait une dimension rétrospective dans la mesure où elle concernait la situation antérieure à l'entrée en vigueur de la loi n° 90-658 du 2 juillet 1990 relative à l'organisation du service public de la poste et des télécommunications qui faisait de France Télécom un exploitant public séparé du ministère en charge des P.T.T.

136. Par ailleurs, dans un autre arrêt préjudiciel rendu le même jour[5], la Cour releva que, avant même l'adoption de la directive « terminaux de télécommunications » qui exigeait l'indépendance de l'entité chargée de l'agrément, l'organisme chargé de l'exploitation des télécommunications ne pouvait cumuler des fonctions d'exploitation et de réglementation au regard

---

[1] Art. 2, al. 8.

[2] C.J.C.E., 27 oct. 1993, *Taillandier*, Aff. C-92/91, concl. M. G. TESAURO, 3 juin 1992, Rec. 1993 p. I-05383.

[3] Cons. 14.

[4] Cons. 15. L'article 6 énonçait : « Les États membres assurent qu'à partir du 1 er juillet 1989 la formalisation des spécifications mentionnées à 1 article 5 et le contrôle de leur application ainsi que l'agrément sont effectués par une entité indépendante des entreprises publiques ou privées offrant des biens et/ou des services dans le domaine des télécommunications ».

[5] C.J.C.E., 27 octobre 1993, *Decoster,* Aff. C-69/91, concl. M. G. TESAURO, 3 juin 1992, Rec. 1993 p. I-05373.

de l'article 90-1 du traité C.E.E.[1], lu en combinaison avec l'article 86 du traité C.E.E.

II. La libéralisation du marché des services de télécommunications et la séparation organique des activités de réglementation et d'exploitation

137. À l'occasion de l'ouverture à la concurrence du marché des services de télécommunications, commandée par la directive du 28 juin 1990, une séparation organique entre l'organe de réglementation et l'organe d'exploitation en France a été faite.

138. Après plus d'un siècle durant lequel les activités postales, télégraphiques et téléphoniques étaient réunies dans un même ministère, la loi du 2 juillet 1990 relative à l'organisation du service public de la poste et des télécommunications mit un terme à cette organisation[2].

139. En vertu de cette loi, la Poste et France Télécom furent séparés pour constituer deux exploitants publics, chacun doté de la personnalité morale de droit public[3]. Cette évolution témoignait d'un double mouvement : l'un consistant en la dissociation des postes et des télécommunications ; l'autre aboutissant à la création de deux entités, La Poste et France Télécom, distinctes du ministère en charge des P.T.T.

140. La nouvelle appellation commune d'exploitant public ne relevait pas d'une catégorie juridique traditionnelle du droit administratif. Il ressortait des dispositions de la loi qu'il s'agissait d'une catégorie particulière ou hybride, qui regroupait certaines caractéristiques des établissements publics administratifs (EPA)[4] et des établissements publics industriels et commerciaux (EPIC)[5], à l'instar d'un établissement public à double visage[6]. Cette hybridité était vraisemblablement justifiée par les circonstances dans

---

[1] Devenu l'article 106-1 du traité F.U.E.

[2] L. n° 90-568 du 2 juill. 1990 relative à l'organisation du service public de la poste et des télécommunications (J.O.R.F. n° 157, du 8 juill. 1990, p. 8069).

[3] Art. 1.

[4] L'article 29 par exemple, alors qu'il instaurait un statut particulier pour les fonctionnaires de la Poste et France Télécom, ceux-ci conservaient tout de même le statut de la fonction publique.

[5] L'article 18 énonçait que la Poste et France Télécom étaient soumis aux impôts et taxes en vertu de l'article 1654 du code général des impôts. De plus, l'article 25 précisait que la relation entre les exploitants publics et leurs clients était désormais régie par le droit commun.

[6] L. RAPP, « La réforme du régime juridique des télécommunications en France », *RFDA*, 1991, p. 248.

lesquelles le projet de loi avait été rédigé[1]. Malgré cette nuance, le Tribunal des conflits qualifia les activités de la Poste de service public industriel et commercial (SPIC)[2], avant de reconnaître à la Poste la qualité d'EPIC[3]. Les juridictions judiciaires et administratives retinrent également la même qualification d'EPIC des exploitants publics[4], conformément à l'intention du législateur qui avait prévu l'application, de principe, des règles de droit commun à l'activité de France Télécom, et surtout dans la relation qu'il entretenait avec ses clients[5].

141. Le départ de France Télécom du ministère des P.T.T. témoignait d'une séparation sur le plan structurel de la fonction de réglementation, confiée à la D.R.G. qui relevait du ministère des P.T.T., et des fonctions d'exploitation, attribuées à France Télécom.

142. Néanmoins, la portée de cette séparation était amoindrie par deux limites. D'une part, les exploitants publics étaient sujets à une tutelle exercée par la Direction du service public (D.S.P.) créée à cette fin au sein du ministère des P.T.T.[6] D'autre part, France Télécom continuait à jouer un rôle en matière d'agrément des équipements terminaux à travers le Centre national d'études des télécommunications (C.N.E.T.).

143. Si la tutelle du ministère des P.T.T. sur France Télécom ne posait à ce stade aucun problème au regard du droit communautaire, le rôle joué par l'exploitant public en matière d'agréments des équipements terminaux était problématique[7].

144. Saisie d'une question préjudicielle tendant à savoir si les procédures d'octroi des agréments d'équipements terminaux de télécommunications établies par le droit français respectaient la directive « terminaux de

---

[1] Cette lecture peut trouver une justification en la bataille des rapports de force précédant l'adoption de cette loi. En effet, cette loi était le fruit d'une véritable chasse à pied entre le Gouvernement et les forces syndicales. Cela nécessitait d'entreprendre plusieurs adaptations pour garantir un texte équilibré qui répond tout à la fois aux attentes du pouvoir politique et aux besoins de sécurité de personnel, inquiets sur leur statut.

[2] T.C., 22 nov. 1993, *Matisse,* n° 2876, Rec. p. 410.

[3] T.C., 19 jan. 1998, Syndicat Français de l'Express International (SFEI), n° 3084, Rec. p. 534.

[4] Cass., soc., 22 février 1995, n° 94-60.011 ; TA Marseille, 28 janvier 1992 ; TA Nantes, 7 avril 1993 ; *In* S. SALON, « France Télécom est un établissement public à caractère industriel et commercial », *AJDA,* 1995, p. 475.

[5] E. GUILLAUME, « La réforme des postes et télécommunications : le passage du statut d'usager d'un service administratif à celui de client d'un service public industriel et commercial », *RFDA*, 1991, p. 240.

[6] J. CHEVALLIER, « La réglementation des télécommunications », *AJDA*, 1991, p. 209.

[7] J. CHEVALLIER, « La nouvelle réforme des télécommunications : ruptures et continuités », *RFDA*, 1996, p. 916.

télécommunications » de 1988, et notamment l'exigence de l'indépendance de l'entité chargée de l'octroi de l'agrément, la Cour répondit par la négative[1]. Elle précisa tout d'abord que l'article 6 de ladite directive visait à « exclure tout risque de conflit d'intérêts entre, d'une part, l'autorité régulatrice chargée de formaliser les spécifications techniques, de contrôler leur application et de délivrer les agréments et, d'autre part, les entreprises offrant des biens ou des services dans le domaine des télécommunications »[2]. La Cour releva ensuite que les textes réglementaires nationaux alors en vigueur prévoyaient pour l'octroi d'agrément la soumission de l'équipement à des essais d'un laboratoire reconnu par l'État membre. Or, le Laboratoire d'essai d'agrément (L.E.A.) était le seul à être reconnu par le Gouvernement français. Il faisait partie du C.N.E.T., organisme scientifique rattaché à l'établissement public France Télécom, chargé de l'exploitation du réseau public de télécommunications et de la commercialisation d'équipements terminaux concurrents. La Cour conclut ainsi que dans ces conditions, le L.E.A. ne pouvait être regardé comme une entité indépendante au sens de l'article 6 de la directive.

145. Par ailleurs, si la loi du 2 juillet 1990 opérait une séparation organique et fonctionnelle entre l'entité chargée de la réglementation et l'entité chargée de l'exploitation, il restait encore à mettre en place les règles indispensables pour assurer l'accès des acteurs privés au marché des services des télécommunications. Afin de répondre aux exigences de la directive « services de télécommunications » de 1990 et de garantir l'établissement d'une concurrence effective et loyale avec France Télécom, l'accès devait être assuré dans des conditions objectives, transparentes et non-discriminatoires. C'est dans cette optique que la loi n° 90-1170 du 29 décembre 1990 sur la réglementation des télécommunications fut adoptée[3].

146. En vertu de cette loi, le ministre chargé des télécommunications devait veiller à ce que les fonctions de réglementation des activités relevant du secteur des télécommunications et d'exploitation des réseaux et de fournitures des services de télécommunications soient exercées de manière indépendante[4]. Il devait également garantir un environnement concurrentiel loyal entre tous les fournisseurs des services de télécommunications et l'exploitant public France Télécom pour la fourniture des services ouverts à la concurrence[5]. De plus, le ministre devait veiller à assurer l'accès des

---

[1] C.J.C.E., 9 nov. 1995, *Tranchant*, aff. C-91/94, concl. M. G. TESAURO, 6 juin 1995, Rec. 1995, p. I-3922.

[2] Cons. 19.

[3] L. n° 90-1170 du 29 déc. 1990 sur la réglementation des télécommunications (J.O.R.F. n° 303, du 30 déc. 1990, p. 16439).

[4] Art. L. 32-1, 1.

[5] Art. L. 32-1, 2.

fournisseurs au réseau public des télécommunications dans des conditions objectives, transparentes et non-discriminatoires[1].

147. La loi n° 90-1170 du 29 décembre 1990 distinguait, en matière des réseaux de télécommunications, entre les réseaux ouverts au public et les autres types de réseaux. Elle attribuait à l'exploitant public France Télécom un droit exclusif pour l'établissement et l'exploitation des réseaux ouverts au public. Cependant, le ministre chargé des télécommunications pouvait, si l'intérêt général l'exigeait et sans préjudice du bon accomplissement de la mission d'intérêt général confiée à France Télécom, autoriser toute personne à établir et à exploiter un réseau radioélectrique dans les conditions fixées par un cahier des charges[2]. Les autres types de réseaux (réseaux internes, réseaux indépendants d'une distance inférieure à 300 mètres ou installations radioélectriques à faible portée) pouvaient être librement établis[3], à l'exception des réseaux indépendants d'une distance supérieure à 300 mètres. Pour ces derniers, l'établissement était soumis à autorisation[4].

148. Concernant les services de télécommunications, la loi réservait à France Télécom la fourniture des services téléphoniques au public entre points fixes et des services télex. De plus, l'opérateur public gardait l'exclusivité de l'installation et de la gestion des cabines téléphoniques sur le domaine public[5]. Tous les autres services étaient ouverts à la concurrence dans des conditions variables selon le type de service. Pour la fourniture d'un service-support[6] ou d'un service radiotéléphonique[7], une autorisation fournie par le ministre chargé des télécommunications était requise. Pour tous les autres services, ils pouvaient être fournis librement dans le respect des exigences essentielles[8].

149. Les équipements terminaux de télécommunications n'étaient soumis à aucune autorisation. Néanmoins, ils devaient faire l'objet d'un agrément préalable du ministre compétent pour s'assurer du respect des conditions d'interopérabilité lorsqu'ils étaient destinés à être connectés à un réseau ouvert au public. Les équipements radiotéléphoniques devaient dans tous les cas faire d'objet d'un agrément préalable[9].

---

[1] Art. L. 32-1, 4.
[2] Art. L. 33-1.
[3] Art. L. 33-3.
[4] Art. L. 33-2.
[5] Art. L. 34-1.
[6] Le point 9 de l'article L. 32 définissait le service-support comme « l'exploitation commerciale du simple transport de données, c'est-à-dire d'un service dont l'objet est soit de transmettre, soit de transmettre et d'acheminer des signaux entre les points de terminaison d'un réseau de télécommunications, sans faire subir à ces signaux de traitements autres que ceux nécessaires à leur transmission, à leur acheminement et au contrôle de ces fonctions ».
[7] Art. L. 34-3.
[8] Art. L. 34-5.
[9] Art. L. 34-9.

150. Enfin, le ministre chargé des télécommunications exerçait une fonction de contrôle. Il était habilité à contrôler le respect des dispositions de la loi et des réglementations en vigueur, et des conditions fixées dans les autorisations et dans les cahiers de charges accordés. Il pouvait sanctionner, le cas échéant, leur méconnaissance[1].

B. L'ouverture complète à la concurrence et la création d'une autorité de régulation des télécommunications

151. Le passage de la libéralisation partielle à la pleine concurrence dans les marchés des services et des infrastructures de télécommunications couronna une longue période de transition au niveau communautaire (I). C'est dans ce contexte que la France poursuivit l'adaptation du cadre juridique des télécommunications, et fit le double choix de la création d'une autorité indépendante de régulation (II) et de la 'sociétisation' de l'exploitant public France Télécom (III). De surcroît, les développements ultérieurs que connut le droit communautaire eurent des répercussions sur la définition du marché des télécommunications, et par conséquent sur l'étendue des compétences de l'autorité de régulation (IV).

I. La libéralisation complète des marchés des télécommunications

152. Si la libéralisation des marchés des services de télécommunications s'avérait nécessaire afin de profiter des avantages de la concurrence pour la croissance et l'innovation, l'octroi de droits exclusifs ou spéciaux aux organismes des télécommunications empêchait d'atteindre cet objectif d'une façon optimale.

153. Si la faculté reconnue aux États membres, par la directive « services de télécommunications » du 28 juin 1990, de maintenir des droits exclusifs ou spéciaux sur la fourniture des services de téléphonie vocale pendant une période transitoire était justifiée par l'objectif de permettre aux organismes de télécommunications de rééquilibrer la structure de leurs prix et ainsi d'éviter le phénomène d'écrémage de la part des nouveaux entrants[2], ces droits

---

[1] Art. L. 34-7.

[2] Le phénomène d'écrémage est fortement lié à la pratique de subventionnement croisé, opérée depuis toujours par l'opérateur historique. Elle consistait à financer les pertes induites par la couverture des parties les plus coûteuses du territoire par les recettes tirées des parties les plus rentables. Étant en monopole, le budget de l'opérateur restait globalement équilibré. Le phénomène d'écrémage s'inscrit dans un

exclusifs étaient voués à disparaître dans la perspective de la construction d'un marché pleinement concurrentiel. C'est ainsi que le Conseil, par une résolution du 22 juillet 1993, déclara l'intention de la Commission de libéraliser l'ensemble des services de la téléphonie vocale au plus tard le 1er janvier 1998[1].

154. Forte de ce soutien politique, la Commission, agissant sur le fondement de l'article 90-3 du traité C.E.E., amenda la directive « services de télécommunications » pour y inclure les services de communication par satellite[2], l'utilisation des réseaux câblés de télévision pour la fourniture des services de télécommunications déjà libéralisés[3] et les services de communication mobile[4].

155. Le marché des services de télécommunications allait ainsi être complétement libéralisé. Pourtant, le plein essor de ce marché était fortement conditionné par l'existence de réseaux développés, capables d'accueillir les services innovants dans les meilleures conditions techniques et financières. Or, puisque l'infrastructure restait un monopole de l'opérateur historique, celui-ci était naturellement incité à exploiter sa position dominante sur le marché amont de manière abusive, soit par l'imposition de prix excessifs d'accès au réseau, soit par l'éviction de la concurrence sur le marché aval au moyen de pratiques de compression de marges produisant un effet de ciseau tarifaire.

156. C'est dans cette optique que le Conseil, à l'origine du Livre vert publié par la Commission en 1994[5], adopta une nouvelle résolution tendant à la

---

contexte d'ouverture à la concurrence, où le subventionnement croisé constitue une pratique déloyale. Il consiste pour l'opérateur historique à voir ses nouveaux concurrents s'installer sur les marchés lucratifs, en lui laissant derrière les marchés les moins lucratifs. Puisqu'il a des obligations de service public dans ces marchés peu lucratifs, il connaît une diminution importante de ses recettes, et ainsi un déséquilibre global dans son bilan.

[1] Rés. 93/C 213/01 du Conseil des Communautés européennes du 22 juill. 1993 sur le réexamen de la situation du secteur des télécommunications et de la nécessité de nouveaux développements sur ce marché (J.O.C.E. C 213, du 6 août 1993, p. 1).

[2] Dir. 94/46/CE de la Commission du 13 oct. 1994 modifiant les directives 88/301/CEE et 90/388/CEE en ce qui concerne en particulier les communications par satellite (J.O.C.E. L 268, du 19 oct. 1994, p. 15).

[3] Dir. 95/51/CE de la Commission du 18 oct. 1995 modifiant la directive 90/388/CEE en ce qui concerne la suppression des restrictions à l'utilisation des réseaux câblés de télévision pour la fourniture de services de télécommunications déjà libéralisés (J.O.C.E. L 256, du 26 oct. 1995, p. 0049).

[4] Dir. 96/2/CE de la Commission du 16 jan. 1996 modifiant la directive 90/388/CEE en ce qui concerne les communications mobiles et personnelles (J.O.C.E. L 020, du 26 jan. 1996, p. 0066).

[5] Livre vert sur la libéralisation des infrastructures de télécommunications et des réseaux de télévision par câble du 25 octobre 1994, première partie "principes et calendriers", Com (94) 440 final.

libéralisation des infrastructures de télécommunications[1]. Le 1er janvier 1998 était fixé comme date d'ouverture complète à la concurrence du secteur des télécommunications, tant pour les services que pour les infrastructures[2].

157. Afin de préparer cette ouverture à la concurrence dans les meilleures conditions, la Commission modifia à nouveau la directive « services de télécommunications » du 28 juin 1990[3] en prévoyant la libéralisation tant de l'établissement et de l'exploitation des réseaux publics de télécommunications que de la fourniture de tous les services de télécommunications, qui ne pouvait être soumise qu'à un régime général d'autorisation ou de déclaration. La directive « pleine concurrence » du 13 mars 1996 imposa également aux États membres de veiller à ce que les autorisations, fréquences et numérotations et les obligations afférentes, y compris les obligations financières en rapport avec le service universel, soient octroyées dans des conditions objectives, transparentes, proportionnelles et non-discriminatoires[4]. Enfin, les États membres devaient s'assurer que l'organisme des télécommunications accorde, dans les mêmes conditions, une interconnexion aux opérateurs qui la demandent[5].

II. La création d'une autorité indépendante de régulation : garante de l'impartialité de l'État

158. Avec la séparation des fonctions de réglementation et d'exploitation, l'État français répondait adéquatement aux exigences du droit communautaire à l'ère de l'ouverture des marchés des équipements terminaux et des services de télécommunications à la concurrence. En effet, l'appartenance de l'organe chargé de la réglementation au ministère des P.T.T. n'avait pas encore été remise en cause par les institutions communautaires. Il appartenait à chaque État membre d'adopter la forme institutionnelle qui lui paraissait la plus adéquate en vue d'assurer l'indépendance de cet organe à l'égard des organismes de télécommunications.

159. De même, les développements d'une ouverture complète à la concurrence de tous les marchés des télécommunications en droit communautaire ne changeaient en rien la définition de l'indépendance exigée

---

[1] Rés. 94/C 379/03 du Conseil du 22 déc. 1994 relative aux principes et au calendrier de la libéralisation des infrastructures de télécommunications (J.O.C.E., C 379, du 31 déc. 1994, p. 4).

[2] 3°.

[3] Dir. 96/19/CE de la Commission du 13 mars 1996 modifiant la directive 90/388/CEE en ce qui concerne la réalisation de la pleine concurrence sur le marché des télécommunications (J.O.C.E., L 74, du 22 mars 1996, p. 13).

[4] Art. 2, 3°.

[5] Art. 4*bis*.

de l'entité chargée de la réglementation. L'indépendance sur le plan juridique de celle-ci par rapport à l'organe chargé de l'exploitation restait l'exigence essentielle qu'il appartenait à chaque État membre de respecter[1].

160. Pourtant, la libéralisation complète du secteur des télécommunications, anticipée au 1er janvier 1998, révélait d'avance les difficultés que l'État allait affronter, notamment le risque de son impartialité.

161. En effet, la levée de droits exclusifs que détenait l'exploitant public France Télécom l'aura mis en concurrence directe sur tous les marchés de télécommunications, menaçant ainsi d'éroder sa position sur le marché. C'est le patrimoine de l'État qui entre ainsi en jeu. Si c'est l'État lui-même qui établit les règles du fonctionnement de marché, comment peut-on garantir la neutralité de l'État régulateur qui possède des intérêts financiers dans un des exploitants du marché ? Ne risque-t-il pas de créer un biais à la faveur de son exploitant et au détriment de ses concurrents ?

162. La 'sociétisation' de l'exploitant public ne pouvait résoudre ce dilemme de neutralité de l'État régulateur. Une telle opération aura entraîné l'émergence d'un dilemme équivalent entre l'État actionnaire et l'État régulateur. Comme l'exprimait M. Bruno LASSERRE, « comment lui demander [l'État actionnaire], dans ces conditions [la cotation potentielle du capital de France Télécom en bourse], de s'abstenir de toute pression sur l'aile régulatrice du même État ? Et à supposer qu'il puisse gérer vertueusement ce mouvement de balancier qui, trop répété, pourrait précipiter vers la schizophrénie, comment supposer que les concurrents ou les actionnaires privés cohabitant avec l'État au capital de l'entreprise puissent lui faire crédit, *a priori*, de cette vertu ? »[2].

163. Ainsi, il s'avérait indispensable de prendre les mesures appropriées pour garantir une neutralité de la fonction de régulation qu'assure l'État à l'égard des acteurs du marché.

164. C'est dans cette optique que la solution était trouvée en l'idée de la création d'une autorité administrative indépendante[3].

---

[1] Ce n'est qu'en vertu de l'article 5*bis* de la directive n° 97/51/CE du Parlement européen et du Conseil du 6 octobre 1997 modifiant les directives 90/387/CEE et 92/44/CEE en vue de les adapter à un environnement concurrentiel dans le secteur des télécommunications (J.O.C.E., L 74, du 22 mars 1996, p. 13) que l'indépendance de l'organe de régulation par rapport à l'État, lorsqu'il conserve des participations dans l'organisme des télécommunications, est requise.

[2] B. LASSERRE, « L'Autorité de régulation des télécommunications », *AJDA*, 1997, p. 225.

[3] Même si cette idée n'était pas nouvelle, c'est le changement du contexte qui lui donnait toute sa légitimité. En effet, cette idée avait déjà été soulevée lors des discussions autour de la loi portant sur la réglementation des télécommunications, adoptée en 1990. Cependant, cette idée a été rejetée par le ministre des P.T.T. de l'époque car il s'agissait de la maîtrise d'une infrastructure inséparable de la

165. C'est ainsi, par un projet de loi déposé à l'Assemblée nationale le 3 avril et adopté le 26 juillet 1996, qu'une nouvelle autorité dénommée Autorité de régulation des télécommunications (ART) était créée à compter du 1er janvier 1997[1].

166. Le choix de cette dénomination consacrait le terme de régulation plutôt que celui de réglementation. Le cumul des pouvoirs réglementaires, de contrôle et de sanction semblait caractériser cette nouvelle fonction de régulation. C'est pourquoi cette nouvelle autorité administrative indépendante est dénommée, par le législateur, autorité de régulation et non pas autorité de réglementation.

167. L'ART avait pour mission principale de faciliter l'accès des nouveaux entrants au marché des télécommunications. Elle devait également observer en permanence le comportement des opérateurs qui exercent une influence significative sur le marché pertinent, dans le but de favoriser un développement rapide de la concurrence dans le secteur des télécommunications. Il lui incombait aussi de veiller à la fourniture du service public des télécommunications.

168. Malgré les multiples attributions confiées à l'ART, la loi conservait plusieurs autres attributions au ministre chargé des télécommunications. En d'autres termes, elle opérait une sorte de répartition équilibrée des compétences en matière de régulation entre l'autorité administrative indépendante et l'autorité ministérielle, selon la matière en jeu[2]. Ces compétences se répartissaient en quatre catégories différentes : compétences exclusives du ministre ; compétences exclusives de l'ART ; compétences du ministre sur proposition de l'ART et compétences de l'ART sous réserve de l'homologation du ministre.

169. S'agissant des compétences exclusives du ministre, la loi lui confiait, entre autres, la compétence d'autoriser l'établissement et la gestion des réseaux ouverts au public[3] ; d'autoriser la fourniture des services téléphoniques au public[4] et d'autoriser la fourniture des services de télécommunication utilisant les fréquences hertziennes[5].

170. En ce qui concerne les compétences exclusives de l'ART, la loi lui attribuait les compétences d'autoriser l'établissement et la gestion des réseaux

---

souveraineté de la nation (H. MAISL, « La régulation des télécommunications, changements et perspectives », *RFDA*, 1995, p. 453).

[1] L. n° 96-659 du 26 juill. 1996 de réglementation des télécommunications (J.O.R.F. n° 174, du 27 juill. 1996, p. 11384), art. 36.

[2] J. CHEVALLIER, « La nouvelle réforme des télécommunications : rupture et continuités », *op. cit.*, p. 921.

[3] Art. L. 33-1.

[4] Art. L. 34-1.

[5] Art. L. 34-3. Bien que ces autorisations soient accordées par le ministre chargé des télécommunications, l'instruction des demandes déposées relevait de la compétence de l'ART (art. L. 36-7, 1°).

indépendants ; de recevoir les déclarations de fourniture des services de télécommunications au public autres que les services téléphoniques sur les réseaux audiovisuels[1] ; d'attribuer les ressources rares en fréquences et en numérotation[2] ; d'exercer un droit de regard sur les accords d'interconnexion pour assurer l'égalité des conditions en vue de garantir la libre concurrence et l'interopérabilité[3] ; de désigner les opérateurs qui exercent une influence significative sur le marché et auxquels s'imposent des obligations spécifiques[4] ; de régler les différends entre les opérateurs en matière d'interconnexion et d'utilisation partagée des installations sur le domaine public[5] ; de contrôler le respect des obligations juridiques de la part des opérateurs des réseaux et des services, et de sanctionner, le cas échéant, leurs manquements[6] ; et d'émettre des avis publics sur la tarification et les objectifs tarifaires pluriannuels pour le service universel[7].

171. Par ailleurs, l'ART était dotée d'un pouvoir de proposition portant sur les modalités et conditions d'attribution des ressources en fréquences[8], ainsi que sur les principes et méthodes de fixation des contributions au financement des obligations du service universel[9]. C'est sur le seul fondement de cette proposition que le ministre chargé des télécommunications pouvait prendre sa décision.

172. S'agissant enfin des compétences attribuées à l'ART sous réserve de l'homologation du ministre, elles concernaient l'exercice du pouvoir réglementaire. Cette compétence normative portait sur la formulation des règles relatives aux droits et obligations d'exploitation de réseaux de télécommunications ouverts au public, et la fourniture des services téléphoniques au public ; les conditions techniques et financières d'interconnexion ; l'interopérabilité, la portabilité et au bon usage des fréquences et numéros de téléphone ; et les conditions d'établissement et d'exploitation des réseaux indépendants soumis à autorisation, et des réseaux libres[10].

---

[1] Art. L. 34-4.
[2] Art. L. 36-7, 6°.
[3] Art. L. 34-8.
[4] Art. L. 36-7, 7°.
[5] Art. L. 36-8.
[6] Art. L. 36-11.
[7] Art. L. 36-6.
[8] Art. L. 33-1.
[9] Art. L. 36-7, 4°.
[10] Art. L. 36-6.

III. La privatisation de France Télécom

173. Si le statut d'EPIC de France Télécom, résultant de la loi n° 90-568 du 2 juillet 1990, lui permettait de jouir d'une certaine souplesse de gestion, il n'en reste pas moins que l'opérateur France Télécom était accablé par les nombreuses contraintes qu'emportait son statut.

174. D'abord, le statut d'EPIC « n'[était] plus adapté au nouvel environnement des télécommunications »[1], qui appelait un renforcement des partenariats internationaux. L'absence de capital social de France Télécom l'empêchait de nouer des alliances commerciales stratégiques par le biais de participations croisées[2].

175. Ensuite, le statut de France Télécom rendait ses plans stratégiques tributaires de la seule volonté du ministre de tutelle, limitant ainsi sa liberté de gestion. Inversement, « la présence d'actionnaires et de partenaires autres que l'État au sein de son conseil d'administration [était] de nature à enrichir sa réflexion stratégique »[3].

176. De surcroît, le statut d'EPIC emportait la soumission de France Télécom au principe de spécialité qui signifie que l'établissement public, dont la création a été justifiée par la mission qui lui a été confiée, n'a pas de compétence générale au-delà de cette mission. Conformément à l'interprétation donnée par le Conseil d'État au principe de spécialité, France Télécom ne pouvait exercer des activités industrielles et commerciales en dehors de la mission de service public qui lui avait été attribuée par la loi qu'à une double condition : d'abord, ces activités annexes devaient constituer, techniquement et commercialement, un complément normal de sa mission statutaire principale ; ensuite, ces activités devaient être d'intérêt général et directement utiles à l'établissement public, notamment pour son adaptation à l'évolution technique, à la bonne gestion des intérêts confiés à l'établissement, au savoir-faire de ses personnels, à la vigueur de sa recherche et à la valorisation de ses compétences[4]. Les contraintes résultant du principe de

---

[1] Projet de loi relatif à l'entreprise nationale France Télécom, exposé des motifs, Doc., Sénat n° 391, 1995-1996, p. 2.

[2] *Ibid.*

[3] Rapport fait au nom de la commission des Affaires économiques et du Plan sur le projet de loi relatif à l'entreprise nationale France Télécom, par M. Gérard LARCHER, Doc. Sénat n° 406, 1995-1996, p. 7.

[4] La relativisation du principe de spécialité des établissements publics, et notamment des EPIC, trouve son origine dans l'avis rendu par le Conseil d'État en 1994 relatif à la diversification des activités des deux EPIC, Électricité de France (E.D.F.), et Gaz de France (G.D.F.). (C.E., avis Sect., 7 juill. 1994, *diversification des activités d'EDF/GDF*, n° 356089).

spécialité limitaient donc considérablement les possibilités de diversification des activités de France Télécom.

177. Enfin, le statut de France Télécom faisait obstacle au recours à l'arbitrage pour résoudre les litiges nés dans le cadre de ses relations contractuelles. En effet, en tant que personne morale de droit public, il lui était interdit, selon une jurisprudence constante du Conseil d'État[1], de se soumettre à l'arbitrage, à moins qu'une disposition législative ou conventionnelle n'en dispose autrement. Or ce mode de règlement des différends était essentiel pour résoudre les litiges avec ses partenaires internationaux.

178. C'est pour ces raisons qu'un projet de loi visant à transformer France Télécom d'EPIC en société commerciale fut déposé au Sénat le 29 mai 1996.

179. Or, la transformation de France Télécom, personne morale de droit public chargée du service public des télécommunications, en une société commerciale ne pouvait s'effectuer sans poser des problèmes d'ordre constitutionnel, notamment au regard du neuvième alinéa du Préambule de la Constitution du 27 octobre 1946 qui énonce que : « Tout bien, toute entreprise, dont l'exploitation a ou acquiert les caractères d'un service public national ou d'un monopole de fait, doit devenir la propriété de la collectivité ».

180. C'est sur ce fondement qu'un certain nombre de députés saisirent le Conseil constitutionnel en invoquant l'inconstitutionnalité de l'article 1 de ce projet de loi relatif à la transformation de France Télécom en une société anonyme[2].

181. Les députés soutenaient que la transformation du statut du France Télécom méconnaissait les principes à valeur constitutionnelle régissant le service public. Ils soutenaient, par ailleurs, que le projet de loi ne prévoyait pas de garanties contre une éventuelle privatisation de France Télécom.

182. Dans sa décision[3], le Conseil confirmait tout d'abord la qualité de l'entreprise nationale France Télécom en tant que service public national au sens du neuvième alinéa du Préambule de la Constitution du 27 octobre 1946 précité. Cette qualification tenait au transfert des missions de service public de télécommunications, antérieurement confiées à son prédécesseur, à l'entreprise nationale France Télécom. C'est uniquement sur la base de la

---

[1] C.E., Ass., 13 déc. 1957, *Société nationale de vente des surplus*, Rec. p. 677. V. également C.E., avis, 6 mars 1986, n° 339710, EDCE 1987, n° 38, p. 178 : « il résulte des principes généraux du droit public français (...), que les personnes morales de droit public ne peuvent pas se soustraire aux règles qui déterminent la compétence des juridictions nationales en remettant à la décision d'un arbitre la solution des litiges auxquels elles sont parties ».

[2] Le point 1 de l'article 1 énonçait : « La personne morale de droit public France Télécom mentionnée à l'article premier est transformée à compter du 31 décembre 1996 en une entreprise nationale dénommée France Télécom, dont l'État détient directement plus de la moitié du capital social ».

[3] Cons. const., 23 juill. 1996, n° 96-380 DC du 23 juill. 1996, *Loi relative à l'entreprise nationale France télécom*.

volonté du législateur de confier ces missions à l'entreprise nationale France Télécom que le Conseil constitutionnel estimait que France Télécom en sa nouvelle qualité constituait un service public national. Le Conseil constitutionnel considérait donc qu'il ne s'agit pas d'un service public constitutionnel obligatoire, mais bien d'un service public créé et maintenu par la volonté du législateur[1]. Puis le Conseil relevait que cette qualification était protégée par la participation majoritaire directe de l'État dans son capital[2].

183. Ensuite, le Conseil constitutionnel précisait que le nouveau statut de France Télécom ne compromettait pas l'accomplissement des missions de service public attribuées à l'entreprise publique. Cette lecture du Conseil reposait sur deux fondements. En premier lieu, le contrôle effectué à l'égard de France Télécom en vertu de l'article 8 de la loi du 2 juillet 1990 par la formulation du cahier des charges qui précise les conditions dans lesquelles l'entreprise nationale allait exercer ses fonctions constituait, selon le Conseil constitutionnel, une garantie de l'accomplissement des missions de service public. En second lieu, le nouvel article 23-1, inséré par la loi déférée dans la loi du 2 juillet 1990, imposait des limites au transfert des biens de l'entreprise nationale France Télécom dans la mesure où cette disposition interdisait le transfert de « tout élément d'infrastructure des réseaux de télécommunications (…) nécessaire à la bonne exécution par France Télécom des obligations de son cahier des charges, et notamment à la continuité du service public »[3].

184. Par conséquent, le Conseil a conclu à la conformité de l'article 1 de la loi déférée à la Constitution.

185. Par la loi n° 96-660 du 26 juillet 1996[4], l'exploitant public France Télécom fut donc transformé en société anonyme régie, sauf exception, par les dispositions législatives et réglementaires applicables aux sociétés commerciales[5]. Cette transformation du statut juridique de France Télécom n'impliquait cependant pas sa privatisation, dans la mesure où l'État détenait directement la totalité de son capital social.

---

[1] G. QUIOT, « De l'inconstitutionnalité de la loi du 31 décembre 2003 relative aux obligations des télécommunications et à France Télécom », *AJDA*, 2005, p. 816.

[2] Cons. 4.

[3] Cons. 6.

[4] L. n° 96-660 du 26 juill. 1996 relative à l'entreprise nationale France Télécom (J.O.R.F. n° 174, du 27 juill. 1996, p. 11398).

[5] Malgré le changement du statut de France Télécom, son personnel, via les négociations qui accompagnaient le projet de réforme, pouvait conserver son statut de fonction publique. C'était certes contradictoire de placer des fonctionnaires publics au service d'une personne morale de droit privé exerçant une activité commerciale, mais le Conseil d'État a résolu ce dilemme en relevant que France Télécom était soumise aux pouvoirs de l'État parce qu'elle exerçait une mission de service public (C.E., Ass., (Sections des travaux public et des finances réunies), 18 nov. 1993, n° 355 255-18).

186. Afin d'alléger l'influence de l'État sur les plans stratégiques de France Télécom et de profiter de la capitalisation boursière et de la prise des participations croisées avec des partenaires internationaux, la voie de la privatisation fut suivie[1]. Il fut décidé au cours de l'année 1997, d'ouvrir le capital de France Télécom aux participations minoritaires du secteur privé[2]. C'est ainsi que la première tranche du capital social de France Télécom fut privatisée. France Télécom demeurait néanmoins une entreprise du secteur public au sens de l'article 34 de la Constitution en raison de la détention par l'État de la majorité de son capital social[3].

187. En imposant la détention, directe ou indirecte, par l'État de la majorité du capital social de France Télécom, la loi n° 96-660 du 26 juillet 1996 faisait obstacle à toute réduction de la participation de l'État en dessous de 50 % du capital de France Télécom.

188. Afin de dépasser ce cap pour répondre aux souhaits de privatisation, il était nécessaire d'inscrire l'entreprise nationale France Télécom sur la liste annexée à la loi n° 93-923 du 19 juillet 1993 de privatisation[4]. C'est pour cette raison que la loi n° 2003-1365 du 31 décembre 2003[5] inscrivit France Télécom sur ladite liste, ouvrant ainsi la voie à sa privatisation complète.

189. C'est dans cette optique que l'organisation des procédures tendant au transfert de France Télécom du secteur public au secteur privé fut confiée au ministre de l'Économie en 2004[6]. Sur cette base, il prit l'arrêté définissant les modalités de la privatisation[7]. Cet arrêté permit de finaliser le transfert à la fin de la même année, minorant la participation de l'État qui passa en dessous de 50% du capital, marquant ainsi la privatisation de France Télécom dans le

---

[1] O. FAUQUEUX et E. GUILLAUME, « Transformation en société anonyme et ouverture du capital : La métamorphose juridique de France Télécom », *La semaine juridique Entreprises et Affaires*, 1998, p. 514.

[2] D. n° 97-13 du 13 jan. 1997 autorisant le transfert au secteur privé d'une participation minoritaire de l'État au capital de l'entreprise nationale France Télécom (J.O.R.F. n° 11, du 14 jan. 1997, p. 649) ; A. du 6 octobre 1997 fixant les modalités du transfert au secteur privé et aux membres et anciens membres du personnel d'une participation minoritaire de l'État au capital de l'entreprise nationale France Télécom (J.O.R.F. n° 233, du 7 oct. 1997, p. 14515).

[3] G. QUIOT, *op. cit.*, p. 813.

[4] L. n° 93-923 du 19 juill. 1993 de privatisation (J.O.R.F. n° 166, du 21 juill. 1993, p. 10255).

[5] L. n° 2003-1365 du 31 déc. 2003 relative aux obligations de service public des télécommunications et à France Télécom (J.O.R.F. n° 1, du 1er jan. 2004, p. 9), art. 7.

[6] D. n° 2004-387 du 3 mai 2004 relatif au transfert du secteur public au secteur privé de la société France Télécom en application de la loi n° 2003-1365 du 31 déc. 2003 (J.O.R.F. n° 104, du 4 mai 2004, p. 7928).

[7] A. du 3 sep. 2004 fixant le prix et les modalités d'attribution d'actions de la société France Télécom (J.O.R.F. n° 206, du 4 sep. 2004, p. 15673).

sens propre du terme, et son glissement statutaire d'entreprise publique à entreprise privée[1].

IV. L'ART à l'ère des communications électroniques : l'apparition de l'ARCEP

190. Les développements dont témoignait le droit communautaire ne s'arrêtaient pas à l'ouverture à la concurrence des marchés des services et des infrastructures de télécommunications à compter du 1er janvier 1998. Le caractère dynamique d'un secteur évolutif et les synergies qu'il entretenait avec des secteurs voisins comme celui de l'audiovisuel et de la technologie de l'information du fait de la rapide avancée technologique nécessitait l'adaptation permanente du cadre juridique communautaire pour assurer la plus grande cohérence.

191. C'est dans cet esprit que le droit communautaire apportait de nouveaux développements avec l'adoption de la directive « cadre » du 7 mars 2002[2] qui faisait partie du premier paquet télécom adopté en 2002[3]. En vertu de la

---

[1] G. QUIOT, *op. cit.*, p. 813.

[2] Dir. 2002/21/CE du Parlement européen et du Conseil du 7 mars 2002 relative à un cadre réglementaire commun pour les réseaux et services de communications électroniques, préc.

[3] Le deuxième paquet télécom consiste en une série de directives et de décisions prises par le Parlement européen et le Conseil, et autrefois par la Commission, dans le cadre de l'ouverture à la concurrence du secteur des communications électroniques. Il est destiné à régir tous les aspects des réseaux et services de communications électroniques. Il contenait une directive principale, dite directive « cadre » (Dir. 2002/21/CE du Parlement européen et du Conseil du 7 mars 2002 relative à un cadre réglementaire commun pour les réseaux et services de communications électroniques (J.O.C.E., L 108, du 24 avril 2002, p.33), dite directive « cadre »). En sus du directive « cadre », le paquet comportait cinq autres directives et décisions relatives : à l'accès (Dir. 2002/19/CE du Parlement européen et du Conseil du 7 mars 2002 relative à l'accès aux réseaux de communications électroniques et aux ressources associées, ainsi qu'à leur interconnexion (J.O.C.E., L 108, du 24 avril 2002, p. 7), dite directive «accès») ; à l'autorisation (Dir. 2002/20/CE du Parlement européen et du Conseil du 7 mars 2002 relative à l'autorisation de réseaux et de services de communications électroniques (J.O.C.E., L 108, du 24 avril 2002, p. 21) , dite directive « autorisation ») ; au service universel (Dir. 2002/22/CE du Parlement européen et du Conseil du 7 mars 2002 concernant le service universel et les droits des utilisateurs au regard des réseaux et services de communications électroniques (J.O.C.E. L 108, du 24 avril 2002, p. 51), dite directive «service universel») ; au spectre radioélectrique (Décision 676/2002/CE du Parlement européen et du Conseil du 7 mars 2002 relative à un cadre réglementaire pour la politique en matière de spectre radioélectrique dans la Communauté européenne (J.O.C.E. L 108, du 24 avril 2002, p. 1), dite décision

directive « cadre », le terme « télécommunications » a été remplacé par celui plus générique de « communications électroniques »[1]. Ce glissement sémantique témoigne d'un renoncement à la distinction des réseaux selon l'usage qu'on en fait : télécommunications, d'une part, et audiovisuel, d'autre part. Ainsi, la différence de contenu et de finalité ne justifiait plus un traitement juridique différencié des réseaux qui fonctionnent selon les mêmes modalités techniques. Le terme « communications électroniques » englobe donc désormais toute transmission des données par voie électronique, peu importe le contenu de ces données transmises.

192. Les directives de ce premier parquet télécom furent transposées en droit français par la loi n° 2004-669 du 9 juillet 2004[2]. Outre les assouplissements qu'elle comportait en matière d'établissement et de fourniture des réseaux et des services de télécommunications, cette loi donnait une définition large des réseaux des communications électroniques, pour couvrir son nouveau champ étendu[3]. Cet élargissement se répercuta naturellement sur l'étendue des compétences de l'ART, devenue le régulateur des communications électroniques.

193. Au lendemain de ces développements, à l'occasion de la transposition de la deuxième directive postale[4], la loi n° 2005-516 du 20 mai 2005 relative

---

« spectre radioélectrique ») ; et à la concurrence (Dir. 2002/77/CE de la Commission du 16 septembre 2002 relative à la concurrence dans les marchés des réseaux et des services de communications électroniques (J.O.C.E. L 249, du 17 sep. 2002, p. 21)).

[1] En vue de délimiter les frontières de ce concept de communications électroniques, l'article 2-C de la directive « cadre » précisait que les services de communications électroniques sont ceux qui « consiste[nt] entièrement ou principalement en la transmission de signaux sur des réseaux de communications électroniques ». Ainsi, n'étaient pas considérés comme services de communications électroniques les services de contenu audiovisuel, et les services de technologie de l'information, comme ceux relevant du commerce électronique.

[2] L. n° 2004-669 du 9 juill. 2004 relative aux communications électroniques et aux services de communication audiovisuelle (J.O.R.F. n° 159, du 10 juill. 2004, p. 12483).

[3] L'article L. 32, 2° du C.P.C.E. énonçait : « On entend par réseau de communications électroniques toute installation ou tout ensemble d'installations de transport ou de diffusion ainsi que, le cas échéant, les autres moyens assurant l'acheminement de communications électroniques, notamment ceux de commutation et de routage.
Sont notamment considérés comme des réseaux de communications électroniques : les réseaux satellitaires, les réseaux terrestres, les systèmes utilisant le réseau électrique pour autant qu'ils servent à l'acheminement de communications électroniques et les réseaux assurant la diffusion ou utilisés pour la distribution de services de communication audiovisuelle ».

[4] Dir. 2002/39/CE du 10 juin 2002 du Parlement européen et du Conseil modifiant la directive 97/67/CE en ce qui concerne la poursuite de l'ouverture à la concurrence des services postaux de la Communauté (J.O.C.E. L 176, du 5 juill. 2002, p. 21).

à la régulation des activités postales[1] confia à l'ART, en plus de ses attributions en matière de communications électroniques, des compétences relatives à la régulation du secteur postal. En conséquence, l'ART devint l'Autorité de régulation des communications électroniques et des postes (ARCEP)[2].

194. Encore plus récemment, une nouvelle compétence de régulation de la distribution de la presse s'est vue ajoutée aux compétences de l'ARCEP[3]. Cette compétence n'a pas affecté la dénomination de l'autorité : « Dans un souci de simplicité, [l'autorité] conserve son identité 'Arcep', accueillant dans le 'p' à la fois ses missions postales et ses missions de distribution de la presse »[4].

Section II.
La libéralisation transposée des télécommunications et l'émergence d'une autorité de régulation sectorielle en Égypte

195. Dès le début du XXe siècle, l'État égyptien imposait son monopole sur tous les moyens de télécommunications. Les évolutions technologiques et la libéralisation progressive du secteur des télécommunications dans un bon nombre de pays à partir des années quatre-vingt restaient sans influence. Le régime de la gestion en monopole des télécommunications en Égypte fut maintenu.

196. C'est uniquement sous l'effet de pressions macroéconomiques au début des années quatre-vingt-dix que toute l'économie égyptienne allait entrer en phase de transition vers l'économie de marché. Dans le prolongement de cette transition, la libéralisation du secteur des télécommunications allait être pensée, notamment pour accompagner le mouvement global de libéralisation de l'échange en services. La transition économique au niveau national et la libéralisation du commerce en services au niveau international formèrent donc les premières prémices de l'ouverture à la concurrence du secteur des télécommunications (§1).

---

[1] L. n° 2005-516 du 20 mai 2005, relative à la régulation des activités postales (J.O.R.F. n° 117, du 21 mai 2005, p. 8825, texte n° 1).

[2] Art. 14.

[3] L. n° 2019-1063 du 18 oct. 2019 relative à la modernisation de la distribution de la presse (J.O.R.F. n° 0244, du 19 oct. 2019, texte n° 1)

[4] ARCEP, communiqué de presse, disponible sur : https://www.arcep.fr/actualites/les-communiques-de-presse/detail/n/distribution-de-la-presse.html, consulté le 25 octobre 2019.

197. C'est dans ce cadre mouvant que le secteur des télécommunications s'ouvrait progressivement à la concurrence, suivant en cela le modèle international promu par les institutions financières internationales, et qu'un régulateur sectoriel émergea (§2).

§1. L'inscription de la libéralisation des télécommunications dans la nouvelle orientation économique libérale de l'État

198. L'ouverture à la concurrence du secteur des télécommunications et la transformation conséquente du rôle de l'État dans ce secteur ont des causes macroéconomiques.

199. D'abord, la transition économique vers l'économie du marché, entreprise au début des années 1990, marqua un retrait substantiel de l'État de la vie économique. Ensuite, une économie d'essence libérale basée sur le marché et la concurrence s'installa (A).

200. À l'aune de la libéralisation du commerce international des services sous l'auspice de l'Organisation mondiale du commerce (O.M.C.), le secteur des télécommunications a été directement visé : son cloisonnement entravait le commerce international de services. Cela ouvrit la voie à sa libéralisation (B).

A. Le passage à l'économie de marché et le décloisonnement du secteur des télécommunications

201. Après quatre décennies d'interventionnisme étatique dans l'économie, l'économie égyptienne a subi une crise importante à la fin des années 1980. Afin d'y remédier, elle est entrée dans une phase de transition vers l'économie de marché (I).

202. La transition économique avait produit des effets sensibles sur le secteur des télécommunications, jusqu'alors dominé par une administration d'État, *Arab Republic of Egypt National Telecommunications Organization* (ARENTO). L'ouverture de l'économie égyptienne aux capitaux étrangers et les évolutions technologiques des années 1990 ont débouché sur une timide ouverture à la concurrence du secteur des télécommunications (II).

I. L'adhésion à l'économie de marché

203. L'économie égyptienne d'esprit socialiste, se trouvait, dans les années 1980, face à une crise économique imminente : de faibles perspectives de croissance économique, une monnaie surévaluée et un immense secteur public improductif (a). L'Égypte n'avait donc d'autres choix que de recourir aux institutions financières internationales pour demander leur assistance. En contrepartie, l'État s'est engagé à se soumettre aux conditions de libéralisation associées à l'aide internationale (b).

a. L'impasse économique des années 1980

204. L'économie égyptienne souffrait durant les années 1980 d'un déséquilibre structurel chronique. Les symptômes étaient un déséquilibre manifeste de la balance des paiements, un déficit budgétaire important associé à un recours récurrent à l'endettement et des taux d'inflation considérables empêchant tout développement durable[1].

205. Malgré les politiques d'ouverture économique adoptées au milieu des années 1970, le maintien des taux de change artificiellement en dessous de leur vraie valeur et l'ouverture du marché égyptien à l'importation créaient une culture prédatrice de consommation des produits de luxe. L'offre extensive de ces produits n'avait pas une contrepartie locale pouvant combler le fossé existant entre l'offre et la demande. Le déficit engendré par l'importation était donc massif[2].

206. Durant les années 1980, la situation économique ne cessait de se dégrader à cause notamment de la politique de recrutement massif de fonctionnaires publics héritée de l'ère nassérienne, marquée par le socialisme et le lourd subventionnement des produits alimentaires. En plus, la politique économique expansionniste, adoptée à la suite de l'euphorie de la hausse des prix du pétrole facilitait le recours aux emprunts pour couvrir le déficit récurrent. La rente pétrolière future était censée financer ces emprunts. Or avec la chute dramatique des prix du pétrole en 1986, le budget de l'État souffrait d'un assèchement extrême. Cela justifiait le recours à l'endettement pour renflouer les caisses de l'État, qui entrait ainsi dans un cycle vicieux d'endettement. Vu le recours récurrent à l'endettement dont le coût était

---

[1] K. KORAYEM, « Egypt's Economic Reform and Structural Adjustment (ERSAP) », The Egyptian Centre for Economic Studies (ECES), p. 1, disponible sur : http://www.eces.org.eg/cms/NewsUploads/Pdf/2019_1_7-9_50_21aaa.pdf.

[2] S. ALISSA, « The Political Economy of Reform in Egypt: Understanding the Role of Institutions », Carnegie Endowment for International Peace, 2007, p. 7, disponible sur : https://carnegieendowment.org/files/cmec5_alissa_egypt_final.pdf.

exorbitant, la dette atteignait des taux insoutenables[1]. L'économie égyptienne se trouvait donc dans une réelle impasse, confrontée à une vulnérabilité grandissante et à un déséquilibre structurel considérable, menant jusqu'à l'incapacité de remboursement.

b. Le Programme d'ajustement structurel (PAS) et la voie vers l'économie de marché

207. Le rapprochement des pays en voie de développement des institutions financières mondiales de *Bretton Woods*, le Fond monétaire international (F.M.I.) et la Banque mondiale (B.M.), fut récurrent à la fin des années 1980. En raison de leur dépendance économique de matières premières et de leur modèle économique socialiste, ces pays étaient confrontés à des problèmes de déséquilibre économique structurel et de vulnérabilité face à la conjoncture. L'Égypte n'y faisait pas exception[2].

208. Devant la crise économique, l'Égypte sollicitait l'aide de ces deux institutions, qui acceptaient de soutenir l'économie égyptienne sous la condition du respect par le Gouvernement d'un certain nombre d'exigences. Les conditions de leur aide étaient destinées à rétablir l'économie égyptienne de manière durable par l'adoption d'un plan de redressement structurel.

209. C'est ainsi que l'Égypte signait en 1991 un accord d'assistance financière avec le F.M.I. et la B.M. dénommé Programme d'ajustement structurel (PAS). En vertu de cet accord, l'Égypte s'engageait à mettre en place un certain nombre de réformes structurelles dans l'optique d'achever un retrait graduel de l'État de la sphère économique pour céder la place au secteur privé, aperçu comme seul capable de dynamiser l'économie. Ces réformes reposaient sur la restructuration du secteur public par la transformation du statut des entreprises d'État et leur privatisation ; l'élimination des barrières à l'investissement, aux importations et aux exportations ainsi que la libéralisation du commerce ; et l'assouplissement de la politique monétaire[3].

---

[1] Le niveau de la dette publique par rapport au produit national brut (PNB) s'est élevé de 20% en 1974 à 132% en 1988 (É. BRAUD, *Le tournant néolibéral des années 1990 en Égypte, des réformes économiques aux compounds du désert Une approche d'économie politique*, mémoire du Master I, École des hautes études en sciences sociales de Paris, 2012, p. 14).

[2] P. GUILLAUMONT et S. GUILLAUMONT, « Les conséquences sociales de l'ajustement en Afrique selon la politique de change », *Politique africaine*, 1992, p. 101.

[3] M. A. WAHAB, « Economic Reform and Structural Adjustment Program (ERSAP) & Privatization », *Middle East Review of Public Administration (MERPA)*, 2017, p. 1, disponible sur : https://merpa.scholasticahq.com/article/2760.pdf.

II. Une timide ouverture à la concurrence du secteur des télécommunications

210. Le secteur des télécommunications n'était pas étranger aux réformes économiques importantes qui se sont produites. Le rapport indissociable entre les réformes entreprises sous l'impulsion du F.M.I. et de la B.M. et les prémices de la libéralisation du secteur des télécommunications a été maintes fois mis en évidence[1].

211. En effet, la tendance globale à la libéralisation de tous les aspects de la vie économique facilitait l'ouverture progressive du secteur des télécommunications aux capitaux étrangers. Cette ouverture ne s'inscrivait pas dans le cadre de la pleine concurrence, mais plutôt dans le contexte d'une ouverture partielle à la concurrence pour les activités complémentaires à celles de l'ARENTO et dans le cadre de ses partenariats avec des sociétés étrangères[2].

212. Avec l'essor des services à valeur ajoutée et de la téléphonie mobile dans les années 1990, l'ARENTO libéralisa le marché des équipements terminaux de paging et de la téléphonie mobile, sous réserve de l'obtention d'une licence[3]. Cette libéralisation visait à rentabiliser les investissements de l'ARENTO pour l'établissement de son premier réseau sans-fil.

213. Or, cette libéralisation ne garantissait aucun droit à une concurrence loyale, car l'entrée sur le marché était conditionnée à l'obtention d'une licence

---

[1] L. HASSANIN, « Global information society watch », Association for progressive communciations (APC) and third world institute (ITem), 2007, p. 1 ; A. EL-HADDAD, « The causal chain of market-based reform in Egyptian voice telecommunications », *Journal of Development Effectiveness*, 2015, p. 499 ; A. BADAWI, « Investing in Egyptian telecom », *Connect-world*, 2007, p. 1. D'ailleurs, cette situation ne concernait pas seulement l'Égypte : « les gouvernements de la plupart des pays en développement, notamment ceux de l'Afrique sub-saharienne, ont décidé de réformer leurs services publics afin de bénéficier d'importants soutiens financiers auprès des institutions financières internationales (IFI), et non forcément parce qu'ils tenaient à accroître l'efficacité de l'État ou des secteurs industriels concernés » (F.A. LEAUTIER et P. NOUMBA UM, « La régulation des industrices de réseau est-elle en crise ? Regard sur l'Amérique latine et l'Afrique », in *Economie et droit de la régulation des infrastructures. Perspectives des pays en voie de développement*, L.G.D.J., 2008, p. 22).

[2] L'ARENTO, via son partenariat avec la société française Alcatel, fournissait des services de téléphonie mobile au public sur un réseau sans-fil selon la technologie G.S.M. 900 en 1996 (A. M. BELAL, *الاتصالات والمعلوماتية فى مصر. الواقع والمستقبل حتى عام 2000 [Les télécommunications et l'informatique en Égypte. Le présent et le futur jusqu'à l'année 2020]*, Al-Maktaba Al-Academia, 2003, p. 49).

[3] G. RACHTY, « Egypt », In E. M. NOAM (dir.), *Telecommunications in Africa*, Oxford Scholarship Online, 1991, pp. 45-46.

délivrée par l'ARENTO lui-même. L'accès au marché était donc tributaire de la bonne volonté de l'ARENTO[1]. De plus, la loyauté de la concurrence entre l'ARENTO et les nouveaux entrants n'était garantie par aucun texte juridique, notamment en l'absence d'une loi générale sur la concurrence[2]. Ainsi, l'ARENTO « [jouait] le double rôle [d']exploitant et [de] régulateur du secteur »[3].

214. C'est dans ce contexte qu'une première tentative de séparation des fonctions de réglementation et d'exploitation a vu le jour. Afin d'assurer une loyauté de concurrence dans les marchés libéralisés de télécommunications, un projet de décret visa à établir une commission indépendante composée de cinq membres pour réguler ces marchés. Ce comité devait constituer le noyau d'un régulateur sectoriel indépendant. Or, ce décret n'a jamais été adopté[4].

215. Bien que ces développements ne constituent pas une véritable transformation du secteur, ils ouvraient la voie à une participation accrue des acteurs privés au secteur des télécommunications. Ils constituaient ainsi des prémices importantes d'une réforme imminente du secteur. C'est notamment sous l'effet des négociations de l'O.M.C. que le secteur allait s'ouvrir véritablement à la concurrence.

B. La libéralisation du secteur des télécommunications dans le cadre de l'O.M.C.

216. La libéralisation du commerce des services au niveau mondial impliquait de nécessaires adaptations structurelles dans des secteurs économiques clés dans les États membres de l'O.M.C. L'importance du secteur des télécommunications était dès lors mise en évidence.

217. Avec la conclusion de l'accord de Marrakech[5], un certain nombre d'États membres de l'O.M.C. se sont engagés progressivement dans la voie de la libéralisation du secteur des télécommunications. Le cours des négociations conduisait à l'achèvement du quatrième protocole sur les

---

[1] A. GALAL, Welfare impact of telecom reform in Egypt: An ex ante analysis, In S. FAWZY et A. GALAL (dir.), *Partners for development. New roles for government and private sector in the Middle East and North Africa*, 1999, p. 142.

[2] Ce n'est qu'en 2005 qu'une loi sur la concurrence a été adoptée en Égypte (L. n° 3-2005 du 15 fév. 2005 relative à la protection de la concurrence et l'interdiction des pratiques anticoncurrentielles (J.O.R.A.E. n°6*bis*, du 15 fév. 2005, p. 5)).

[3] Traduction libre de : « Telecom Egypt plays a dual role operating and regulating the sector » (A. Galal, *op.cit.*, p. 141).

[4] *Ibid.*, p. 142.

[5] Accord instituant l'Organisation mondiale du commerce (accord de Marrakech), fait à Marrakech le 15 avril 1994.

services de base des télécommunications[1] (I) et à la publication d'un document de référence[2] (II) pour la libéralisation du secteur. Ces documents exerçaient une influence sur la stratégie de l'Égypte dans la libéralisation du secteur des télécommunications.

I. L'accord de Marrakech et la libéralisation des services de télécommunications

218. La signature de l'accord de Marrakech en 1994 annonçait le début d'une nouvelle ère pour le commerce international, dorénavant ouvert non seulement à l'échange des biens, mais également à celui des services.
219. La signature de cet accord par l'Égypte allait de pair avec son plan de transition économique. L'adhésion à ce mouvement global de libéralisation pouvait accroître sa part dans le commerce international[3].
220. À la différence de l'échange des biens, l'échange des services au niveau international impliquait un changement dans la forme et la modalité. Les vecteurs que ces services allaient emprunter n'étaient plus des routes ni des ports mais plutôt des moyens de télécommunication, désormais aperçus comme les autoroutes de l'information. Le développement du commerce des services était donc tributaire du développement du secteur des télécommunications.
221. C'est pour cette raison que les pays développés se sont engagés dans de longues négociations à propos de l'ouverture à la concurrence du secteur des télécommunications. Ces négociations ont abouti, dès la signature de l'accord de Marrakech, à un accord sur la libéralisation des services à valeur ajoutée de télécommunications. La question de l'ouverture à la concurrence des services de base de télécommunications fut pour le moment suspendue, sujette à davantage de négociations.

---

[1] Quatrième protocole annexe à l'Accord Général sur le Commerce des Services, fait à Genève le 30 avril 1996 (Rec. 96-1750, 30 avril 1996).
[2] Document de référence, Groupe des négociateurs sur les services de base de télécommunications, 24 avril 1996 (publié sur le site internet de l'O.M.C. : https://www.wto.org/english/tratop_e/serv_e/telecom_e/tel23_e.htm, consulté le 20 mai 2019).
[3] D. n° 72-1995 du 20 mars 1995 autorisant l'adhésion de la République Arabe d'Égypte à l'Organisation mondiale de commerce et les accords inclus dans le document final contenant les résultats du cycle des négociations commerciales multilatérales d'Uruguay, et les engagements de la République Arabe d'Égypte en matière de commerce des biens et services, signés à Marrakech au Royaume du Maroc le 15 avril 1994 (J.O.R.A.E. n°24*bis*, du 15 juin 1995, p. 8).

222. Le quatrième protocole du GATS[1], relatif aux services de base de télécommunications, adopté le 30 avril 1997, ouvrait la voie à une libéralisation complète du secteur des télécommunications dans les pays signataires. Il est entré en vigueur le 1er janvier 1998.

II. Le document de référence sur la libéralisation des télécommunications

223. L'apport des négociations conduisant à l'adoption du quatrième protocole ne se limitait pas à l'ouverture du secteur des télécommunications à la concurrence. Les négociations ont abouti surtout à l'adoption d'un papier de référence sur les services de base de télécommunications.

224. Ce document de référence comportait « un certain nombre des règles de régulation pro-concurrentielles »[2]. Autrement dit, il contenait les principes généraux garantissant une régulation efficace du secteur des télécommunications à l'heure de la libéralisation.

225. Le document de référence, comme son nom l'indique, n'était pas applicable *ipso jure* à l'égard d'un État signataire du quatrième protocole[3]. Pour avoir une portée juridique, l'État signataire devait l'inclure expressément dans la liste de ses engagements additionnels au protocole.

226. Nonobstant le caractère facultatif de son adoption, la plupart des États participant aux négociations l'ont inscrit dans leur liste d'engagements additionnels. Cela encourageait les autres États qui envisagent l'ouverture à la concurrence de leur secteur de télécommunications, tel l'Égypte, à faire de même.

227. L'adoption de ce document de référence visait deux buts principaux : d'une part, assurer une ouverture effective à la concurrence des marchés des services de télécommunications ; et d'autre part, lier le respect de ses dispositions au cadre juridique de l'O.M.C. Dès lors, la méconnaissance de ces règles est constitutive d'un fait reprochable devant l'instance de règlement des différends de l'O.M.C[4].

---

[1] General Agreement on Trade in Services (GATS).

[2] Traduction libre de : « *a set of pro-competitive regulatory principles* » (L. B. SHERMAN, « World Trade Organization Agreement On Telecommunications Services (Fourth Protocol To General Agreement On Trade In Services) », In *International Legal Materials*, Cambridge University Press, 1997, p. 357).

[3] D'ailleurs, la prise en compte des dispositions de ce document de référence ne devait pas être incluse au niveau des engagements de libéralisation des États membres signataires du quatrième protocole. Elle s'inscrivait plutôt au niveau des engagements additionnels aux engagements de libéralisation.

[4] M. BRONCKERS et P. LAROUCHE, « A Review of the WTO Regime for Telecommunications Services », in *The World Trade Organization and Trade in*

228. L'adoption du document de référence partait du principe que la seule application du droit de la concurrence ne suffisait pas à ouvrir le secteur des télécommunications à la concurrence. Il était dès lors nécessaire d'imposer *ex ante* un certain nombre d'obligations sur le fournisseur majeur. Celui-ci est défini comme l'opérateur qui contrôle les infrastructures essentielles ou celui qui profite d'une position dominante sur un marché donné et qui peut dès lors changer les conditions matérielles de l'exercice des activités des autres opérateurs sur le marché pertinent.

229. Ces obligations visaient à éviter les pratiques anticoncurrentielles susceptibles d'être commises par tout fournisseur majeur. C'est le cas des pratiques de financement croisé, de l'usage des informations recueillies à l'occasion de la mise à disposition des infrastructures ou encore de la communication tardive des informations nécessaires à l'accès aux réseaux[1].

230. D'ailleurs, le document de référence contenait des dispositions relatives à l'interconnexion, définie dans des termes généraux afin d'inclure à la fois l'accès aux réseaux et l'interconnexion *stricto sensu*. Ce dernier concept s'entend de la possibilité pour un usager d'un fournisseur de service de communiquer avec un autre usager souscrit auprès d'un autre fournisseur de service. L'interconnexion avec le fournisseur majeur, au sens du document de référence, devait être suffisamment dégroupée, et être effectuée dans des conditions raisonnables, transparentes et non-discriminatoires, avec des tarifs orientés vers les coûts. De plus, chaque fournisseur majeur devait rendre accessible soit ses accords d'interconnexion, soit une offre de référence d'interconnexion. En cas d'absence d'accord sur les conditions techniques ou/et tarifaires d'interconnexion, il était loisible au demandeur d'interconnexion de saisir une entité indépendante du fournisseur majeur pour régler le différend. Cette entité devait, dans ce cas, dans les limites des points de désaccord, régler le différend dans un délai raisonnable[2].

231. Par ailleurs, le document de référence laissait le soin à chaque État membre de définir le cadre approprié du service universel et les obligations afférentes incombant aux différents opérateurs, à condition que ces obligations soient transparentes, non discriminatoires et neutres sur le plan concurrentiel[3].

232. De surcroît, les conditions et les critères d'octroi de licences devaient être publiés. Tout refus d'octroi devait faire l'objet d'une communication à son demandeur[4].

Services, K. ALEXANDER et M. ANDENAS (dir.), Koninklijke Brill NV, 2008, p. 331.

[1] Doc. de référence, préc., 1°.

[2] Doc. de référence, préc., 2°.

[3] Doc. de référence, préc., 3°.

[4] Doc. de référence, préc., 4°.

233. En outre, les ressources rares, comme les ressources en fréquences, en numérotation et en servitude, devaient être attribuées selon des procédures et des conditions objectives, transparentes et non-discriminatoires[1].

234. Enfin, le respect des procédures et conditions mentionnées ci-avant incombait à une entité de réglementation qui devait être séparée de tout fournisseur de service de base de télécommunications. Cette entité devait accomplir ses missions en toute neutralité à l'égard de tous les acteurs du marché[2].

§2. L'ouverture à la concurrence et l'apparition de l'autorité de régulation

235. La libéralisation du secteur des télécommunications et la transformation du rôle de l'État furent étroitement liées : la transformation du rôle de l'État n'était pas simplement une conséquence de l'ouverture à la concurrence, mais surtout une nécessité pour la réussite de l'ouverture à la concurrence. On observe ainsi l'émergence du régulateur sectoriel des télécommunications avec la première vague de libéralisation (A). Les adaptations ultérieures du cadre juridique de l'ouverture à la concurrence des télécommunications ont encore fait évoluer le statut du régulateur sectoriel (B).

A. L'ouverture à la concurrence du secteur des télécommunications et l'institution d'un régulateur sectoriel

236. Dans le passage du monopole à la concurrence, il n'est pas concevable que l'entité qui exploite le secteur soit la même qui le régule. C'est pour cette raison que la séparation des fonctions de régulation et d'exploitation représentait la première étape dans la libéralisation du secteur des télécommunications en Égypte (I). Or cette séparation ne pouvait avoir d'effet sur la concurrence dans le secteur tant que l'ARENTO gardait la personnalité morale de droit public. Le changement de son statut s'avérait donc indispensable (II). De plus, la libéralisation n'avait de sens que dans la mesure où les investisseurs devenaient intéressés par le secteur. L'accroissement de l'attractivité du secteur aux yeux des investisseurs étrangers était donc un élément déterminant. Dans cette optique, la création d'une autorité de régulation s'imposait comme un gage de crédibilité de la réforme (III).

---

[1] Doc. de référence, préc., 6°.
[2] Doc. de référence, préc., 5°.

I. La séparation des fonctions de régulation et d'exploitation

237. Les mutations que traversait le secteur égyptien des télécommunications conduisirent à l'élaboration du premier projet de loi portant sur la libéralisation du secteur en mars 1998. Ce projet de loi[1] visait à mettre fin au monopole de l'État sur les télécommunications ; à effectuer une séparation des fonctions de régulation et d'exploitation ; à transformer le statut de l'ARENTO ; et à créer une autorité de régulation sectorielle pour les télécommunications. Ce projet de loi ne portait donc pas sur la réglementation des télécommunications.

238. La mise en œuvre de la séparation des fonctions était conçue en deux étapes. D'abord, le statut de l'ARENTO a été transformé, du statut d'autorité publique[2] à celui de société anonyme chargée de l'exploitation économique. Ensuite, la fonction de régulation a été attribuée à une nouvelle entité organiquement distincte de l'État.

239. Afin de justifier le choix de la transformation statutaire de l'ARENTO, le Gouvernement mettait en avant le besoin de souplesse nécessaire à son fonctionnement et la nécessité de l'affranchir des contraintes administratives et juridiques la restreignant[3]. Parmi ces contraintes figurait la soumission de l'ARENTO, en tant que personne morale de droit public, au code des marchés publics, ainsi que le statut figé des fonctionnaires soumis au code de la fonction publique[4].

---

[1] Projet de loi relatif à la transformation de l'ARENTO en une société anonyme, Doc. Ass. du Peuple, 1997-1998, 3ème session ordinaire, 48ème séance du 9 mars 1998 (J.O.R.A.E. n° 48, 25 mars 1998, p. 7). D'ailleurs, si la dénomination que le gouvernement donnait à ce projet de loi, à savoir projet de loi relatif à la transformation de l'ARENTO en une société anonyme, n'explicitait pas le but poursuivi de la libéralisation du secteur, il était clair pour les parlementaires que c'était la voie qu'il entendait emprunter : la fin du monopole public des télécommunications. Le Gouvernement avait vraisemblablement estimé qu'il était plus simple de mettre en avant l'idée de la transformation de l'ARENTO en société anonyme, plutôt que d'avancer ouvertement la véritable idée de l'ouverture à la concurrence du secteur des télécommunications ; une telle idée n'étant visiblement pas populaire.

[2] Le statut de l'autorité publique en droit égyptien (haia'a aama هيئة عامة) est le pendant du statut d'EPA en droit français.

[3] Projet de loi relatif à la transformation de l'ARENTO en une société anonyme, Doc. Ass. du Peuple, 1997-1998, 3ème session ordinaire, 48ème séance du 9 mars 1998., préc., p. 74.

[4] Débats parlementaires, projet de loi relatif à la transformation de l'ARENTO en une société anonyme, Doc. Ass. du Peuple, 1997-1998, 3ème session ordinaire, 54ème séance du 23 mars 1998, p. 43 (J.O.R.A.E, n°54, 29 avril 1998, p. 16). Il semble que la stratégie adoptée par le Gouvernement était de présenter le projet comme étant une

240. En ce qui concerne la création du régulateur, le Gouvernement avançait durant les travaux parlementaires l'idée de l'importance de cette nouvelle entité pour éviter le conflit d'intérêts pouvant naître du fait de l'octroi des licences à la discrétion de l'ARENTO[1]. De surcroît, le Gouvernement mettait l'accent sur le caractère technique du régulateur, ou pour reprendre les termes employés, « son caractère a-gouvernemental »[2]. Cela justifiait la spécificité institutionnelle de cette entité par rapport à tout autre organe gouvernemental classique[3].

241. Si le risque de conflit d'intérêts pouvait expliquer la séparation des fonctions de régulation et d'exploitation, il ne pouvait pas justifier le choix de confier les missions de régulation à une nouvelle entité distincte du Gouvernement, mais subordonnée à lui. En effet, ces missions auraient dû être normalement attribuées au ministre en charge des télécommunications.

242. En plus du caractère technique de l'autorité, il semble surtout que la création d'un régulateur sectoriel des télécommunications fut un moyen pour l'État d'envoyer un signal aux investisseurs étrangers sur la pérennité de la réforme. Par la création d'une autorité organiquement distincte du Gouvernement, celui-ci espérait donc donner confiance aux investisseurs étrangers afin de les inciter à investir dans le secteur des télécommunications. La crédibilité de la réforme dans son ensemble dépendait donc de la création d'un régulateur « indépendant » du Gouvernement[4].

243. Ainsi, l'adoption de la loi n° 19-1998 du 26 mars 1998[5] marquait la fin du monopole de l'État sur le secteur des télécommunications, la transformation de l'ARENTO en société anonyme et la création du régulateur sectoriel des télécommunications.

---

réforme statutaire de l'ARENTO pour garantir l'amélioration de sa performance. Cette stratégie était plus efficace que celle consistant à inscrire la transformation statuaire de l'ARENTO dans le cadre d'un projet de libéralisation ou de privatisation du secteur.

[1] Débats parlementaires, projet de loi relatif à la transformation de l'ARENTO en société anonyme, Doc. Ass. du Peuple, 1997-1998, 3ème session ordinaire, 55ème séance du 24 mars 1998, p. 69 (J.O.R.A.E, n° 55, 29 avril 1998, p. 18).

[2] Traduction libre de "غير حكومية". Débats parlementaires, projet de loi relatif à la transformation de l'ARENTO en société anonyme, Doc. Ass. du Peuple, 1997-1998, 3ème session ordinaire, 55ème séance du 24 mars 1998, préc., p. 73 ;

[3] Débats parlementaires, projet de loi relatif à la transformation de l'ARENTO en société anonyme, Doc. Ass. du Peuple, 1997-1998, 3ème session ordinaire, 55ème séance du 24 mars 1998, préc., pp. 69-70.

[4] A. BADRAN, « Understanding the Egyptian regulatory state: Independant regulators in theory and practice », in N. K. DUBASH et B. MORGAN (dir.), *The Rise of the Regulatory State of the South. Infrastructure and Development in Emerging Economies*, Oxford University Press, 2013, p. 24.

[5] L. n° 19-1998 relative à la transformation de l'ARENTO en une société anonyme (J.O.R.A.E, n° 13*bis*, 26 mars 1998, p. 9).

II. De l'ARENTO à *Telecom Egypt* : la séparation organique de l'exploitant

244. Avec l'entrée en vigueur de la loi nº 19-1998 du 26 mars 1998, l'ARENTO perdait le statut d'autorité publique dont elle était dotée depuis 1957. Elle était transformée en société anonyme dénommée *Telecom Egypt* dont la majorité du capital devait être détenue par l'État[1]. Cette nouvelle société était naturellement assujettie, sauf disposition contraire, à la loi sur les sociétés anonymes et à la loi sur le marché financier[2]. Ainsi, la fonction d'exploitation quitta l'administration de l'État pour être attribuée à une société commerciale.

245. Quant à ses missions, *Telecom Egypt* héritait des seules missions d'exploitation attribuées auparavant à l'ARENTO. Aussi, elle perdait le monopole de droit que détenait l'ARENTO pendant près de quatre décennies. *Telecom Egypt* était dorénavant chargée d'établir et d'exploiter les réseaux et de fournir les services des télécommunications, au niveau national et international[3]. Malgré la perte de monopole *de jure*, la société continuait à garder un monopole *de facto* sur les réseaux filaires.

246. Avec cette transformation statutaire, l'État lui-même changeait de rôle. Il passait d'un exploitant unique du secteur à un actionnaire d'une société anonyme[4].

III. L'apparition d'un régulateur sectoriel des télécommunications : la TRA

247. La loi n° 19-1998 créait un nouveau régulateur des télécommunications dénommé Autorité de régulation des télécommunications (TRA)[5].

248. La TRA se voyait conférer des fonctions multiples, formulées d'une manière très générale : le contrôle du bon fonctionnement du secteur ; la mise en place des plans et programmes nécessaires, et le suivi de leur implantation ; l'approbation des plans tarifaires des services offerts au public ; l'octroi des

---

[1] Art. 8.

[2] Art. 1 et 2.

[3] Art. 4.

[4] D'ailleurs, il faut noter que les fonctionnaires publics qui travaillaient à l'ARENTO, et contrairement à leurs homologues français de France Télécom, perdaient leur statut de la fonction publique à la suite de la transformation de l'ARENTO en *Telecom Egypt*. Ils devenaient ainsi des employés sujet à la loi de travail (art. 11).

[5] Pour des raisons de commodité, il était préférable de garder l'abréviation anglophone de l'autorité, *Telecommunications Regulatory Authority* (TRA).

autorisations aux sociétés opérant dans le secteur des télécommunications et le suivi de leurs performances ; et la coordination entre elles[1].

249. Par ailleurs, la loi laissait au président de la République le soin de préciser, par décret, l'organisation de cette nouvelle autorité, et les modalités de son fonctionnement[2]. Ce moyen permettait plus de souplesse dans la modification des textes relatifs au régulateur.

250. Le décret n° 101-1998 du 4 avril 1998[3], pris en application de la loi n° 19-1998 du 26 mars 1998, précisait que la TRA, constituée sous forme d'autorité publique[4] rattachée au ministère des transports[5], avait pour mission principale encourager l'investissement dans le secteur sur des bases non-monopolistiques, dans le cadre d'une concurrence loyale[6].

251. S'agissant des attributions de la TRA, le décret distinguait deux ordres de compétences : l'Autorité était investie de compétences exclusives et de compétences partagées avec le ministre compétent[7].

252. La TRA était seule chargée de la mise en place de règles garantissant la libre concurrence ; de l'établissement les plans des fréquences hertziens ; de l'attribution des fréquence ; du suivi du respect par les opérateurs des conditions incluses dans les licences octroyées et de la prise de mesures nécessaires en cas de leur méconnaissance ; du règlement des différends entre les opérateurs ; de la définition des spécifications techniques des équipements terminaux et de l'octroi des agréments ; de la détermination de la contrepartie financière aux licences octroyées ; et de la mise en place du plan national de numérotation.

253. En revanche, si l'attribution des licences aux opérateurs des télécommunications était soumise à l'accord de l'autorité, ces licences ne pouvaient être octroyées que par une décision ministérielle. De même, en

---

[1] Art. 12.

[2] En vertu de l'article 146 de la Constitution égyptienne de 1971, le président de la République prend les décrets nécessaires pour la création et l'organisation de services publics.

[3] D. n° 101-1998 du 4 avril 1998 relatif à la création de l'autorité de régulation du secteur des télécommunications (J.O.R.A.E, n° 14*bis*, 4 avril 1998, p. 2).

[4] À titre de rappel, le statut d'autorité publique en droit égyptien est l'équivalent du statut d'EPA en droit français.

[5] Avec la création du ministère des communications et technologie de l'information en 1999 par le D. n° 379-1999, l'autorité changeait de ministère de rattachement pour relever de ce nouveau ministère.

[6] Art. 1.

[7] Il convient de noter ici que compétence exclusive pour la TRA na vaut pas dire une indépendance de l'autorité vis-à-vis du ministre. En effet, le ministre était le président du collège de l'autorité (art. 4). Il nommait six membres parmi les dix membres du collège. Ainsi, on peut dire que le ministre gardait la main mise sur l'autorité et les décisions qui en émanent. Le partage des compétences s'effectuait donc entre deux personnes morales de droit public différentes, l'État et la TRA.

matière de tarification, la TRA était chargée de suivre et d'approuver les plans tarifaires, sous réserve de l'approbation ministérielle[1].

254. Ainsi, la loi n° 19-1998 du 26 mars 1998 et son décret d'application ouvraient le secteur des télécommunications à la concurrence et établissaient une séparation organique entre l'État régulateur et l'État actionnaire.

B. L'adaptation des règles organiques et substantielles de l'environnement concurrentiel du secteur

255. La séparation des fonctions de régulation et d'exploitation ne représentait que le premier pas dans la voie de la libéralisation du secteur des télécommunications. Une véritable ouverture à la concurrence ne pouvait avoir lieu sans l'existence des règles précises pour encadrer la libéralisation.

256. Dans le cadre de son adhésion à l'O.M.C., l'Égypte s'est engagée à achever la construction d'un secteur concurrentiel des télécommunications par la mise en place d'un ensemble de règles destinées à régir les aspects concurrentiels du secteur (I). C'est ainsi que le premier cadre juridique était adopté pour régir l'ouverture à la concurrence du marché des télécommunications et prévoir la fin des droits exclusifs du *Telecom Egypt* (II). Cette évolution s'est accompagnée d'un encadrement du statut et des pouvoirs de l'autorité de régulation dans le cadre d'une « redéfinition du rôle de l'État »[2] (III). Avec la privatisation partielle du capital du *Telecom Egypt* en 2005, l'État basculait encore davantage vers sa fonction de régulation (VI).

I. Les engagements de l'Égypte relatifs à la libéralisation des télécommunications dans le cadre de l'O.M.C.

257. Ce n'est qu'en 2002 que l'Égypte prenait ses premiers engagements en matière de télécommunications par son adhésion au quatrième protocole de 1997[3]. Bien qu'elle eût déjà entrepris des réformes de libéralisation du secteur, l'importance de l'inscription des engagements se rapportait au signal qu'elle envoyait aux investisseurs étrangers de la direction qu'elle entendait prendre.

---

[1] Art. 5.

[2] Débats parlementaires, projet de loi relatif aux communications, exposé des motifs, Doc. Ass. du Peuple, 3ème session ordinaire, 9ème séance, le 14 déc. 2002, p. 45 (document non-publié).

[3] *General agreement on Trade in Services, Egypt, Schedule of Specific Commitments* (Rec. 02-3104, GATS/SC/30/ Suppl.3, 5 juin 2002) ; A. du 29 août 2002 relatif aux engagements de l'Égypte auprès de l'O.M.C. (J.O.R.A.E, n° 35*bis*, 29 août 2002).

L'engagement international donnait sans doute plus de crédibilité à la réforme et à sa pérennité.

258. Les engagements de l'Égypte contenaient deux types de dispositions : des dispositions horizontales s'appliquant à tout le secteur des télécommunications, ainsi que des dispositions verticales, taillées spécifiquement en fonction de chaque marché ou d'un ensemble de marchés de télécommunications. Par ailleurs, ces engagements comprenaient des dispositions à effet immédiat d'ouverture à la concurrence. D'autre étaient en outre à effets différés, le cours devant débuter le 1er janvier 2006.

259. Concernant les engagements horizontaux, ils conditionnaient la fourniture de différents services de télécommunications pour les sociétés présentes sur le territoire égyptien à l'immatriculation de la société en Égypte[1], et à l'obtention préalable d'une licence auprès de la TRA. L'octroi de licence était tributaire, jusqu'au 31 décembre 2005, de l'existence d'un besoin économique relevé via un test réalisé à cette fin. Par ailleurs, toute fourniture transfrontalière des services de télécommunications était exclusivement réservée à l'opérateur historique, jusqu'au 31 décembre 2005.

260. S'agissant des engagements verticaux, ils concernaient trois groupes de services distincts selon le niveau d'ouverture à la concurrence : le premier groupe concernait les services de la téléphonie vocale, de télex, de télégraphe, de fac-similé et des lignes louées à usage privée internationale. Leur fourniture restait un droit exclusif pour *Telecom Egypt* jusqu'au 31 décembre 2005. Le deuxième groupe se rapportait aux services mobiles. La fourniture de ces services était réservée aux deux opérateurs qui avaient déjà obtenu leurs licences en 1998 avec un droit exclusif jusqu'au 30 novembre 2002[2]. Au-delà de cette date, le marché de la téléphonie mobile allait être ouvert à la concurrence. Le troisième groupe couvrait la fourniture des services domestiques et internationaux d'internet, de transmission des données, de location des lignes louées, de paging, de VSAT et des services à valeur ajoutée. La fourniture de ces services était immédiatement ouverte à la concurrence.

261. Alors que les engagements de l'Égypte ne mentionnaient que les services de télécommunications, ce qui laissait entendre la limitation de l'ouverture à la concurrence au niveau de services et non de l'infrastructure,

[1] Il convient de noter que les engagements des États membres dans le cadre de la GATS se répartissaient en quatre catégories différentes, selon le mode de fourniture visé : fourniture transfrontalière, consommation à l'étranger, présence commerciale ou présence des personnes naturelles.

[2] En 1998, les opérateurs *Mobinil* et *Click-GSM* obtenaient les premières licences de la téléphonie mobile dans le cadre de l'ouverture à la concurrence (S. KAMEL, « Evolution of Mobile Technology in Egypt », in M. KHOSROW-POUR (dir.), *Innovations Through Information Technology*, IDEA Group Publishing, 2004, p. 726).

la portée de cette limitation devait être relativisée. En effet, les services devaient en fin de compte être fournis par un réseau de télécommunications, qu'il soit de la propriété du fournisseur de service ou loué auprès du propriétaire du réseau par la location de capacité. L'utilisation du terme générique de service des télécommunications sans en préciser la modalité de fourniture, par revente ou par une mise à disposition d'installation, ouvrait donc l'interprétation pour inclure les deux modalités de fourniture. Ainsi, les engagements de l'Égypte incluaient l'établissement des infrastructures des télécommunications en vue de fournir des services des télécommunications inclus dans ses engagements, dans la mesure où elle ne faisait pas de réserve explicite sur l'accès au marché des infrastructures, et ne limitait pas la concurrence à la seule fourniture des services par revente[1].

262. Par ailleurs, au-delà de ces engagements, l'Égypte reprenait entièrement le document de référence sur les services de base de télécommunication adopté en 1997, ce qui avait pour conséquence de l'inscrire dans ses engagements additionnels. Ainsi, les dispositions de ce document sont devenues juridiquement contraignantes. De plus, l'inscription des engagements en matière de télécommunications rendait automatiquement applicables les obligations contenues dans l'annexe sur les télécommunications relatives à l'accès aux réseaux.

II. Le cadre juridique régissant l'ouverture à la concurrence du secteur des télécommunications

263. L'Égypte devait traduire en droit interne les engagements internationaux pris au sein de l'O.M.C. par l'adoption des textes législatifs nationaux, en vue d'ouvrir à la concurrence les différents marchés de télécommunication.

264. Dans ce cadre, le Gouvernement préparait un projet de loi unique sur les communications, déposé au Parlement au début de 2002. Ce projet de loi avait pour but d'encourager l'investissement sur des bases non-monopolistiques et dans le cadre d'une concurrence loyale entre les meilleures expériences nationales et internationales, tout en prenant en compte les buts et les intérêts de la sauvegarde de la sécurité nationale, les droits souverains de l'État, et la meilleure utilisation du spectre radioélectrique[2].

---

[1] M. BRONCKERS et P. LAROUCHE, *op. cit.*, p. 330 ; Organe de règlements de différends (O.R.D.), rapport du groupe spécial, WT/DS204/R, *Mexique-Mesures visant les services de télécommunication*, rapport du 2 avril 2004, p. 185, §770.

[2] Projet de loi unique relatif aux communications, exposé des motifs, Doc. Ass. du Peuple, 3ème session ordinaire, 12ème séance, le 16 déc. 2002 (J.O.R.A.E. n° 12, 14 jan. 2003, p. 146).

265. Avec l'adoption de la loi n° 10-2003 relative à la régulation des communications[1], le régime juridique de l'établissement et de l'exploitation de l'infrastructure et la fourniture des services de télécommunications était mis en place. L'exercice d'activité sur le marché d'infrastructure ou sur celui des services était soumis au régime juridique de l'autorisation, ce qui nécessitait l'obtention préalable d'une licence auprès de l'autorité de régulation[2].

266. Or, cette ouverture à la concurrence n'était que partielle. Conformément aux souhaits de l'Égypte inscrits dans sa liste d'engagements à l'O.M.C., la libéralisation du secteur des télécommunications s'est produite d'une manière progressive. Ainsi, *Telecom Egypt* gardait, jusqu'au 31 décembre 2005, un certain nombre de droits exclusifs. Ces droits se limitaient à l'établissement et l'exploitation des passerelles internationales fonctionnant via les câbles sous-marins ou terrestres, les micro-ondes et les satellites, en vue de fournir les services de la téléphonie fixe et passer les appels téléphoniques internationaux. De même, *Telecom Egypt* conservait ses droits exclusifs relatifs à la fourniture des services de la téléphonie fixe, du télex, de la facsimile et du télégraphe[3].

267. Ainsi, en dehors des droits exclusifs attribués à *Telecom Egypt,* tous les services de télécommunication ont été ouverts à la concurrence. Dès le 1er janvier 2006, *Telecom Egypt* allait perdre *de jure* tous les privilèges que lui procuraient ses droits exclusifs, puisque désormais, tous les marchés de télécommunications devaient être ouverts à la concurrence.

III. De la TRA à l'Autorité nationale de régulation des télécommunications (NTRA) : l'adaptation du statut du régulateur

268. Avec la mise en place d'un cadre juridique de régulation des télécommunications et l'ouverture du secteur à la concurrence, le rôle de l'État dans le secteur en tant que « surveillant sur la fourniture des services »[4] était conforté. Il exerce ce rôle au travers de l'autorité de régulation des télécommunications.

269. Dans le nouveau cadre juridique, le statut de la TRA a évolué, mais n'a pas changé de nature. L'autorité est restée une autorité publique soumise à la

---

[1] L. n° 10-2003 relative à la régulation des communications, préc.

[2] Art. 21.

[3] Art. 60

[4] Débats parlementaires, projet de loi unique relatif aux télécommunications, Doc. Ass. du Peuple, 3ème session ordinaire, 10ème séance, le 14 déc. 2002, p. 45 (document non-publié).

tutelle du Gouvernement[1]. Il s'agissait d'ailleurs d'un choix conscient et privilégié de la part du Gouvernement lors de la préparation du projet de la réforme[2]. Quoi qu'il en soit, le statut du régulateur relevait d'une nécessité juridique : l'étendue de ses compétences et pouvoirs ne pouvait être déterminée par un simple décret du président de la République, comme ce fût le cas sous la loi n°19-1998 du 26 mars 1998. Il était nécessaire d'inclure les dispositions régissant l'autorité de régulation dans le texte de loi et de préciser ses pouvoirs, notamment réglementaires. De plus, si le statut de la TRA lui permettait de jouir d'un budget indépendant du budget général de l'État, cette indépendance budgétaire n'était pas effective. Ayant été établie par un simple décret du président de la République, l'autorité comptait entièrement sur les dotations budgétaires provenant exclusivement du budget général de l'État. Pour pouvoir doter l'autorité de ressources financières propres, la loi devait impérativement prévoir une telle disposition. De surcroît, le besoin de dispenser l'autorité de la soumission à certaines dispositions législatives ne laissait pas d'autre choix que d'emprunter la voie législative[3].

270. Avant d'exposer les compétences de l'autorité, il convient d'emblée d'annoncer une précision importante. En l'état du droit de l'époque, il n'y avait pas encore de loi régissant la concurrence. Pour combler cette lacune, le régulateur des télécommunications était habilité à intervenir à la fois en *ex ante* pour accélérer l'établissement de la concurrence, et en *ex post* pour constater et sanctionner les pratiques anticoncurrentielles[4]. Le régulateur devait alors formuler les règles de la concurrence qui n'étaient jusqu'alors prévues par aucune loi[5].

271. Quant à ses attributions, le régulateur était doté d'un certain nombre de compétences élargies, au détriment des compétences du ministre.

272. En vertu de la loi, le ministre compétent gardait uniquement le pouvoir d'homologuer des règlements relatifs au fonctionnement de l'autorité. De

---

[1] Art. 12.

[2] Débats parlementaires, projet de loi unique relatif aux télécommunications, Ass. du Peuple, 3ème session ordinaire, 12ème séance, le 16 déc. 2002, p. 7 (J.O.R.A.E. n° 12, du 14 jan. 2003, p. 4).

[3] On cite notamment la dotation de l'autorité d'une liberté d'embauche des agents, dérogatoire au droit commun de la fonction publique n° 47-1978 (*Ibid.*, p. 7).

[4] Art. 24. V. dans ce sens A. EL-HADDAD et K. ATTIA, *Welfare effects of institutional reform in public utilities*, Economic Research Forum, 2012, p. 44.

[5] Ce n'est qu'en 2005 que la première loi égyptienne sur la concurrence a été adoptée (L. n° 3-2005 relative à la protection de la concurrence et la prohibition des pratiques anticoncurrentielles, préc.). D'ailleurs la création d'une autorité chargée de la concurrence a compliqué les règles de répartition de compétences entre cette autorité naissante et la NTRA, successeur de la TRA.

plus, il détenait le pouvoir de nomination des membres des différents comités institués au sein de l'autorité[1].

273. Outre ces compétences limitées attribuées au ministre compétent, l'autorité était dotée de larges compétences réglementaires et individuelles.

274. Au niveau réglementaire, elle est devenue compétente pour adopter les règlements et les cahiers de charges relatifs à l'octroi d'autorisations d'utilisation des fréquences radioélectriques[2] ; les règlements relatifs à l'établissement et l'exploitation des infrastructures de télécommunication et la fourniture des services de télécommunication, et le suivi du respect des obligations afférentes[3] ; les règlements relatifs aux spécifications techniques des équipements de télécommunication et les conditions de l'octroi de leurs agréments[4] ; ainsi que les règlements relatifs à la concurrence dans le secteur des télécommunications et les mesures à prendre face aux pratiques anti-concurrentielles[5].

275. S'agissant des actes individuels, l'autorité est devenue seule compétente pour délivrer les licences et les autorisations aux opérateurs des télécommunications[6] ; pour autoriser temporairement des pratiques destinées à renforcer la position d'un nouvel entrant sur le marché[7] ; pour approuver les accords d'interconnexion dans des conditions raisonnables et non-discriminatoires, et pour édicter les règles garantissant leur conclusion en cas de désaccord entre les opérateurs[8] ; pour régler les différends inter-opérateurs relatifs aux accords d'interconnexion[9], à l'accès aux réseaux[10] ou à l'utilisation partagée des infrastructures[11] ; pour octroyer les agréments et les autorisations relatifs aux équipements des télécommunications[12] ; et pour allouer les ressources en fréquence et préciser les contreparties financières de leur utilisation[13].

---

[1] En vertu de l'art. 18 de la loi, trois comités étaient constitués au sein l'autorité de régulation : le comité de l'organisation des fréquences ; le comité de la protection de droits des usagers et le comité des représentants de l'industrie de télécommunication.
[2] Art. 13-6.
[3] Art. 13-7.
[4] Art. 13-8.
[5] Art. 24.
[6] Art. 21.
[7] Art. 27.
[8] Art. 28-2 et 28-3.
[9] Art. 29.
[10] Art. 33.
[11] Art. 34.
[12] Art. 44.
[13] Art. 51.

276. Enfin, la loi changeait la dénomination du régulateur sectoriel, d'Autorité de régulation des télécommunications (TRA) qui devenait l'Autorité nationale de régulation des télécommunications (NTRA)[1].

IV. La privatisation partielle de *Telecom Egypt*

277. Peu avant l'arrivée à terme des droits exclusifs de *Telecom Egypt*, prévue le 31 décembre 2005, le Gouvernement égyptien décidait d'introduire en bourse 20 % du capital de cette société. Cette partie du capital a été ouverte à la participation du secteur privé par une offre publique de vente[2].

278. La concomitance de l'ouverture du capital de *Telecom Egypt* avec la fin de ses droits exclusifs n'était pas le fruit du hasard ou une coïncidence : évidemment, le Gouvernement égyptien se préoccupait de la valorisation maximale de son offre d'actions en ciblant le moment le plus approprié pour garantir le meilleur prix de vente[3].

279. En complément de cette finalité financière, l'État pouvait également tirer les avantages de l'accroissement de la participation privée dans le capital de l'opérateur historique, telle l'amélioration de la performance de *Telecom Egypt*, ce qui devait avoir des répercussions sur la valeur de ses actions cotées en bourse.

280. C'est ainsi que l'État cessait d'être exploitant pour devenir actionnaire, prenant plus de distance par rapport à l'opérateur historique. Or, si ces développements favorisaient la concentration de l'opérateur historique sur l'amélioration de ses résultats commerciaux, ils renforçaient par ailleurs le dilemme du côté de l'État. Ce dernier oscille désormais entre la réalisation des objectifs de la fonction régulatrice visant la compétitivité du secteur des télécommunications, d'une part, et la préoccupation de la valorisation de son patrimoine comme actionnaire majoritaire à *Telecom Egypt*, d'autre part. L'indépendance du régulateur entre ainsi en jeu.

---

[1] Pour des raisons de commodité, il était préférable de garder l'abréviation anglophone de l'autorité, *National Telecommunications Regulatory Authority* (NTRA) ; [alGiheəz alkaʊmi li tãzi:m alitisa:lat]*الجهاز القومى لتنظيم الاتصالات*.

[2] P. KOH, « Privatization : Telecom Egypt rings in $891 million IPO », disponible sur https://www.euromoney.com/article/b1321vrq9lwv66/privatization-telecom-egypt-rings-in-$891-million-ipo, 03 jan. 2006.

[3] Apparemment, les considérations de la valorisation de l'offre d'actions au public étaient toujours présentes dans l'esprit du gouvernement lors de chaque étape de privatisation. Par exemple, alors que le gouvernement se préparait à offrir davantage des actions du *Telecom Egypt* à la vente par une offre publique en 2009, l'avènement de la crise économique mondiale le poussait à reporter son projet (A. EL-HADDAD et K. ATTIA, *op. cit.*, p. 9).

Conclusion du chapitre

Les autorités française et égyptienne de régulation des communications électroniques ont été créées à l'occasion de la libéralisation du secteur des télécommunications.

Pour l'État français, l'ouverture à la concurrence du secteur des télécommunications s'avérait d'une nécessité impérieuse. D'abord, désireux de conforter sa position dans le commerce international des services et de suivre la démarche des pays les plus avancés, la France envisageait le développement de la concurrence dans le secteur des télécommunications. Cette démarche fragile a été finalement doublée d'une exigence du droit communautaire, obligeant à l'ouverture à la concurrence du secteur des télécommunications. La concurrence loyale devait donc garantir une croissance considérable dans le secteur des télécommunications. Cependant, l'objectif de l'établissement et du renforcement de la concurrence était concurrencé par un autre objectif : la valorisation du patrimoine de l'État, propriétaire de l'opérateur historique. La concomitance de ces objectifs créait ainsi un dilemme pour l'État, régulateur d'un côté, propriétaire de l'autre. C'est pour résoudre ce dilemme de juge et partie que le régulateur des télécommunications a été créé, muni des garanties statutaires d'indépendances à l'égard du gouvernement. C'était donc l'État qui était à l'origine de cette initiative de création d'une autorité indépendante de régulation.

Pour l'État égyptien, la libéralisation du secteur des télécommunications relevait d'une toute autre réalité. Tout au long des années quatre-vingt-dix, l'Égypte traversait une période de transition économique profonde, avec le passage de l'économie administrée d'esprit socialiste à l'économie de marché. Pour alimenter cette économie de marché, l'ouverture des marchés égyptiens aux capitaux étrangers était incontournable. Elle a pu être atteinte par le biais de la signature de l'accord de Marrakech et son accession à l'O.M.C. Ces démarches, orchestrées par les institutions financières internationales, ont touché aux secteurs stratégiques d'infrastructures, notamment celui des télécommunications. Dans ce cadre, la libéralisation des télécommunications s'est imposée comme remède à l'inefficacité de l'ARENTO et comme opportunité pour attirer davantage d'investissements étrangers dans des marchés vierges de télécommunications. Pour ce faire, il fallait convaincre les investisseurs étrangers de la durabilité de la réforme dans cette économie de marché naissante. C'est dans ce contexte qu'un régulateur des télécommunications, organiquement distinct de l'État personne morale, a été institué. Distinct mais non pas indépendant, tel fut le compromis entre les exigences internationales et l'intégrité d'un système politique jacobin par excellence.

CHAPITRE II.

L'INDÉPENDANCE DE L'AUTORITÉ DE RÉGULATION DES COMMUNICATIONS ÉLECTRONIQUES : UNE DIVERGENCE DE STATUT

281. Avec l'ouverture à la concurrence du secteur des télécommunications, l'État a changé de fonctions. La fonction d'exploitation a été remplacée par celle de la régulation. D'ores et déjà, c'est la concurrence entre les opérateurs qui devrait animer le secteur par le jeu de l'offre et de la demande. Le nouveau rôle de l'État se limite à la régulation du secteur pour faire en sorte que toutes les conditions nécessaires soient réunies pour l'établissement d'une concurrence pérenne.

282. Or il reste douteux que l'État puisse garantir un exercice neutre de la fonction de régulation à l'égard de tous les opérateurs du marché. Deux raisons concourent à expliquer ce doute.

283. D'abord, si l'État s'est retiré de l'exploitation économique du secteur, il n'en reste pas moins qu'il y conserve de vifs intérêts financiers du fait de sa participation dans le capital de l'opérateur historique. L'État, à travers son pouvoir de régulation du marché, sera potentiellement tenté d'user de ce pouvoir pour favoriser l'opérateur historique au détriment de ses concurrents, ce qui revient à valoriser son patrimoine. Il existe donc un conflit d'intérêts du côté de l'État. La séparation organique de l'exploitant de l'administration d'État ne peut y remédier. Dans ces conditions, l'opérateur historique garde éventuellement son quasi-monopole sur le marché. Par conséquent, l'établissement d'une concurrence loyale et pérenne sur les marchés de télécommunications devient improbable, et la transition du monopole à la concurrence échoue.

284. Puis les caractéristiques économiques du secteur des télécommunications peuvent créer un dilemme de confiance entre l'investisseur et l'État. Plus précisément, l'investissement dans quelques marchés de télécommunications, tel le marché des infrastructures filaires, requiert des investissements lourds et irrécupérables. L'investissement s'inscrit donc forcément dans la durée. Une fois l'investissement en place, une opportunité précieuse se présente devant la classe politique dirigeante pour extraire une rente de ces investissements par la mise en œuvre des pratiques arbitraires. Prévoir ce risque incite les investisseurs soit à sous-investir, soit à exiger des primes de risque plus élevées, représentées par des taux exorbitants de retour à l'investissement.

285. Dans les deux cas, ce sont les mêmes questions qui se posent : comment peut-on garantir un exercice neutre de la fonction de régulation à l'égard de tous les opérateurs des marchés de télécommunications ? L'institution d'un régulateur indépendant de l'État, peut-elle constituer une réponse économiquement adéquate à ces problématiques ? Dans quelles conditions ? S'agit-il d'une exigence absolue pour une libéralisation réussite ou existe-t-il d'alternatives ? Est-elle politiquement acceptable ?

286. Sans nécessairement répondre à ces questions, la plupart des pays ont opté, pour une raison ou une autre, pour la création d'un régulateur du secteur des télécommunications doté d'une indépendance relative à l'égard du gouvernement.

287. Mais pourquoi les États ont-ils fait un tel « choix » ? Dans quelle mesure ce « choix » peut-il s'avérer économiquement justifiable ou remplaçable ? Quelle est la pertinence de ce « choix » au regard des caractéristiques politiques et institutionnelles du pays ?

288. En tentant de répondre à ces questions, les études de sciences économiques et politique ont analysé l'impact, mais aussi la faisabilité, de l'institution d'un régulateur indépendant du gouvernement sur le bon fonctionnement des marchés de télécommunications. À la lumière de ces études, on peut être en mesure de prendre position, dans un premier temps, par rapport à cette question centrale dans la libéralisation des marchés de télécommunications (section I).

289. L'étude des théories économiques et politique permettent dans un second temps de comprendre et d'évaluer le bien-fondé du modèle institutionnel adopté pour les régulateurs français et égyptien des communications électroniques. Dans cette optique, une étude comparative des caractéristiques institutionnelles de chaque régulateur national à la lumière de leurs statuts juridiques respectifs s'avère sans nul doute nécessaire (section II).

Section I.
L'indépendance du régulateur : regards croisés en sciences économiques et politique

290. L'institution d'un régulateur indépendant n'est pas une idée apparue *ex nihilo* en droit. Le droit n'a fait que réceptionner un modèle institutionnel conçu ailleurs.

291. C'est dans le domaine des sciences économiques et politique que l'idée de l'indépendance peut trouver ses justifications les plus originelles. Ce sont de multiples études économiques et politiques qui nous permettent de comprendre pourquoi et comment le modèle des régulateurs indépendants du gouvernement s'est imposé.

292. Comme le confirme Mme Marie-José GUÉDON, la question d'indépendance « reste sujette à caution et, en fait, l'approche est plus sociologique que juridique. L'interdisciplinarité peut trouver ici une piste riche d'intérêt »[1].

293. Dans le cadre d'une étude comparative, le questionnement de l'idée de l'indépendance regagne toute sa légitimité. Les différences aperçues entre les systèmes juridiques dans la caractérisation de ce modèle institutionnel justifient un réexamen rigoureux des bases les plus fondamentales du modèle.

294. Ainsi, l'idée de l'indépendance du régulateur sera examinée sous l'angle des sciences économiques (§1), et puis du point de vue de la science politique (§2).

§1. L'indépendance du régulateur en sciences économiques

295. La question de la création d'un régulateur indépendant n'a pas été suffisamment étudiée en sciences économiques. Elle n'a pas attiré la même attention que d'autres questions telles l'ouverture à la concurrence du secteur des télécommunications ou encore celle relative aux instruments de la régulation.

296. En effet, il semble que le modèle du régulateur indépendant du gouvernement ait été recommandé par défaut, à l'instar du modèle institutionnel des banques centrales indépendantes et du modèle étasunien de la F.C.C[2].

297. Malgré la rareté des travaux de recherche menés dans ce cadre, les études disponibles permettent de repenser la nécessité, parfois proclamée absolue, du régulateur indépendant.

298. En étudiant l'économie comme elle devrait être, l'économie normative présente le fondement théorique de la mise en place d'une institution indépendante du gouvernement pour exercer la fonction de régulation économique (A).

299. L'assertion théorique se trouve ensuite mise à l'examen par l'économie positive qui teste la validité de la théorie économique. Elle permet ainsi de valider ou de réfuter la base théorique élaborée (B).

---

[1] M. J. GUÉDON, *Les autorités administratives indépendantes*, L.G.D.J., 1991, p. 53.

[2] P. TRAINAR, « L'économiste et le régulateur », *Sociétal*, 2000, p. 84. V. également R. RAMBAUD, *op.cit.*, p. 111.

A. L'assertion de la science économique normative

300. La question de l'indépendance du régulateur, comme mesure de sauvegarde contre l'arbitraire du gouvernement, a été traitée dans le cadre de l'économie néo-institutionnelle. Pour l'économiste Pablo SPILLER, un des fondateurs de modèles de gouvernance des industries en réseaux[1], la question de la structure de gouvernance prévaut sur les autres questions de réforme. Ainsi, des questions telles la tarification, l'entrée sur le marché ou l'interconnexion (communément appelées *regulatory incentives*) viennent en second plan après la question centrale de la structure de gouvernance (*regulatory gouvernance*)[2].

301. Partant d'une analyse de coûts de transaction (I), les théoriciens de l'économie néo-institutionnelle ont étudié l'effectivité de la délégation du pouvoir de régulation à un régulateur indépendant à l'égard du gouvernement (II).

I. L'analyse des coûts de transaction : élément essentiel pour l'établissement d'un arrangement institutionnel optimal

302. L'économie néo-institutionnelle étudie l'influence des rapports interinstitutionnels sur les décisions économiques, telles les décisions d'investissement. Elle part du constat que les décisions économiques sont influencées par les coûts de transaction : les coûts consentis par la firme en vue de coordonner ses relations avec les institutions figurant dans son périmètre d'activité. Cela comprend les institutions politiques et techniques.

303. Dans la recherche sur la gouvernance des services en réseaux (« *utilities governance* »), la question des coûts de transaction est centrale. Elle permet d'analyser les coûts liés aux aléas comportementaux des institutions. Ainsi, on peut concevoir et mettre en place un *design* institutionnel idéal relatif à la régulation réduisant au maximum les coûts de transaction pour les firmes.

304. En matière de services en réseaux, la relation contractuelle entre le gouvernement et l'investisseur engendre des importants coûts de transactions.

---

[1] On peut citer également l'économiste Douglass NORTH (D. NORTH, *Institutions, institutional and economic performance*, Cambridge University Press, 1990, 152 p.).

[2] U. DUBOIS, « Pablo Spiller et les principes du design institutionnel des réformes », *GRJM, Université de Paris-Sud 11*, 2007, pp. 8-9. Sans sous-estimer l'importance des questions liées à la régulation des incitations, ce paragraphe porte exclusivement sur la gouvernance de la régulation, qui s'attache directement à la question de l'établissement des agences indépendantes de régulation.

Cela est dû aux caractéristiques des services en réseaux et des actifs utilisés : un investissement fixe lourd et irrécupérable, au moins facilement ; une importante économie d'échelle et une grande utilité publique[1].

305. L'investissement dans ces services est donc de taille. Le gouvernement et l'investisseur entrent dans une relation contractuelle à long terme. Cette longévité pose une difficulté : plus le contrat est long, plus le besoin de formuler des dispositions générales et imprécises est fort, puisque l'éventualité de l'avènement des situations imprévues est certainement présente[2].

306. La longévité du contrat et la flexibilité dans son administration présentent des éléments de risque dont le coût est non-négligeable pour l'investisseur. Ces éléments de risque proviennent essentiellement de l'éventualité d'une intervention indue de la part du gouvernement durant l'exécution du contrat. Le gouvernement peut en tirer des avantages politiques ou économiques.

307. D'un point de vue politique, les services en réseaux revêtent une importance politique majeure pour le gouvernement. Ce dernier peut être tenté, à un moment donné, d'influencer l'électorat ou d'acheter la paix sociale. En tout cas, puisque les coûts fixes d'investissement sont importants et irrécupérables, l'incitation pour le gouvernement de favoriser *ex post* le citoyen-consommateur au détriment de l'investisseur est importante.

308. D'un point de vue économique, le gouvernement peut user de son pouvoir *ex post*, en dehors de toute considération politique, pour demander une rente ou *a fortiori* par son extraction par les outils de puissance publique. Les droits de propriété sont ainsi menacés et l'exécution du contrat promet des difficultés sérieuses pour l'investisseur.

309. Les risques de l'opportunisme gouvernemental qu'encourt l'investisseur concernant son investissement dans les services en réseaux représentent donc un coût de transaction pour lui. Ce coût n'est pas sans incidence sur la décision d'investissement. En anticipant l'avènement de tels risques, l'investisseur peut être incité à employer un comportement stratégique de sous-investissement, quantitatif et qualitatif[3]. *A fortiori*, il peut

---

[1] P. T. SPILLER et B. LEVY, « Regulation, Institutions, and Commitment in Telecommunuications », *The World Bank*, 1994, p. 218.

[2] V. P. GOLDBERG, « Regulation and Administered Contracts », *The Bell Journal of Economics*, 1976, p. 428.

[3] L'investisseur peut donc viser les couches les plus rentables du marché au détriment de ceux les moins rentables, sous-investir dans la technologie de la production ou se consacrer aux productions d'un cycle de rentabilité court (P.T. SPILLER, « Transaction Cost Regulation », *National Bureau of Economic Research*, 2011, p. 8).

renoncer complètement à l'idée d'entrer sur le marché, créant ainsi un « problème de renonciation à l'investissement »[1].

310. Dans de telles conditions, le niveau d'investissement optimal ne peut être atteint sans que le gouvernement ne restreigne son pouvoir discrétionnaire et le remplace par un engagement crédible accordant aux investisseurs une certaine sécurité[2].

II. Le régulateur indépendant : un modèle institutionnel optimal ?

311. Dans le but de réduire les coûts de transaction dans les services en réseaux, les économistes néo-institutionnels ont cherché à trouver un *design* institutionnel optimal pour le *regulatory gouvernance*.

312. Ils sont partis du principe que « l'objectif du design de régulation est d'établir un ensemble de règles flexibles et efficaces dans un système qui restreigne l'arbitraire de l'action administrative et aide ainsi à attirer les investissements »[3].

313. C'est dans cette optique que l'idée de la délégation du pouvoir à une agence indépendante du gouvernement a suscité un vif intérêt chez les économistes[4].

314. Pour mesurer l'effectivité potentielle de cette agence indépendante, le cadre institutionnel global de l'État doit être pris en compte[5]. C'est dans le maillage des institutions de l'État que l'effectivité de la création d'une agence indépendante de régulation doit être évaluée. Toute évaluation à la marge

---

[1] Traduction libre de « *Hold-up problem* » (M.A. MONTOYA et F. TRILLAS, « Independent regulators: Theory, evidence and reform proposals », *info*, 2013, p. 4).

[2] E. F. KYDLAND et E. C. PRESCOTT, « Rules Rather than Discretion », *Journal of Political Economy*, 1977, p. 488.

[3] Traduction libre de : « The goal of regulatory design is to establish a flexible and efficient set of rules built into a system that credibly restrains arbitrary administrative action and thereby helps to attract private investment » (P. T. SPILLER et B. LEVY, *op. cit.*, p. 247).

[4] D'ailleurs cette idée avait déjà vu le jour avant même la libéralisation des marchés en réseaux. Elle avait été avancée en la science économique par l'économiste américain Kenneth ROGOFF à l'occasion de la recherche du modèle institutionnel optimal pour garantir la stabilité monétaire à moyen et long terme (V. à cet égard K. ROGOFF, « The Optimal Degree of Commitment to an Intermediate Monetary Target », *Quarterly Journal of Economics*, 1985). Selon l'auteur, la création d'une banque centrale indépendante entraîne une rupture des préférences entre le délégataire, le gouvernement, et le délégué, la banque centrale. Cela permet d'atteindre le niveau optimal et stable d'inflation.

[5] B. LEVY et P. T. SPILLER, « The Institutional Foundations of Regulatory Commitment », *Journal of Law, Economics, & Organization*, 1994, p. 205.

n'apportera donc qu'une réponse partielle et insuffisante, et peut même déboucher sur de fausses conclusions.

315. Plusieurs institutions sont impliquées dans la conception, la mise en place et le suivi des règles nécessaires à la régulation. Le choix du modèle institutionnel le plus apte à encourager l'investissement nécessite donc d'évaluer le poids de chaque institution ainsi que leur interaction.

316. En règle générale, les institutions qui sont impliquées dans la régulation relèvent de trois pouvoirs classiques : le législatif, l'exécutif et le judiciaire. Chaque pouvoir joue un rôle précis dans la régulation. Le pouvoir législatif met en place des règles de la régulation de la contractualisation. Le pouvoir exécutif met en place les règles secondaires et assure l'exécution de la loi. Enfin, le pouvoir judiciaire règle les conflits.

317. Les caractéristiques du modèle constitutionnel de séparation des pouvoirs et son effectivité ainsi que les caractéristiques propres à chaque institution revêtent une importance particulière. On peut y voir soit une source de garanties pour l'investissement contre l'arbitraire, soit de menace de pratiques prédatrices de rente.

318. Ainsi, si le modèle constitutionnel permet de trouver un certain équilibre entre les trois pouvoirs, la stabilité du régime sera alors de mise, renforçant la crédibilité des efforts destinés à attirer les investissements

319. De même, si la majorité parlementaire est suffisamment fractionnée entre des multiples acteurs politiques, le pouvoir de l'exécutif dans l'élaboration de projets de lois devient très limité, faute d'une majorité parlementaire confortable. En découlent des garanties suffisantes pour l'investisseur sur la stabilité du cadre juridique. Inversement, la concentration de la majorité parlementaire dans un seul parti politique facilite la modification du cadre juridique et devient ainsi un facteur de risque pour l'investisseur. Ce risque n'est pas uniquement celui d'un large pouvoir discrétionnaire de l'exécutif, mais également celui du changement de majorité et de l'arrivée d'un courant politique opposé[1].

320. De surcroît, si les institutions judiciaires sont indépendantes dans l'exercice de leur fonction de règlement des litiges, elles représentent une garantie pour l'investisseur qui peut y trouver un dernier recours en cas de conflit avec l'administration.

321. Idéalement, toutes choses égales par ailleurs, le modèle de l'agence indépendante a le mérite de neutraliser politiquement la fonction de la régulation par la délégation des compétences du gouvernement à l'agence.

---

[1] L'effet du régime constitutionnel sur la crédibilité doit cependant être relativisé dans la mesure où les règles informelles de limitation des pouvoirs doivent être prises en compte. Ainsi, la crédibilité demeure forte malgré la majorité parlementaire dans les pays où la culture de la protection des investisseurs en cas de changement politique est installée (P. T. SPILLER et B. LEVY, « Regulation, Institutions, and Commitment in Telecommunuications », *op. cit.*, p. 223).

L'indépendance de cette agence permet de dissocier les décisions économiques du cycle politique périodique et d'accorder une certaine visibilité à l'investisseur sur le futur de son investissement. La réduction conséquente des coûts de transaction doit donc permettre une meilleure planification de l'investissement et une plus grande efficacité dans l'utilisation des ressources rares qui auraient pu être gaspillées sur le *lobbying*.

322. Or, l'existence d'un régulateur indépendant du gouvernement n'est pas une fin en soi. Ce modèle institutionnel peut être défaillant en raison de deux causes principales : l'une relative aux caractéristiques institutionnelles du pays, l'autre relative aux industries régulées.

323. La première source de défaillance peut provenir de l'exécutif : si la culture institutionnelle et les règles informelles du pays ne tolèrent pas l'externalisation des compétences hors de la hiérarchie gouvernementale, l'indépendance du régulateur sera douteuse. Bien qu'il puisse jouir *de jure* d'une certaine indépendance, les pratiques peuvent porter atteinte *de facto* à cette dernière. De plus, l'inefficacité du système juridictionnel peut engendrer des coûts importants de transaction et des risques de demandes excessives de rente.

324. La deuxième source de défaillance tient aux régulés eux-mêmes. En l'absence d'un contrepoids gouvernemental, un régulateur indépendant peut être manipulé et capturé par les opérateurs régulés. Pour éviter ce risque, la question de l'indépendance du régulateur se trouve ainsi intimement liée à celle de *l'accountability*[1] : l'idée de l'indépendance est contrebalancée par celle de la 'redevabilité'[2], conçue pour éviter le risque de capture[3].

325. À la lumière des éléments précédemment développés, les économistes n'adoptent pas une position unanime à l'égard de la question de la délégation des compétences de régulation à une agence indépendante.

326. Certains économistes partagent l'idée selon laquelle une agence indépendante de régulation est nécessaire. Ils y voient une garantie contre

---

[1] *Accountability* est un terme d'origine étatsunienne, intraduisible en langue française. « Ce concept renvoie à l'idée d'une responsabilité spécifique de la fonction publique pouvant seule justifier les actions administratives et les dépenses publiques » (H. DELZANGLES, *op. cit.*, p. 81). Il peut être traduit par « redevabilité ».

[2] J. A. DEN HERTOG, « Review of economic theories of regulation », discussion paper n° 8-10, Utrecht School of Economics, 2010, p. 35, disponible sur : https://www.uu.nl/sites/default/files/rebo_use_dp_2010_10-18.pdf.

[3] Grâce aux règles de l'*accountability*, le régulateur indépendant sera contraint à rendre des comptes à l'instance législative. De plus, d'autres mesures de protection contre la capture peuvent être mises en place, comme l'obligation d'associer les différents intérêts à la prise de décisions, ou la limitation du pouvoir discrétionnaire du régulateur indépendant (V. dans ce sens P. T. SPILLER et B. LEVY, « Regulation, Institutions, and Commitment in Telecommunuications », *op. cit.*, p. 247 ; D. MARTIMORT, « The Life Cycle of Regulatory Agencies: Dynamic Capture and Transaction Costs », *Review of Economic Studies,* 1999, p. 932).

l'influence politique et un instrument indispensable pour encourager l'innovation[1]. Le renforcement de l'indépendance organique, fonctionnelle et financière du régulateur, même en des termes relatifs, garantit son efficacité.

327. La majorité des économistes estiment néanmoins que l'efficacité de l'agence indépendante de régulation est tributaire de l'environnement institutionnel dans lequel elle s'insère. D'une part, les règles informelles peuvent nuire *de facto* à l'indépendance accordée en droit. D'autre part, le manque d'expertise dans les matières très techniques de la régulation économique peut la rendre complétement inefficace. Ils estiment donc que l'agence indépendante n'amène pas forcément à une réduction des coûts de transaction et par conséquent à un meilleur fonctionnement du marché[2]. Ainsi, « il est difficile de reproduire avec succès les réformes d'un pays à un autre, [car] les mêmes structures de gouvernance [n'ont] pas les mêmes propriétés selon les environnements institutionnels »[3].

B. L'examen par la science économique positive

328. En vue de mesurer l'effet de la création d'une agence indépendante de régulation sur la performance économique, les économistes se sont penchés sur l'étude de cette question en utilisant des méthodes économétriques.

329. Les résultats de leurs recherches n'ont pas conduit à une réponse uniforme sur l'existence d'un effet positif de l'indépendance sur la performance économique. Tandis que certaines recherches ont conclu que la performance économique sectorielle se trouve améliorée tant par l'effet de la simple existence d'une agence de régulation que par l'accroissement du degré de son indépendance (I), d'autres pensent que cet effet doit être relativisé (II)[4].

---

[1] A. MODY, « Comments on "regulation, institutions and commitment in telecommunications" by Levy and Spiller », *In* P.T. SPILLER et B. LEVY, « Regulation, Institutions, and Commitment in Telecommunuications », *op. cit.*, p. 259 ; W. SMITH, « Utility Regulators—The Independence Debate », *Public policy for the private sector*, 1997, p. 3.

[2] V. sur ce point P. T. SPILLER et B. LEVY, « Regulation, Institutions, and Commitment in Telecommunuications », *op. cit.*, p. 247 ; J. STERN, « What Makes an Independent Regulator Independent? », *Business Strategy Review*, 1997, p. 71 ; D. M. GUILLAUME et D. STASAVAGE, « Improving Policy Credibility », *World Development*, 2000, p. 2 ; A. GALAL et B. NAURYAL, « Regulating Telecommunications in Developing Countries. Outcomes, Incentives, and Commitment », Policy research working paper n° 1520, The World Bank, 1995, p. 23.

[3] U. DUBOIS, *op.cit.*, p. 11.

[4] La divergence de ces résultats doit néanmoins être relativisée, dans la mesure où les sciences économiques ne constituent pas des sciences exactes. Les lois économiques étant conçues *ceteris paribus*, il existe toujours une partie des

I. L'agence indépendante de régulation et l'amélioration de la performance économique

330. Par des études économétriques, plusieurs auteurs ont montré que la simple existence d'un régulateur indépendant, quel que soit son degré d'indépendance, produit un effet positif sur la performance économique (a). De surcroît, d'autres soutiennent que le niveau d'indépendance du régulateur joue un rôle important en améliorant davantage la performance économique (b).

a. L'effet positif de la mise en place d'un régulateur indépendant sur la performance économique

331. En étudiant les données récoltées dans différents secteurs économiques qui fonctionnent en réseaux, plusieurs économistes ont montré l'importance de la création d'une agence indépendante de régulation. Les études économétriques menées ont été effectuées à partir d'échantillons différents en termes de secteurs étudiés et de pays. La variable institutionnelle en rapport avec le régulateur indépendant était dans toutes ces études est muette, prenant la valeur de (0) en cas d'inexistence d'une agence indépendante de régulation ou (1) en cas d'existence d'une agence plus ou moins indépendante.

332. Ainsi, GUETTEREZ et al. ont mené une étude économétrique sur un échantillon de 19 pays latino-américains dans la période de 1985 à 1995, dans le but de mesurer la relation entre la création d'une agence indépendante de régulation et le niveau d'investissement dans le secteur des télécommunications. Cette variable dépendante a été mesurée par un proxy du nombre des lignes installées pour 100 habitants[1]. L'étude a montré que l'existence d'un régulateur indépendant a eu un effet positif sur le niveau d'investissement dans le secteur.

333. Dans le même secteur, WALLSTEN a mené une étude sur un échantillon de 30 pays africains et latino-américains pour mesurer l'effet de l'existence d'un régulateur indépendant sur la pénétration, la capacité de communication et les prix dans la période de 1984 à 1997[2]. L'auteur montre que la mise en place d'un régulateur indépendant est importante pour le succès

---

interactions humaines et sociales qui ne sont pas prises en compte lors de l'élaboration des théories économiques.

[1] L. GUTIERREZ et S. BERG, « Telecommunications liberalization and regulatory governance: lessons from Latin American », *Telecommunications Policy*, 2000.

[2] S. J. WALLSTEN, « An Econometric Analysis of Telecom Competition, Privatization, and Regulation in Africa and Latin America », *Journal of Industrial Economics*, 2001.

de la privatisation en termes de protection des consommateurs. La privatisation, sans l'instauration d'un régulateur indépendant, n'avait aucun effet positif. Elle avait plutôt des effets négatifs sur le taux de pénétration des lignes téléphoniques[1].

334. Aussi, ROS a mené une étude économétrique pour estimer l'impact de la création d'un régulateur indépendant sur le taux de pénétration des lignes et sur l'efficience de la production. À cet effet, il a utilisé un échantillon de 20 pays latino-américains dans la période de 1990 à 1998[2]. L'auteur a souligné l'existence d'une corrélation positive entre l'instauration d'un régulateur indépendant, incarnation d'un engagement crédible, et la performance générale du secteur des télécommunications.

335. De plus, dans une étude menée par FINK et al. sur un échantillon de 86 pays en voie de développement dans la période de 1985 à 1999, les auteurs ont tenté de mesurer la relation entre la mise en place d'un régulateur indépendant et le niveau de compétition dans le secteur[3]. L'étude a montré que l'existence préalable d'un régulateur indépendant à la libéralisation du secteur avait un effet positif sur le niveau de concurrence.

336. Par ailleurs, pour estimer la relation entre l'indépendance du régulateur et la capacité de production per capita au secteur de l'électricité, CUBBIN et al. ont travaillé sur un échantillon de 28 pays développés dans la période de 1980 à 2001[4]. Les auteurs ont montré l'existence d'une corrélation positive entre les deux variables, ce qui renforce la thèse avancée dans la littérature de l'effet positif de la création des agences indépendantes.

337. Enfin, dans une étude sur l'effet de l'existence d'une agence indépendante de régulation sur la renégociation des contrats de concession dans les domaines de l'eau et des transports, GUASCH et al. ont mené une étude sur un échantillon de 307 contrats de concession conclus en Amérique

---

[1] Dans le même sens, v. M. NOORIHSAN, « Telecommunications reform and efficiency performance », *Telecommunications Policy*, 2014.

[2] A. J. ROS, « The Impact of the Regulatory Process and Price Cap Regulation in Latin American Telecommunications Markets », *Review of Network Economics*, 2003, pp. 270-286.

[3] C. FINK, A. MATTOO et R. RATHINDRAN, « An Assessment of Telecommunications Reform in Developing Countries », *World Bank Policy Research Working Paper*, 2003, pp. 443-466.

[4] Dans cette étude, les auteurs ne font pas de distinction entre l'indépendance du régulateur et son autonomie. Ils se sont concentrés sur l'indépendance organique du régulateur, sans pour autant montrer plus d'attention à son indépendance fonctionnelle. C'est la raison pour laquelle le régulateur était parfois qualifié d'indépendant, et autrefois d'autonome (J. CUBBIN et J. STERN, « The Impact of Regulatory Governance and Privatization on Electricity Industry Generation Capacity in Developing Economies », *The World Bank Economic Review*, 2006, pp. 115-141).

latine dans la période de 1989 à 2000[1]. Les auteurs ont montré que la mise en place d'un régulateur avant la conclusion du contrat de concession a réduit le recours à la renégociation durant le contrat, ce qui laisse penser à la réduction des coûts de transaction.

b. L'effet positif du degré d'indépendance du régulateur sur la performance du secteur

338. À côté des études économétriques qui ont montré l'effet positif du choix de la création d'une agence indépendante de régulation sur la performance économique, d'autres études ont tenté de mesurer l'effet du degré d'indépendance du régulateur sur l'amélioration de la performance.

339. Dans une étude menée par MONTOYA et al. sur un échantillon de 23 pays de l'Amérique latine et des Caraïbes dans la période de 1990 à 2004, les auteurs ont essayé de mesurer l'effet du degré d'indépendance du régulateur sur le taux de pénétration des lignes (une ligne pour chaque 100 habitant)[2]. Pour mesurer le degré d'indépendance, les auteurs ont construit une variable indexée sur les éléments suivants : l'outil de la création de l'agence de régulation, (une loi ou un décret) ; le niveau de séparation de fonctions entre l'agence et le ministère ; l'autonomie financière ; la clarté des règles régissant la résolution des conflits entre le régulateur et les opérateurs ; et la transparence. Les auteurs ont trouvé une corrélation positive et significative entre le degré d'indépendance formelle du régulateur et le niveau de pénétration des lignes. Ainsi, ils ont conclu qu'un pays comme la Colombie aurait pu atteindre un taux de pénétration des lignes plus élevé par le renforcement de l'indépendance du régulateur.

340. De plus, dans une étude menée par CAMBINI et al., les auteurs ont tenté de mesurer l'effet du niveau d'indépendance du régulateur sur les décisions d'investissement dans les secteurs de services en réseau. L'étude a été menée sur un échantillon de 80 firmes régulées dans 15 pays membres de l'UE, entre 1994 et 2004[3]. Pour contrôler la variable de l'indépendance, les

---

[1] Le régulateur indépendant était considéré comme un organe distinct de celui de l'État. Il s'agissait donc d'une variable muette (J. L. GUASCH, J. -J. LAFFONT et S. STRAUB, « Renegotiation of concession contracts in Latin America », *International Journal of Industrial Organization*, 2008, pp. 421-442).

[2] M. A. MONTOYA et F. TRILLAS, « The measurement of the independence of telecommunications regulatory agencies in Latin America and the Caribbean », *Utilities Policy*, 2007, pp. 182-190.

[3] C. CAMBINI et L. RONDI, *Regulatory Independence, Investment and Political Interference: Evidence from EU*, colloque SEPIO, université Paris I Panthéon Sorbonne, Paris, 2010, disponible sur : https://www.researchgate.net/publication/228839680_Regulatory_Independence_Investment_and_Political_Interference_Evidence_from_EU). L'indépendance du

auteurs ont introduit une variable indexée sur les éléments suivants : le mode de désignation du président du collège, son mandat et sa révocabilité ; le statut des membres du collège ; la relation entre le régulateur, et le gouvernement et le Parlement ; et les sources de financement du régulateur et ses compétences. Les résultats de l'étude ont montré que le niveau d'indépendance du régulateur compte : plus le régulateur est indépendant, plus les investisseurs sont à l'abri de toute influence politique, et plus le niveau d'investissement est grand.

341. Dans une tentative d'étendre les analyses de l'indépendance formelle pour tenir compte des éléments relatifs à l'indépendance informelle du régulateur et leur effet sur le taux de pénétration des lignes téléphoniques, MONTOYA et al. ont ajouté une nouvelle variable qui introduit l'indépendance informelle du régulateur[1]. Pour mesurer l'indépendance *de facto* du régulateur, les auteurs ont ajouté une variable indexée sur les éléments suivants : la vulnérabilité politique estimée en fonction de la corrélation entre le changement du chef de l'exécutif et le changement du président de l'autorité de régulation ; la durée effective du mandat ; et la raison de révocation du président de son mandat. Les résultats ont montré l'effet faible mais positif de l'existence de régulateur indépendant *de facto* et *de jure* sur le niveau de pénétration.

342. D'ailleurs, dans une étude menée par BORTOLOTTI et al.[2], l'importance ultime de l'indépendance *de facto* du régulateur sur son comportement vis-à-vis de l'opérateur historique a été soulignée. Leur étude a mis en exergue l'existence d'une corrélation positive entre la présence de l'État comme actionnaire dans l'opérateur historique et la valeur des actions de celui-ci. Ils ont conclu que les intérêts de l'État dans l'opérateur historique sont pris en compte par le régulateur, même indépendant en droit, pour favoriser cet opérateur.

343. Enfin, dans une étude menée par KOOP et al., les auteurs ont tenté d'estimer la relation entre le degré d'indépendance de 30 autorités nationales de concurrence de l'Organisation de coopération et de développement

---

régulateur a été mesurée en fonction de cinq éléments : le statut du président de l'autorité et les règles régissant son mandat, le statut des membres du collège, la relation entre le gouvernement et le parlement, l'autonomie financière et organisationnelle, et les compétences attribuées au régulateur (p. 14).

[1] M. A. MONTOYA et F. TRILLAS, « Commitment and regulatory independence in practice in Latin American and Caribbean countries », *Competition and Regulation in Network Industries, Intersentia*, 2011.

[2] B. BORTOLOTTI, C. CAMBINI et L. RONDI, *Regulatory Independence, Ownership and Firm Value: The Role of Political Institutions*, RSCAS Working Papers 2011/43, European University Institute, 2011, disponible sur https://ideas.repec.org/p/rsc/rsceui/2011-43.html.

économiques (OCDE), et la qualité de leurs rendements[1]. Pour estimer le degré d'indépendance, ils ont construit une variable indexée sur 18 éléments reflétant le niveau d'indépendance de l'autorité. Ces éléments peuvent être rangés dans les catégories suivantes : organique (reconnaissance textuelle de l'indépendance, autonomie budgétaire et financière), fonctionnelle (discrétion en l'organisation interne, discrétion en la politique des ressources humaines, autorité de prise de décision) et statutaire (durée de mandat, irrévocabilité du président du collège et de ses membres, caractère renouvelable ou non du mandat). Cette étude a confirmé l'existence d'une corrélation positive et significative entre le degré d'indépendance de l'autorité et sa performance.

II. La relativisation de l'impact de l'existence d'une agence de régulation et son indépendance

344. Si les économistes précités ont confirmé l'importance de la création d'un régulateur indépendant en des termes absolus, d'autres économistes ont relativisé l'importance de sa création. Cette relativisation a pris deux sens diamétralement opposés, entre l'insignifiance absolue (a) et l'exigence absolue (b).

a. Le régulateur indépendant : une garantie à effet variable

345. Dans le secteur des télécommunications, GUAL et al. ont mené une étude économétrique pour estimer si la création d'un régulateur indépendant a un effet positif sur le niveau de pénétration[2]. L'étude a été menée sur un échantillon de 37 pays développés et en voie de développement. Pour estimer l'indépendance, les auteurs ont construit une variable dont la valeur est construite en fonction des pouvoirs donnés au régulateur, du mode de désignation de son collège, du mode de son financement, de la longueur du mandat de membres du collège et de son *accountability*. Ils ont montré que l'indépendance n'a eu aucun effet sur le niveau de pénétration, ce qui peut notamment soutenir la thèse de LEVY et al. selon laquelle la création d'une agence indépendante n'est pas une condition nécessaire pour le développement du secteur.

---

[1] C. KOOP et C. HANRETTY, « Political Independence, Accountability, and the Quality of Regulatory Decision-Making », *Comparative Political Studies*, 2018, pp. 38-75.

[2] J. GUAL et J. F. TRILLAS, « Telecommunications Policies: Determinants and Impact », *SSRN Electronic Journal*, 2004, disponible sur https://papers.ssrn.com/sol3/papers.cfm?abstract_id=604468.

346. De plus, YAN and al. ont mené une étude économétrique afin de mesurer l'effet de l'existence d'un régulateur indépendant sur la productivité et l'innovation de 22 opérateurs mobiles dans 7 pays développés dans la période de 1998 à 2007[1]. Les résultats de cette étude laissent perplexe. D'une part, les auteurs ont trouvé un effet positif de la création d'un régulateur indépendant sur le niveau de productivité des firmes, mesuré en des termes absolus. Pourtant, ils ont trouvé que le niveau de croissance en productivité s'avère plus élevé dans les marchés où il n'existe pas de régulateur indépendant[2]. Le haut niveau de discrétion des ministères par rapport aux régulateurs indépendants a été souligné comme explication plausible de ce résultat aberrant.

347. De plus, dans une autre étude économétrique menée par YAN et al. sur un échantillon de 30 pays développés dans la période de 1991 à 2006, les auteurs ont essayé de mesurer l'effet de l'indépendance du régulateur sur les marchés contestables et les marchés non-contestables de la téléphonie mobile[3]. Selon l'étude, si le marché est contestable, le régulateur indépendant n'y joue qu'un rôle marginal. En revanche, si le marché n'est pas contestable, l'existence du régulateur indépendant s'avère indispensable.

348. Enfin, une autre étude a été menée par GEOFF et al. pour estimer l'effet de l'existence d'un régulateur indépendant sur les tarifs d'interconnexion dans les États membres de l'Union européenne entre 1997 et 2003[4]. Les auteurs ont conclu que l'existence d'un régulateur indépendant n'a pas d'effet sur les tarifs d'interconnexion dans les marchés où l'opérateur historique a été entièrement privatisé[5]. Par contraste, l'indépendance du régulateur continue à jouer un rôle significatif lorsque l'État est actionnaire majoritaire.

---

[1] Y. LI et C. PRICE, *Effect of regulatory reform on the efficiency of mobile telecommunications - Research Database,* The University of East Anglia, CCP Working Paper, 2012, disponible sur https://people.uea.ac.uk/en/publications/effect-of-regulatory-reform-on-the-efficiency-of-mobile-telecommunications(992323f5-dde7-4d2e-b076-369f858ccd13).html.

[2] *Ibid.,* p. 24.

[3] Le régulateur indépendant a été représenté par une variable mesurée en fonction de la séparation organique et fonctionnelle du gouvernement en vertu d'une loi (Y. LI et B. LYONS, « Market structure, regulation and the speed of mobile network penetration », *International Journal of Industrial Organization*, 2012, pp. 697-707).

[4] (G. EDWARDS et L. WAVERMAN, « The Effects of Public Ownership and Regulatory Independence on Regulatory Outcomes », *Journal of Regulatory Economics*, 2006, pp. 23-67). L'indépendance du régulateur était mesurée par l'existence d'un régulateur horizontal ou sectoriel ; son financement ; sa redevabilité ; ses pouvoirs ; l'étendu des compétences partagées ; le mode de désignation du président du collège ; le mandat et s'il était renouvelable ; et l'ancienneté de l'agence de régulation.

[5] *Ibid.*, pp. 18-19.

b. L'exigence d'indépendance : condition indispensable pour l'effectivité du régulateur

349. Si dans les études ci-avant mentionnées les économistes ont relevé que la création du régulateur indépendant n'a pas toujours garanti la meilleure performance du secteur, d'autres économistes voient dans la création d'un régulateur véritablement indépendant une condition indispensable pour améliorer la performance du secteur. Faute d'une telle indépendance, la simple création d'un régulateur n'engendre pas d'effets positifs.

350. Ainsi, dans le secteur des télécommunications, FINK and al. ont étudié un échantillon de 12 pays en voie de développement en Asie dans la période de 1985 à 1999[1]. Ils visaient à étudier la relation entre l'existence d'un régulateur séparé du gouvernement et la croissance du nombre de lignes des communications électroniques[2]. Les résultats de leur recherche ont montré que la simple création d'une agence de régulation n'a pas eu un effet significatif. Pour expliquer ce résultat, ils ont mis l'accent sur l'importance de l'indépendance organique et fonctionnelle du régulateur, en l'estimant comme une condition nécessaire plutôt que suffisante.

351. Par ailleurs, dans une étude menée par EZZAT[3], l'auteur a essayé de mesurer l'effet de la création d'un régulateur indépendant ainsi que de la privatisation et de la libéralisation du secteur des télécommunications sur la performance économique du secteur. Son étude portée sur un échantillon de 17 pays de la région du Moyen-Orient, dans la période de 1995 à 2010. Les résultats ont montré que la simple existence d'un régulateur dénué d'une véritable indépendance l'empêche d'exercer un rôle positif dans la libéralisation du secteur et dans sa compétitivité. L'auteur rapporte l'inefficacité du régulateur au manque d'indépendance effective vis-à-vis du gouvernement et de l'opérateur historique. L'indépendance effective du régulateur est donc une condition nécessaire plutôt que suffisante pour garantir la libéralisation des marchés.

---

[1] A. MATTOO, C. FINK et R. RATHINDRAN, *Liberalizing Basic Telecommunications: The Asian experience*, The World Bank, 2001, disponible sur https://openknowledge.worldbank.org/handle/10986/19442.

[2] La croissance du nombre des lignes de communications électroniques était mesurée comme la moyenne de nombre des lignes par employé.

[3] R. A. EZZAT, « Paving the Way for Better Telecom Performance », *Review of Network Economics*, 2015, pp. 155-199.

§2. L'indépendance du régulateur en science politique

352. Le retrait de l'État de la sphère économique dès le début des années 1980 coïncidait avec un recours croissant à la création des agences dépolitisées, indépendantes du gouvernement. Le champ d'intervention de ces agences s'est élargi au fil de temps pour toucher à la régulation sociale, telles le contrôle de la qualité alimentaire et la protection de l'environnement. Dans les deux domaines d'intervention, l'indépendance attribuée à ces agences vise à neutraliser la fonction, c'est-à-dire à la mettre à l'abri de l'influence politique.

353. Plus de technicité et d'expertise, et moins de politique : ce sont les caractéristiques d'une nouvelle gouvernance technocratique attachées à « l'essor de l'État régulateur »[1].

354. Mais pourquoi les acteurs politiques, sensibles à la question de la détention du pouvoir, sont-ils prêts à transférer leur pouvoir à des autorités qui leur sont indépendantes ? C'est à partir de cette question que les chercheurs en science politique ont étudié ce phénomène pour trouver sa raison d'être (A).

355. Par ailleurs, l'hétérogénéité aperçue dans les niveaux d'indépendance de ces autorités d'un pays à un autre indiquait l'existence d'autres facteurs conditionnant les préférences en faveur de tel ou tel niveau d'indépendance (B).

A. Les raisons d'être de la création d'une autorité indépendante de régulation

356. La diffusion du modèle institutionnel des autorités indépendantes de régulation a retenu l'attention des chercheurs en science politique, notamment depuis les années 1970, avec la large diffusion de ce modèle à l'ère de la globalisation et la libéralisation économique.

357. Pour tenter d'expliquer cette diffusion importante, plusieurs théories ont été proposées. La diffusion phénoménale des autorités indépendantes de régulation peut être expliquée à l'aide de deux approches différentes : une approche intrinsèque (I) et une approche extrinsèque (II).

---

[1] Traduction libre de : « *The rise of the regulatory state* » (G. MAJONE, « The rise of the regulatory state in Europe », *West European Politics*, 1994, pp. 77-101).

I. L'approche intrinsèque : les mécanismes du jeu politique national et la délégation des pouvoirs

358. Selon l'approche intrinsèque, ces sont les mécanismes d'interaction politique au niveau national qui déterminent les préférences de l'adoption du modèle institutionnel de l'autorité indépendante.

359. Dans le cadre de la présente approche, les théories de science politique ont fourni de multiples explications du phénomène de la création des autorités indépendantes de régulation. Parmi les justifications présentées par ces théories se trouve notamment le besoin d'une expertise effective à moindre coût[1] ou encore la volonté des politiciens d'externaliser les reproches « *blame shifting* »[2].

360. Malgré la plausibilité de ces justifications, deux théories essentielles ont présenté les explications les plus acceptables : la théorie de l'incertitude politique (a) et la théorie de la crédibilité des engagements (b).

a. La théorie de l'incertitude politique

361. En vue d'apporter une réponse éclairante au phénomène de la création des autorités indépendantes de régulation, Terry MOE a proposé une théorie qui attribue la création de ces autorités à l'incertitude politique[3].

362. Selon l'auteur, le parti politique en place utilise le pouvoir qui lui a été confié par l'électorat pour mettre en œuvre ses propres politiques, conçues selon sa vision. Ce privilège d'utilisation des outils de l'autorité publique est assimilé à des droits de propriété politiques. Or, contrairement à tous les autres droits de propriété, les droits de propriété politiques sont marqués par la temporalité.

363. En effet, le monde politique dans les sociétés démocratiques est caractérisé par l'alternance permanente. Les vainqueurs des élections tiennent le pouvoir pour une période déterminée. À la fin de leur mandat, ils doivent restituer ce pouvoir au peuple qui le réattribue soit au même parti politique, en cas de renouvellement de confiance, soit à tout autre parti politique.

364. Le parti politique en place est conscient de cette temporalité. Les politiciens qui en sont membres, confrontés à une grande incertitude politique

---

[1] G. MAJONE, « Two Logics of Delegation: Agency and Fiduciary Relations in EU Governance », *SAGE*, 2001, p. 103.

[2] M. P. FIORINA, « Legislative choice of regulatory forms », *Public Choice*, 1982, p. 47.

[3] T. MOE, « The Politics of Structural Choice: Toward a Theory of Public Bureaucracy », in O. E. WILLIAMSON (dir.), *Organization Theory: From Chester Barnard to the Present and Beyond*, Oxford University Press, 1995.

quant à leur réélection, anticipent donc une alternance à la fin de leur mandat. Cette incertitude peut les conduire à adopter des comportements stratégiques pour s'assurer que l'implantation de leur agenda politique aujourd'hui ne sera pas altérée demain avec l'avènement d'un nouveau parti politique aux visions différentes de les leurs.

365. C'est dans cette approche dynamique que le parti politique en place prend les mesures nécessaires pour garantir la pérennité de son agenda, même au-delà de son terme électoral. Une de ces mesures est la création d'une autorité de régulation caractérisée par l'indépendance à l'égard de la sphère politique.

366. Bien que le parti politique ne souhaite certainement pas concéder ses propres droits de propriété politiques par leur délégation à des tiers, cette solution peut paraître optimale pour assurer une longévité de leur programme politique. Dans ces conditions, le parti politique en place a tout intérêt à renforcer l'indépendance de l'autorité et à préciser ses compétences et ses objectifs. La préoccupation de la neutralité politique prévaut donc sur celle de la performance et la flexibilité.

367. Ainsi, l'externalisation des pouvoirs, d'une étendue limitée et précise, à une autorité politiquement indépendante est censée entraver toute tentative ultérieure par les partis politiques alors au pouvoir de mener un revirement politique ou d'influencer les directions stratégiques de l'autorité.

368. En somme, la théorie de MOE considère la création des autorités indépendantes de régulation comme le fruit de l'incapacité des acteurs politiques à se fixer des engagements crédibles. En d'autres termes, leur création est un remède à une problématique inhérente aux sociétés démocratiques et une assurance contre l'incertitude politique.

369. Alors que cette théorie a eu le mérite d'expliquer le fondement politique de la création des autorités indépendantes et qu'elle est acceptée par une part des auteurs[1], elle a tout de même été critiquée pour ses hypothèses réductrices.

370. D'abord, l'importance de l'hypothèse de la création des autorités indépendantes comme une garantie contre l'incertitude politique doit être relativisée. Cette hypothèse n'est opérante que dans les systèmes politiques où le pouvoir est fractionné. En dehors de ce cas de figure, elle ne peut être vraie. Le nouveau parti au pouvoir peut changer la loi régissant l'autorité et ainsi toucher à ses compétences ou à ses caractéristiques institutionnelles les plus fondamentales[2].

---

[1] V. par exemple F. GILARDI, *Principal-Agent Models Go to Europe: Independent Regulatory Agencies as Ultimate Step of Delegation*, Paper presented at the ECPR General Conference, Canterbury (UK), 2001, disponible sur http://citeseerx.ist.psu.edu/viewdoc/summary?doi=10.1.1.202.2258.

[2] J. BENDORT, A. GLAZERT et T. H. HAMMOND, *Theories of Delegation in Political Science*, Research paper n° 1165, Graduate School of Business, Stanford

371. Ensuite, si cette théorie part du principe que le régime politique fonctionne selon les règles démocratiques, elle ne peut donc donner des explications au phénomène de la propagation du modèle des autorités indépendantes de régulation dans les régimes autocratiques. L'absence du risque d'incertitude politique pour ces régimes rend cette théorie complétement inopérante[1].

b. La théorie de la crédibilité de l'engagement

372. Pour combler le vide résultant des critiques formulées à l'égard de la théorie de l'incertitude politique, une autre théorie, proposée par Giandomenico MAJONE, a fourni un cadre analytique pour comprendre le phénomène de la délégation de pouvoir à des autorités indépendantes[2]. Les enseignements de cette théorie s'appliquent aussi bien aux autorités indépendantes nationales qu'aux autorités supranationales.
373. Contrairement à l'idée de l'incertitude politique, cette théorie a justifié le phénomène de la délégation de pouvoir aux autorités indépendantes par le besoin de donner des engagements crédibles vis-à-vis des autres États et des investisseurs étrangers.
374. En effet, dans un monde globalisé, les politiques publiques s'adressent de plus en plus à l'externe. Par conséquent, leur réussite n'est plus attribuée aux méthodes classiques du commandement et du contrôle ou à la coercition, mais plutôt à l'assurance et à la crédibilité[3].
375. En matière d'investissement, la crédibilité est affaiblie à cause de l'alternance politique : non seulement le gouvernement en place ne peut garantir le respect de ses engagements par le prochain gouvernement, mais le gouvernement en fonction n'a pas intérêt à honorer son engagement durant son mandat.
376. Pour prouver la validité de son hypothèse, MAJONE l'a expliqué à la lumière des règles de la théorie des jeux[4]. Selon cette théorie, la temporalité

University, p. 31, disponible sur https://www.gsb.stanford.edu/faculty-research/working-papers/theories-delegation-political-science.

[1] A. BADRAN, *op. cit.*, p. 37.

[2] G. MAJONE, « The Rise of The Regulatory State in Europe », *op. cit.*

[3] « Une des conséquences de la globalisation était le fait de faire de la crédibilité un facteur plus important que la contrainte pour assurer le succès des politiques publiques (…) ». Traduction libre de : « *One of the consequences of globalization, however, has been to make credibility more important than coercion for the success of public policy (...)* » (G. MAJONE, « The Transformations of the Regulatory State », in LEISERING Lutz (éd.), *The New Regulatory State*, 2011, London, Palgrave Macmillan UK, p. 23).

[4] La théorie des jeux « *Game theory* » est une théorie qui donne un cadre analytique pour les comportements stratégiques humains. Elle part du principe de la conditionnalité des comportements adoptés par les acteurs dans leurs interactions par

s'avère d'une importance capitale : le caractère répétitif du jeu conditionne la coopération ou la non-coopération de ses acteurs. Si le jeu est d'une seule partie, la stratégie non-coopérative est favorisée et l'équilibre optimal est absent. Autrement dit, le dilemme des acteurs entre le respect et la violation de leurs engagements respectifs est d'autant plus serré et la tentation de trahir est d'autant plus grande que le jeu est composé d'une seule partie[1].

377. En effet, en l'absence des parties futures, chaque acteur a intérêt à ne pas respecter son engagement pour maximiser sa rente au détriment de l'autre. Puisqu'il n'y a qu'une seule partie, la violation de l'engagement n'entraîne pas des effets futurs pour celui qui a trahi.

378. En l'absence d'une crédibilité des engagements, la méfiance de chaque acteur à l'égard des intentions de l'autre les incite à faire des choix sous-optimaux. Les engagements dénués de toute crédibilité n'amènent donc pas à un équilibre efficient au sens de Pareto[2]. La même règle s'applique au cas des engagements unilatéraux où un seul acteur est tenu de présenter un engagement pendant que l'autre se comporte en fonction de la crédibilité de cet engagement.

379. Pour illustrer ce dernier cas, on peut imaginer que c'est le gouvernement qui présente l'engagement du respect de droits de propriété aux investisseurs étrangers, ce qui implique de s'abstenir de les exproprier *ex post*. Il appartient aux investisseurs d'apprécier la crédibilité de cet engagement et de se comporter conséquemment.

---

l'anticipation des actions de leurs partenaires. Cette théorie couvre des multiples domaines d'application dans les différentes sciences humaines et sociales. Pour plus d'informations sur la théorie, v. T. PÉNARD, « La théorie des jeux et les outils d'analyse des comportements stratégiques », *Université de Rennes 1, CREM*, 2004, disponible sur http://perso.univ-rennes1.fr/thierry.penard/biblio/manueljeux.pdf.

[1] Ce dilemme est une illustration de l'application de la théorie des jeux. Il est communément appelé le dilemme du prisonnier « *Prisoners dilemma* ». Il est réalisé lorsque les deux parties d'un jeu choisissent dans chaque cycle soit de coopérer, soit de trahir. L'action stratégique de l'un, en *ex ante*, est le résultat de l'anticipation de l'action de l'autre. Il peut soit lui faire confiance, et ainsi l'inviter à un comportement analogue, soit le trahir. En *ex post*, l'action choisie par le premier acteur influence les comportements stratégiques du deuxième dans les cycles ultérieurs. Pour une explication extensive de ce concept, v. J. P. DELAHAYE, « Le dilemme du prisonnier et l'illusion de l'extorsion », *Pour la Science*, 2014.

[2] La théorie de Pareto est une théorie qui vise à mesurer l'efficacité dans l'allocation des ressources. Les ressources sont efficacement allouées dans le sens de Pareto si tout changement dans l'allocation vers l'un entraîne nécessairement une détérioration de la situation de l'autre. Par conséquent, s'il existe une possibilité d'améliorer le sort soit de ces deux personnes, soit de l'un sans détériorer le sort de l'autre, il y donc une Pareto amélioration. Pour une explication de la théorie, v. M. MARTORANA, « Pareto Efficiency », *Region Focus*, 2007.

380. En principe, le manque de crédibilité de l'engagement dans le jeu d'une seule partie va inciter les investisseurs, normalement averses aux risques, à ne pas s'engager.

381. Si les investisseurs croient en cet engagement et ont effectivement investi, le pouvoir politique pourra avoir intérêt *ex post*, avant la fin de son mandat, à revenir sur son engagement. Le jeu n'étant composé, pour ce dernier, que d'une seule partie, il sera le dernier à faire l'action, et n'aura donc rien à perdre[1]. Évidemment, le perdant dans ce cas ne sera pas le pouvoir politique en place qui a pu maximiser sa rente, mais plutôt l'État qui aura du mal à attirer des investissements étrangers futurs.

382. En revanche, si le jeu est composé de plusieurs parties, la théorie retient qu'il devient un jeu coopératif dans le sens où chaque acteur a intérêt à respecter ses engagements. Puisque toute trahison d'un acteur à l'égard de l'autre va conduire à une non-coopération dans les parties ultérieures, les deux acteurs auront tout intérêt à coopérer et à respecter leurs engagements.

383. La théorie de MAJONE considère donc que l'incohérence temporelle est à l'origine du risque sur la crédibilité de l'engagement. Ainsi, le changement des paramètres temporels peut permettre de transformer un jeu non-coopératif en un jeu coopératif.

384. La création de ce nouvel espace temporel nécessite donc un transfert des droits de propriété politiques à une entité qui jouit d'une certaine stabilité et continuité dans le temps. La rupture temporelle avec le cycle politique court pour déboucher sur l'émergence d'un jeu à parties multiples, privilégiant la coopération entre les acteurs. Cela peut conduire à l'efficience souhaitée.

385. Ainsi, MAJONE fait valoir que la délégation des pouvoirs de la part des politiciens à des autorités indépendantes à leur égard renforce la crédibilité de leurs engagements. La crédibilité de l'engagement devient ainsi fortement associée au niveau d'indépendance de ladite autorité, sans laquelle cet engagement devient vulnérable.

386. Une fois en place et la délégation du pouvoir discrétionnaire effectuée, l'autorité indépendante est censée se comporter dans la limite du cadre juridique qui l'a créée et s'abstenir de tout abus de pouvoir. La technicité de l'autorité et son indépendance amènent donc à une réputation grandissante de sa neutralité et à un engagement véritablement crédible et pérenne[2].

387. Cette théorie a eu le mérite d'expliquer, en grande partie, la logique inspirant la délégation des pouvoirs à des autorités indépendantes. Les études empiriques qui ont été menées en la matière renforcent ainsi davantage sa

---

[1] G. MAJONE, *Temporal Consistency and Policy Credibility*, *European University Institute, Working Papers of the Robert Schuman Centre*, 1996, p. 5, disponible sur https://www.eui.eu/DepartmentsAndCentres/RobertSchumanCentre/Publications/WorkingPapers/9657.aspx.

[2] *Ibid.*, p. 6.

force probante[1]. Cependant, les études analytiques et empiriques se sont concentrées sur les pays démocratiques, ce qui rend leurs conclusions inapplicables aux pays autocratiques. Pourtant, ces derniers peuvent avoir intérêt à suivre le modèle de l'autorité indépendante.

II. L'approche extrinsèque : le modelage et la diffusion des politiques institutionnelles

388. La transformation institutionnelle par la création d'autorités indépendantes de régulation ne trouve pas toujours son origine dans les besoins exprimés et les conceptions construites au niveau national. D'autres facteurs exogènes peuvent jouer un rôle important dans leur création.
389. Dans un monde animé par l'interaction et l'interdépendance, les États peuvent subir des pressions externes pour établir des autorités indépendantes de régulation (a). Par ailleurs, ils peuvent agir sous l'influence des États voisins par mimétisme (b).

a. L'isomorphisme coercitif et le changement par la contrainte

390. En vue d'expliquer le phénomène de la diffusion à grande échelle du modèle des autorités indépendantes de régulation, les chercheurs en sociologie politique et en science politique ont souligné le phénomène de l'isomorphisme coercitif. En effet, ils expliquent que des entités supranationales, entendues dans le sens large du terme, peuvent exercer des pressions sur les États en vue de la création d'un certain modèle institutionnel. Sous cette influence, ces États peuvent donc être amenés à adopter ce modèle institutionnel sans vraiment vérifier au préalable son véritable apport ou sa compatibilité avec le cadre juridique ou culturel.
391. En effet, avec la globalisation et l'interdépendance économique mondiale, les États sont plus ouverts à l'échange et à la coopération. Cette ouverture devrait emporter des effets économiques positifs et une exploitation plus efficace des avantages comparatifs de chaque État. Cependant, l'ouverture entraîne aussi des vulnérabilités de l'économie de l'État[2].
392. Ainsi, si le commerce international a permis d'augmenter les richesses et d'allouer les ressources plus efficacement, l'ouverture des frontières

---

[1] V. dans ce sens F. GILARDI, « Policy credibility and delegation to independent regulatory agencies: a comparative empirical analysis », *Journal of European Public Policy*, 2002.
[2] S. POLILLO et M. F. GUILLÉN, « Globalization Pressures and the State », *American Journal of Sociology*, 2005, p. 1773.

nationales au commerce international met l'économie nationale en position de dépendance à l'égard du marché international. Cette dépendance engendre des vulnérabilités économiques qui résultent des conjonctures économiques des marchés internationaux et des fluctuations des flux entrants et sortants d'investissements étrangers. Dans ces conditions, l'instabilité économique devient un facteur de risque que les États doivent affronter.

393. Afin d'atténuer les effets néfastes sur les économies nationales, des institutions internationales, tels le F.M.I. et la B.M., ont été créées pour aider les États en difficulté.

394. Ces institutions revêtent une grande importance pour les États qui rencontrent des difficultés économiques. L'assistance de ces institutions emporte des effets directs et indirects pour ces États : d'abord, les prêts accordés à des faibles taux d'intérêts contribuent à alléger le poids de la dette dans le budget national. Cela contribue donc directement à achever une relance économique accélérée. Ensuite, le fait d'accorder des prêts est un signe de confiance pour la relance de l'économie de l'État emprunteur, ce qui affecte indirectement le regard que les investisseurs portent sur son avenir.

395. La place centrale qu'occupent ces institutions sur la scène internationale, notamment à la fin du XXe siècle, leur a permis d'instrumentaliser les demandes de prêt pour imposer leurs conditions sur les États demandeurs : des conditions d'essence néolibérale, conçues sous une forte influence étasunienne. Le F.M.I. et la B.M. faisaient donc écran entre les politiques économiques de l'administration américaine et des États en développement[1].

396. Vu l'importance critique de ces prêts, les États demandeurs, au risque d'aggraver la crise économique, étaient contraints de respecter ces conditions.

397. Outre des conditions financières et techniques relatives aux politiques publiques, le F.M.I. et la B.M. ont imposé des conditions de nature institutionnelle. Ces conditions visent soit à améliorer la capacité des institutions existantes (« *capacity building* »), soit à transformer complétement le modèle institutionnel par l'adoption, par exemple, du modèle des autorités indépendantes de régulation.

398. La création des banques centrales suivant le modèle des autorités indépendantes de régulation présente ici un exemple clair de l'effet des mécanismes de l'isomorphisme coercitif. La transposition de ce modèle à la fin du XXe siècle était moins un choix ou un besoin des pays en développement qu'une contrainte de la part des institutions financières internationales. Comme l'écrit Mme Kathleen MCNAMARA, « la délégation était appliquée comme une solution universelle valide pour tous les États,

---

[1] *Ibid.*, p. 1774.

même en l'absence des problèmes économiques qui requièrent une telle délégation »[1].

399. Plus tard, le même phénomène a été remarqué lors des transitions économiques des années 1980 et 1990. La promotion de la libéralisation et la privatisation ont entraîné, de la même manière, la promotion du modèle des autorités indépendantes de régulation, notamment dans les marchés en réseaux nouvellement libéralisés[2].

400. Dans de telles conditions, et notamment dans le cas de la plupart des pays en voie de développement, il devient difficile de présumer l'existence d'une véritable volonté nationale de donner un engagement crédible[3].

401. Même au niveau régional, le même phénomène d'isomorphisme coercitif reste observé[4].

402. Dans l'U.E. par exemple, les États membres étaient parfois contraints, sous certaines conditions, d'adopter le modèle des autorités indépendantes de régulation pour se conformer avec le droit de l'Union. À titre d'exemple, la directive 97/51/CE du 6 octobre 1997 modifiant les directives 90/387/CEE et 92/44/CEE en vue de les adapter à un environnement concurrentiel dans le secteur des télécommunications[5] a obligé les États membres qui conservaient la propriété ou le contrôle de l'opérateur historique d'assurer « une réelle séparation structurelle entre les fonctions de réglementation et les activités liées à la propriété ou au contrôle »[6].

b. L'isomorphisme mimétique et la diffusion des politiques

403. Les pressions des entités supranationales ne sont pas les seuls facteurs exogènes qui peuvent influencer les décisions d'un État relatives à l'adoption d'un modèle institutionnel quelconque. Les interactions permanentes entre tous les États, développés comme en voie de développement, favorisent l'échange mutuel des expériences. De surcroît, vivant dans un monde de plus en plus ouvert et compétitif, les développements observés dans un État produisent des externalités dans les autres États qui se trouvent incités à réagir

[1] Traduction libre de: « Delegation in this realm has been applied as a 'one size fits all' solution across nations even when the economic problems it is designed to address are absent » (K. MCNAMARA, « Rational Fictions: central banks independence and the social logic of delegation », West European Politics, 2002, p. 48).

[2] N. K. DUBASH et B. MORGAN (dir.), *The Rise of the Regulatory State of the South. Infrastructure and Development in Emerging Economies*, Oxford University Press, 2013, p. 6.

[3] *Ibid.*

[4] F. GILARDI, « The Institutional Foundations of Regulatory Capitalism », *The ANNALS of the American Academy of Political and Social Science*, 2005, p. 89.

[5] Dir. 97/51/CE, préc.

[6] Art. 5*bis*.

conséquemment. Les États adoptent ainsi en permanence des comportements stratégiques en réaction à ce qui se passe ailleurs, parfois par émulation, parfois par apprentissage[1].

404. Pour expliquer les principales raisons exogènes qui influencent les décisions réformatrices de l'État et ses politiques publiques dans le sens large du terme, Beth A. SIMMONS et Zakary ELKINS ont élaboré une théorie qui explique la logique de la diffusion des politiques publiques[2].

405. Selon les deux auteurs, deux groupes de facteurs peuvent expliquer la diffusion des politiques publiques et les phénomènes d'isomorphisme mimétique : la diffusion par l'altération et la diffusion par l'information.

406. S'agissant du premier groupe, les auteurs soutiennent que les États qui se livrent à une concurrence économique importante sont amenés à s'imiter dans l'adoption de leurs politiques publiques respectives. En matière d'attractivité de l'investissement par exemple, si un État adopte des politiques favorables à l'investissement étranger, l'autre État, qui lui est un concurrent important, se trouve encouragé à adopter les mêmes mesures au risque d'être dépassé par son concurrent[3].

407. De plus, les auteurs soulignent l'importance de l'effet de la réputation dans la conception des politiques publiques nationales. En effet, l'adhésion d'un grand nombre d'États à une certaine politique publique donne à celle-ci une certaine légitimité et une reconnaissance de son effectivité. Dans ces conditions, le coût de l'alignement de l'État sur ces politiques publiques devient plus faible que celui afférent à son écartement. La réticence de l'État ou sa résistance à l'égard de ces politiques internationalement reconnues peut donc se répercuter sur sa réputation et nuire à son image[4].

408. Outre la diffusion par l'altération, la diffusion par l'apprentissage présente des explications intéressantes pour le phénomène du mimétisme.

409. La diffusion par l'apprentissage prend trois formes différentes. D'abord, les États ont tendance à imiter les expériences réussies dans les autres États. La qualification de l'expérience d'un pays comme le Chili en tant

---

[1] « L'exemple que donnait Max Weber de la réaction humaine à la pluie, qui distingue l'action sociale de l'action structurelle, est instructif à cet égard. Des personnes peuvent ouvrir leurs parapluies parce qu'il pleut ; d'autres peuvent les ouvrir, partiellement ou complétement, parce que les autres l'ont ouvert ». Traduction libre de : « *Max Weber's example of human reaction to rain that distinguishes between social action and mere structural action is instructive for the current purposes. Some people may open their umbrellas because it is raining; some may open theirs partly or mainly because others are doing so* » (J. JORDANA, D. LEVI-FAUR et X. F. MARÍN, « The Global Diffusion of Regulatory Agencies », *Comparative Political Studies*, 2011, p. 22).

[2] B. A. SIMMONS et Z. ELKINS, « The Globalization of Liberalization », *American Political Science Review*, 2004.

[3] *Ibid.*, p. 173.

[4] *Ibid.*, p. 174.

qu'exemple de réussite dans la libéralisation, présente un modèle pertinent à cet égard pour les pays qui ont traversé la même phase de transition. Cet apprentissage peut néanmoins se limiter à l'imitation aveugle, celle qui ne prête guère d'attention aux caractéristiques propres à chaque État.

410. Ensuite, les relations fortes de coopération entre les États ouvrent des canaux de communication importants à travers lesquels les politiques publiques sont diffusées.

411. Enfin, l'apprentissage peut se produire par des facteurs culturels qui peuvent favoriser la diffusion. En effet, les États qui partagent les mêmes cultures tendent à tirer des leçons l'un de l'autre. L'exemple de l'effet de l'expérience égyptienne sur les pays voisins du Moyen-Orient est ici pertinent : la libéralisation de l'Égypte de son système bancaire était considérée comme un modèle type pour les pays arabes[1].

412. En plus de ces explications relevant d'une approche interétatique, d'autres auteurs ont montré l'effet de la dimension purement sectorielle sur la diffusion des modèles institutionnels à l'intérieur d'un même État[2]. Ainsi, les auteurs ont trouvé une corrélation positive et significative entre l'établissement d'une autorité indépendante de régulation dans un secteur donné à l'intérieur de l'État et la diffusion du modèle dans les autres secteurs voisins dans le même État. La diffusion du modèle passe donc par une approche intersectorielle plutôt qu'interétatique.

B. Les déterminants du niveau d'indépendance des autorités de régulation

413. En science politique, le concept d'indépendance est un des concepts relationnels, qui caractérise les rapports d'influence entre deux variables. Il s'inscrit pleinement dans une échelle conceptuelle qui s'intéresse à mesurer la relation de pouvoir qui s'exerce à l'égard et sur une certaine entité. À cet égard, l'indépendance reflète un degré d'émancipation ; une rupture de l'ordre hiérarchique, dont la force normative se situe entre l'autonomie et l'émancipation[3]. L'indépendance implique, tout particulièrement, la discrétion, la neutralité à l'égard des préférences du principal et l'autonomie fonctionnelle[4].

---

[1] *Ibid.*, p. 175.

[2] J. JORDANA, D. LEVI-FAUR et X. F. MARÍN, *op. cit.*, p. 1357.

[3] K. WALKER, « Independence », in *The Encyclopedia of Political Thought*, American Cancer Society, 2014.

[4] Y. Z. HAFTEL et A. THOMPSON, « The Independence of International Organizations. Concept and applications. », *Journal of conflict resolution*, 2006, p. 255.

414. Appliqué aux agences de régulation, le concept d'indépendance implique une distanciation entre l'agence de régulation et la classe politique dirigeante au gouvernement. Cette distance garantit à l'agence de régulation une sphère de liberté d'action et d'appréciation. Elle devient dès lors capable de concevoir et de concrétiser ses propres préférences techniques, sans obstacles hiérarchiques, ou intervention de la part du gouvernement.

415. Deux remarques préliminaires méritent d'être formulées.

416. D'abord, l'indépendance de l'agence ne doit pas être présumée. La seule optique juridique semble, à cet égard, réductible, insuffisante, voire trompeuse, car la réalité des choses peut s'avérer incohérente avec la réalité juridique. L'examen de l'indépendance mérite donc d'être mesurée en fait comme en droit, sans se limiter à la dénomination formelle qu'on donne souvent à l'agence[1].

417. Ensuite, entre la dépendance et l'indépendance, il existe un large *continuum,* comblé par une échelle d'indépendance. Le degré d'indépendance des agences de régulation se mesure donc à la lumière de cette échelle d'indépendance où on trouve des agences véritablement indépendantes et d'autres moins indépendantes[2].

418. Partant de la différence dans le niveau d'indépendance, plusieurs études ont tenté d'expliquer pourquoi le niveau d'indépendance, en droit et en fait, des autorités de régulation varie considérablement d'un pays à un autre.

419. Ainsi, au-delà de la recherche focalisée uniquement sur les logiques existant derrière la simple création des autorités de régulation plus ou moins indépendantes, les chercheurs en science politique ont approfondi la question du degré d'indépendance de ces autorités afin d'expliquer l'hétérogénéité constatée de leur niveau d'indépendance, *de jure* (I) comme *de facto* (II).

I. Les déterminants du niveau d'indépendance formelle

420. Le niveau d'indépendance formelle des autorités de régulation diffère dans une large mesure entre les différents pays qui ont opté pour ce modèle institutionnel. Pendant que quelques pays tendent à renforcer le niveau d'indépendance formelle des autorités de régulation, d'autres préfèrent leur accorder un minimum d'indépendance.

421. Pour expliquer cette hétérogénéité, les études de science politique ont mis en exergue l'importance de la nature du régime politique en place. Elles ont convergé vers la conclusion que le niveau d'indépendance formelle des autorités de régulation s'avère plus élevé dans les systèmes démocratiques que

---

[1] F. GILARDI, « Principal-Agent Models Go to Europe: Independent Regulatory Agencies as Ultimate Step of Delegation », *op. cit.*, p. 19.

[2] *Ibid.*

dans les systèmes autocratiques. Autrement dit, plus le système est démocratique, plus l'autorité sera dotée d'un niveau élevé d'indépendance formelle[1].

422. En effet, les dynamiques du partage de pouvoir dans les systèmes démocratiques sont complétement différentes de celles qui règnent sous les régimes autocratiques. Ces différences se répercutent sur le niveau d'indépendance accordé aux autorités de régulation.

423. Comme il avait déjà été expliqué, la détention du pouvoir politique dans les systèmes démocratiques est limitée dans le temps. Le système assure une alternance politique périodique et pacifique par laquelle le pouvoir passe d'un acteur à un autre. La pluralité et la compétition entre les acteurs politiques renforcent une surveillance réciproque. Chaque acteur tend à surveiller l'usage du pouvoir par son concurrent afin d'éviter les comportements opportunistes de l'acteur au pouvoir[2]. Dans des telles conditions, un acteur peut avoir intérêt à restreindre le pouvoir discrétionnaire de l'autre par le renforcement du niveau d'indépendance de l'autorité de régulation, qui jouera le rôle de garde-fou contre l'opportunisme politique.

424. En revanche, les mécanismes du partage de pouvoir dans les systèmes autocratiques sont complétement différents. L'alternance politique n'a pas de place dans ces systèmes. Le pouvoir est soit partagé entre l'homme au pouvoir et l'oligarchie qui se trouve autour de lui, soit monopolisé par le premier[3]. Dans les deux cas, le pouvoir politique n'est pas distribué, mais reste bien concentré. Dans de telles conditions, la délégation du pouvoir à une autorité véritablement indépendante à l'égard du pouvoir politique porte atteinte à cette concentration du pouvoir. Cela prive le pouvoir politique d'un outil important pour acheter la paix sociale, notamment dans des secteurs socialement importants comme celui des télécommunications, du gaz ou de l'électricité. Ainsi, l'attribution du pouvoir à des entités véritablement indépendantes s'avère incompatible avec la nature même de ces régimes.

---

[1] I. D. ÖZEL et A. UNAN, « Decoupling trends: Drivers of agency independence in telecommunications: An analysis of high and middle-income countries », *Regulation & Governance*, 2019, p. 15. V. également dans le même sens A. PAVÓN MEDIANO, « Agencies' formal independence and credible commitment in the Latin American regulatory state », *Regulation & Governance*, 2018, p. 14. Pour mesurer l'indépendance formelle, les deux auteurs ont utilisé un indexe constitué de cinq éléments principaux : le statut du président du collège, le statut des membres du collège, l'autonomie financière de l'autorité, l'étendue de ses compétences et leurs partages avec le ministère compétent et les obligations juridiques vis-à-vis du gouvernement et du parlement.

[2] I. D. ÖZEL et A. UNAN, *op. cit.*, p. 15.

[3] Pour plus d'explications sur les mécanismes du partage de pouvoir dans les régimes autocratiques et leur équilibre, v. M. SVOLIK, *Power-Sharing and Leadership Dynamics in Authoritarian Regimes*, Social Science Research Network, 2008, disponible sur https://papers.ssrn.com/abstract=860744.

425. D'ailleurs, la transition des États de l'autocratie à la démocratie semble favoriser le renforcement de l'indépendance formelle des autorités de régulation. Par contraste, la transition des États de la démocratie à l'autocratie produit l'effet inverse : un affaiblissement de l'indépendance des autorités de régulation[1].

426. Outre l'effet du type de régime politique sur le niveau d'indépendance formelle, le nombre d'acteurs détenant les droits de veto dans les systèmes démocratiques joue aussi un rôle important dans la détermination du niveau d'indépendance des autorités de régulation[2]. Plus ce nombre est grand, plus l'équilibre entre les différents acteurs tend vers un renforcement de l'indépendance formelle de l'autorité de régulation[3]. De surcroît, une fois l'autorité en place, la multiplicité des acteurs disposant d'un droit de veto contribue à garder le *statu-quo* et rend particulièrement difficile de changer son statut.

427. Par ailleurs, il semble que le modèle de l'économie capitalistique en place dans un État donné joue un rôle important dans la détermination du niveau d'indépendance formelle de ses agences de régulation[4]. Ainsi, dans les marchés coordonnés où les firmes se réunissent en forme d'union ou

---

[1] Pour une illustration de ce phénomène d'affaiblissement de l'indépendance des autorités de régulation dans le cas de l'État turque, dont le modèle démocratique est soupçonné d'être en recul devant une avancée autocratique ces dernières années, v. I. OZEL, « The politics of de-delegation: Regulatory (in)dependence in Turkey », *Regulation & Governance*, 2012.

[2] Sont considérés comme des acteurs détenant un droit de veto, les acteurs institutionnels qui participent au changement des politiques économiques et dont l'accord est indispensable pour changer le *status quo* (A. M. BERTELLI et A. B. WHITFORD, « Perceiving Credible Commitments: How Independent Regulators Shape Elite Perceptions of Regulatory Quality », *British Journal of Political Science*, 2009, p. 7. V. aussi dans le même sens A. PAVÓN MEDIANO, *op. cit.*, p. 5).

[3] I. D. ÖZEL et A. UNAN, *op. cit.*, p. 15. V. dans le même sens A. PAVÓN MEDIANO, *op. cit.*, p. 14. V. également D. LEVI-FAUR et F. GILARDI, *Handbook on the Politics of Regulation*, Edward Elgar Publishing, 2011, p. 11. *Cf.* F. GILARDI, « Policy credibility and delegation to independent regulatory agencies », *op. cit.*, p. 887.

[4] A cet égard, les économies capitalistiques se distinguent par leur modèle de coordination entre les acteurs. Ainsi, on trouve trois modèles économiques, tous capitalistiques : l'économie de coordination des marchés, l'économie des marchés libéraux et un troisième modèle intermédiaire entre les deux modèles Dans l'économie de coordination des marchés, les dilemmes du marché sont résolus non pas par les mécanismes du marché, mais plutôt par l'interaction des firmes elles-mêmes, ou entre les firmes et le gouvernement. Inversement, dans l'économie des marchés libéraux, ce sont les mécanismes du marché, et non pas la coordination permanente entre les firmes ou leur organisation au niveau central, qui résout les dilemmes du marché. Pour des amples informations sur les variétés des marchés capitalistiques, v. P. A. HALL et D. W. SOSKICE, *Varieties of capitalism*, Oxford University Press, 2001.

d'association et s'autorégulent, les autorités de régulation tendent à avoir un niveau d'indépendance formelle plus faible. En effet, les acteurs privés n'attendent pas de signal des acteurs politiques : leurs comportements sont dictés par leur interaction dans une forme de corporatisme gouvernemental. L'indépendance de l'agence de régulation ne représente donc pas pour eux une exigence nécessaire pour croire en la crédibilité de la réforme ou pour garantir le bon fonctionnement du marché. En revanche, dans les marchés libéraux, les acteurs ne sont pas coordonnés. En l'absence d'une coordination, ils expriment une demande plus forte pour une autorité centrale indépendante, gardienne d'une concurrence loyale[1].

428. Concernant le rôle que l'État de droit peut jouer dans la détermination du niveau d'indépendance de l'autorité de régulation, les études menées ont débouché sur des conclusions diamétralement opposées : alors que certaines études ont trouvé une corrélation positive et significative entre le niveau d'indépendance formelle et l'État de droit[2], d'autres ont décelé une relation négative entre les deux, concluant ainsi que le niveau d'indépendance formelle est un substitut de l'État de droit dans les pays où l'État de droit est faible[3].

II. Les déterminants du niveau d'indépendance informelle

429. Bien que l'indépendance formelle doive idéalement constituer un atout pour l'indépendance de fait[4], l'indépendance en droit ne garantit pas *per se* que l'autorité de régulation soit à l'abri de toute influence politique. Ainsi, l'indépendance formelle n'est ni une condition suffisante, ni même parfois nécessaire pour garantir l'indépendance de fait. Les caractéristiques institutionnelles jouent un rôle primordial pour déterminer le niveau d'indépendance de fait. Cette indépendance de fait peut-être tantôt associée à l'indépendance formelle, tantôt sans lien direct avec elle.

430. Ainsi, la nature du régime en place conditionne la force et l'effet de l'indépendance formelle sur l'indépendance informelle. Les autorités de régulation dans les États démocratiques jouissent d'un haut niveau d'indépendance informelle grâce à la protection juridique de leur

---

[1] I. GUARDIANCICH et M. GUIDI, « Formal independence of regulatory agencies and Varieties of Capitalism », *Regulation & Governance*, 2016, p. 226.

[2] C. HANRETTY et C. KOOP, « Shall the law set them free? », *Regulation & Governance*, 2013, p. 210.

[3] I. D. ÖZEL et A. UNAN, *op. cit.*, p. 17.

[4] Pour une définition de l'indépendance de fait, on peut retenir celle donnée par M. MAGGETTI. Il l'a défini comme la capacité de l'autorité à exprimer ses propres préférences et son autonomie dans l'exercice de ses compétences régulatrices (M. MAGGETTI, « De facto independence after delegation », *Regulation & Governance*, 2007, p. 272).

indépendance formelle. L'État de droit étant plus fort dans les systèmes démocratiques, comme dans les pays de l'Europe de l'Ouest, il présente ainsi une garantie crédible du respect de la loi et de son effectivité[1]. En revanche, cette indépendance de fait s'avère altérée, malgré l'indépendance formelle, dans les pays où l'État de droit n'est pas effectif, comme dans la plupart des pays d'Amérique latine[2]. Dans ces cas, l'indépendance formelle ne constitue pas une condition suffisante pour garantir une indépendance de fait. Sans les caractéristiques protectrices de l'indépendance du régime en place, l'indépendance formelle n'amène pas nécessairement à une indépendance informelle.

431. De plus, les caractéristiques institutionnelles peuvent même faire de l'indépendance formelle un élément accessoire à l'indépendance informelle. Dans ce cas, l'indépendance en droit n'est même pas une condition nécessaire pour garantir l'indépendance de fait. Les caractéristiques institutionnelles de l'État en question et sa capacité à préserver une sphère d'action propre à l'autorité de régulation, conjuguée avec l'âge de cette autorité, peuvent lui permettre une indépendance informelle accrue[3].

432. Enfin, l'effet de réseautage et la régionalisation jouent également un rôle important dans le renforcement de l'indépendance de fait de l'autorité de régulation. Puisque le régulateur « ne peut être le serveur de deux maîtres », son installation autour d'un réseau régional de régulateurs renforce son fonctionnement indépendant[4]. L'effet du réseautage sur le fonctionnement indépendant de l'autorité de régulation peut donc combler le manque d'indépendance formelle.

---

[1] C. HANRETTY et C. KOOP, *op. cit.*, p. 210.

[2] J. JORDANA et C. RAMIÓ, « Delegation, Presidential Regimes, and Latin American Regulatory Agencies », *Journal of Politics in Latin America*, 2010, p. 24. Dans cette étude, les auteurs ont mesuré empiriquement le degré de l'indépendance de fait des régulateurs sud-américains. Pour mesurer l'indépendance de fait, les auteurs ont utilisé un proxy de la complétude du mandat de chaque président du collège des autorités de régulation. Bien que la plupart de ces présidents aient un mandat d'une durée fixe, ce qui représente une garantie juridique d'indépendance, les auteurs ont découvert que la plupart d'entre eux n'ont pas continué leur mandat jusqu'à leurs termes. Ils soulignaient surtout que la fin prématurée de ces mandats coïncidait souvent avec une alternance politique dans le pays.

[3] On peut trouver des exemples des autorités qui bien qu'elles soient moins indépendantes en droit que leurs homologues, elles sont plus indépendantes de fait. L'exemple typique est le régulateur suisse des télécoms. Ce dernier jouit d'une indépendance de droit beaucoup plus faible que son homologue suédois. En revanche, sur le plan de fait, le premier jouit d'une indépendance plus forte que le deuxième (M. MAGGETTI, « The role of independent regulatory agencies in policy-making: a comparative analysis », *Journal of European Public Policy*, 2009, p. 465).

[4] *Ibid.* V. également sur le même point D. LEVI-FAUR et F. GILARDI, *op. cit.*, p. 15.

Conclusion

433. L'étude des théories des sciences économiques et politique permet de comprendre pourquoi les États adoptent le modèle institutionnel de l'agence indépendante de régulation.

434. Il ressort de cette étude que les sciences économiques et politique convergent vers la même conclusion : l'indépendance des agences de régulation n'est pas souhaitable de manière absolue.

435. Comme l'expliquait la théorie économique néo-institutionnelle, les agences indépendantes de régulation sont créées pour minimiser les coûts des transactions et rompre avec la temporalité politique dans les sociétés démocratiques. Cela suppose donc que l'État connaisse un certain niveau de séparation des pouvoirs, de démocratie et d'alternance politique. Si ces éléments ne sont pas présents, la création d'une agence indépendante ne peut être qu'une pure façade cachant d'importants coûts de transaction. Les études positivistes des sciences économiques confortent cette thèse lorsqu'elles prennent en compte l'indépendance *de facto* de l'agence. Elles ont confirmé notamment que la création d'une agence indépendante de régulation n'était pas toujours porteuse d'une meilleure performance économique.

436. Les théories de la science politique parviennent à la même conclusion que celle proposée par les économistes néo-institutionnels. Ceux-ci ont étudié, d'une part, les raisons invitant à la création des agences indépendantes, et d'autre part, la relation entre la démocratie et le niveau d'indépendance dévolue à l'agence. La corrélation constatée entre les transformations politiques et la création ou la suppression des agences indépendantes met en évidence la pertinence de ces théories de science politique. Les exemples turque et égyptien sont intéressants à cet égard. Dans l'État turc, les dérives autocratiques constatées ces dernières années sont corrélées avec un affaiblissement de l'indépendance des agences indépendantes. Inversement, la transformation démocratique de l'État égyptien à la suite de la révolution du 25 janvier 2011 coïncidait avec la création pour la première fois du statut de l'autorité indépendante dans la Constitution de 2012. Il existe donc une forte corrélation significative entre les transformations politiques, la concentration ou le morcellement de pouvoirs et la création des agences indépendantes de régulation.

437. Il en résulte, en définitive, que la nature du système politique et la culture institutionnelle de l'État conditionne l'opportunité de la création d'une agence indépendante de régulation comme solution pour minimiser les coûts de transaction. Si la solution de l'agence indépendante est écartée, la crédibilité de la réforme peut toujours être assurée par d'autres moyens tels la privatisation de l'opérateur historique ; la limitation du pouvoir discrétionnaire de l'administration chargée de la régulation ; la contractualisation ; et/ou le recours à l'arbitrage international pour le règlement des litiges.

438. À la lumière de tout ce qui précède, les leçons tirées des sciences économiques et politique permettront d'évaluer la pertinence du statut des autorités française et égyptienne de régulation des communications électroniques et de mettre ce statut en perspective.

Section II. L'indépendance des autorités de régulation des communications électroniques à l'épreuve des expériences française et égyptienne

439. La France et l'Égypte ont adopté le modèle d'une autorité de régulation des télécommunications distincte de l'autorité ministérielle. Le degré d'indépendance accordé à leurs autorités de régulation respectives diffère considérablement.

440. La divergence entre les deux systèmes juridiques s'explique par la culture institutionnelle de chaque État. Le niveau d'indépendance de l'autorité de régulation des communications électroniques a été choisi en fonction du système constitutionnel, administratif et politique de chaque État. L'histoire institutionnelle de chaque État a donc conditionné, dans une large mesure, la faisabilité de l'institution d'une autorité indépendante (§1).

441. C'est ainsi que les cadres institutionnels nationaux, français et égyptien, ont permis d'accorder un degré d'indépendance varié : renforcé au côté du régulateur français et à moindre mesure à son homologue égyptien. On trouve donc une forte divergence des traits d'indépendance chez l'ARCEP et la NTRA. Cette divergence justifie un examen distinct de l'indépendance de chaque régulateur, c'est-à-dire de l'ARCEP (§2) et puis de la NTRA (§3).

442. En évoquant l'indépendance sous l'angle juridique dans cette section, il convient de préciser ce qu'on entend précisément par ce terme.

443. Sans avoir besoin de revenir sur tout le débat doctrinal autour de la définition de l'indépendance et sa relation avec le concept voisin d'autonomie[1], il suffit de préciser que l'indépendance dans le sens entendu

---

[1] V. notamment R. HERTZOG, *L'autonomie en droit : trop peu de sens, trop peu de signification ?* in *Mélanges Paul AMSELEK*, Bruxelles, Bruylant, 2009, p. 445 ; C. TEITGEN COLLY, « Les instances de régulation et la constitution », *RDP*, 1990, p. 243 ; M.-J. GUÉDON, *op.cit.*, p. 48 ; M. MIAILLE, « L'éloge de l'autonomie contre l'indépendance? », in *Indépendance(s)*, 2012, Montpellier, Univ. Montpellier, pp. 55-70 ; V. PALMA-AMALRIC, *L'autonomie financière des autorités indépendantes*, thèse de droit, université Toulouse I, 2017, L'Harmattan, Paris, p. 41.

dans cette section est l'indépendance de l'autorité de régulation par rapport au gouvernement. Comme le précise M. Hubert DELZANGLES, « Les autorités de régulation ne peuvent être indépendantes de l'État, mais seulement indépendantes au sein de l'État. En effet, elles ne disposent pas de la compétence de leur compétence, pour la simple raison qu'elles sont créées par le législateur et peuvent donc disparaître de son propre fait (...), [ainsi] les autorités de régulation ne peuvent être strictement indépendantes vis-à-vis du pouvoir législatif »[1]. Il s'agit donc d'une indépendance relative, et non pas absolue[2]. On a donc préféré d'utiliser le terme « indépendance » plus que celui d'« autonomie », car « l'indépendance (…) n'est pas seulement plus que l'autonomie, mais mieux qu'elle »[3]. Le terme « indépendance » se distingue également de l'autonomie dont jouissent les établissements publics administratifs. Or la question ici n'est pas seulement d'avoir l'autonomie du fonctionnement, mais surtout l'indépendance à l'égard du gouvernement dans les choix et les stratégies de régulation.

§1. L'environnement institutionnel et l'acceptabilité de l'existence des autorités administratives indépendantes

444. Les cadres institutionnels nationaux dans lesquels la création des autorités de régulation a pris place étaient différents. Ces différences expliquent la facilité avec laquelle l'ART a été constituée en tant qu'autorité indépendante (A), et la difficulté de la NTRA de se voir dotée de l'indépendance (B).

A. L'existence préalable du statut de l'autorité administrative indépendante (A.A.I.) en droit français

445. Dès la fin des années 1970, un large mouvement de création d'autorités administratives indépendantes à l'égard du gouvernement s'est engagé. Ce modèle institutionnel servait à répondre à des besoins divers dans des domaines variés, notamment le domaine de la protection des libertés publiques et le domaine économique (I).

446. Alors que l'émergence de la figure institutionnelle d'A.A.I. posait de problèmes de nature constitutionnelle, ces problèmes ont été résolus grâce à une lecture souple par le Conseil constitutionnel des règles et principes

---

[1] H. DELZANGLES, *op. cit.*, p. 9.
[2] *Ibid.*, p. 13.
[3] M. MIAILLE, *op.cit.*, p. 56.

constitutionnels (II). Cela ouvrait la voie ensuite à la transposition du modèle aux autres autorités naissantes auxquelles on voulait accorder de l'indépendance, telle l'ART.

I. La naissance et l'évolution des autorités administratives indépendantes

447. Jusqu'aux années 1970, le gouvernement français exerçait à l'égard de l'administration un pouvoir important de contrôle, que ce soit au travers de son pouvoir hiérarchique, ou bien au travers de son pouvoir de tutelle. Ainsi, le gouvernement disposait effectivement de l'administration[1].

448. Or, à partir de la fin des années 1970, de nouvelles autorités administratives organiquement et fonctionnellement indépendantes du gouvernement sont apparues. Cela rompait avec la soumission traditionnelle de l'administration au gouvernement.

449. C'est d'abord dans le domaine de la protection des libertés publiques qu'apparut, en 1978, la première autorité qualifiée expressément par le législateur d'A.A.I. : la Commission nationale de l'information et des libertés (C.N.I.L.)[2]. Cette autorité avait pour mission de veiller à la conformité de tout traitement automatisé des données avec les droits et les libertés fondamentales protégés par la loi[3]. Sa mission était donc délicate : l'autorité était en première ligne de défense des libertés publiques, dans un contexte particulier où les ministères et les administrations centrales souffraient d'une crise de légitimité[4]. Cela explique donc pleinement la nécessité de garantir

---

[1] Cette assertion mérite cependant d'être relativisée dans la mesure où des autorités administratives, réunissant des traits d'indépendances, existaient à cette époque. On fait référence notamment à la Commission de contrôle des banques, créée en 1941. Cette commission réunissait des traits statutaires semblables à celles dont jouissent les autorités administratives indépendantes, notamment en termes de composition du collège (F. GAZIER et Y. CANNAC, « Étude sur les autorités administratives indépendantes », La documentation Française, coll. E.D.C.E., 1983-1984, p. 42).

[2] L. n° 78-17 du 6 jan. 1978 relative à l'informatique, aux fichiers et aux libertés (J.O.R.F. n° 6, du 7 jan. 1978, p. 227), art. 8.

[3] Art. 14.

[4] La création de la C.N.I.L. s'inscrivait dans le cadre de la protection des libertés fondamentales au moment où ces libertés étaient en jeu. À l'origine, les menaces aux libertés publiques provenaient de la mise en place d'un système central pour la conservation de fichiers électroniques au ministère de l'intérieur. Pour éviter les dérives d'une utilisation nocive de données récoltées, une entité indépendante du gouvernement a été créée. Cette institution publique pouvait, par le biais de son indépendance, assurer un traitement objectif des fichiers et à empêcher tout usage nocif portant potentiellement atteinte aux libertés publiques (Conseil d'État, « Réflexion sur les autorités administratives indépendantes », *op.cit,* p. 262).

l'indépendance de cette autorité à l'égard du gouvernement. Cette indépendance était rendue possible par une composition particulière du collège de la CNIL[1] et l'attribution de garanties statutaires aux membres de ce collège[2]. L'autorité présentait donc les caractères particuliers à l'affirmation de son indépendance à l'égard du gouvernement.

450. Dans le prolongement de la logique qui présidait à la création de la CNIL, le législateur a eu également recours au même modèle institutionnel de l'A.A.I. pour assurer la pluralité et les libertés de la presse, par la création en 1984 de la Commission pour la transparence et le pluralisme de la presse (C.T.P.P.)[3].

451. En outre, la formule de l'A.A.I. ne fut pas l'apanage du seul domaine de la protection des libertés publiques. Le législateur a bénéficié « de l'existence de [cette] figure juridique »[4] pour répondre aux besoins spécifiques présents dans d'autres domaines, et notamment le domaine économique. Dans ce domaine, le modèle d'autorités indépendantes présentait une solution pour les dilemmes de la crédibilité de l'État, son impartialité et son objectivité à l'égard des acteurs économiques.

452. C'est ainsi, par exemple, que la Commission de la concurrence a été transformée sur le modèle de l'A.A.I. en 1985[5] pour accompagner le mouvement du retrait de l'État de la sphère de la production des biens et des services. L'indépendance de l'autorité servait donc à une logique de neutralité de l'État par la dépolitisation de l'administration chargée de la police économique générale.

---

[1] La composition du collège de l'autorité reflétait clairement son caractère apolitique. Il était composé de 17 membres, dont trois uniquement nommés en Conseil des ministres en raison de leur compétence ou de leur expertise. Les autres membres du collège étaient élus parmi les députés de l'Assemblée nationale (deux membres), et les sénateurs (deux membres), et choisi parmi les membres du Conseil d'État (deux membres), de la Cour de cassation (deux membres), et la Cour des comptes (deux membres). Le collège comptait également deux personnalités qualifiées nommées par les présidents de l'Assemblée nationale et du Sénat. La durée de mandat était de cinq ans ou pour la durée de mandat pour les élus choisis en cette qualité (art. 8 al. 2 et 3).

[2] On fait référence notamment aux garanties d'inamovibilité dont bénéficiaient les membres du collège durant toute la durée de leur mandat (art. 8, al. 10).

[3] L. n° 84-937 du 23 oct. 1984 visant à limiter la concentration et à assurer la transparence financière et le pluralisme des entreprises de presse (J.O.R.F. n° 249, du 24 oct. 1984, p. 3323), art. 16.

[4] H. DELZANGLES, *op.cit.*, p. 171.

[5] L. n° 77-806 du 19 juill. 1977 relative au contrôle de la concentration économique et à la répression des ententes illicites et des abus de position dominante (J.O.R.F. n° 166, du 20 juill. 1977, p.3833), art.2, modifié par l'article 6 de la L. n° 85-1408 du 30 déc. 1985 portant amélioration de la concurrence (J.O.R.F. n° 303, du 31 déc. 1985, p. 15513).

453. Dans la même lignée, le choix a été fait d'instaurer une A.A.I., dotée d'attributions diverses, pour réguler le secteur de l'audiovisuel. Cela s'est cristallisé par la création de la Commission nationale de la communication et des libertés (C.N.C.L.) en 1986[1], à l'image de l'agence indépendante étatsunienne de la F.C.C. L'institution de la C.N.C.L. visait à dépolitiser le secteur de l'audiovisuel, accapré par l'État pendant plusieurs décennies. Le même statut d'autorité administrative indépendante a été repris pour son successeur, le Conseil supérieur de l'audiovisuel (C.S.A.), créé en 1989[2].

454. En dehors du domaine économique, la logique de l'impartialité et la lutte contre l'arbitraire de l'administration ont conduit à la création d'une autre autorité indépendante : le Médiateur de la République, institué depuis 1973[3], et dont le statut a évolué en 1989[4].

455. En somme, la formule de l'A.A.I. a connu un grand succès ; en témoigne « Le recours (…) à la fois plus significatif et plus systématique »[5] à cette formule pour répondre aux besoins pressants concernant les libertés publiques, économiques ou sociales. La figure de l'A.A.I. présentait des avantages d'impartialité, de légitimité et d'efficacité qui manquaient souvent à l'administration classique, notamment quand elle intervient dans des domaines socialement ou économiquement sensibles[6]. Comme l'explique le Conseil d'État dans le rapport public annuel de 2001 portant sur les autorités administratives indépendantes, « Tout se passe comme si la simple apparition d'une autorité indépendante dans un champ donné lui conférait une sorte de 'légitimité de naissance' vis-à-vis des citoyens, qui serait moindre s'il existait un lien organique, et donc hiérarchique, avec un ministre, que qu'il soit »[7].

II. La constitutionnalité confortée des autorités administratives indépendantes

456. Avec l'émergence des A.A.I. et le recours répété à leur usage, des questions d'ordre constitutionnel se sont posées. La remise en question de la

---

[1] L. n° 86-1067, préc., art. 4.

[2] L. n° 89-25 du 17 jan. 1989 modifiant la loi n° 86-1067 du 30 septembre 1986 relative à la liberté de communications (J.O.R.F. n° 15, du 18 jan. 1989, p. 728), art. 1, al. 3.

[3] L. n° 73-6 du 3 jan. 1973 instituant le médiateur de la République (J.O.R.F, n° 3, du 4 jan. 1973, p. 161).

[4] L. n° 89-18 du 13 jan. 1989 portant diverses mesures d'ordre social (J.O.R.F. n° 12, du 14 jan. 1989, p. 548), art. 69.

[5] Conseil d'État, « Réflexion sur les autorités administratives indépendantes », *op. cit.*, p. 263.

[6] *Ibid.*, p. 275.

[7] *Ibid.*

constitutionnalité de la figure de l'A.A.I. se fondait notamment sur sa compatibilité avec les principes de l'unité de l'administration d'une part, et la séparation des pouvoirs, d'autre part (a).

457. Pourtant, par une lecture souple des règles et principes constitutionnels, le Conseil constitutionnel confortait l'existence de ces autorités et leur compatibilité avec la Constitution (b).

a. La remise en cause de la constitutionnalité des A.A.I.

458. L'émergence des autorités administratives indépendantes du gouvernement a soulevé un certain nombre de questions de nature constitutionnelle.

459. D'abord, peu importe leur domaine d'intervention, les A.A.I. avaient comme dénominateur commun l'indépendance à l'égard du gouvernement. Or, cette indépendance posait un problème, car elle compromet le principe de l'unité de l'administration, dirigée par le gouvernement et sous sa responsabilité (i).

460. Puis, au-delà de l'indépendance à l'égard du gouvernement, un certain nombre d'A.A.I., intervenant dans le domaine économique, cumulaient des pouvoirs divers, de nature quasi-législative, quasi-exécutive et quasi-judiciaire. Ce cumul, ainsi que l'originalité de la fonction de régulation exercée par ces autorités, posaient la question de la constitutionnalité des autorités titulaires de ces pouvoirs au regard du principe de la séparation des pouvoirs (ii).

i. Les A.A.I et l'unité de l'administration

461. L'existence des autorités administratives indépendantes à l'égard du gouvernement semble être contraire au principe de l'unité de l'administration centrale et sa subordination au gouvernement. Cette assertion découle, avant tout, de la qualification de ces autorités d'administratives.

462. L'examen des dispositions constitutionnelles pertinentes nourrit la thèse de l'inconstitutionnalité de ces autorités administratives indépendantes du gouvernement.

463. En effet, le terme « administration » n'est mentionné dans la Constitution[1] que dans deux articles : l'article 20 relatif au gouvernement et l'article 72 relatif aux collectivités territoriales. Compte tenu de leur champ d'action au niveau national, la question de la constitutionnalité des A.A.I. peut être posée à la lumière de l'article 20 précité.

464. L'article 20 de la Constitution énonce : « Le Gouvernement détermine et conduit la politique de la Nation./ Il dispose de l'administration et de la force

---

[1] Constitution du 4 oct. 1958 (J.O.R.F. n° 234, du 5 oct. 1958, p. 9151).

armée./ Il est responsable devant le Parlement dans les conditions et suivant les procédures prévues aux articles 49 et 50 ».

465. Deux remarques peuvent être formulées à la lecture de cet article :

466. D'abord, en énonçant que le gouvernement « dispose de l'administration », l'alinéa 2 de l'article 20 consacre ainsi la règle de la subordination de l'administration à l'égard du gouvernement. Il appartient donc au gouvernement d'encadrer l'activité de l'administration et de la contrôler, en amont comme en aval, pour que le fonctionnement de cette administration soit harmonieux avec la politique dessinée et conduite par le gouvernement. Or, dans le cas des A.A.I., comment peut-on justifier ce détachement d'une partie de l'administration de l'emprise du gouvernement qui la détient constitutionnellement ?

467. Puis, l'article 20 de la Constitution a été formulé de telle manière que les pouvoirs du gouvernement soient liés à sa responsabilité devant le Parlement : la succession des alinéas 2, relatif à l'administration, et 3, relatif au contrôle parlementaire, n'est donc pas le fruit du hasard[1]. En d'autres termes, la disposition de l'administration par le gouvernement garantit son unité et justifie sa pleine responsabilité devant le Parlement pour toute question relative à cette administration. Or, dans le cas des autorités indépendantes du gouvernement, comment peut-on dire que le gouvernement reste responsable devant le Parlement d'une partie de l'administration qui lui échappe ? Ne constitue-t-il pas une rupture avec l'équilibre constitutionnel fondé sur un contrôle démocratique parlementaire exercé sur le gouvernement, dont relève l'administration ?

468. Et si on admet que des autorités administratives sont indépendantes, leur responsabilité ne pourra donc être mise en jeu devant le Parlement. Ne serait-ce pas contraire à l'article 3 de la Déclaration des Droits de l'Homme et du Citoyen qui énonce « Le principe de toute souveraineté réside essentiellement dans la nation. Nul corps, nul individu ne peut exercer d'autorité qui n'en émane expressément » ?

469. Au vu de ces éléments, il devient alors légitime de s'interroger sur la constitutionnalité de la création des entités administratives détachées du gouvernement, compromettant ainsi l'unité de l'administration et rompant avec l'organisation classique du contrôle parlementaire. À moins de questionner leur nature administrative[2], la consécration de ces A.A.I. sera

---

[1] C. TEITGEN COLLY, *op.cit.*, p. 216.

[2] Le qualificatif « administrative » des autorités indépendantes faisait l'objet d'un grand débat dans la doctrine. Le courant dominant affirmait la nature administrative de ces autorités. D'autres auteurs refusaient une telle qualification, en préférant la qualification de « publique ». Selon eux, le qualificatif « publique » reflète mieux la réelle nature de ces autorités. En vertu de cette qualification, les autorités indépendantes ne font partie de l'administration dans le sens de l'article 20 de la

donc une « entorse »[1] à l'article 20 de la Constitution qui confère au gouvernement l'exclusivité de la disposition de l'administration ; ce qui sera un « obstacle constitutionnel réel »[2].

470. C'est ainsi que l'existence des autorités administratives dont le trait principal est l'indépendance à l'égard du gouvernement représentait une anomalie au regard des règles constitutionnelles. Comment, dans ces conditions, peut-on concilier l'existence de ces institutions avec les règles de la Constitution ?

ii. Les autorités de régulation économique et le principe de la séparation des pouvoirs

471. Comme relevé précédemment, parmi les A.A.I., un certain nombre ont été créées pour répondre à des besoins d'impartialité que le gouvernement ne pouvait garantir dans le domaine économique. L'exemple le plus marquant est celui de la C.N.C.L., créée en 1986 pour réguler le secteur de l'audiovisuel.

472. Afin de garantir leur efficacité dans l'exercice de leurs missions et leur autonomie décisionnelle, les autorités indépendantes œuvrant dans le domaine économique ont été dotées, à l'instar du modèle anglo-saxon des *Independent Agencies*, des pouvoirs multiples : quasi-législatif, quasi-judiciaire et quasi-exécutif. L'ensemble de ces pouvoirs devaient servir à une fonction originale : la fonction de régulation. Cette double originalité invitait une part de la doctrine à considérer les autorités de régulation indépendantes comme une sous-catégorie des A.A.I., voire une catégorie distincte[3].

473. Or, le cumul de ces pouvoirs entre les mains d'une seule autorité est problématique. Comme l'exprime Mme Catherine TEIGEN-COLLY : « L'octroi d'une telle indépendance conjuguée à l'autorité dont elles disposent (…) leur confère en vérité une hybridité difficilement conciliable avec les exigences constitutionnelles »[4]. En effet, selon une lecture restrictive du principe de la séparation des pouvoirs, les pouvoirs que les autorités de régulation cumulent sont normalement distribués et exercés distinctement par les trois pouvoirs constitutionnels de l'État : le pouvoir législatif, le pouvoir exécutif et le pouvoir judiciaire. Le cumul de ces pouvoirs entre les mains d'une seule autorité apparaît donc incompatible avec le principe de la séparation des pouvoirs qui découle de l'article 16 de la Déclaration des Droits

---

Constitution, et ne sont pas mises à la disposition du gouvernement comme cet article le requiert. Pour plus d'informations précises sur ce débat, v. *Ibid.*, pp. 218-228.

[1] M.-J. GUÉDON, *op. cit.*, p. 43.

[2] C. TEITGEN COLLY, *op. cit.*, p. 218.

[3] J.-L. AUTIN, « Les autorités de régulation, autorités administratives indépendantes ? » In *Environnements, Mélanges en l'honneur du professeur J.-P. COLSON*, PUG, 2004, p. 439.

[4] C. TEITGEN COLLY, *op. cit.*, p. 211.

de l'homme et du Citoyen[1]. Il est d'autant plus incompatible si ce cumul remet en question le caractère administratif de ces autorités indépendantes de régulation. Par conséquent, il était légitime de s'interroger sur la place qu'occupent les autorités de régulation indépendantes : si elles sont distinguées, organiquement et fonctionnellement, des autres pouvoirs constitutionnels de l'État, s'agit-il alors d'un quatrième pouvoir[2] ?

b. Le statut des A.A.I. conforté par le Conseil constitutionnel

474. À l'occasion de plusieurs saisines, le Conseil constitutionnel a eu l'occasion de prendre position sur la question de l'indépendance d'une autorité administrative à l'égard du gouvernement, ainsi que sur la question de la qualification des autorités de régulation.

475. Il importe tout d'abord de préciser que le Conseil constitutionnel ne s'est jamais prononcé d'une façon explicite sur la question de la conformité, à l'article 20 de la Constitution, de l'indépendance des autorités administratives à l'égard du gouvernement. D'abord, parce que la question ne s'est jamais posée, et ensuite parce qu'il n'a pas fait le choix de la soulever d'office[3]. La position du Conseil constitutionnel est donc déduite du silence qu'il a gardé face à cette question délicate.

476. Le Conseil constitutionnel a eu l'occasion pour la première fois de se prononcer sur la question de l'indépendance d'une autorité administrative à l'égard du gouvernement à l'occasion de l'adoption de la loi n° 84-743 du 1er août 1984 relative à l'exploitation des services de radio-télévision mis à disposition du public sur réseau câblé[4]. Par une décision du 26 juillet 1984, le Conseil constitutionnel a qualifié la Haute autorité de la communication audiovisuelle (H.A.C.A.), dans le silence gardé par le texte l'instituant[5],

---

[1] « Toute société dans laquelle la garantie des droits n'est pas assurée, ni la séparation des pouvoirs déterminée, n'a point de Constitution ».

[2] *Ibid.*, p. 153. Pour une présentation brève et synthétique des courants des pensées doctrinales relatives à la question de la compatibilité des autorités de régulation indépendantes avec le principe de la séparation des pouvoirs, v. H. DELZANGLES, *op. cit.*, pp. 203–206.

[3] *Ibid.*, p. 232.

[4] L. n° 84-743 du 1er août 1984 relative à l'exploitation des services de radio-télévision mis à disposition du public sur réseau câblé (J.O.R.F. n° 179, du 2 août 1984, p. 2549).

[5] L'article 12 de la loi du 29 juill. 1982 relative sur la Communication audiovisuelle précisait uniquement que la mission de la H.A.C.A. était de « garantir l'indépendance de service public de la radiodiffusion sonore et de la télévision ». C'est grâce à la jurisprudence du Conseil constitutionnel que la H.A.C.A. s'est vue reconnaître la qualité d'A.A.I.

d'« autorité administrative indépendante du Gouvernement »[1]. L'affirmation par le Conseil constitutionnel de l'indépendance de la H.A.C.A. montre bien son ouverture à l'idée de l'indépendance des autorités administratives, sans que les raisons de la constitutionnalité des A.A.I. soient précisées.

477. À l'occasion d'une saisine relative à la loi n° 86-1067 du 30 septembre 1986 précitée, le Conseil constitutionnel a réitéré la formule de l'A.A.I., employée par le législateur dans l'article 4 de la loi précitée, en affirmant que « la Commission nationale de la communication et des libertés est une "autorité administrative indépendante" »[2]. Alors qu'il mettait des guillemets pour reprendre la formule employée par le législateur, le Conseil constitutionnel confortait ensuite l'indépendance de cette autorité en relevant que cette indépendance est « dans son principe, conforme à la conciliation à opérer entre la libre communication des pensées et des opinions et les objectifs de valeur constitutionnelle touchant notamment à la sauvegarde du pluralisme des courants d'expression socioculturels »[3].

478. À l'occasion d'une autre saisine, la position du Conseil constitutionnel quant aux A.A.I. se précisait d'une manière plus explicite. Dans sa décision n° 88-248 du 17 janvier 1989 relative à la loi modifiant la loi n° 86-1067 du 30 septembre 1986 relative à la liberté de communication, le juge constitutionnel admettait qu'« il (...) est loisible [au législateur] (...) de charger une autorité administrative indépendante de veiller au respect des principes constitutionnels en matière de communication audiovisuelle »[4]. Comme l'explique M. Hubert DELZANGLES, cette décision « est d'un intérêt tout particulier puisque d'une part le Conseil cite l'appellation d'autorité administrative indépendante alors que le législateur avait voulu l'écarter pour lui préférer celle d''autorité indépendante'. D'autre part, il l'évoque cette fois-ci sans l'entourer des guillemets »[5].

479. Le Conseil constitutionnel a donc montré une certaine acceptabilité de l'existence des autorités administratives indépendantes, sans expliquer en quoi cette indépendance est compatible avec l'article 20 de la Constitution.

480. D'ailleurs, si le Conseil constitutionnel confortait la constitutionnalité de principe de l'existence des A.A.I., il n'a pas pour autant fait de cette

---

[1] Cons. const., déc. n° 84-173 DC 26 juill. 1984, Loi relative à l'exploitation des services de radio-télévision mis à la disposition du public sur un réseau câblé, cons. 4.

[2] Cons. const., déc. n° 86-217 DC du 18 sep. 1986, *Loi relative à la liberté de communication*, cons. 96.

[3] *Ibid.* Le Conseil constitutionnel a réitéré le même considérant dans sa décision du 21 janvier 1994 relative à la loi modifiant la loi n° 86-1067 du 30 septembre 1986 relative à la liberté de communication (Cons. const., 21 jan. 1994, n° 93-333 DC, cons. 19).

[4] Cons. Const., décision n° 88-248 du 17 jan. 1989, préc., cons. 27.

[5] H. DELZANGLES, *op. cit.*, p. 205.

indépendance une réelle exigence[1]. Du surcroît, le Conseil constitutionnel n'a pas mis d'exigences spécifiques à l'égard de cette indépendance. Par conséquent, « le législateur ne se voit pas imposer d'obligations particulières »[2].

481. Ainsi, on peut conclure que le Conseil constitutionnel a accepté implicitement l'existence des A.A.I. qui jouissent désormais d'une certaine « présomption de constitutionnalité »[3].

482. Quant à la question des pouvoirs des autorités indépendantes de régulation et de leur compatibilité avec le principe de la séparation des pouvoirs, le Conseil constitutionnel a conforté le caractère administratif de ces autorités. L'importance de sa décision n° 88-248 du 17 janvier 1989 précitée est à cet égard capitale. D'une part, le juge constitutionnel, tout en reconnaissant au C.S.A. la qualité d'« instance de régulation »[4] au vu de ses multiples pouvoirs, l'a qualifié d'A.A.I. Cette qualification expresse allait à l'encontre de la qualification d'« autorité indépendante » que le législateur voulait lui donner. En la qualifiant ainsi, le Conseil constitutionnel voulait clairement rattacher cette « instance de régulation », distinguée au regard de sa fonction et de ses pouvoirs, à la figure institutionnelle de l'A.A.I. La confirmation du caractère administratif de l'autorité suffit donc à ranger l'autorité à l'intérieur de l'exécutif, tout en restant indépendante du gouvernement.

483. D'autre part, le Conseil constitutionnel précisait dans la même décision les conditions restrictives dans lesquelles cette autorité de régulation pouvait se voir attribuée, en sus de ses pouvoirs exécutifs, des pouvoirs quasi-

---

[1] Cette assertion mérite néanmoins d'être précisée. Le Conseil constitutionnel, dans sa décision n° 84-173 du 26 juill. 1984 précitée, a relevé que « la désignation d'une autorité administrative indépendante du Gouvernement pour exercer une attribution aussi importante au regard de la liberté de communication que celle d'autoriser l'exploitation du service radio-télévision mis à la disposition du public sur un réseau câblé constitue une garantie fondamentale pour l'exercice d'une liberté publique et relève de la compétence exclusive du législateur » (cons. 4). Ce considérant a été parfois interprété comme reflétant une nouvelle exigence du juge constitutionnel d'instituer une A.A.I. du gouvernement pour toute question relative aux libertés fondamentales (C. TEITGEN COLLY, *op. cit.*, p. 233). Cependant, cette interprétation est discutable. Dans la décision précitée, le juge constitutionnel ne semble pas avoir reconnu la création de cette A.A.I. en tant que garantie fondamentale. Il a plutôt voulu, au travers de cette qualification de garantie fondamentale, rattacher la question de la création de cette A.A.I. au champ de compétence réservée au législateur en vertu de l'article 34 de la Constitution. Ainsi, seul le législateur est compétent pour instituer ce type d'institutions (P. WACHSMANN, Note sous Cons. const. déc. n° 86-217 DC du 18 septembre 1986, *AJDA*, 1987, p. 113).

[2] M.-J.GUÉDON, *op.cit.,* p. 44.

[3] H. DELZANGLES, *op. cit.*, p. 220.

[4] Cons. 2, 6 et 41.

législatifs de réglementation[1] et quasi-répressifs de sanction[2]. À l'égard du pouvoir de sanction du C.S.A, le juge constitutionnel fut plus explicite. En examinant le moyen de la contrariété de l'attribution du pouvoir de sanction au C.S.A. au principe de la séparation des pouvoirs, le juge constitutionnel a précisé, de manière univoque, que « la loi peut, sans qu'il soit porté atteinte au principe de la séparation des pouvoirs, doter l'autorité indépendante chargée de garantir l'exercice de la liberté de communication audiovisuelle de pouvoirs de sanction dans la limite nécessaire à l'accomplissement de sa mission ». La position du Conseil constitutionnel reflète ainsi une lecture souple du principe de la séparation des pouvoirs, qui ne fait pas obstacle à ce qu'une autorité administrative soit dotée de compétences quasi-législatives et/ou quasi-judiciaires, à condition que ces compétences soient limitées.

B. L'absence du statut de l'autorité administrative indépendante en droit égyptien

484. Contrairement à la France, le cadre institutionnel égyptien n'était pas adapté à l'émergence d'une administration indépendante. La règle de base était la subordination hiérarchique de l'administration au gouvernement. La reconnaissance de la personnalité morale aux personnes morales de droit public ne changeait pas la règle de la subordination. Elle affectait uniquement la forme de cette subordination (I). Même s'il existait quelques exceptions à la règle de la subordination, leur transposition à la NTRA n'était pas concevable (II).

I. Le principe de la subordination de l'administration à l'égard du gouvernement

485. L'administration publique en Égypte était organisée depuis longtemps d'une manière hiérarchique et pyramidale. La centralisation était le trait principal de l'administration qui gérait en régie tous les services publics de

---

[1] Cons. 15.

[2] Cons. 27.

l'État[1]. Ainsi, le gouvernement disposait véritablement de l'administration égyptienne centrale et détenait des larges pouvoirs hiérarchiques à son égard[2].

486. Lorsque la République Arabe d'Égypte est née en 1954, le schéma administratif et stratégique de l'État a connu une évolution[3] avec la création des établissements publics[4], dotés de la personnalité morale de droit public[5]. L'attribution de la personnalité morale aux établissements publics ne faisait pas de ces établissements des entités indépendantes du gouvernement. Ce dernier exerçait à leur égard un pouvoir de tutelle lui permettant d'encadrer leurs orientations stratégiques, sans compromettre la flexibilité de leur fonctionnement.

---

[1] Jusqu'aux années 1950, il n'existait pas encore des personnes morales de droit public autres que l'État. Cela paraissait normal à une époque où les fonctions de l'État étaient fortement réduites dans le cadre d'un système économique libéral ; M. M. ABDELLATIF, *الاتجاهات المعاصرة فى ادارة المرافق الاقتصادية [Les tendances contemporaines dans la gestion des services économiques]*, Dar Al-nahda Al-arabia, 2000, p. 54.

[2] Les dispositions constitutionnelles alors en vigueur reflétaient clairement cette emprise gouvernementale. Par exemple, l'article 57 de la Constitution de 1923 disposait : « Le Conseil des ministres domine les services de l'État ».
« *مجلس الوزراء هو المهيمن على مصالح الدولة* . » [Traduction libre] (Constitution égyptienne de 1923 (J.O.F.E. n° 42, du 30 avril 1923), art. 57).
De même, l'article 153 de la Constitution de 1971 disposait que : « Le gouvernement est l'organe exécutif et administratif supérieur de l'État »
« *الحكومة هي الهيئة التنفيذية والإدارية العليا للدولة* .» [Traduction libre] (Constitution égyptienne de 1971 (J.O.R.A.E. n° 36*bis* (a), du 12 sep. 1971), art. 153). Il convient de remarquer ici que le constituant français préférait utiliser un autre terme pour refléter le rapport entre l'administration et le gouvernement. Au lieu de mentionner que le gouvernement « dirige » l'administration, le constituant préférait préciser que le gouvernement « dispose » de l'administration. Il s'agissait d'un choix conscient, car le deuxième terme a été consciemment préféré au premier. Il semble que les hauts fonctionnaires qui participaient à la rédaction de la Constitution jouassent un rôle important dans ce choix sémantique. L'administration n'est donc pas le simple instrument manié par le gouvernement, mais dispose bien de l'autonomie, au moins dans le texte, dans l'exécution des politiques publiques. Ce glissement sémantique reste cependant sans effet sur la règle de la subordination de l'administration française à l'égard du gouvernement (C. TEITGEN COLLY, *op. cit.*, pp. 214-215).

[3] Conformément à l'esprit socialiste de la république naissante, l'interventionnisme économique de l'État le plaçait au centre de gravité du système de production et de répartition des richesses. L'État remplaçait donc le marché, et le dirigisme économique prenait le dessus sur le libéralisme.

[4] *المؤسسات العامة* [alməʊsasat ala:ma].

[5] Cela répondait aux besoins de l'adaptation des institutions de l'État par la création d'une nouvelle organisation exécutive, soustraite à la bureaucratie, capable de remplir les nouvelles missions étendues de l'État dans les domaines économiques et sociaux (S. E. ALI, *أسس وقواعد القانون الإدارى [Principes de droit administratif]*, Dar Al-nahda Al-arabia, 2009, p. 235).

487. En somme, l'administration égyptienne, personnalisée ou non, est restée sous une forte emprise gouvernementale, au moins jusqu'à la veille de l'adoption de la Constitution égyptienne de 2012[1]. L'idée d'une autorité indépendante du gouvernement ne s'est concrétisée qu'à titre exceptionnel[2].

II. L'exception non-transposable des autorités dotées de l'indépendance

488. Si la règle générale énoncée précédemment est celle de la subordination de l'administration à l'égard du gouvernement, elle acceptait des exceptions d'autorités publiques dotées de l'indépendance à l'égard du gouvernement (a). Cette indépendance ne fait pas cependant de ces autorités une catégorie juridique déterminée (b).

a. Les autorités dotées de l'indépendance

489. Avant la création de la NTRA, il existait en Égypte deux autorités administratives considérées comme indépendantes à l'égard du gouvernement. L'Autorité centrale des comptes, créée à des fins de contrôle financier (i), et l'Ordre des avocats, institué pour réguler la profession d'avocats (ii)[3].

---

[1] C'est uniquement en 2012 que le concept d'« autorité indépendante » a vu le jour, avec l'adoption de la nouvelle constitution égyptienne rédigée au lendemain de la révolution du 25 janvier 2011. La livre 4 de la constitution, intitulée « Les autorités indépendantes et les appareils de contrôles » témoigne de la naissance de ces autorités.

[2] *Cf.*, A. HANAFI, السلطات الإدارية المستقلة *[les autorités administratives indépendantes]*, Dar Al-nahda Al-arabia, 2000, p. 41. L'auteur soutient que la création des établissements publics représentait le premier noyau d'une autorité administrative indépendante en Égypte. Il affirmait donc que les établissements publics en Égypte sont les pendants des autorités administratives indépendantes en France. Or, je ne partage pas l'avis de l'auteur pour deux raisons principales : d'abord, la philosophie de la création des établissements publics s'est rapportée à l'autonomie et à la flexibilité, et non pas à l'indépendance. Puis, les établissements publics sont soumis à une tutelle ministérielle. Cette tutelle, qui vise l'harmonie de l'action gouvernementale, est parfaitement compatible avec la philosophie de ces entités juridiques. Pourtant, elle est incompatible avec les autorités indépendantes. J'estime donc que les pendants des établissements publics en Égypte sont simplement les établissements publics administratifs en France. À moins de créer une fausse image de la nature généalogique de ces établissements, la comparaison entre eux et les A.A.I. en France ne peut se tenir.

[3] Il convient de souligner ici qu'il existait une troisième autorité qualifiée expressément par le législateur d'autorité indépendante. Il s'agissait de l'Autorité du

i. L'Autorité centrale des comptes

490. Créée en 1942[1], l'Autorité centrale des comptes a été la première autorité administrative qualifiée par le législateur d'« autorité indépendante »[2]. En dépit des différentes évolutions qui ont affecté son statut, le qualificatif d'« indépendant » lui a toujours été attribué[3].

491. La création de cette autorité avait pour objectif de permettre au Parlement d'assurer un contrôle effectif sur les finances publiques de l'État, dans ses deux volets de dépenses et de recettes. Elle servait alors d'auxiliaire du Parlement pour le contrôle financier de l'État. C'est pour cette raison que l'autorité était qualifiée d'indépendante. Son indépendance devait exister à l'égard du seul gouvernement.

---

contrôle administratif. J'ai préféré de ne pas l'inclure dans le cadre de ce paragraphe pour une raison simple : cette autorité, créée par la loi n° 54-1964 en vue de prévenir la corruption administrative et financière, était qualifiée par le législateur dans l'article 1 d'« autorité indépendante ». Or, il semble que cette indépendance ne fût pas à l'égard du gouvernement, mais plutôt à l'égard des administrations de l'État soumises à son contrôle. C'est pour cette raison que l'Autorité était rattachée au Conseil des ministres. Les règles du mandat de son président étaient identiques aux règles habituelles des établissements publics. La seule différence remarquable à cet égard se situait au niveau de l'autorité de nomination. C'est en effet le président de la République qui la nommait pour garantir ainsi son indépendance à l'égard des ministres. Ce n'est qu'après l'émergence des autorités administratives indépendantes au lendemain de la révolution égyptienne de 2011 que cette autorité allait voir son statut évolué et protégé par sa constitutionnalisation. Avec l'adoption de la nouvelle Constitution égyptienne de 2014, l'article 215 allait l'inclure parmi les autorités de contrôle, qui sont au même rang que les autorités administratives indépendantes. Les autorités de contrôle, comme les autorités administratives indépendantes, jouissent d'un statut particulier qui garantit leur indépendance à l'égard du gouvernement.

[1] L. n° 52-1942 portant création de la Cour des comptes (J.O.F.E. n° 157, du 23 août 1942, p. 3).

[2] Art. 1. Il convient de noter ici que la qualification de cette entité d'« autorité » est tout à fait justifiable. Comme le note le Conseil d'État français dans son rapport public sur les AAI, l'entité peut être qualifiée d'autorité même si elle ne possède pas un pouvoir de décision. La prise en compte de la magistrature d'influence et son impact sur le comportement des destinataires peut suffire à attribuer ce qualificatif d'Autorité (C.E., « Réflexion sur les autorités administratives indépendantes », *op. cit.*, p. 290). C'est dans ce sens qu'il faut entendre l'attribution du qualificatif d'« autorité » à l'Autorité centrale des comptes.

[3] C'est ainsi que l'autorité était qualifiée d'« indépendante » par la loi n° 230-1960 portant création de la Cour des comptes (art. 1), la loi n° 129-1964 portant création de l'Autorité centrale des comptes (art. 1), la loi n° 31-1975 portant organisation de la relation entre l'Autorité centrale des comptes et le Parlement (art. 1), la loi n° 144-1988 portant création de l'Autorité centrale des comptes (art. 1).

492. Afin de garantir son indépendance effective, la loi n° 144-1988 portant création de l'Autorité centrale des comptes rattachait l'autorité au Parlement[1].

493. Depuis lors, l'autorité profitait de forts traits d'indépendance, tant organiques que fonctionnels. L'absence de la personnalité morale, attribuée uniquement en 1988, ne l'empêchait pas de jouir d'une indépendance renforcée[2].

494. Dans son volet organique, le président de l'autorité avait un statut tout à fait particulier par rapport aux présidents des établissements publics dont la nomination et la révocation sont l'apanage du gouvernement. D'une part, la nomination du président de l'autorité n'était plus une compétence discrétionnaire du président de la République. Elle était désormais une compétence partagée entre le président de la République et le Parlement. Le premier devait donner son approbation à la proposition du second[3]. D'autre part, le président de l'autorité, contrairement à ses homologues des établissements publics, était soumis à des règles spécifiques de révocation. Celle-ci pouvait se réaliser uniquement dans les mêmes conditions que la

---

[1] L'article 1 de la loi n° 144-1988 précitée disposait : « L'Autorité centrale des comptes est rattachée au Parlement en tant qu'autorité indépendante. Elle l'assiste dans ses missions du contrôle sur les deniers publics » [Traduction libre].

" يلحق الجهاز المركزي للمحاسبات بمجلس الشعب كهيئة مستقلة تعاونه في القيام بمهامه في الرقابة على الأموال العامة"

Le rapport parlementaire élaboré par la Commission législative et le bureau de la Commission du plan et du budget explique expressément cet objectif, en précisant que « cette proposition de loi garantit l'indépendance de l'Autorité centrale des comptes à l'égard de l'exécutif. Par conséquent, cela lui permettra d'exercer ses compétences avec efficacité, à l'abri de toute influence du pouvoir exécutif » [Traduction libre].

" هذا الاقتراح بمشروع قانون يضمن استقلال الجهاز المركزي للمحاسبات عن السلطة التنفيذية، وبالتالي يكفل له ممارسة اختصاصاته بفاعلية وينأى به عن الخضوع لتأثير السلطة التنفيذية ".

[2] Il est intéressant de remarquer ici l'effet paradoxal induit par l'attribution de la personnalité morale à l'Autorité par l'article 1 de la loi n° 144-1988 précitée. En effet, cette attribution de la personnalité morale est censée renforcer l'autonomie financière de l'autorité et notamment sa dotation d'un budget propre séparé du budget général de l'État. Cependant, l'article 28 de la loi précitée précisait que le budget de l'Autorité s'inscrit au budget général de l'État. Le législateur a ainsi effectué une modulation des caractères de la personnalité morale appliquée au cas de l'Autorité, en lui privant d'un caractère essentiel comme le budget propre. Cela rappelle la modulation que le législateur français a entreprise à l'égard de la HADOPI lors de sa création en 2009. Si le législateur a fait le choix de la doter de la personnalité morale, il ne lui a pas attribué des ressources financières propres pour alimenter son budget, et ainsi préserver son indépendance à l'égard du gouvernement. Alors, on peut dire que tout ce que l'autorité avait gagné par l'attribution de la personnalité morale, était perdu par la privation des ressources financières propres. La contradiction est avérée dans les deux cas égyptien et français.

[3] Art. 4 de la loi n. 31-1975, préc., équivalant de l'article 20 de la loi n° 144-1988, préc.

nomination. Autrement dit, l'accord du Parlement était indispensable pour que le président de l'autorité soit révoqué[1]. De plus, un certain nombre d'incompatibilités ont été imposées au président de l'autorité par la loi n° 144-1988 pour garantir tant son indépendance à l'égard de l'exécutif que son impartialité à l'égard des administrations contrôlées[2].

495. Sur le plan fonctionnel, l'autorité était dotée de tous les moyens administratifs et financiers censés garantir son indépendance. Le président de l'autorité était habilité à prendre toutes les décisions à l'égard de son personnel, régi par un règlement particulier préparé par l'Autorité et adopté par le Parlement. Ce règlement contenait, entre autres, les règles d'immunités conçues pour protéger le président de l'autorité et le personnel contre toute menace de poursuite de la part de l'exécutif. En outre, l'Autorité jouissait d'une large autonomie budgétaire et de gestion. Il appartenait au seul président de l'autorité d'arrêter son projet de budget annuel, transmis ensuite directement au Parlement pour approbation. Aussi, le président détenait tous les pouvoirs des ministres compétents dont ceux du ministre des Finances pour toute question concernant l'autorité.

496. Alors que la loi n° 157-1998 a rattaché l'autorité au président de la République[3], cette réforme n'a pas anéanti son indépendance. Autrement dit, l'autorité conservait quelques traits d'indépendance. À titre d'exemple, si le pouvoir de nomination a été transféré au seul président de la République, l'indépendance du président de l'autorité est protégée par la mise en place d'une règle absolue de non-révocation durant la durée de son mandat[4]. De plus, si l'indépendance budgétaire de l'autorité a été atténuée, car le président de l'autorité ne peut plus préparer le budget de l'autorité[5], la réforme n'a pas affecté son pouvoir en matière de gestion.

497. On peut dès lors conclure que l'Autorité centrale des comptes constitue la première autorité administrative à pouvoir être qualifiée d'indépendante. Cette indépendance considérable, renforcée au fils des années, la caractérise et la distingue de toutes les autres autorités de l'État.

---

[1] *Ibid.*

[2] Art. 25.

[3] Ce rattachement au président de la République constitue une véritable atténuation de l'indépendance de l'autorité à l'égard de l'exécutif. En effet, le président de la République, en vertu de l'article 137 de la Constitution de 1971 « dispose du pouvoir exécutif » et l'« exerce ». La fonction d'« arbitre neutre entre les pouvoirs » ne pouvait donc être légitime, car l'impartialité du président est neutralisée du fait de son emprise du pouvoir exécutif. Il ne saurait être regardé alors qu'un juge et partie.

[4] Art. 20 de la loi n° 144-1988, préc., modifiée par la loi n° 157-1998 (J.O.R.A.E, n° 24*bis* (a), du 11 juin 1998, p. 7).

[5] Art. 28 de la loi ° 144-1988 préc., modifiée par la loi n° 157-1998, préc. La préparation du budget de l'autorité est désormais régie par les règles générales de la préparation du budget général de l'État.

ii. L'Ordre des avocats

498. L'indépendance de l'Ordre des avocats représente, à notre sens, un cas particulier dans les instituions administratives de l'État. Avant de se pencher sur l'indépendance accordée à cette autorité, il convient de préciser la spécificité du droit égyptien en la matière.

499. En effet, contrairement à la qualification juridique des ordres professionnels en France, ces derniers étant des personnes morales de droit privé exerçant une mission de service public[1], l'Ordre des avocats est considéré comme un établissement public administratif[2].

500. Au-delà de sa nature juridique, l'ordre des avocats se caractérise par des traits d'indépendance, destinés à protéger l'indépendance de l'avocat dans l'exercice de son métier. Une lecture de la loi relative à l'Ordre révèle l'existence de forts traits d'indépendance. Parmi ces dispositions on peut trouver des traits d'indépendance organique. Par exemple, la nomination des membres du collège de l'Ordre, pour un mandat de quatre ans, se fait exclusivement par les membres de son assemblée générale[3]. En outre, l'Ordre

---

[1] M. ATTAL, « La personnalité des ordres professionnels », X. BIOY (dir.), *La personnalité juridique*, Toulouse, Presses de l'Université Toulouse 1 Capitole, 2013, p. 116.

[2] Cette qualification ressort de la jurisprudence du Conseil d'État d'Égypte et non pas du texte de la loi. En effet, le législateur qualifiait l'Ordre des avocats d'« établissement (…) doté de la personnalité morale » (« مؤسسة (...) تتمتع بالشخصية الاعتبارية. ») [Traduction libre] (Art. 120 de la loi du métier d'avocat n° 17-1983 (J.O.R.A.E. n° 13s, du 31 mars 1983, p. 2)). Ce texte était identique à tous les autres textes fondant les ordres professionnels. Il fallait donc attendre les décisions de la Cour administrative suprême, la Haute juridiction administrative de l'ordre administratif en Égypte, pour que le statut des ordres professionnels soit précisé. Par une décision précurseur en la matière relative à l'Ordre des métiers médicaux, la Cour précisait que l'Ordre « réunissait les caractéristiques des établissements publics. Il jouissait d'une personnalité morale et veillait sur un service public (…). Ainsi, il constitue une personne morale de droit public, et ses décisions (…) constituent des décisions administratives susceptibles de recours en annulation devant la Cour du contentieux administratif » (H.C.A., 12 avril 1958, déc. n° 608 de l'année judiciaire n° 3). Dans le même sens dans une affaire récente relative à l'Ordre des métiers d'enseignement, v. H.C.A., 22 juin 2014, n° 13647 de l'année judiciaire n° 58. D'ailleurs, le caractère public administratif des ordres professionnels en Égypte n'est pas une spécificité de l'Ordre des avocats et de l'Ordre des métiers médicaux. La jurisprudence de la C.A.S., suivie par celle de la Cour constitutionnelle suprême (C.C.S. du 12 déc. 2018, déc. n° 118 de l'année judicaire n° 26), était constante sur la même qualification pour tous les autres ordres professionnels. Ces ordres, contrairement aux ordres syndicaux, constituent des personnes morales de droit public (C.E.E., avis Ass., 20 juill. 1994, n° 88/1/56 (non publié)).

[3] L. n° 17-1983 du 31 mars 1983 relative au métier d'avocat (J.O.R.A.E. n° 13*bis*, du 31 mars 1983, p. 2), art. 136.

est doté de la personnalité morale[1]. Il dispose ainsi de ressources financières propres qui alimentent son budget[2].

501. Outre l'indépendance organique, l'Ordre connaît également des traits d'indépendance fonctionnelle. Cela se manifeste par les larges pouvoirs qui lui sont dévolus, semblables à ceux attribués aux autorités de régulation économique dans le système juridique français. En effet, l'Ordre est habilité à prendre toutes les décisions individuelles à l'égard de ses membres, y compris les décisions disciplinaires prises par le conseil de discipline constitué en son sein[3]. De plus, le collège de l'Ordre est habilité à adopter les règlements nécessaires tant à son fonctionnement interne, qu'à l'exercice du métier d'avocat[4]. L'Ordre réunit donc entre ses mains des pouvoirs de nature exécutive, quasi-législative et quasi-judiciaire.

502. Enfin, contrairement à tous les autres ordres professionnels, à l'égard desquels les ministres compétents exercent des compétences variées, le gouvernement ne détient pas le moindre pouvoir à l'égard de l'Ordre des avocats. Celui-ci constitue donc une véritable autorité administrative indépendante.

b. L'indépendance : une caractéristique non-transposable

503. Les autorités indépendantes ne constituaient pas une catégorie juridique précise en droit égyptien.

504. Dans le seul livre de droit comparé franco-égyptien portant sur les autorités administratives indépendantes[5], M. Abdallah HANAFI n'a fait aucune référence aux deux autorités ci-haut mentionnées. Pour l'auteur, la catégorie d'autorité administrative indépendante n'existait pas, jusqu'alors[6], en Égypte. Il semble que le caractère particulier de ces autorités passât inaperçu pour la doctrine égyptienne[7].

---

[1] Art. 120.

[2] Art. 166.

[3] Art. 107.

[4] Art. 43 de la loi n° 17-1983 du 31 mars 1983, préc. Il convient de souligner ici que la Constitution égyptienne de 1971 permettait au législateur de confier le pouvoir réglementaire d'exécution des lois à toute autorité publique, et non pas uniquement au gouvernement (art. 144). Elle se distinguait ainsi de la Constitution française de 1958 qui confie le pouvoir réglementaire d'exécution des lois, par principe, au Premier ministre.

[5] A. HANAFI, *op.cit.*, p. 41.

[6] La Constitution de 2012 a consacré pour la première fois le statut de l'autorité administrative indépendante. Ce même statut est repris dans la Constitution de 2014.

[7] Comme la fonction de régulation économique d'ailleurs, qui n'attire que très rarement l'attention de la doctrine égyptienne. V. à cet égard W. Al-CHINNAWI, *الدور التنظيمي للإدارة فى المجال الاقتصادى [La fonction de régulation de l'administration dans le domaine économique]*, thèse de droit, université du Mansoura (Égypte), 2004.

505. Ainsi, il nous semble que ces autorités constituaient une anomalie dans le système administratif et institutionnel égyptien. Autorités *sui generis*, ces deux autorités ne constituaient donc pas un véritable modèle institutionnel transposable aux autres autorités publiques. Cela est d'autant plus vrai que la NTRA opère dans un secteur d'infrastructure vitale, intéressant au plus haut point la sécurité nationale de l'État dont le gouvernement assure la protection.

§2. L'ARCEP : une autorité indépendante

506. À l'heure de la création de l'ART, il était logique et aisé de reprendre le modèle de l'A.A.I. Le domaine des télécommunications, en tant que domaine économique, était « particulièrement fécond »[1] à ce type d'institution indépendante pour garantir l'impartialité de l'État. C'est ainsi que l'ARCEP, dans le prolongement de l'ART, est dotée d'un haut niveau d'indépendance (A). Cette indépendance reste bornée par un certain nombre de limites (B).

A. Les caractéristiques d'indépendance de l'ARCEP

507. L'ARCEP, et avant elle l'ART, s'est vue dotée d'une indépendance des caractéristiques variables garantissant une certaine prise de distance par rapport au gouvernement. Cette indépendance peut être mesurée en fonction de ses éléments organiques (I) et fonctionnels (II).

508. Avant d'exposer ces garanties d'indépendance accordées à l'ARCEP, il convient de préciser ici que ces garanties ont un fondement dans le droit de l'Union européenne. Les articles 6, 7, 8 et 9 du C.C.E.E. prévoient des garanties d'indépendances pour les présidents des autorités réglementaires nationales (A.R.N.) et, le cas échéant, pour les membres du collège. Ces garanties concernent les règles de nomination, les caractéristiques du mandat, les règles de congédiement et l'autonomie fonctionnelle, budgétaire et financière de l'autorité. De leur place dans la hiérarchie de normes, ces règles de valeur supra-législative s'imposent au législateur. Ce dernier ne peut donc réduire ces garanties d'indépendance en dessous de ce qui est prévu par le droit de l'Union. Le cas échéant, la responsabilité de l'État français peut être engagée devant la C.J.U.E. dans le cadre d'un recours en manquement.

---

[1] C.E., *Réflexion sur les autorités administratives indépendantes, op. cit.*, p. 268.

I. Une indépendance organique réelle

509. Les garanties d'indépendance organique revêtent une importance particulière dans la mesure où elles créent des garde-fous protégeant les titulaires de toute pression externe.

510. L'indépendance organique de l'ARCEP peut être appréciée à la lumière de trois critères cumulatifs : la structure de l'organe de prise des décisions de l'autorité (a), le mode de désignation des membres du collège (b) et les règles spécifiques régissant leurs mandats (c). Ces caractéristiques d'indépendance ne sont pas exclusives l'une de l'autre. Chaque élément ne peut constituer seul une garantie absolue d'indépendance. C'est la somme de tous ces éléments qui peut donner une image fidèle de l'état d'indépendance de l'autorité.

a. La collégialité : gage d'indépendance

511. En vue de créer une sphère d'indépendance permettant à l'autorité d'accomplir ses missions à l'abri de toute influence politique, il a été jugé opportun que l'ARCEP soit dotée d'un collège[1].

512. Le choix de créer un collège auquel incombe le pouvoir décisionnel de l'autorité au lieu de le confier à une seule personne s'avère tout à fait cohérent avec l'idée d'indépendance de l'autorité. En effet, « cette collégialité est un des facteurs qui contribuent à renforcer la légitimité de l'institution »[2]. Contrairement aux décisions prises par une seule personne, la collégialité permet de prendre des décisions réfléchies et équilibrées reflétant les points de vue des membres du collège. Ainsi, la collégialité permet de neutraliser les préférences éminemment politiques et fait entrer dans l'équation d'autres considérations techniques et juridiques. De plus, la collégialité est un facteur de discipline et d'autocontrôle dans la mesure où les membres du collège auront un regard réciproque l'un sur l'autre, réduisant le risque de capture ou d'influence.

513. C'est ainsi que l'ARCEP est dotée d'un collège constitué d'un nombre binaire de sept membres[3]. Il statue sur les questions qui lui sont soumises à la

---

[1] Il convient de noter qu'alors que l'indépendance de l'autorité réglementaire nationale est une exigence du droit de l'Union, la collégialité ne constitue pas une exigence au regard de ce droit. Chaque État membre peut l'instituer ou non, selon son appréciation. C'est ainsi que l'article 7 §1 du C.C.E.E., régissant les règles de nomination et de congédiement de membres des A.R.N. fait référence au « chef d'une autorité de régulation nationale ou, s'il y a lieu, les membres de l'instance collégiale ».

[2] C. AOUN, *L'indépendance de l'autorité de régulation des communications électroniques et des Postes (ARCEP)*, thèse de doctorat, Université de Cergy-Pontoise, 2006, p. 37.

[3] C.P.C.E., art. L. 130, al. 1.

majorité des voix des membres présents. Le collège ne peut légalement délibérer qu'avec la présence d'au moins cinq de ses membres[1].

514. Par ailleurs, il faut noter que la voix du président de l'autorité lors des délibérations pèse comme la voix exprimée par chaque membre des membres du collège. Sa voix n'est donc pas supérieure à celle de ses collègues.

b. Le mode particulier de désignation des membres du collège

515. En complément de la collégialité, le mode de désignation des membres représente un élément important de l'indépendance de l'ARCEP. En effet, si le gouvernement nommait les membres du collège, cela aurait porté atteinte à l'indépendance de l'ARCEP à son égard. C'est pourquoi les membres du collège de l'ARCEP sont nommés selon des règles garantissant l'indépendance des membres de l'autorité par rapport au gouvernement.

516. Le mode de nomination des membres du collège est particulier. Le pouvoir de nomination est partagé entre plusieurs autorités : le président de la République, le président de l'Assemblée nationale et le président du Sénat[2].

517. Selon l'article L. 130 du C.P.C.E.[3], il appartient au président de la République de nommer le président de l'autorité ainsi que deux membres de son collège. Les quatre autres membres sont nommés par les deux présidents des deux chambres parlementaires. Chaque président nomme deux membres.

518. Il s'avère ainsi que la majorité des membres ne sont pas nommés par l'exécutif mais plutôt par le pouvoir législatif[4].

---

[1] C.P.C.E., art. L. 130, al. 5.

[2] Ce partage du pouvoir de nomination n'était pas une initiative gouvernementale. En effet, le projet initial de loi sur la réglementation des télécommunications introduit par le gouvernement en 1996 restreignait le nombre de membres du collège à trois, tous nommés sur décret du président de la République. Ce n'est qu'à la suite d'une modification introduite par l'Assemblée nationale en première lecture que le nombre a été porté à cinq dont deux nommés par les deux présidents des chambres parlementaires (Projet de loi relatif à la réglementation des télécommunications, rapport fait au nom de la Commission des affaires économique et du plan sur le projet de loi, adopté par l'Assemblée nationale après déclaration d'urgence, de réglementation des télécommunications, Doc. Sén. n° 389 (1995-1996), p. 161).

[3] C.P.C.E., art. L. 130 dispose : « L'Autorité de régulation des communications électroniques, des postes et de la distribution de la presse est une autorité administrative indépendante composée de sept membres nommés en raison de leur qualification économique, juridique et technique (…). Le président est nommé par décret du Président de la République. Deux membres sont nommés par décret du Président de la République. Deux membres sont nommés par le Président de l'Assemblée nationale et deux par le Président du Sénat ».

[4] Je pense que le passage du nombre de membres du collège de cinq à sept à partir de 2005 contribuait à renforcer l'indépendance des membres du collège. Avant cette date,

519. Le partage du pouvoir de nomination entre les pouvoirs exécutif et législatif paraît un élément logique et important. Il est d'abord logique, car « l'institution d'autorités administratives indépendantes devrait emporter soustraction au Gouvernement et au président de la République du pouvoir de nommer »[1]. Cette soustraction au gouvernement se traduit, en l'occurrence, par l'amoindrissement du poids de son pouvoir de nomination.

520. Ensuite, le partage du pouvoir de nomination s'avère important. Il permet dans une certaine mesure de neutraliser les critères éminemment politiques de nomination[2]. En plus, cela réduit le risque d'appartenance de tous les membres du collège au même courant politique[3].

521. Outre les règles procédurales de nomination, il existe aussi des règles relatives aux catégories professionnelles auxquelles les membres du collège peuvent appartenir. En effet, les autorités de nomination ne sont pas totalement libres dans leur choix. La nomination des membres du collège doit être effectuée « en raison de leur qualification économique, juridique et technique »[4]. Cette précision laisse penser à la mise à l'écart de toute nomination fondée, du moins exclusivement, sur des considérations politiques. La qualification économique, juridique et technique du membre du collège doit donc occuper une place primordiale dans le choix que l'autorité de nomination opère.

522. Autant que le mode de nomination, les règles relatives au mandat s'avèrent aussi indispensables au renforcement de l'indépendance.

c. Les règles singulières relatives au mandat des membres du collège

523. Les membres du collège de l'ARCEP sont dotés d'un certain nombre de garanties statutaires qui renforcent leur indépendance. Ces garanties visent à éviter qu'ils soient redevables à leur autorité de nomination. Elles constituent donc des « garde-fous protecteurs »[5] indispensables à une réelle indépendance renforcée.

---

la majorité de membres du collège, trois parmi les cinq, était nommée par décret du président de la République. Les deux autres membres, qui représentent nominalement la minorité dans le collège, étaient nommés par les présidents de deux chambres parlementaires.

[1] P. WACHSMANN, « Sur l'« indépendance » des autorités administratives d'État », in M. CLAPIE, S. DENAJA et P. IDOUX (dir.), *Indépendance(s)*, Univ. Montpellier, 2012, p. 494.

[2] *Ibid.*, p. 496.

[3] À moins que la majorité parlementaire et le président de la République ne soient issus du même parti politique.

[4] C.P.C.E., art. L. 130, al. 1.

[5] M.-J. GUÉDON, *op. cit.*, p. 63.

524. D'abord, chaque membre du collège de l'ARCEP est nommé pour un mandat fixe d'une durée de six ans[1]. En comparaison avec les autorités indépendantes, cette durée reste celle de la plupart des A.A.I. et des autorités publiques indépendantes (A.P.I.)[2].

525. Par ailleurs, les membres nommés par décret « sont renouvelés par tiers tous les deux ans »[3]. Ce renouvellement « permet d'éviter les à-coups de recompositions trop brutales du collège »[4]. Il doit donc permettre une transition douce et graduelle au sein du collège, et éviter un remplacement brutal.

526. En effet, la durée de six ans semble « raisonnable »[5], car elle n'est ni longue ni courte, notamment si on prend en compte le caractère non-renouvelable de ce mandat.

527. Durant la durée de leur mandat, les membres du collège de l'ARCEP ont le temps d'affirmer leur autorité, de maîtriser les techniques de leurs missions, et même d'évaluer les résultats de leurs décisions.

528. D'ailleurs la durée du mandat ne constitue pas uniquement une condition nécessaire pour une meilleure efficacité dans l'exercice des missions. Il s'agit surtout d'« un des ingrédients essentiels de la sérénité, donc de l'indépendance. Sans un minimum de temps, il est impossible à l'indépendance de s'affirmer, de s'épanouir et de s'imposer. Le mandat devra donc offrir à l'agent indépendance le temps nécessaire à cet épanouissement »[6].

---

[1] C.P.C.E., L. 130, al. 1.

[2] Les A.A.I. et les A.P.I. forment une nouvelle catégorie des institutions publiques en France. Elles sont régies par un statut général s'appliquant à toute autorité caractérisée par une indépendance à l'égard du gouvernement et recensée ainsi (L. n° 2017-55 du 20 janvier 2017 portant statut général des autorités administratives indépendantes et des autorités publiques indépendantes (J.O.R.F. n° 18, du 21 jan. 2017, texte n° 2). La différence essentielle entre les deux types d'autorités est l'attribution de la personnalité juridique morale ; contrairement aux A.P.I., les A.A.I. ne sont pas dotées d'une telle personnalité morale.
Plusieurs autres membres de collèges des AAI et API se trouvent dotés de la même durée de mandat que les membres de l'ARCEP, tels que les membres de collèges de l'Autorité nationale des jeux (A.N.J.), de l'Autorité de régulation transport (A.R.T.) et le Conseil supérieur de l'audiovisuel (C.S.A.). D'autres membres de collèges des A.A.I. et des A.P.I. ont des durées de mandats inférieures à six ans, tels que les membres de l'Autorité de la concurrence (cinq ans), les membres du Haut Conseil de l'évaluation de la recherche et de l'enseignement supérieur (quatre ans), et les membres de la Commission d'accès aux documents administratifs (trois ans).

[3] C.P.C.E., L. 130, al. 3.

[4] B. LASSERRE, « L'Autorité de régulation des télécommunications », *op. cit.*, p. 226.

[5] C. AOUN, *op.cit.*, p. 46.

[6] S. MANSON, *La notion d'indépendance en droit administratif*, Thèse de doctorat, Université Panthéon-Assas, 1995, p. 383 *in* C. AOUN, *op. cit.*, p. 298.

529. En outre, les membres du collège de l'ARCEP jouissent d'une certaine inamovibilité, les mettant à l'abri de toute menace de révocation indue[1]. Ainsi, une fois nommés, les membres sont destinés à mener leurs mandats jusqu'à leurs termes sans interruption indue.

530. Cette inamovibilité constitue, à notre sens, l'un des gages indispensables à une indépendance réelle des membres du collège de l'autorité. Elle permet aux membres d'exercer leurs fonctions sans avoir à craindre une révocation ultérieure en réponse à une décision qui aurait déplu à l'autorité de nomination.

531. Ainsi, les membres du collège de l'ARCEP sont en principe irrévocables. La révocation ne peut se produire que pour des raisons précises spécifiées par la loi et suivant des procédures particulièrement encadrées, destinées à les protéger contre l'arbitraire[2].

532. Selon l'article 6 de la loi n°2017-55 précitée, applicable à l'ARCEP en tant qu'A.A.I., les procédures de révocation d'un membre du collège ne peuvent être déclenchées que sur proposition du président de l'autorité ou d'un tiers de ses membres du collège, en invoquant à l'égard de l'intéressé « un manquement grave à ses obligations légales ou une incapacité définitive empêchant la poursuite de son mandat ». Une fois délibéré, un vote à bulletin secret doit être ensuite organisé, après avoir permis au membre en question de présenter ses observations. Si la majorité des trois-quarts des membres du

---

[1] La garantie de l'inamovibilité des membres du collège de l'ARCEP leur était déjà accordée dès la création de l'ART par la loi n° 96-956, préc. L'art. L. 36 énonçait : « Les membres de l'autorité ne sont pas révocables ». Depuis l'adoption du statut commun pour les A.A.I. et les A.P.I., l'ensemble de ces autorités profite d'une telle protection juridique. L'article 6 de la loi n° 2017-55 précitée énonce : « Le mandat de membre d'une autorité administrative indépendante ou d'une autorité publique indépendante n'est pas révocable ».

[2] Il est à noter que les garanties du président et des membres des autorités indépendantes contre la révocation au cours du mandat étaient, à l'origine, une ouvre jurisprudentielle. Plus précisément, c'est le Conseil d'État qui soulignait la particularité du mandat du président et des membres des autorités caractérisées par l'indépendance. Il a dès lors protégé leur mandat contre toute révocation prématurée. Ainsi, dans une affaire relative à la révocation du président de la Commission de la concurrence en raison de l'atteinte de l'âge de retraite dans son corps d'origine, le Haute juridiction, après avoir relevé l'indépendance accordée au président de la Commission de la concurrence par le législateur, a précisé que « lorsque le président de la commission de la concurrence atteint dans son corps d'origine la limite d'âge de son grade, et cesse par là-même d'appartenir à ce corps, il doit néanmoins conserver ses fonctions jusqu'à l'expiration de la durée de six ans prévue à l'article 2 précité de la loi du 19 juillet 1977 » (C.E., Ass., 7 juill. 1989, *P. Ordonneau*, n° 56627, Rec. p. 161). La lecture de cette décision contraste clairement avec une autre décision du Conseil d'État qui a confirmé la légalité de la décision révoquant le président d'un EPA au cours de son mandat pour des raisons d'intérêt de service (C.E., Ass., 22 déc. 1989, *Morin*, n° 82237, Rec. p. 279).

collège autre que celui en question a voté pour la fin du mandat, ils adressent cet avis à l'autorité de nomination. Celle-ci est seule compétente pour prononcer la fin du mandat du membre en question[1].

533. Il ressort de ces procédures fortement encadrées que le législateur tenait à protéger l'indépendance de l'autorité et les membres de son collège. La dotation du pouvoir exclusif de déclenchement des procédures de révocation au collège est la preuve d'une meilleure garantie d'une indépendance renforcée. Seuls les membres du collège, avec toutes les garanties d'indépendance qui leur sont accordées, ont le pouvoir de proposer la révocation. C'est uniquement sur cette proposition que l'autorité de nomination, c'est-à-dire les présidents des deux chambres parlementaires ou le président de la République, peut mettre terme au mandat du membre du collège.

534. En outre, les membres du collège ne peuvent être renommés pour un deuxième mandat[2]. Le caractère non-renouvelable du mandat représente, à notre sens, une garantie importante d'indépendance. En effet, « la possibilité d'être nommé à nouveau est un frein puissant à l'indépendance d'une autorité, parce que, sauf lassitude de l'intéressé, on peut craindre qu'il ne soit tenté de plaire, ou du moins de ne pas trop déplaire, à l'autorité dont il espérera une nouvelle nomination »[3].

535. Enfin, les règles d'incompatibilité jouent également un rôle important pour la protection de l'indépendance des membres du collège et de l'autorité. Cette protection se joue vis-à-vis du gouvernement et du président du collège[4].

---

[1] Il convient de noter que les procédures et les motifs justifiant la fin du mandat d'un membre du collège sont régis par le droit de l'Union. L'article 7 §2 du C.C.E.E. énonce : « Les États membres veillent à ce que le chef d'une autorité de régulation nationale ou, s'il y a lieu, les membres de l'instance collégiale exerçant cette fonction au sein d'une autorité de régulation nationale ou leurs suppléants ne puissent être congédiés en cours de mandat que s'ils ne remplissent plus les conditions requises pour exercer leurs fonctions, qui sont fixées dans le droit national avant leur nomination ».

[2] C.P.C.E., L. 130, al. 10. D'ailleurs, le caractère non-renouvelable des mandats des membres du collège de l'ARCEP est une caractéristique particulière de l'autorité, dérogatoire à la règle générale inscrite dans la loi n° 2017-55 préc. qui permet le renouvellement de mandat pour une seule fois (L. n° 2017-55, préc., art. 7).

[3] P. WACHSMANN, « Sur l'« indépendance » des autorités administratives d'État », *op. cit.*, p. 497.

[4] Il s'ajoute à cela d'autres règles d'incompatibilité qui garantissent l'indépendance des membres du collège de l'ARCEP à l'égard des groupes d'intérêts. À cette fin, les membres du collège ne peuvent détenir d'une manière « directe ou indirecte, d'intérêts dans une entreprise du secteur postal ou des secteurs des communications électroniques, de l'audiovisuel, de la presse ou de l'informatique » (C.P.C.E., art. 131, al. 1).

536. D'abord, aucun membre du gouvernement ne peut servir en tant que membre du collège de l'ARCEP. Cette incompatibilité trouve son origine dans l'article 23 de la Constitution qui considère les fonctions de membre du gouvernement incompatibles avec « tout emploi public »[1].

537. Puis, aucun membre du collège de l'ARCEP ne peut exercer des fonctions au sein des services de l'autorité[2]. En effet, les services de l'autorité sont placés sous le contrôle de leur président[3]. Par conséquent, si le membre du collège exerce des fonctions au sein des services de l'autorité, il se place sous le contrôle hiérarchique du président de l'autorité, ce qui risque de porter atteinte à l'indépendance de ce membre du collège[4].

II. Une indépendance fonctionnelle relative

538. Outre les garanties organiques ou statutaires dont bénéficient les membres du collège, l'ARCEP se trouve également dotée de garanties d'indépendance fonctionnelle.

539. La vitalité de l'indépendance fonctionnelle de l'autorité est indéniable, car il est vrai, comme l'avait bien souligné M. Patrice GÉLARD, qu'« une autorité ne peut être indépendante que si elle dispose de moyens suffisants pour exercer ses missions. Les moyens budgétaires et humains alloués à l'autorité déterminent en effet son indépendance fonctionnelle, qui lui permet de mettre en œuvre efficacement ses prérogatives, en se fondant sur son expertise propre »[5].

540. L'indépendance fonctionnelle s'illustre à travers ses deux volets, le volet administratif (a) et le volet financier (b).

---

[1] Le mandat de membre du collège de l'ARCEP constitue un emploi public. C'est ce que le Conseil constitutionnel a affirmé pour les membres du collège de la C.N.C.L. (Cons. const., déc. n° 86-217 du 18 sep. 1986, préc., cons. 54).

[2] L'alinéa 2 de l'article 8 de la loi n° 2017-55 précitée énonce : « Le mandat de membre d'une autorité administrative indépendante ou d'une autorité publique indépendante est incompatible avec les fonctions au sein des services d'une de ces autorités ».

[3] L. n° 2017-55, préc., art. 16

[4] A. ROUYÈRE, « Le statut : une mise en ordre pragmatique », *RFDA*, 2017, p. 417. Il est à noter également que l'incompatibilité entre le mandat du membre du collège de l'ARCEP et l'exercice des fonctions au sein de services s'étend également aux services des autres AAI ou API. Cette incompatibilité vise à protéger l'indépendance du membre du collège de l'ARCEP lorsqu'il siège au sein du collège d'une autre autorité *es-qualité*, et qu'il y exerce des fonctions au sein de ses services.

[5] Le Sénat et l'Assemblée nationale, Rapport sur les autorités administratives indépendantes du 15 juin 2006, Doc. Ass. n° 3166, Sén. n° 404 (2016), Office parlementaire d'évaluation de la législation, T. I, p. 88.

a. Le volet administratif : une indépendance renforcée

541. Dans la gestion de ses affaires de nature administrative, l'ARCEP est dotée de larges pouvoirs lui permettant de mener à bien les missions qui lui sont confiées en toute indépendance du gouvernement. Ces pouvoirs lui permettent d'exprimer sa volonté propre sans la moindre influence du gouvernement.

542. Tout d'abord, il importe de préciser que l'ARCEP n'est pas dotée d'une personnalité juridique propre, distincte de celle de l'État. C'est de ce fait qu'elle appartient à la catégorie des A.A.I. et non à celle des A.P.I. Ainsi, l'ARCEP est un organe d'État, à l'instar des administrations centrales ou déconcentrés.

543. Malgré cette unité organique avec l'État, l'indépendance voulue pour l'ARCEP nécessite un fonctionnement indépendant à l'image de l'indépendance statutaire accordée aux membres du collège. Cela rend nécessaire de rompre le lien de subordination de l'autorité à l'égard du gouvernement.

544. Au-delà de la reconnaissance législative de l'ARCEP en tant qu'« autorité administrative indépendante »[1], la loi précise en des termes clairs que « dans l'exercice de leurs attributions, les membres des autorités administratives indépendantes et des autorités publiques indépendantes ne reçoivent ni ne sollicitent d'instruction d'aucune autorité »[2].

545. Ainsi, à la différence des établissements publics qui restent soumis à un pouvoir de tutelle de la part du ministre compétent, l'ARCEP n'est soumise à aucune tutelle du gouvernement.

546. De la même manière, l'ARCEP, à l'instar de toute AAI, n'est pas un service déconcentré de l'État. L'absence de la personnalité juridique ne doit aucunement permettre de la qualifier ainsi. L'autorité trouve en effet sa place en dehors de la hiérarchie gouvernementale, sans lien de subordination au Gouvernement ou à aucun de ses membres.

---

[1] C.P.C.E., art. L. 130, al. 1, modifié par la loi n° 2016-1321 du 7 oct. 2016 pour une République numérique (J.O.R.F. n° 235, du 8 oct. 2016, texte n° 1), art. 46.

[2] L. n° 2017-55 préc., art. 9. D'ailleurs, l'absence de lien de subordination ne constitue pas uniquement une exigence de droit national français, mais elle reflète également le droit de l'Union, qui y voit une composante essentielle de l'indépendance de l'autorité réglementaire nationale. C'est ainsi que le droit de l'Union exige que les autorités réglementaires nationales « agissent de manière indépendante et objective, y compris en ce qui concerne l'élaboration de procédures internes et l'organisation du personnel, exercent leurs activités de façon transparente et responsable conformément au droit de l'Union, et ne sollicitent ni n'acceptent d'instruction d'aucun autre organe en ce qui concerne l'accomplissement des tâches qui leur sont assignées en vertu du droit national transposant le droit de l'Union » (C.C.E.E., art. 8, §1).

547. Par conséquent, le gouvernement ne peut légalement adresser des instructions ou même des recommandations à l'ARCEP pour encadrer ses activités ou ses orientations. De la même manière, l'autorité ne doit ni accepter ni solliciter des instructions de la part du gouvernement.

548. Il importe d'ailleurs de préciser qu'il n'existe pas de commissaire du gouvernement auprès de l'ARCEP, contrairement à d'autres autorités telles que l'Autorité de la concurrence, l'ancienne C.N.I.L. et la C.R.E.[1]. L'absence de commissaire du gouvernement reflète le niveau d'indépendance dont jouit l'ARCEP, et répond mieux aux exigences d'indépendance imposées par le droit de l'Union[2].

549. Tout de même, cela ne doit pas laisser penser à l'absence de tout dialogue entre le gouvernement et l'ARCEP. En effet, la loi prévoit ce dialogue et l'encadre. Il s'agit donc d'un dialogue entre deux autorités qui exercent conjointement ou séparément les compétences assignées par la loi.

550. Il convient de souligner également que l'absence de lien de subordination emporte des obligations dans le chef des agents de l'autorité de la même manière qu'à l'encontre des membres du collège. Ainsi, les agents de l'ARCEP ne doivent en aucun cas accepter ou solliciter des instructions de la part du gouvernement[3].

551. Ainsi, l'ARCEP exerce toutes les compétences qui lui sont confiées par le C.P.C.E., sans besoin d'autorisation, d'approbation, d'annulation ou de réformation de la part du gouvernement. La seule exception concerne son pouvoir réglementaire qui reste conditionné par une homologation ministérielle.

552. Par ailleurs, dans l'objectif de lui donner une large autonomie et une plus grande flexibilité dans sa gestion interne, l'ARCEP est bien armée pour s'adapter à ses besoins administratifs.

---

[1] Le commissaire du gouvernement dans ces autorités a le droit d'assister aux séances de leurs collèges pour présenter les observations du gouvernement. Autrefois, il est habilité à demander une deuxième délibération. Mais en tout cas, il n'est pas habilité à assister aux délibérations (M.-J. GUÉDON *op. cit.*, p. 81). D'ailleurs l'échec de la proposition introduite en 2011 en vue d'insérer un commissaire du gouvernement auprès de l'ARCEP illustre bien à quel point cette question est critique en vue de préserver l'indépendance de l'autorité à l'égard du pouvoir politique (G. ECKERT, « L'indépendance des autorités de régulation économique à l'égard du pouvoir politique », *RFAP*, 2012, p. 639).

[2] C.C.E.E., art. 8, §1.

[3] L'alinéa 2 de l'article L. 131 du C.P.C.E. énonce : « Les agents de l'Autorité de régulation des communications électroniques, des postes et de la distribution de la presse exercent leurs fonctions en toute impartialité, sans recevoir d'instruction du Gouvernement, ni d'aucune institution, personne, entreprise ou organisme ».

553. D'abord, la loi dote l'ARCEP de la compétence exclusive et inconditionnelle d'adopter son propre règlement intérieur[1]. Ce règlement régit tous les aspects fonctionnels, organisationnels et déontologiques de l'autorité, qu'ils concernent les membres du collège ou le personnel[2].

554. Par ailleurs, le président de l'ARCEP exerce un large pouvoir fonctionnel à l'égard de son personnel. Selon l'article 16 de la loi n° 2017-55 précitée, et à l'instar de toute A.A.I., les services de l'ARCEP sont placés sous l'autorité de son président[3].

555. Cette disposition fait du président de l'ARCEP l'autorité hiérarchique compétente à l'égard de son personnel. Il est habilité *es qualité* à prendre toutes les décisions à l'égard de ce personnel, qu'il soit fonctionnaire ou contractuel ; réserve faite aux services en charge de l'instruction des dossiers dans le cadre des procédures répressives ou de règlement de différends[4].

556. De plus, l'ARCEP dispose d'une large latitude dans sa politique de recrutement. Ainsi, elle n'est point obligée de faire recours aux seuls fonctionnaires titulaires ; elle peut librement embaucher des agents

---

[1] L'article 14 de la loi n° 2017-55 préc. énonce : « Un règlement intérieur, adopté par le collège sur proposition de son président, précise les règles d'organisation, de fonctionnement et de déontologie au sein de chaque autorité administrative indépendante ou autorité publique indépendante. Il est publié au Journal officiel ». D'ailleurs, ce texte n'était pas nécessaire pour l'attribution à l'ARCEP d'un pouvoir réglementaire autonome. Selon une jurisprudence constante du Conseil d'État, tout chef de service détient, même en l'absence de tout texte juridique, un pouvoir réglementaire autonome pour l'organisation et le fonctionnement du service (C.E., Sect., 7 fév. 1936, *Jamart*, n° 43321, Rec. p. 172).

[2] D'ailleurs, la compétence de l'adoption du règlement de l'autorité ne relève pas du président de l'ARCEP. Le C.P.C.E. précise que le règlement intérieur est pris après délibération avec les membres du collège. C'est ainsi que le président de l'ARCEP a rendu, après délibération en collège, la décision n° 2019-1685 de l'Autorité de régulation des communications électroniques et des postes en date du 10 déc. 2019 portant adoption du règlement intérieur (J.O.R.F. n° 37, du 13 fév. 2020, texte n° 90).

[3] « Toute autorité administrative indépendante ou autorité publique indépendante dispose de services placés sous l'autorité de son président ». Il est à noter qu'avant même l'adoption de la loi n° 2017-55 précitée, l'ARCEP profitait d'une disposition semblable en vertu de l'article L.132 du C.P.C.E. dans sa version antérieure à l'adoption de ladite loi. La suppression de cet article s'inscrivait dans la logique de l'harmonisation et de l'unification du cadre juridique général qui devait s'appliquer sur toutes les AAI et les API.

[4] Cette réserve trouve son fondement en l'obligation de l'impartialité objective qui incombe depuis 2013 à l'ARCEP (Cons. const, déc. n° 2013-331 QPC du 5 juill. 2013, *Sté. Numéricâble et autre*).

contractuels[1] dans le respect des plafonds d'emploi fixés par la loi de finances[2].

557. Par ailleurs, à l'image de son autonomie en matière de recrutement, l'ARCEP jouit également d'une large autonomie dans la détermination de la rémunération de son personnel. Cette flexibilité doit lui permettre de publier des offres attractives pour attirer les agents qui ont les compétences techniques requises[3].

---

[1] L'article 16 de la loi n° 2017-55 préc. énonce : « Toute autorité administrative indépendante ou autorité publique indépendante peut employer des fonctionnaires civils et militaires, des fonctionnaires des assemblées parlementaires et des magistrats placés auprès d'elle dans une position conforme à leur statut et recruter des agents contractuels ». Il convient de noter que cet article, en ce qui concerne l'ARCEP, ne faisait que reproduire les mêmes effets que l'article L. 132 du C.P.C.E. dans sa rédaction antérieure à l'adoption de la loi n° 2017-55 préc., qui énonçait, en des termes absolus, que l'ARCEP « peut recruter des agents contractuels ».

[2] On peut remarquer que la liberté de recrutement laissée à la discrétion de l'ARCEP est une liberté qualitative et non pas quantitative. La seule réserve qui peut restreindre son pouvoir de recrutement reste le respect du plafond d'autorisation d'emploi fixé chaque année par la loi des finances. Ce plafond, estimé en termes d'équivalent temps plein travaillé (E.T.P.T.), représente une des composantes de cette loi, fixée pour chaque ministère ou A.A.I. en vertu de l'article 34 de la loi organique relative aux lois de finances (L.O.L.F.) (L. O. n° 2001-692 du 1er août 2001 relative aux lois de finances (J.O.R.F. n° 177, du 2 août 2001, p. 12480, texte n° 1)). D'ailleurs, le recrutement des agents contractuels permet de répondre aux besoins de flexibilité et de la haute technicité souvent exprimés par l'ARCEP (Rapport de la Cour des comptes, Autorités administratives et publiques indépendantes : politiques et pratiques de rémunération (2011-2016), présentée à la Communication des finances, de l'économie générale et du contrôle budgétaire de l'Assemblée nationale, décembre 2017, pp. 34-35). À cet égard, l'expérience montre que cette voie de recrutement constitue à l'évidence le noyau dur de la politique du recrutement de l'ARCEP, qui penche vers les agents contractuels plutôt que des fonctionnaires titulaires. D'ailleurs, le Rapport annuel d'activité de l'ARCEP de l'année 2017 montre que le pourcentage des agents contractuels avoisine les 75% de tout son personnel, en contrepartie de 25% seulement de fonctionnaires (ARCEP, rapport d'activité, mai 2017, T. 1, p. 36, disponible sur https://www.arcep.fr/larcep/les-rapports-publics-dactivite-de-larcep.html, consulté le 25 mai 2019).

De même pour les fonctionnaires, il s'avère que la politique de recrutement adoptée par l'ARCEP se fonde également sur la contractualisation. Cela s'illustre par le recours permanent de l'ARCEP aux fonctionnaires titulaires par un détachement sur contrat de droit public de trois ans. Cela préserve une certaine homogénéité au sein du corps du personnel, et débouche à une gestion dynamique du personnel dans son ensemble, fonctionnaires ou contractuels (Rapport de la Cour des comptes, Autorités administratives et publiques indépendantes : politiques et pratiques de rémunération, *op. cit.*, p. 36).

[3] *Ibid.*, p. 65.

558. Enfin, en complément de ces pouvoirs de gestion, le président de l'ARCEP a qualité contentieuse pour agir en justice[1]. Par conséquent, et alors que l'autorité ne possède pas de la personnalité morale, elle ne se fait pas présenter par le ministère compétent[2]. Cette position représente un facteur supplémentaire d'indépendance de l'autorité en ce qu'elle lui permet « d'avoir une position procédurale spécifique, indépendante de la personne morale qu'est l'État »[3].

b. Le volet financier : une indépendance à parfaire

559. Si l'ARCEP jouit d'une forte indépendance administrative, son indépendance n'est pas pour autant renforcée en matière financière.

560. Il convient d'emblée de préciser que l'indépendance financière comprend deux volets : un volet budgétaire, relatif aux ressources financières de l'institution, et un volet de gestion, relatif à la liberté d'engagement des crédits.

561. Concernant le volet budgétaire, l'ARCEP se trouve victime de sa qualité institutionnelle. L'absence de personnalité morale ne conduit pas seulement à priver l'autorité de plusieurs avantages financiers qu'elle aurait pu en tirer, mais il en découle également une situation qui la contraint, financièrement parlant, à la dépendance.

562. En effet, l'absence de la personnalité morale pour l'autorité emporte sa sujétion aux règles financières inscrites à la loi organique relative aux lois de finances (L.O.L.F.)[4]. Cette loi régit principalement le budget général de l'État, personne morale, et des administrations qui lui sont rattachées. L'autorité se

---

[1] L'article L. 134 du C.P.C.E. énonce : « Pour l'accomplissement des missions qui sont confiées à l'Autorité de régulation des communications électroniques, des postes et de la distribution de la presse, le président de l'autorité a qualité pour agir en justice ». D'ailleurs, même en l'absence de cette habilitation textuelle, la jurisprudence du Conseil d'État est constante, depuis son arrêt *COB* du 5 novembre 1993, à reconnaître aux A.A.I. la capacité d'ester en justice. Il s'agit, pour le juge administratif, d'un complément nécessaire à la reconnaissance de l'indépendance à ces autorités (C.E., 2/6 S.S.R., 5 nov. 1993, *COB*, n° 143973, Rec. T. p. 944). Pour plus d'amples informations sur ce sujet, v. C. CHAUVET, « La personnalité contentieuse et les autorités administratives indépendantes », *RDP*, 2007, p. 382.

[2] Il convient de préciser ici que le président de l'ARCEP n'agit pas en justice en le nom propre de l'autorité, car l'ARCEP ne jouit pas de la personnalité morale. Il agit plutôt au nom de l'État, et uniquement dans le champ délimité par la loi dans les matières relatives à « l'accomplissement des missions » confiées à l'autorité.

[3] *Ibid.*, p. 380.

[4] L.O.L.F., préc.

trouve donc dénuée de tout budget propre : son budget est rattaché au budget général de l'État et ses crédits sont inscrits annuellement dans celui-ci[1].

563. Il résulte de l'application des règles de la L.O.L.F. trois conséquences majeures pour l'autonomie budgétaire de l'ARCEP.

564. D'abord, l'absence de ressources propres à l'autorité : l'intégration du budget de l'ARCEP dans le budget général de l'État emporte sa soumission aux principes régissant le budget général de l'État, dont le principe d'universalité[2]. Ce principe interdit toute affectation ou compensation directe entre les ressources et les dépenses de l'État, à moins que cela se réalise au profit d'une autre personne morale[3]. Il en ressort que l'affectation préalable des ressources au profit de l'autorité ne peut être établie qu'en violant la lettre et l'esprit de la L.O.L.F. Ainsi, l'ARCEP dépend entièrement des crédits inscrits annuellement dans son budget et qui proviennent exclusivement de la part de l'État.

565. Ensuite, l'ARCEP n'est pas maître de son budget. En effet, l'élaboration du projet de la loi de finances entre dans le cadre des compétences exclusives du gouvernement, en vertu de l'article 38 de la L.O.L.F. Selon cet article, il appartient au ministre chargé des Finances, sous le contrôle du Premier ministre, de préparer les projets de lois de finances avant qu'ils ne soient délibérés en Conseil des ministres. Face à cette compétence exclusive, l'ARCEP ne peut que proposer son budget au ministre[4]. Ce dernier détient un large pouvoir discrétionnaire en la matière. Il peut donc réduire les crédits dont l'autorité a exprimé le besoin.

566. Enfin, les règles de la L.O.L.F. autorisent l'applicabilité du régime de la fongibilité asymétrique à l'ARCEP.

567. En effet, la nouvelle nomenclature apportée par la L.O.L.F. en 2001 prônait une approche thématique plutôt qu'institutionnelle, comme cela fut le cas sous l'empire de la loi organique relative aux lois de finances de 1959[5]. En d'autres termes, il s'agit d'une approche téléologique fondée sur les objectifs et non plus sur le destinataire des crédits. Ainsi, la nomenclature de la L.O.L.F. est organisée en trois niveaux (mission, programme, action). Chaque mission englobe un certain nombre de programmes et chaque

---

[1] L'article L. 133 du C.P.C.E dispose que « L'autorité propose aux ministres compétents, lors de l'élaboration du projet de loi de finances de l'année, les crédits nécessaires, en sus des ressources mentionnées au premier alinéa, à l'accomplissement de ses missions. Ces crédits sont inscrits au budget général de l'État ».

[2] Le principe d'universalité vise à assurer un contrôle démocratique efficace sur le budget de l'État. Selon ce principe, toutes les ressources de l'État, peu importe leurs sources, sont regroupées dans ce budget. La réallocation des crédits se fait ensuite par la loi de finance votée par le Parlement chaque année.

[3] L.O.L.F., art. 36.

[4] C.P.C.E., art. L. 133.

[5] O. n° 59-2 du 2 jan. 1959 portant loi organique relative aux lois de finances (J.O.R.F. n° 2, du 3 jan. 1959, p. 180).

programme contient un certain nombre d'actions. Chaque programme reste sous la direction d'un responsable de programme qui détient des pouvoirs importants pour atteindre les objectifs financiers ciblés et pour assurer la flexibilité nécessaire au cours de l'exercice[1]. Le responsable de programme détient surtout des pouvoirs en matière de répartition des crédits à l'intérieur de son programme. C'est pour cette raison que les crédits sont dits fongibles, c'est-à-dire susceptibles d'être redistribués au cours de l'exercice.

568. Eu égard à la place qu'elle occupe dans la nomenclature, l'ARCEP se trouve dans une situation défavorable quant à son autonomie. En effet, les crédits de l'autorité sont toujours inscrits, dans les lois de finances successives, au niveau d'une action[2]. L'ARCEP se trouve de ce fait sous l'autorité d'un responsable de programme qui peut, s'il l'estime nécessaire, ou *a fortiori* s'il le souhaite, réallouer des ressources de l'autorité pour une autre action à l'intérieur de son programme. Les règles de la fongibilité représentent ainsi une menace pour l'indépendance de l'autorité dans le sens où elles peuvent bouleverser les prévisions financières de l'autorité. La simple existence de ce pouvoir peut donc se répercuter sur le comportement de l'autorité : elle peut être tentée de s'aligner sur les préférences gouvernementales pour ne pas se voir privée de ses crédits.

569. Le manque d'autonomie budgétaire de l'ARCEP, en amont, contraste avec la large autonomie de gestion dont elle dispose. Cette autonomie s'exerce en aval, c'est-à-dire après l'adoption de son budget, et au stade de l'exécution du budget.

570. D'abord, « Le président de l'autorité est ordonnateur des dépenses »[3]. En cette qualité, il est le responsable de l'utilisation des crédits alloués à l'autorité par la loi des finances. Il peut ainsi ordonner librement les dépenses en prenant l'acte d'engagement financier de l'administration[4].

---

[1] D. n° 2012-1246 du 7 nov. 2012 relatif à la gestion budgétaire et comptable publique (J.O.R.F. n° 0262, du 10 nov. 2012, p. 17713, texte n° 6), art. 70.

[2] Par exemple, dans le projet de loi de finances pour 2019, les crédits de l'ARCEP étaient inscrits à l'action n° 13 dénommée « Régulation des communications électroniques et des postes (ARCEP) », au programme n° 134 « Développement des entreprises et régulations », à la mission « économie ».

[3] C.P.C.E., art. L. 133, al. 3. Il est à noter que la qualité d'ordonnateur du président de l'ARCEP doit être comprise comme secondaire par rapport à celle d'ordonnateur principal du ministre. Le président de l'ARCEP reçoit donc à cet effet une délégation de la part de l'ordonnateur principal, qui est le ministre, en vue de l'exercice de cette qualité (Art. 75 du décret n° 2012-1246, préc.).

[4] « L'ordonnateur est chargé de la phase administrative. Elle commence par l'engagement. Il consiste à engager juridiquement l'administration afin de la rendre débitrice et de bloquer les crédits en vue de la dépense. Une fois celui-ci réalisé, l'étape de la liquidation intervient. Elle consiste à calculer le montant de la dépense après constatation du service fait. Enfin, l'ordonnancement, ou le mandatement en

571. De plus, l'ARCEP n'est pas sujette à un contrôle *a priori* sur les dépenses engagées[1]. Le président de l'autorité peut recourir librement à l'ordonnancement de dépenses sans attendre le visa du contrôleur budgétaire et comptable ministériel (C.B.C.M.). Sa décision est donc, contrairement aux administrations centrales, d'effet immédiat. Le C.B.C.M., en sa qualité de comptable, doit procéder immédiatement au décaissement[2]. D'ailleurs cette dispense de la sujétion au contrôle budgétaire *a priori* exercé par le CBCM est d'une grande importance pour l'autonomie financière de l'ARCEP. La sujétion à ce type de contrôle emporte un allongement des délais pour que l'acte d'ordonnancement prenne effet. Ce contrôle budgétaire représente donc une « tutelle lourde et contraignante »[3] à l'égard de l'autorité. La dispense de l'ARCEP de ce type de contrôle ne peut que renforcer sa liberté de gestion.

B. Les limites de l'indépendance de l'ARCEP

572. L'indépendance de l'ARCEP n'est pas absolue. D'abord, en tant qu'organe d'État au nom duquel elle agit, elle est soumise à un contrôle de plusieurs entités au niveau national (I). De plus, la consolidation de l'intégration européenne conduit à une délégation des compétences au profit des institutions et organismes de l'Union européenne. Ces compétences sont exercées à l'égard des régulateurs des États membres. C'est ainsi que l'indépendance de l'ARCEP trouve également des limites au niveau communautaire (II).

I. Les limites au niveau national

573. Étant une institution d'État qui exerce une mission de service public, l'indépendance de l'ARCEP se trouve naturellement limitée par les pouvoirs que détient le Parlement à son égard (a). De plus, le gouvernement possède des multiples pouvoirs qui constituent de la même manière une limite à

---

l'occurrence, correspond à l'ordre de payer ordonné par l'ordonnateur au comptable » (V. PALMA-AMALRIC, *op. cit.*, p. 243.)

[1] L. n° 2017-55, préc., art. 18, al. 2.

[2] Il convient de noter que la dispense du contrôle budgétaire *a priori* n'empêche le contrôleur budgétaire et comptable ministériel (C.B.C.M.) d'effectuer un contrôle de légalité externe avant de procéder au décaissement. Ce contrôle allégé ne visa qu'à s'assurer de la compétence de l'ordonnateur et de la disponibilité du crédit correspondant (*Ibid.*, p. 244).

[3] *Ibid.*, p. 471.

l'indépendance de l'autorité (b). Enfin, l'indépendance de l'ARCEP ne saura empêcher le juge d'exercer son contrôle sur ses activités (c).

a. L'ARCEP et Parlement

574. Si l'ARCEP jouit dans une large mesure d'une indépendance à l'égard du gouvernement, il n'est pas concevable, à moins de créer « un État dans l'État »[1], qu'elle jouit d'une telle indépendance à l'égard du Parlement. Ce sont les représentants du Peuple qui confèrent finalement la légitimité à cette autorité[2]. Ainsi, peut-on dire que « l'administration (…) qui ne dispose pas de cette légitimité démocratique que donne l'élection, ne sera légitime que si sa subordination aux élus est assurée »[3].

575. D'abord, la dépendance de l'ARCEP à l'égard du Parlement est avant tout une dépendance existentielle. Il revient au législateur, dans le cadre de ses compétences constitutionnelles, d'apprécier l'opportunité de la création, de la modification et de la suppression de cette autorité publique[4]. Dès lors, « l'autorité demeure tributaire du Parlement puisque ce que le législateur a fait, il peut aussi le défaire »[5]. La vie de l'ARCEP reste donc l'apanage du Parlement. Il peut y mettre fin s'il le souhaite, soit par son remplacement par

---

[1] Sénat, Rapport parlementaire fait au nom de la commission d'enquête sur le bilan et le contrôle de la création, de l'organisation, de l'activité et de la gestion des autorités administratives indépendantes, « Un État dans l'État : canaliser la prolifération des autorités administratives indépendantes pour mieux les contrôler », Doc. Sén., n° 126 (2015-2016).

[2] La soumission des autorités indépendantes au Parlement trouve son fondement dans la Déclaration des Droits de l'Homme et du Citoyen (D.D.H.C.) de 1789 dont la valeur constitutionnelle découle de son inscription dans la Préambule de la Constitution de 1958. Plus précisément, l'article 3 de la Déclaration dispose que « Le principe de toute souveraineté réside essentiellement dans la nation. Nul corps, nul individu ne peut exercer d'autorité qui n'en émane expressément ».

[3] C. TEITGEN COLLY, *op. cit.*, p. 215.

[4] Ce large pouvoir d'appréciation, qui ne trouve ses limites que dans le respect des exigences constitutionnelles, a été confirmé à maintes reprises par le Conseil constitutionnel. Il jugeait ainsi que : « Il est à tout moment loisible au législateur, statuant dans le domaine qui lui est réservé par l'article 34 de la Constitution, de modifier des textes antérieurs ou d'abroger ceux-ci en leur substituant, le cas échéant d'autres dispositions » (Cons. const., déc. n° 86-210 DC du 29 juill. 1986, cons. 2).

[5] C. AOUN, *op.cit.*, p. 160.

une autre autorité[1], soit par sa fusion avec une autre autorité ou encore simplement par sa suppression totale[2].

576. Par ailleurs, le Parlement joue un double rôle à l'égard de l'ARCEP. D'abord, il participe, par le biais des deux présidents de deux chambres, à la nomination de quatre membres du collège. De plus, puisque les crédits budgétaires de l'ARCEP sont inscrits au budget général de l'État, le Parlement vote chaque année les crédits nécessaires au fonctionnement de l'autorité.

577. En outre, l'indépendance de l'ARCEP trouve ses limites dans les obligations juridiques vis-à-vis du Parlement. L'établissement de cette relation directe d'*accountability* de l'ARCEP à l'égard du Parlement vise à compenser l'incapacité de ce dernier à contrôler les activités de l'autorité par les canons classiques de contrôle. L'indépendance de l'autorité à l'égard du gouvernement rend ce contrôle classique inconcevable dans la mesure où l'autorité n'est pas rattachée au gouvernement. Ce dernier ne peut donc assumer la responsabilité d'une administration dont il ne dispose pas véritablement. Dès lors, le besoin d'effectuer un contrôle démocratique justifie l'imposition de ces obligations à l'ARCEP.

578. Les obligations juridiques de l'ARCEP vis-à-vis du Parlement se répartissent en deux groupes : l'envoi de rapports annuels d'activités et la capacité des deux chambres du Parlement d'auditionner le président de l'autorité et/ou les membres de son collège.

579. D'abord, l'ARCEP est tenue de présenter un rapport annuel d'activité au Parlement et au gouvernement. Ce rapport retrace tant les missions

---

[1] Le Conseil constitutionnel a eu l'occasion de se prononcer sur la liberté du législateur, eu égard à ses attributions constitutionnelles, de remplacer une autorité par une autre à l'occasion du remplacement de la HACA par la C.N.C.L. par la loi n° 86-1067 préc. Ainsi, le Conseil jugeait que « la substitution à la Haute autorité de la communication audiovisuelle, créée par l'article 12 de la loi n° 82-652 du 29 juillet 1982, de la Commission nationale de la communication et des libertés n'a pas, à elle seule, pour effet de priver de garanties légales des exigences de caractère constitutionnel » (Cons. const., déc. n° 86-217 DC du 18 sep. 1986, cons. 5).

[2] Il faut néanmoins relativiser cette affirmation dans la mesure où la marge d'appréciation du législateur se trouve limitée à deux égards : d'une part, à l'égard des exigences constitutionnelles, dans la mesure où « les lois ordinaires ayant toutes la même valeur juridique, aucune règle ou principe de valeur constitutionnelle ne s'oppose à ce qu'une loi abroge des dispositions législatives antérieures ; qu'il n'en serait autrement que si cette abrogation avait pour effet de porter atteinte à l'exercice d'un droit ou d'une liberté ayant valeur constitutionnelle » (Cons. const., déc. n° 84-185 DC du 18 jan. 1985, cons. 8). D'autre part, les exigences du droit de l'Union peuvent restreindre la marge d'appréciation du législateur. Pour l'ARCEP par exemple, l'article 3 §2 de la directive 2002/21/CE préc. (correspondant à l'article 6 §1 du C.C.E.E.) fait obstacle à tout démantèlement de l'autorité de régulation ou même à la limitation de ses compétences ou l'altération de sa composition de nature à affecter son indépendance (G. ECKERT, *op.cit.*, pp. 641-642).

exercées par l'autorité au cours de l'année que les moyens financiers qu'elle a employés en vue de la réalisation de ses missions. Il comporte par ailleurs un schéma pluriannuel de dépenses[1]. Il va de soi que ce rapport peut faire l'objet d'un débat parlementaire en séance publique, même en l'absence de toute précision législative expresse[2].

580. De plus, un autre rapport d'activité doit être adressé à la Commission supérieure du numérique et des postes (C.S.N.P.)[3]. Ce rapport présente en particulier les mesures relatives au service universel des communications électroniques et leurs effets sur l'évolution des tarifs de détail et la qualité de service, et les mesures destinées à faciliter l'accès des utilisateurs finales handicapés aux réseaux et aux services des communications électroniques. De surcroît, il dresse un bilan de l'état de déploiement des réseaux et des niveaux associés d'investissement. Aussi, il fait le point sur l'état de l'internet et les questions relatives à la neutralité de l'internet et à la migration vers les technologies d'adressage IPv6. Le rapport souligne également les activités que l'autorité mène au sein de l'Organe des régulateurs européens des communications électroniques (ORECE)[4].

581. Enfin, les commissions parlementaires permanentes de l'Assemblée nationale et du Sénat peuvent auditionner le président du collège de l'ARCEP pour discuter les points qui relèvent de leurs compétences[5]. Cette audition doit permettre un exercice effectif du contrôle parlementaire sur les activités de

---

[1] L'article 21 de la loi n° 2017-55 préc. énonce : « Toute autorité administrative indépendante ou autorité publique indépendante adresse chaque année, avant le 1er juin, au Gouvernement et au Parlement un rapport d'activité rendant compte de l'exercice de ses missions et de ses moyens. Il comporte un schéma pluriannuel d'optimisation de ses dépenses qui évalue l'impact prévisionnel sur ses effectifs et sur chaque catégorie de dépenses des mesures de mutualisation de ses services avec les services d'autres autorités administratives indépendantes ou autorités publiques indépendantes ou avec ceux d'un ministère. Le rapport d'activité est rendu public ». Il faut remarquer que cette obligation incombait à l'ARCEP même avant l'adoption de cette loi (C.P.C.E., art. L. 135).

[2] P. IDOUX, « Le nouveau statut général des AAI et API », *AJDA*, 2017, p. 1120.

[3] La Commission supérieure du numérique et des postes (C.S.N.P.) est la commission parlementaire chargée de contrôler les activités des postes et des communications électroniques. Dans le cadre de ses missions, elle peut émettre des avis ou des recommandations, et conduire des investigations. Elle rend un rapport annuel au Parlement et au Premier ministre. Cette commission a remplacé la Commission supérieure de service public des postes et des télécommunications, créée par la loi n° 90-568, préc.

[4] C.P.C.E., art. L. 135. L'ORECE est un organe regroupant en son sein tous les régulateurs européens des communications électroniques.

[5] L'article 22 de la loi n° 2017-55 préc. énonce : « À la demande des commissions permanentes compétentes de l'Assemblée nationale et du Sénat, toute autorité administrative indépendante ou autorité publique indépendante rend compte annuellement de son activité devant elles ».

l'autorité et ses orientations stratégiques. Elle constitue donc indéniablement un moment fort d'échange, tant pour les parlementaires que pour les membres du collège de l'autorité[1].

b. L'ARCEP et le gouvernement

582. Bien que l'ARCEP soit une autorité administrative indépendante, son indépendance fonctionnelle à l'égard du gouvernement se trouve atténuée à plusieurs égards. D'une part, les prérogatives juridiques accordées au gouvernement en matière réglementaire restreignent le pouvoir réglementaire subordonné accordé par la loi à l'autorité. D'autre part, les règles financières de la L.O.L.F. soumettent à l'autorité un véritable contrôle gouvernemental, questionnant ainsi sa jouissance d'une véritable autonomie financière.

583. D'abord, alors que l'ARCEP est compétente, aux termes de l'article L. 36-6 de la C.P.C.E., pour préciser les règles de l'élaboration des réglementations nécessaires à mise en application de la loi dans les matières énumérées dans l'article précité, le gouvernement y détient également un pouvoir important : le pouvoir d'homologation.

584. Ce pouvoir d'homologation affaiblit l'indépendance de l'ARCEP dans l'exercice de son pouvoir réglementaire, en la soumettant à un contrôle *a priori*. En effet, l'autorité ne peut qu'attendre l'homologation du ministre pour que ses réglementations soient publiées au J.O. pour prendre effet. La loi crée ainsi une sorte de « contrôle d'opportunité »[2] au profit du ministre compétent, limitant l'indépendance de l'autorité dans l'exercice de son pouvoir réglementaire[3].

585. Ensuite, sur le plan financier, le gouvernement détient des pouvoirs importants à l'égard de l'autorité, pouvoirs dont l'usage peut très bien être tourné contre elle.

586. En effet, comme il a été précédemment rappelé, l'ARCEP n'est pas dotée de la personnalité morale. Elle fait ainsi partie intégrante de la

---

[1] À titre d'exemple, M. Sébastien SORIANO, président de l'ARCEP, a été auditionné tout récemment devant la Commission de l'aménagement du territoire et du développement durable du Sénat le 22 avril 2020. Cette audition portait sur le rôle de l'autorité dans l'aménagement numérique de territoire et l'adaptation aux implications de la crise de la Covid-19 (disponible sur https://www.senat.fr/presse/cp20200422.html, consulté le 24 oct. 2020).

[2] C. AOUN, *op. cit.*, p. 178.

[3] *Cf.*, V. PALMA-AMALRIC, *op. cit.*, p. 125. L'auteure estime que « le caractère supplétif et complémentaire du pouvoir règlementaire n'est pas tant un élément de dépendance et d'assujettissement des autorités indépendantes au gouvernement. Il manifeste davantage une nécessaire entente, cohésion, ou coordination entre des autorités titulaires d'un pouvoir réglementaire limité et spécial, et le gouvernement ».

personnalité morale de l'État. Par conséquent, l'autorité se trouve dénuée de tout budget propre et son budget reste subordonné au budget général de l'État.

587. Cette absence de personnalité morale entraîne le rattachement du budget de l'ARCEP au budget général de l'État et emporte, par conséquent, l'application d'un certain nombre de règles et principes propres au budget général de l'État : l'unité, l'annualité, l'universalité, la spécialité et la sincérité. Le respect de ces principes constitue une entrave à l'autonomie financière de l'autorité.

588. Comme il a été développé précédemment, le principe d'universalité fait obstacle à ce que l'autorité soit dotée de ressources propres. Elle peut donc uniquement compter sur les crédits inscrits annuellement à son profit dans le budget général de l'État.

589. Or dans la préparation annuelle de ce budget général de l'État, le gouvernement détient des pouvoirs importants.

590. En effet, d'après L.O.L.F., il appartient au ministre chargé des finances, sous le contrôle du Premier ministre, de préparer les projets de lois de finances avant délibération en Conseil des ministres[1].

591. Cette compétence exclusive que la L.O.L.F. confère au ministre compétent affaiblit l'indépendance financière de l'ARCEP. Cela s'étend tant aux crédits à allouer, qu'aux plafonds d'emploi à fixer.

592. En effet, l'ARCEP ne peut que « proposer »[2] les crédits nécessaires à l'accomplissement de ses missions lors de la préparation du projet annuel de la loi des finances[3].

593. Qui dit proposition, dit également un large pouvoir discrétionnaire confié au ministre des Finances. Celui-ci n'est aucunement contraint de répondre aux attentes financières de l'ARCEP. D'abord, parce qu'il doit prendre en compte l'image générale du budget de l'État et ses grands équilibres, et ensuite parce qu'il est appelé à répondre aux exigences financières de toutes les autres A.A.I. et des différents ministères.

594. Cet arbitrage financier laissé à la discrétion du ministre des Finances, sous l'autorité du Premier ministre, place l'autorité dans une position de dépendance financière lors des « négociations » annuelles avec le ministre. Le montant des crédits dédiés à l'autorité devient donc tributaire de la bonne

---

[1] L.O.L.F., art. 38.

[2] C.P.C.E., art. L. 133.

[3] À l'autre côté de l'horizon, on s'aperçoit que les A.P.I., du fait de leur attribution de la personnalité morale, profitent d'un budget propre. C'est ainsi que l'article 19 de la loi n° 2017-55 précitée tire les conclusions de cette attribution, en énonçant clairement que : « Le budget de l'autorité publique indépendante est arrêté par le collège sur proposition de son président ». Les A.P.I. jouissent donc *a priori* d'une autonomie budgétaire et comptable nettement plus renforcée que leurs consœurs des A.A.I. Elles ne sont aucunement amenées à négocier leurs budgets annuels avec le gouvernement, et ne sont pas menacées par l'application de la règle de la fongibilité asymétrique.

volonté du gouvernement. De ce fait, l'indépendance à l'égard du gouvernement a pu être qualifiée de « pure façade »[1] qui cache une « emprise »[2] gouvernementale, et affecte potentiellement ladite indépendance[3].

595. En outre, si l'autorité jouit d'une large autonomie de gestion budgétaire, comme rappelé précédemment, cette autonomie reste très fragile. Cette fragilité provient essentiellement de l'application du principe de la fongibilité des crédits. Ce principe permet au responsable de programme de redistribuer les crédits de l'autorité vers une autre action au cours de l'exercice. Cette pratique peut compromettre les prévisions de l'autorité, et ainsi déstabiliser son fonctionnement. « De ce fait, l'indépendance budgétaire (...) est remise en cause »[4].

596. Enfin, il convient de préciser que le gouvernement participe également au contrôle de légalité des décisions prises par l'ARCEP. Ce contrôle s'effectue à travers la faculté qui lui est reconnue par le Conseil constitutionnel

---

[1] C. AOUN, *op. cit.,* p. 164.

[2] *Ibid.*, p. 164.

[3] Il est à noter que le Conseil constitutionnel s'est déjà prononcé sur cette question à propos de l'indépendance de la C.S.A. Dans sa décision n° 88-248 précitée, le Conseil constitutionnel estimait que le législateur, en dotant le C.S.A. d'un simple pouvoir de proposition, « n'a en rien méconnu le principe de la libre communication des pensées et des opinions proclamées par l'article 11 de la Déclaration des Droits de l'Homme et du Citoyen ». Il refusait donc de reconnaître l'existence d'une incompatibilité du simple pouvoir de proposition des crédits avec l'indépendance financière qui devrait être garantie pour la C.S.A., et ainsi pour toute autre A.A.I., dont l'ARCEP. D'ailleurs, le risque du pouvoir discrétionnaire du gouvernement en la matière n'est point théorique : M. Sébastian SORIANO, président de l'ARCEP, l'a bien rappelé en 2015 lors d'un entretien de presse quand il assimilait la diminution de crédits alloués à l'autorité dans le projet de loi de finances de l'année 2016 à une « asphyxie de l'ARCEP » (G. PEPIN, « Si l'ARCEP était inventée aujourd'hui, que devrait-elle faire ? " Sébastien SORIANO, président de l'ARCEP, réponds aux questions de *Next Inpact* (17 novembre 2015) », disponible sur https://www.arcep.fr/actualites/les-prises-de-parole/detail/n/si-larcep-etait-inventee-aujourdhui-que-devrait-elle-faire-sebastien-soriano-president.html, consulté le 28 mai 2019). De la même manière, la tension entre le président de l'autorité et le gouvernement s'est renouvelée en 2018. Lors d'une audition devant le Parlement, le président de l'ARCEP soulignait le refus constant du gouvernement d'autoriser le plafond d'emploi exigé. Il précisait que le gouvernement a même mis le plafond en négatif pour le projet de loi des finances pour 2018, contrairement aux souhaits de l'autorité et de ses besoins en ressources humaines (disponible sur https://www.latribune.fr/technos-medias/le-regulateur-des-telecoms-rale-contre-son-manque-de-moyens-766131.html, consulté le 26 juin 2019).

[4] M.-A. FRISON-ROCHE, « Régulateurs indépendants versus LOLF », *Revue Lamy de la concurrence*, 2006, p. 3.

de déférer les décisions de l'autorité devant le juge administratif[1]. L'exercice de ce pouvoir tend à réduire l'idée d'une indépendance nette de l'autorité à l'égard du gouvernement et à « préserver l'unité de l'État »[2].

c. L'ARCEP et le juge

597. L'indépendance de l'ARCEP n'emporte pas la soustraction de son activité au contrôle juridictionnel[3].

598. En effet, l'ARCEP constitue une autorité administrative[4]. Ce caractère administratif range l'autorité à l'intérieur du pouvoir exécutif, même si elle reste en dehors de la hiérarchie gouvernementale.

599. Il découle de cette nature administrative le fait que juge administratif peut connaître des recours relatifs à l'activité de cette autorité se confirme avec évidence[5], réserve faite aux recours contre les décisions de règlement des

---

[1] À cet égard, le Conseil constitutionnel estimait que la C.N.C.L., « dans l'exercice de ses compétences (…) sera, à l'instar de toute autorité administrative, soumise à un contrôle de légalité qui pourra être mis en œuvre tant par le Gouvernement, qui est responsable devant le Parlement de l'activité des administrations de l'État, que par toute personne qui y aurait intérêt » (Cons. const., déc. n° 86-217 du 18 sep. 1986, préc., cons. 23).

[2] C. TEITGEN COLLY, *op. cit.*, p. 252.

[3] La question du contrôle juridictionnel sur les décisions de l'ARCEP fait l'objet de longs développements dans le cadre du titre II de la deuxième partie cette étude.

[4] La nature administrative n'avait pas été reconnue à l'ART par la loi n° 965-96 du 23 juill. 1996 relative de réglementation des télécommunications. C'est bien le Conseil constitutionnel qui a relevé que l'autorité constitue une « autorité administrative indépendante » (Cons. const. déc. n° 96-378 DC du 23 juill. 1996, préc., cons. 15). Plus tard, cette qualification d'autorité administrative indépendante a été attribuée expressément à l'ARCEP par la loi n° 2016-1321 du 7 oct. 2016 pour une République numérique, dont l'article 49 modifiait l'article L. 130 du C.P.C.E. D'ailleurs, la qualification des autorités indépendantes constituait une question essentielle ayant préoccupé la doctrine au début des années 1980. Dans leur étude sur les autorités indépendantes publiée en 1983, François GAZIER et Yves CANNAC confirmaient que ces autorités sont « d'abord des institutions administratives. Cela implique qu'elles ont un caractère public et non point privé. C'est sur initiative publique qu'elles sont créées. Ce sont, pour l'essentiel, des agents publics qui les animent, des deniers publics qui les alimentent, le droit public qui les régit. Elles sont donc des parties de l'État, même si elles sont appelées à prendre une certaine distance par rapport au gouvernement de cet État » (F. GAZIER et Y. CANNAC, *op.cit.*, p. 13).

[5] Il convient de faire ici référence à l'arrêt *Retail* du Conseil d'État du 10 juillet 1981 (C.E. Ass. 10 juill. 1981, *Retail*, Rec. p. 303). Il s'agit du premier arrêt dans lequel la Haute juridiction administrative accepte de connaître du contentieux d'une autorité indépendante. En l'occurrence, il s'agissait du Médiateur de la République, autorité indépendante, mais non pas qualifiée comme administrative par le législateur. Pour conclure à sa compétence, le Conseil d'État a précisé d'abord que le Médiateur de la

différends. La compétence en cette matière relève de la cour d'appel de Paris[1].

600. Le contrôle qu'exerce le juge administratif sur les décisions de l'ARCEP ne se limite pas aux décisions prises dans le cadre de l'exercice des pouvoirs qui lui sont conférés. Il s'opère également lorsque l'autorité s'abstient de faire usage de ses pouvoirs[2].

601. Enfin, la compétence du juge administratif s'étend aussi bien aux recours en annulation qu'aux recours de plein contentieux, aussi bien en réformation, notamment contre les décisions émises par l'ARCEP dans le cadre de son pouvoir répressif, qu'en responsabilité.

602. En somme, alors que l'ARCEP constitue une autorité administrative indépendante, cette indépendance à l'égard du gouvernement ne joue pas à l'encontre du juge administratif ou du judiciaire selon les cas.

République « a le caractère d'une autorité administrative ». Dès lors, le juge administratif a pu soumettre les actes émanant de cette autorité à son contrôle. Par ailleurs, l'affirmation de la soumission au contrôle du juge n'est pas spécifique à l'ARCEP. Ce contrôle s'applique d'une manière générale à toutes les AAI. Cette lecture est faite à la lumière de la décision du Conseil constitutionnel n° 86-217, dans laquelle le juge affirmait, dans une phrase de portée générale, que « la Commission nationale de la communication et des libertés sera, à l'instar de toute autorité administrative, soumise à un contrôle de légalité » (Cons. const., déc. n° 86-217 du 18 sep. 1986, préc., cons. 23). En tout cas, la confirmation récurrente du Conseil constitutionnel, tout au long de ses différentes décisions relatives aux A.A.I., de leur caractère administratif ne laisse point de doute quant à leur soumission au contrôle juridictionnel (C. TEITGEN COLLY, *op. cit.*, p. 245).

[1] Si la compétence du juge administratif constitue la règle, les considérations de la « bonne administration de la justice » ont prévalu devant le Conseil constitutionnel qui s'est montré ouvert au transfert partiel de compétences au profit du juge judiciaire (Cons. const., déc. n° 96-378 du 23 juill. 1996, préc., cons. 20). Ce transfert se limite aux recours dirigés contre les décisions prises par l'autorité dans le cadre de son pouvoir de règlement de différend. Ces recours sont confiés au juge judiciaire, plus précisément à la cour d'appel de Paris (C.P.C.E., art. L. 5-6 et L. 36-8).

[2] Par analogie, c'est dans ce cadre que le Conseil constitutionnel a estimé que les dispositions de l'article 13 de la loi n° 86-1067 préc. « impliquent que [la C.N.C.L.] est tenue d'exercer la mission qui lui est confiée par la loi et que les recommandations qu'elle prend à cet effet revêtent un caractère obligatoire et peuvent, tout comme d'ailleurs le refus par la commission de faire usage des pouvoirs qu'elle tient de la loi, être contestées devant le juge de l'excès de pouvoir » (Cons. const., déc. n° 86-217 du 18 sep. 1986 préc., cons. 14). Comme le rappelait Mme Catherine TEITGEN COLLY, « dans un régime de droit une compétence ne crée pas seulement des droits, elle implique aussi des devoirs » (C. TEITGEN COLLY, *op. cit.*, p. 244.).

II. Les limites au niveau européen

603. Au-delà des implications du droit national, l'indépendance de l'ARCEP est également limitée, tant à l'égard de la Commission européenne (a) qu'à l'égard de l'Organe des régulateurs européens des communications électroniques (ORECE) (b).

a. L'ARCEP et la Commission européenne

604. Du fait de son intégration au sein du marché intérieur européen, le secteur des communications électroniques en France est régi par des règles de droit de l'Union[1]. Ces règles, appliquées par les différentes autorités réglementaires nationales (A.R.N.) des États membres, visent à assurer la cohérence dans la régulation du secteur au niveau du marché intérieur.

605. C'est dans la lignée de cette quête de cohérence que la Commission européenne s'est vue attribuée de larges pouvoirs à l'égard des A.R.N. Ces pouvoirs constituent des limites à l'indépendance fonctionnelle de l'ARCEP. La marge d'appréciation de l'autorité se trouve, en effet, largement réduite au profit de celle attribuée à la Commission dans les matières précisées par le droit de l'Union européenne.

606. À cet égard, la Commission exerce des pouvoirs considérables. On se contente, à titre d'illustration, de citer quelques exemples de ces pouvoirs, sans prétendre à l'exhaustivité.

607. La définition des marchés pertinents présente un premier exemple intéressant.

608. Dans le cadre de la régulation du secteur des communications électroniques, l'autorité de régulation compétente opère des analyses économiques des marchés. Ces analyses visent à identifier les opérateurs économiques détenant un pouvoir significatif de marché. Les opérateurs identifiés peuvent se voir imposer des obligations spécifiques afin de protéger le marché de tout abus de position dominante. L'étape de la désignation des opérateurs puissants est précédée par l'étape indispensable de délimitation des marchés pertinents. Autrement dit, les marchés sont finement délimités en fonction de types homogènes et substituables de produits et de services et du périmètre géographique de leur échange, afin de préciser la sphère de concurrence des opérateurs économiques.

---

[1] Le terme « droit de l'Union » a remplacé le terme « droit communautaire » à la suite de la signature du traité de Lisbonne en 2007 modifiant le traité sur l'Union européenne et le traité instituant la Communauté européenne, signé à Lisbonne le 13 déc. 2007 (J.O.U.E. 2007/C 306 du 17 déc. 2007, p. 1).

609. La définition des marchés pertinents ressort de la compétence de chaque A.R.N. Le rôle de la Commission se limite à recommander un recensement des marchés pertinents des produits et des services des communications électroniques[1]. Étant opéré par une recommandation, le recensement proposé par la Commission ne s'impose pas directement aux A.R.N. Pourtant, lorsqu'une A.R.N. s'écarte de cette recommandation, elle doit justifier son choix en soumettant le projet de la nouvelle définition des marchés pertinents à la Commission pour recueillir son approbation[2]. La Commission, après avoir étudié le dossier et s'être concertée avec les parties prenantes[3], peut s'opposer à ce projet si elle estime qu'il « créerait une entrave au marché intérieur » ou si elle a des doutes sérieux « quant à sa compatibilité avec le droit de l'Union »[4]. Dans ce cas, elle peut demander à l'autorité de retirer son projet de la nouvelle définition du marché[5].

610. Outre la définition des marchés pertinents, la marge d'appréciation des A.R.N. se trouve également limitée quant au choix de l'obligation à imposer à l'opérateur réputé exercer une influence significative sur un marché pertinent donné. D'abord, le droit de l'Union prévoit que les A.R.N. n'imposent que des obligations proportionnées et justifiées au regard des objectifs poursuivis[6]. Ensuite, outre les obligations énumérées aux articles 69 à 74 et aux articles 76 à 80 du C.C.E.E., l'imposition d'une autre obligation spécifique nécessite l'approbation de la Commission[7].

611. En dehors des cas où la Commission détient le pouvoir d'autoriser ou d'interdire les projets de décision des A.R.N., elle exerce une influence sur les A.R.N. au moyen d'actes de droit souple. Par exemple, alors que la Commission ne peut interdire les mesures prises par une A.R.N. suivant l'analyse des marchés effectuée en dehors des cas mentionnés précédemment, elle peut toutefois adresser une notification à l'autorité concernée pour lui faire part de ses préoccupations quant aux effets induits de ces mesures sur le marché communautaire ou sur leur compatibilité avec le droit de l'Union[8]. Même si cette notification ne constitue qu'un avis de la Commission, son envoi implique la suspension de la prise de la mesure souhaitée par l'autorité

---

[1] C.C.E.E., art. 64, §1.

[2] C.C.E.E., art. 32, §3. Cette modalité de régulation est connue en droit anglo-saxon sous le vocable « *Comply or explain* ».

[3] C.C.E.E., art. 32, §§4 et 5.

[4] C.C.E.E., art. 32, §6.

[5] C.C.E.E., art. 32, §6. Cette obligation de saisine de la Commission incombe également à l'A.R.N., suivant les mêmes modalités, pour la désignation d'un ou de plusieurs opérateurs disposant d'une puissance significative sur le marché, lorsque cette désignation « aurait des incidences sur les échanges entre les États membres » (C.C.E.E., art. 32, §4 sous b)).

[6] C.C.E.E., art. 68, §4.

[7] C.C.E.E., art. 68, §3.

[8] C.C.E.E., art. 33.

pendant un délai de trois mois. Ce délai doit permettre de coopérer pour « identifier la mesure la plus appropriée et la plus efficace »[1] en vue d'atteindre les objectifs poursuivis.

612. En somme, que la mesure relève du droit dur ou du droit souple, le droit de l'Union, dans l'intérêt de la consolidation du marché unique, témoigne d'un renforcement des pouvoirs de la Commission européenne. Ce renforcement va parfois au détriment de la libre détermination de chaque A.R.N., dont l'ARCEP, de ses propres préférences nationales. L'autorité est donc privée d'une partie de sa marge d'appréciation et de son indépendance fonctionnelle pour préserver les intérêts de la consolidation du marché intérieur des communications électroniques.

b. L'ARCEP et l'Organe des régulateurs européens des communications électroniques (ORECE)

613. À l'image de la Commission européenne, l'Organe des régulateurs européens[2] exerce une influence significative sur les A.R.N. Il participe en effet à l'élaboration des orientations stratégiques au niveau de l'Union et à leur concrétisation au niveau des États membres. Dès lors, l'Organe peut influencer la capacité décisionnelle des régulateurs européens. Son rôle s'inscrit dans le cadre d'un « contrôle européen des autorités de régulation »[3].

614. Pour comprendre son influence, il convient de préciser que l'ORECE a été institué pour remplacer l'ancien Groupe des régulateurs européens (GRE). Son but est d'assurer la plus grande harmonie des politiques adoptées dans le secteur des communications électroniques, ainsi que la cohérence de leur mise en œuvre dans les différents États membres. Il regroupe en son sein tous les régulateurs européens des communications électroniques. Il constitue un lieu

---

[1] C.C.E.E., art. 33, §2.

[2] L'Organe est créé par le règlement 2018/1971 du Parlement européen et du Conseil du 11 décembre 2018 établissant l'Organe des régulateurs européens des communications électroniques (ORECE) et l'Agence de soutien à l'ORECE (Office de l'ORECE), modifiant le règlement (UE) 2015/2120 et abrogeant le règlement (CE) no 1211/2009 Règlement (CE) ((J.O.U.E. L 321, du 17 déc. 2018, p.1). Il a été créé en 2009 par le règlement 1211/2009 du Parlement européen et du Conseil du 25 nov. 2009 instituant l'Organe des régulateurs européens des communications électroniques (ORECE) ainsi que l'Office (J.O.U.E. L 337 du 18 déc. 2009, p.1). Avant l'institution de l'Organe des régulateurs européens, d'autres forums d'échange d'expériences existaient, notamment le Groupe des régulateurs indépendants (GRI) institué en 1997 sur l'initiative de l'ART, et le Groupe des régulateurs européens (GRE) institué en 2002 sur l'initiative de la Commission européenne (décision 2002/627/CE de la Commission européenne du 29 juill. 2002 instituant le groupe des régulateurs européen dans le domaine des réseaux et services de communications (J.O.U.E. L 200, du 30 juill. 2002, p.38).

[3] G. ECKERT, *op. cit.*, p. 642.

d'échange et de dialogue qui sert de plateforme pour la coopération inter-régulateurs.

615. Si l'ORECE partage le même but que son prédécesseur, sa création « relève d'une autre logique, celle précisément de la coordination, qui faisait défaut au GRE »[1]. La création de l'ORECE s'est donc inscrite dans l'optique de passer de la simple concertation à une véritable coordination entre les régulateurs européens[2].

616. Dès sa création en 2009, l'ORECE est doté de plusieurs compétences consultatives. Il joue désormais un double rôle : d'« interface » entre la Commission et les régulateurs européens, et de conseil et d'expertise pour toute question relevant de son domaine de compétence technique vis-à-vis de la Commission, du Parlement ou du Conseil. En effet, il « n'est ni une agence communautaire, ni même une personne juridique distincte des régulateurs nationaux qu'il rassemble et qui le constituent. Il s'agit, selon les termes du Règlement précité 1211/2009, d'un 'forum', bénéficiant en tant que de besoin d'une mise en commun de compétences de la part des régulateurs des vingt-sept États »[3].

617. Dès lors, l'ORECE occupe une place centrale dans la conception des politiques européenne. La consolidation du marché des communications électroniques passe donc par « des relations étroites entre les différentes institutions, Autorité de régulation nationale, Commission et ORECE, afin d'assurer un développement réglementaire cohérent »[4].

618. Selon les différentes dispositions du paquet télécom de 2009, l'ORECE était invité à se prononcer, par voie d'avis, sur des questions très diverses, notamment celles en lien avec le développement et la consolidation du marché communautaire des communications électroniques. Ainsi, il présente ses observations sur les mesures que les régulateurs nationaux entendent prendre

---

[1] L. RAPP, « La nouvelle réglementation européenne des communications électroniques : du « paquet » au « paquetage », *Revue Lamy Droit de l'Immatériel*, 2010, p. 76. Cette nouvelle logique apparaît clairement en lisant l'article 4, 1 sous d) du Règ. 2018/1971, préc.

[2] Il faut noter que l'ORECE a vu le jour au lendemain de l'échec du projet de la Commission européenne tendant à l'instauration d'une Autorité européenne du marché des communications électroniques (E.E.C.M.A.). L'ORECE était une alternative à cette solution radicale voulue par la Commission, mais farouchement refusée par les régulateurs nationaux (S. FABER et G. SROUSSI, « Révision du « Paquet Télécom » : quel(s) régulateur(s) pour demain ? », *Revue Le Lamy Droit de l'immatériel*, 2009, pp. 69-70).

[3] L. RAPP, *op. cit.*, p. 76. Alors que l'ORECE ne constitue pas une agence européenne, l'office de l'ORECE, qui présente l'appui technique et administratif à l'ORECE, constitue une agence européenne. Il dispose de la personnalité morale et de l'autonomie financière et administrative (Règ. 2018/1971, préc., art. 6).

[4] L. COUR, « La révision du cadre européen des communications électroniques », *Revue Lamy Droit de l'Immatériel*, 2010, p. 44.

à la suite de l'effectuation des analyses des marchés[1]. De surcroît, il formule ses observations sur l'avis négatif de la Commission sur le projet des mesures d'un régulateur national[2].

619. En outre, l'Organe exerce un pouvoir 'recommandatoire' important. Ce pouvoir passe notamment par l'édiction de lignes directrices, de guides de bonnes pratiques à destination des régulateurs nationaux[3], et par l'assistance technique qu'il offre à ceux-ci pour l'achèvement des analyses du marché pertinent[4], ou pour toute autre question relevant de leurs compétences[5].

620. Bien que l'ORECE ne détienne pas un véritable pouvoir décisionnel, le pouvoir recommandatoire qu'il conserve ne doit pas être sous-estimé. Il s'inscrit pleinement dans le cadre du droit souple dont le non-respect entraîne des effets équivalant à la transgression des dispositions de droit dur.

621. En effet, « la simple fonction consultative [qu'exerce l'ORECE] joue un rôle décisif dans le processus décisionnel de l'Union et les documents scientifico-techniques [qu'il produit], bien que formellement non contraignants, arrivent souvent à avoir des effets de nature presque réglementaire »[6].

622. Les dispositions de droit de l'Union elles-mêmes ont eu pour conséquence de revêtir les avis et les recommandations issus de l'Organe d'une haute valeur morale. C'est ainsi qu'il incombe à la Commission, aux États membres ainsi qu'aux différentes ARN de « tenir le plus grand compte »[7] des avis et des recommandations de l'ORECE.

623. En termes de science politique, la conformité de l'ARCEP et son alignement sur les avis, les recommandations et les lignes directrices de l'ORECE a un coût moindre par rapport au coût de l'écartement. En effet, tout écartement implique, pour l'autorité, de justifier sa position qui va à l'encontre de la position recommandée par l'ORECE. Par conséquent, les avis techniques de l'ORECE influencent dans une large mesure les décisions des régulateurs européens, dont l'ARCEP. L'indépendance fonctionnelle de l'ARCEP se trouve ainsi limitée.

---

[1] C.C.E.E., art. 32, 2.

[2] C.C.E.E., art. 32, 5.

[3] Règ. 2018/1971, préc., art. 4, 1 sous d).

[4] C.C.E.E., art. 67, 6.

[5] Règ. 2018/1971, préc., art. 4, 1 sous a).

[6] J. ALBERTI, « L'utilisation d'actes de soft law par les agences de l'Union européenne », *Revue de l'Union européenne*, 2014, p. 161.

[7] On peut trouver cette formulation dans plusieurs articles de la C.C.E.E. Sans prétendre à l'exhaustivité, cette formulation est reprise dans les articles 32, §8 ; 61, §3 ; 61, §7 ; 66, §2 ; et 82.

§3. La NTRA : une autorité subordonnée au gouvernement

624. Les conditions d'instauration de la NTRA n'étaient pas propices à lui reconnaître le statut d'une autorité indépendante. Le rattachement de l'autorité au gouvernement relevait autant d'un choix politique conscient que d'une nécessité purement juridique. Lors des travaux préparatoires de la loi n° 10-2003 relative à la régulation des communications, le ministre des télécommunications soulignait que « le principe pour ce type d'autorité, comme cela est le cas dans un bon nombre de pays du monde, est qu'elle soit complétement indépendante. Or, en l'occurrence, nous avons voulu que l'autorité ne soit pas totalement indépendante du gouvernement, tout en se dotant de pouvoirs financiers et techniques »[1].

625. Cette citation résume parfaitement les caractéristiques institutionnelles de la NTRA : une dépendance organique (A) et une large autonomie fonctionnelle (B).

A. Une dépendance organique avérée

626. Le régulateur égyptien se considère comme un « arbitre indépendant »[2] entre les parties prenantes du secteur (les consommateurs, les opérateurs et l'État). Cependant, l'examen des éléments relatifs à l'indépendance organique de l'autorité montre le manque d'indépendance à l'égard du gouvernement. La prétendue indépendance à l'égard du gouvernement n'est donc qu'un faux semblant[3].

---

[1] [Traduction libre] de :
"الأصل في هذه الهيئة – في كثير من دول العالم – أن تكون هيئة مستقلة تماماً، ولكننا أردنا هنا ألا تكون مستقلة بالكامل عن الحكومة، ولكن يكون لها من الصلاحيات المالية والفنية ما لا يتيحه القرار الجمهورى".

Projet de loi unique relatif aux communications, compte rendu intégral des débats publics tenus à la 12e réunion du 16 déc. 2002, préc., p. 7.

[2] Extrait de la page de la NTRA, de la partie « à propos », sur le réseau professionnel Linkedin (disponible sur https://www.linkedin.com/company/ntra, consulté le 29 juin 2019).

[3] *Cf.*, A. BADRAN, « Revisiting regulatory independence », *Public Policy and Administration*, 2017, p. 82. L'auteur estime que la NTRA est dotée d'une indépendance formelle. Il indiquait que si « une étude est faite concernant la seule Independence formelle de la NTRA, elle aurait conclu que celle-ci jouit d'une forte indépendance formelle ». Traduction libre de « *If a study was only to consider the formal independence of the agency as defined in law it would be concluded that the NTRA enjoys a strong formal independence* ». L'auteur estime que la NTRA jouit d'un niveau élevé d'indépendance, du fait de sa structure indépendante de la structure du ministère des C.T.I., et du fait de la jouissance du collège de l'autorité d'un large

627. La dépendance organique de la NTRA à l'égard du gouvernement peut être appréciée au travers de l'examen du collège de l'autorité et de sa composition (I) et des règles relatives aux mandats de ses membres (II).

I. Le collège de la NTRA et la forte présence gouvernementale

628. Bien que le choix de doter la NTRA d'un collège pour la prise des décisions[1] puisse laisser penser à une garantie d'indépendance organique, il est difficile de croire que ce mode de prise de décisions visait véritablement l'indépendance. À notre avis, la collégialité de la NTRA visait l'inclusion et la recherche de consensus plutôt que l'indépendance. Autrement dit, il avait pour objectif de permettre aux différents intéressés, principalement les ministères, de participer directement à la prise des décisions.

629. La composition du collège permet de constater rapidement le manque d'indépendance de l'autorité à l'égard du gouvernement. Il suffit de remarquer que, selon l'article 12 de la loi n° 10-2003 relative à la régulation des communications, le collège de la NTRA est présidé par le ministre des communications et de technologie de l'information (C.T.I.). Cet élément peut suffire pour montrer l'absence de toute indépendance de l'autorité à l'égard du gouvernement. En effet, même pour les établissements publics en Égypte, il est rare que la loi dispose que le ministre compétent soit lui-même le président du conseil d'administration de l'établissement. L'autorité est donc mise au plus près du gouvernement, du fait notamment de son rôle sensible et de son rattachement aux besoins de la sécurité nationale de l'État.

630. En outre, le collège de l'autorité est composé de dix-sept membres. Parmi ces membres figurent neuf membres qui sont rattachés, d'une manière ou d'une autre, au gouvernement : (1) le directeur exécutif de la NTRA, nommé par le Premier ministre[2] ; (2) le représentant du ministère de la défense[3] ; (3) le représentant du ministère des finances[4] ; (4) le représentant de

---

pouvoir décisionnel. Or, ces arguments n'emportent pas ma conviction, car les établissements publics classiques ont aussi des structures distinctes de celle du ministère. Cela n'empêchait pas le ministre d'exercer à leurs égards un pouvoir de tutelle. L'existence d'une structure distincte du fait de l'attribution de la personnalité morale n'est pas en soi un signe d'indépendance. Puis, s'il vrai que le collège détient de larges pouvoirs décisionnels, cela ne suffit pas pour confirmer son indépendance. En effet, l'indépendance est conditionnée par l'indépendance statutaire du titulaire de pouvoir décisionnel, et non pas par la simple accumulation de pouvoirs.

[1] L. n° 10-2003 relative à la régulation des communications, préc., art. 12.

[2] Art. 12, 1°.

[3] Art. 12, 3°.

[4] Art. 12, 4°.

la présidence de la République[1] ; (5) le représentant du ministère de l'intérieur[2] ; (6) le représentant de l'Autorité de la sécurité nationale[3] ; (7) le représentant de l'Autorité du contrôle administratif[4] ; (8) le représentant de l'Union de l'audiovisuel nommé par le ministre des médias[5] ; (9) le représentant des employés de la NTRA choisi par le Syndicat des employés d'Égypte[6].

631. Les sept autres membres ne sont pas subordonnés au gouvernement : un conseiller d'État choisi par le président du Conseil d'État[7] ; trois experts du domaine des télécommunications et trois personnalités publiques qualifiées[8].

632. Il s'avère ainsi que plus de la moitié des membres du collège appartiennent au gouvernement, en représentant chacun son autorité respective. Si on ajoute que le collège est présidé par le ministre des C.T.I., la représentation des membres du gouvernement s'avère ainsi prépondérante[9]. Comment peut-on, à la lumière de cette composition, prétendre que la NTRA dispose d'une indépendance organique[10]?

---

[1] Art. 12, 5°. Les agences de sécurité nationale sont celles énumérées à l'article 1, 20° de la loi n° 10-2003 relative à la régulation des communications, préc.

[2] Art. 12, 5°.

[3] Art. 12, 5°.

[4] Art. 12, 5°.

[5] Art. 12, 6°.

[6] Art. 12, 8°.

[7] Art. 12, 2°.

[8] Art. 12, 7°.

[9] Il convient de remarquer ici que la présidence du collège assurée par le ministre des C.T.I. faisait l'objet d'un débat particulier lors des travaux préparatoires de la loi n° 10-2003 relative à la régulation des communications. En effet, quelques députés ont critiqué sévèrement la disposition de la loi régissant la composition du collège. Ils se sont interrogés sur l'indépendance de l'autorité en ayant un homme politique à sa tête, surtout que le ministre est aussi et en même temps le président de l'assemblée générale de l'opérateur historique *Telecom Egypt*. Pour eux, cette situation crée un inévitable conflit d'intérêts (Projet de loi unique relatif aux télécommunications, compte rendu intégral des débats publics tenus à la 16e réunion du 16 déc. 2002, (J.O.R.A.E. n° 16, du 5 fév. 2003, p. 61), p. 78).

[10] Une lecture croisée avec les autres autorités d'objectifs économiques permet de situer l'indépendance de la NTRA dans l'échelle d'indépendance des autres autorités voisines. Par exemple, on s'aperçoit que le collège de l'Autorité de la protection de la concurrence (E.C.A.) est composé de dix membres, dont seulement deux représentants des ministères. Si les membres experts sont nommés par le ministre, quatre autres membres figurent parmi les membres du collège et ne sont pas nommés par le gouvernement : un conseiller d'État nommé par le président du Conseil d'État ; un représentant de l'Union des chambres de commerce ; un représentant de l'Union de l'industrie égyptienne et un représentant de l'Union de la protection des consommateurs (Art. 12 de la loi n° 3-2005 du 15 fév. 2005 relative à la protection de

633. De surcroît, le mode de nomination des trois experts et des trois personnalités qualifiées au sein du collège ne peut qu'affaiblir leur indépendance à l'égard du gouvernement. Étant nommés par le ministre des C.T.I., le risque qu'ils soient redevables à son égard est très élevé. Comment dans ces conditions peut-on présumer qu'ils vont exercer leurs fonctions et apporter les éléments d'expertise en toute indépendance ?

634. On peut ainsi déduire que le seul membre du collège qui peut se prévaloir de l'indépendance est le membre du Conseil d'État, choisi *es qualité* par le président du Conseil. L'indépendance de ce dernier est incontestable : d'abord du fait de son appartenance au pouvoir judiciaire par un texte constitutionnel établi depuis 1971[1], et ensuite par sa sélection par le président de l'institution.

635. Il convient également de souligner l'incohérence de l'inclusion d'un représentant des employés de la NTRA parmi les membres du collège[2]. En sa qualité, il ne sera concerné que par les questions touchant au statut, aux droits et aux obligations des employés de la NTRA. Cela représente le véritable mandat pour lequel il a été choisi par le Syndicat des employés d'Égypte. Ainsi, eu égard aux missions économiques de l'autorité, la présence d'un représentant des employés au sein du collège, au même titre que les membres experts, ne se justifie pas[3].

---

la concurrence et la lutte contre les pratiques anticoncurrentielles, préc., modifié par la loi n° 56-2014 du 2 juillet 2014 (J.O.R.A.E. n° 26*bis* (h), du 2 juill. 2014, p. 18). Cette nouvelle composition du collège de l'autorité, en vigueur seulement depuis 2014, succède à une ancienne composition marquée par une forte présence gouvernementale.

[1] Art. 172 de la Constitution égyptienne de 1971. Cet article est l'équivalent de l'article 174 de la Constitution de 2012 et l'article 190 de la Constitution de 2014. En cela, le Conseil d'État égyptien se distingue nettement du Conseil d'État français, car les membres de ce dernier n'ont pas le statut de magistrat. En revanche, le Conseil d'État égyptien, depuis sa création en 1946, s'est vu reconnaître le statut d'autorité judiciaire. Cela implique que les membres du Conseil d'État ont le statut de magistrat, et jouissent de toutes les garanties d'indépendances accordées au pouvoir judiciaire dans les Constitutions égyptiennes successives.

[2] La participation d'un représentant des employés de la NTRA au sein du collège semble être un héritage de l'ARENTO. À titre de rappel, cette autorité avait le monopole de réglementation et d'exploitation du secteur des télécommunications en Égypte avant la libéralisation du secteur. Après la libéralisation, une partie des fonctionnaires de l'ARENTO a été affectée au service de la T.R.A.

[3] Il semble que le législateur égyptien ait pris récemment en compte l'incohérence qu'un représentant du Syndicat des employés d'Égypte siège aux collèges des autorités de régulation. À l'occasion de la révision de la loi n° 3-2005 relative à la protection de la concurrence et à l'interdiction des pratiques anti-concurrentielles, entreprise en 2014, la composition du collège de l'autorité de la concurrence a été modifiée, notamment en retirant le représentant du Syndicat des employés d'Égypte des membres du collège de l'autorité (art. 12).

636. Ainsi, le collège de la NTRA, dans sa composition actuelle, ressemble plus à un comité interministériel plutôt qu'à un véritable organe de décision. Les décisions prises ne sont donc que l'expression des préférences du gouvernement, fortement représenté au sein de ce collège. Cette surreprésentation donne lieu à peser les décisions prises en fonction des considérations techniques et des orientations politiques et stratégiques du gouvernement. La présence des experts au sein du collège ne semble être utile qu'à condition que leurs avis soient compatibles avec les préférences du gouvernement. On se demande donc pourquoi un régulateur distinct du ministère a été créé. À moins qu'il s'agisse d'une sorte de décentralisation ministérielle[1], il me semble que le collège de la NTRA en l'état actuel de droit ne permet pas de neutraliser les considérations politiques.

II. Le choix de la subordination au gouvernement conforté par les règles régissant le mandat des membres du collège

637. Les membres du collège de la NTRA sont nommés par décret du Premier ministre pour une durée fixe de deux ans[2].

638. Il semble, toute chose égale par ailleurs, que la durée du mandat est très courte[3]. Elle ne permet pas au membre de prendre le temps de s'installer et de maîtriser les enjeux de la régulation du secteur. La rapide rotation empêche l'autorité de créer sa propre jurisprudence, de la tester et de l'affirmer.

639. Par ailleurs, les mandats des membres sont renouvelables[4]. Le renouvellement du mandat est tributaire de la volonté de l'autorité de nomination. Cela ne pose pas, à notre avis, de problème pour les représentants des ministères. Le pouvoir de nomination ne devrait donc pas être perçu comme une menace à l'encontre du membre du collège, dans la mesure où ce membre s'aligne forcément sur les préférences du ministère qu'il représente. Néanmoins, le caractère renouvelable du mandat touche à l'indépendance des membres qui ne viennent pas du corps gouvernemental. En espérant un renouvellement de mandat, le membre du collège n'a point intérêt à déplaire au gouvernement par ses positions, surtout qu'il n'y pas de limites au renouvellement de mandat[5].

---

[1] En droit administratif égyptien, la doctrine évoque assez souvent la décentralisation ministérielle pour désigner la création des établissements publics dotés de la personnalité morale, mais non indépendante du ministre. Ce dernier exerce à leur égard un pouvoir de tutelle.

[2] L. n° 10-2003 relative à la régulation des communications, préc., art. 12, al. 2.

[3] H.A. MOHAMMED, *op.cit.,* p. 389.

[4] *Ibid.*

[5] Il s'avère ainsi que l'indépendance accordée aux membres des collèges des autorités économiques voisines de la NTRA a été mieux encadrée que celle des membres du

640. Par ailleurs, la loi n° 10-2003 relative à la régulation des communications garde le silence quant aux règles d'incompatibilités entre le mandat au collège et les autres emplois publics ou privés. Cette lacune juridique permet aux membres experts du collège de cumuler le mandat à la NTRA avec un autre emploi.

641. En outre, la loi n'a pas précisé non plus les règles régissant la fin prématurée du mandat, que ce soit volontaire par le biais de la démission, ou involontaire par la révocation. Si la démission ne soulève pas de difficultés majeures, la révocation s'avère en complète contradiction avec l'indépendance. Par conséquent, en l'absence de toute disposition juridique, il est loisible à l'autorité de nomination de révoquer le membre concerné sans avoir à justifier cette révocation[1].

642. De plus, ces lacunes juridiques pourraient poser un problème en cas de vacance. On ne saurait pas si le remplaçant achèvera le mandat de son prédécesseur ou bien s'il commencera un nouveau mandat[2].

B. Une indépendance fonctionnelle importante

643. Si la NTRA souffre d'un déficit important au niveau de son indépendance organique, elle jouit néanmoins d'une importante indépendance fonctionnelle qui s'illustre au travers de l'examen de son autonomie administrative (I) et financière (II)[3].

---

collège de la NTRA. Par exemple, on trouve que le mandat des membres du collège de l'E.C.A. est d'une durée de quatre ans, renouvelable une seule fois (art. 12 de de la loi n° 3-2005, préc.). De même les membres du collège de l'E.R.A. (art. 5 de la loi n° 87-2015 du 7 juill. 2015 relative à l'électricité, préc.), de la G.R.A. (art. 5 de la loi n° 196-2017 du 1er août 2017, préc.) et de la N.I.T.R.A. (art. 5 de la loi n° 73-2019 du 10 juin 2019 relative à l'autorité de régulation de la transportation nationale et internationale, préc.) sont nommés pour une durée de trois ans, renouvelables une seule fois.

[1] Il convient de noter ici que l'E.C.A. est la seule autorité dont la loi disposait expressément que « Nul ne peut mettre fin au mandat qu'à l'occasion d'une démission ou par la fin du rapport juridique qui liait le membre à l'organe qu'il représente, ou par la condamnation pénale par un arrêt définitif du membre dans une affaire qui touche à son honneur ou à sa réputation » (Art. 12 de la loi n° 3-2005, préc., modifié par la loi n° 56-2014, préc.). Cependant, ce texte n'empêchait pas de mettre fin d'une manière prématurée au mandat du président de cette autorité le 20 oct. 2020, seulement après deux ans et demi de son mandat qui débutait le 14 mai 2018.

[2] H. A. MOHAMMED, *op.cit.*, p. 389.

[3] Il convient de rappeler que les différents pouvoirs et dérogations dont jouit la NTRA représentaient la raison principale derrière sa création par voie législative, et non pas par un simple décret du président de la République. Ayant besoin de jouir d'une large

I. Relativité de l’autonomie administrative de l’autorité

644. La NTRA est dotée d’une autonomie administrative relative, en matière de décision (a) ou de gestion (b).

a. L’autonomie de décision de la NTRA

645. La NTRA se trouve dans une position tout à fait particulière par rapport au gouvernement. Contrairement à son homologue français, elle est liée au gouvernement par un lien de rattachement particulier, qui ne peut être qualifié de lien de tutelle classique. L’examen de ce rapport de la NTRA avec le gouvernement permet de relever les caractéristiques particulières de cette institution publique par rapport aux autres instituions de l’État.
646. Comme rappelé précédemment, au moment de la création de la NTRA, il n’existait pas en Égypte des institutions publiques personnalisées, autres que les établissements publics. Ces établissements étaient liés à leurs ministères de rattachement respectifs par un lien de tutelle. Souvent, ce lien se matérialisait par la nécessité d’une approbation ministérielle pour que les décisions prises par les collèges puissent avoir un effet.
647. La NTRA se distingue à cet égard des établissements publics. Bien que la loi la créant ait précisé que la NTRA est « rattachée »[1] au ministre compétent[2], ce rattachement revêt une forme particulière de tutelle fortement réduite en comparaison avec celle qui pèse sur les établissements publics.
648. En effet, la loi donnait une force exécutoire à toutes les décisions prises par le collège, sans avoir à recueillir l’approbation du ministre des C.T.I. *es qualité*. Le collège est donc « l’autorité compétente pour ses affaires (…). Il est habilité à prendre les décisions qu’il estime nécessaire pour atteindre les objectifs qui résident derrière la création de l’autorité »[3].

---

souplesse gestionnaire et financière, la voie législative s’avérait la plus adaptée, car elle permet seule de déroger aux lois antérieures.

[1] L. n° 10-2003 relative à la régulation des communications, préc., art. 3.

[2] Ce lien de rattachement ne concerne pas que la NTRA. Tous les régulateurs économiques sont rattachés à des ministères, ou à défaut au Premier ministre. Ce rapport de rattachement formel représente aux yeux de Khaled ATTIA, ancien président de l’Autorité de la concurrence, une nécessité structurelle pour répondre à une exigence constitutionnelle. Puisque le gouvernement est l’entité responsable devant le Parlement selon la constitution, le rattachement devient ainsi indispensable (A. EL-HADDAD et K. ATTIA, *op.cit.*, p. 49).

[3] Traduction libre de l’article 13 de la loi n° 10-2003 relative à la régulation des communications, préc. :
« مجلس إدارة الجهاز هو السلطة المختصة بشئونه ... وله أن يتخذ ما يراه لازماً من قرارات لتحقيق الأهداف التي أنشئ الجهاز من أجلها ».

649. La NTRA profite ainsi d'une autonomie de décision dans l'exercice de ses différentes compétences. À l'instar de l'ARCEP, elle a compétence pour adopter des actes réglementaires et individuels, et pour exercer une fonction contentieuse de règlement des différends et de sanction.

650. Néanmoins, la règle de l'autonomie de décision du collège de la NTRA n'est pas absolue. Le pouvoir discrétionnaire de l'autorité se trouve parfois limité à l'égard du comité interministériel d'investissement, en cas de conflit avec un investisseur.

651. Le comité interministériel de règlement des différends d'investissement a été créé en 2012[1]. Sans être une juridiction, il a une mission contentieuse de résoudre les conflits entre les investisseurs et l'administration, qu'il s'agisse d'un ministère, d'une autorité, d'un établissement public ou d'une collectivité territoriale. Ce comité est chargé d'examiner les requêtes déposées par les investisseurs contre les décisions administratives estimées nuisibles à leur investissement. À la suite de l'instruction du dossier, le comité formule une recommandation de reformulation qu'il transmet au Conseil des ministres. Si le Conseil des ministres approuve la recommandation du comité, celle-ci est revêtue d'une force exécutrice au même titre que les décisions de justice[2]. Cela permet à l'investisseur bénéficiaire d'évoquer l'application de l'article n° 123 du code pénal en cas de refus d'exécution de la décision du comité.

652. En sa qualité d'établissement public, la NTRA figure parmi les entités à l'égard desquelles le comité peut exercer ses fonctions. Par conséquent, les décisions de l'autorité ne sont pas prémunies contre l'intervention de ce comité.

b. L'autonomie de gestion de la NTRA

653. La NTRA est dotée de la personnalité morale[3]. L'attribution de la personnalité morale emporte la jouissance *de jure* d'une autonomie de gestion importante.

---

[1] D. du Premier ministre n° 1115-2012 du 25 oct. 2012 relatif à la composition du comité interministériel de règlement des différends d'investissement. Il est composé de neuf membres : six ministres, le secrétaire général du gouvernement, le chef du comité consultatif du Premier ministre et le président de l'autorité de l'investissement (art. 1).

[2] La loi qualifie les décisions du comité comme « ayant la force du titre exécutoire » (L. n° 72-2017 du 31 mai 2017, relatif à l'investissement (J.O.R.A.E. n° 21*bis* (g), du 31 mai 2017, p. 2), art. 87).

[3] L. n° 10-2003 relative à la régulation des communications, préc., art. 3.

654. D'abord, il appartient au collège d'adopter son règlement d'organisation structurelle et administrative[1]. De plus, il adopte son règlement interne qui entre en force après homologation du ministre[2].

655. De surcroît, la NTRA jouit, en matière de politique d'approvisionnement et d'embauche, d'une large latitude dans l'adoption de sa propre politique.

656. D'abord, l'autorité n'est soumise ni à la loi des marchés publics, ni à la loi régissant l'importation de l'étranger et l'achat par la devise étrangère. Elle adopte ainsi son propre règlement relatif à l'approvisionnement des biens et des services, sous réserve d'une homologation ministérielle. S'il n'existe pas de bien local qui répond à ses besoins, l'autorité peut recourir librement à l'importation de ces biens[3].

657. Puis, le collège est habilité à fixer, par voie réglementaire, et après homologation du ministre, les règles régissant la nomination, le traitement, l'indemnité, l'avancement, la discipline et le licenciement de tous ses employés et ses fonctionnaires[4]. Dans l'adoption de ce règlement, le collège n'est pas obligé de tenir compte des règles régissant la fonction publique de l'État. Son pouvoir en la matière est donc exceptionnel et dérogatoire aux règles communes.

658. En outre, l'autorité est habilitée à prendre toutes les mesures nécessaires pour assurer son bon fonctionnement. La responsabilité du fonctionnement régulier de tous les services de l'autorité incombe au directeur exécutif. Il lui revient, et non pas au président du collège, de diriger les services de la NTRA. À cet effet, il est habilité à exercer tous les pouvoirs hiérarchiques à l'égard des employés et des fonctionnaires de la NTRA, et de prendre les décisions nécessaires à son bon

---

[1] L. n° 10-2003 relative à la régulation des communications, préc., art. 13, 2°, al. 1.

[2] L. n° 10-2003 relative à la régulation des communications, préc., art. 13, 10° et 18°.

[3] L. n° 10-2003 relative à la régulation des communications, préc., art. 7.

[4] L. n° 10-2003 relative à la régulation des communications, préc., art. 13, 11°. Il convient de faire référence ici à l'avis de l'Assemblée générale des sections de la législation et de l'avis réunies du C.E.E. (A.G.S.L.A) du 6 mai 2017. Cet avis est rendu à l'occasion d'une demande d'avis tendant à savoir si le collège de la NTRA est habilité à mettre en place des règles régissant les indemnités de fin de carrière pour son personnel. Pour répondre à cette question, l'Assemblée optait pour une interprétation large des pouvoirs que détient le collège de la NTRA en la matière. Ce pouvoir réglementaire en matière d'embauche, sous condition d'homologation, s'étend à tout ce qui concerne le personnel de l'autorité, y compris son indemnité de fin de carrière. Elle concluait ainsi qu'il n'était pas loisible au contrôleur financier de refuser d'autoriser la liquidation sur le fondement d'une circulaire du ministre des Finances interdisant aux autorités publiques économiques de fixer des règles d'indemnité de fin de carrière pour leur personnel (C.E.E., avis Ass., 6 mai 2017, n° 1953/4/86 (non publié)).

fonctionnement, techniquement, administrativement et financièrement. Il est responsable de ce bon fonctionnement devant le collège[1].

659. Enfin, du fait de sa jouissance de la personnalité morale, le directeur exécutif de la NTRA la représente devant les différentes juridictions[2].

II. Force de l'autonomie financière de l'autorité

660. L'attribution à la NTRA d'une personnalité morale de droit public renforce considérablement son autonomie budgétaire[3]. En effet, la personnalisation implique que l'autorité dispose d'un budget propre. Contrairement à l'ARCEP qui n'est pas personnalisée, le budget de la NTRA n'est pas subordonné au budget général de l'État. L'adoption de ce budget revient exclusivement au collège de l'autorité[4] qui l'adopte selon les règles fixées dans son règlement interne[5]. Par conséquent, elle n'est pas concernée par les procédures et le cycle de négociations des crédits budgétaires pesant sur les administrations centrales.

661. D'ailleurs, le détachement du budget de l'autorité du budget général de l'État[6] implique l'inapplicabilité des règles juridiques régissant le budget général de l'État au budget de l'autorité. Ainsi, la règle de l'universalité budgétaire ne s'applique pas au budget de l'autorité, dont la quasi-totalité des ressources financières provient des ressources affectées. L'autorité s'alimente ainsi sur des ressources propres.

662. Si les dotations budgétaires de l'État constituent la première ressource financière de l'autorité recensée par la loi[7], cette ressource ne revêt en pratique aucune importance. En effet, la NTRA se trouve dans une position très confortable financièrement. La loi n° 10-2003 relative à la régulation des

---

[1] Art. 15 de la loi n° 10-2003 relative à la régulation des communications, préc. Alors que la loi dispose que le directeur exécutif assume la responsabilité de diriger les services de l'autorité devant le collège, elle ne précise pas pour autant les pouvoirs que le collège exerce à l'égard du directeur exécutif en cas de constatation d'un fonctionnement défectueux de l'autorité. Le seul titulaire du vrai pouvoir à son égard reste le ministre des C.T.I., *es qualité*. Puisque la nomination du directeur exécutif se fait par décret du Premier ministre, sur proposition du ministre des C.T.I., il est loisible à tout moment à ce dernier de proposer au Premier ministre une nouvelle nomination pour remplacer le directeur exécutif.

[2] L. n° 10-2003 relative à la régulation des communications, préc., art. 17.

[3] L. n° 10-2003 relative à la régulation des communications, préc., art. 9.

[4] L. n° 10-2003 relative à la régulation des communications, préc., art. 13, 14°.

[5] L. n° 10-2003 relative à la régulation des communications, préc., art. 9.

[6] C.E.E., avis Ass., 24 fév. 2019, n° 483/1/58 (non publié), p. 3.

[7] L. n° 10-2003 relative à la régulation des communications, préc., art. 8, 1°.

communications dresse une liste de ressources financières importantes[1]. Ainsi, l'autorité ne compte pas sur les dotations de l'État car ses ressources financières propres sont variées et abondantes. Ces ressources financières sont tellement abondantes qu'une partie de celles-ci se trouve réaffectée à la fin de l'exercice au profit du budget général de l'État[2]. Par conséquent, les ressources financières de l'autorité lui assurent une autonomie complète, et une indépendance financière à l'égard du ministère des finances[3].

---

[1] Selon l'article 8 de la loi n° 10-2003 relative à la régulation des communications, le budget de la NTRA est alimenté, en sus des dotations budgétaires de l'État, par : les ressources financières provenant des redevances pour les licences et les autorisations accordées par l'autorité ; les redevances pour services rendus ; une partie de la redevance d'utilisation des ressources radioélectriques ; le retour sur l'investissement de fonds de l'autorité ; les montants correspondants aux sanctions pécuniaires ou d'indemnisation prononcées en application de la loi n° 10-2003 précité ; et les prêts, les dons et les legs.

[2] L'article 9 de la loi n° 10-2003 relative à la régulation des communications permet un transfert d'une partie du solde budgétaire excédentaire de l'autorité au profit du budget général de l'État. La fixation du pourcentage réaffectée fait l'objet de négociations annuelles entre le ministre des Finances et le ministre des C.T.I. Par exemple, le pourcentage transféré à l'État, à la suite de l'accord entre le ministre des Finances et le ministre des C.T.I., était à l'ordre de 60.2% de l'excédent en 2015, 61.3% en 2016 et 60% en 2017 (disponible sur http://www.mof.gov.eg/Arabic/%D8%B9%D9%86%D8%A7%D9%88%D9%8A%D9%86%20%D8%B1%D8%A6%D9%8A%D8%B3%D9%8A%D9%87/Pages/Economic_bodies_budgets.aspx, consulté le 23 juillet 2017).

[3] Un aperçu du budget annuel de l'autorité permet de constater son autonomie financière. Dans son projet de budget de 2015/2016 par exemple, les ressources de l'autorité étaient estimées à un montant total de 2.1 milliards de livres égyptiennes (L.E.), tandis que ses dépenses à 0.81 milliard de L.E. L'excédent du solde représente 61.4% de ses ressources. De plus, le projet de budget de 2016/2017 atteste que les ressources de l'autorité atteignaient un montant total de 2.7 milliards de L.E., tandis que ses dépenses étaient estimées à 0.92 milliard de L.E. Le solde était donc excédentaire de 1.78 milliard de L.E., ce qui représente 65.9% de ses ressources (disponible sur http://www.mof.gov.eg/Arabic/%D8%B9%D9%86%D8%A7%D9%88%D9%8A%D9%86%20%D8%B1%D8%A6%D9%8A%D8%B3%D9%8A%D9%87/Pages/Economic_bodies_budgets.aspx, consulté le 2 juil. 2019). Il convient de noter ici que si l'existence d'un budget propre à l'autorité entraîne normalement l'inapplicabilité du principe de l'annualité budgétaire, ce dernier principe s'applique pourtant au budget de l'autorité. Or, son application pour la NTRA se fait d'une manière tout à fait particulière. Si l'inapplication de la règle d'annualité implique un transfert automatique de l'excédent du solde budgétaire de l'autorité à la fin de l'exercice de l'année N pour son budget en l'année N+1, la loi disposait autrement pour l'excédent budgétaire de la NTRA. Cet excédent n'alimente pas le budget de l'autorité en l'année d'exercice suivante. Le

663. Par ailleurs, le directeur exécutif de l'autorité a la qualité d'ordonnateur des dépenses et des recettes. Ainsi, il est habilité à ordonner les différentes dépenses de l'autorité et à constater les ressources, ce qui représente un facteur de flexibilité de gestion. Pourtant, ce pouvoir doit être nuancé, car le paiement effectif, pour l'ordonnancement de dépenses, se fait après le contrôle *a priori* effectué par un contrôleur de finances[1]. Ce contrôle vise à assurer la régularité de l'ordonnancement par le contrôle de la compétence de l'ordonnateur et la suffisance des crédits budgétaires correspondants.

Conclusion du chapitre

L'existence d'un régulateur indépendant du gouvernement représente une garantie pour les opérateurs privés contre l'arbitraire et l'opportunisme politique. La délégation des pouvoirs aux régulateurs indépendants reflète la crédibilité d'engagement de la part du gouvernement et la durabilité de la réforme.

Or, la nécessité de la création d'une agence indépendante de régulation ne s'avère pas absolue aux sciences économiques et politique. Le succès de ce modèle institutionnel dépend essentiellement des caractéristiques du système politique et de la culture institutionnelle de l'État. La séparation des pouvoirs et le niveau de démocratie représentent les variables les plus importantes à prendre en considération lorsqu'on évalue l'opportunité de la création d'une agence indépendante.

Les autorités française et égyptienne de régulation des communications électroniques se distinguent, l'une de l'autre, par leur niveau d'indépendance par rapport au gouvernement. L'ARCEP s'est vue reconnaître une indépendance importante, à la fois organique et fonctionnelle. Cela lui permet de se soustraire à l'influence du gouvernement et d'assurer ses fonctions en toute impartialité. La NTRA, en revanche, apparaît comme une autorité subordonnée au gouvernement. Si elle profite d'une importante autonomie fonctionnelle, elle n'en reste pas moins affiliée au gouvernement. La présidence du collège de l'autorité par le ministre des C.T.I. est symptomatique de cette subordination avérée.

Si l'on rapproche l'étude des sciences économiques et politique de l'examen de l'indépendance des autorités française et égyptienne de régulation des communications électroniques, il en ressort que le niveau d'indépendance de chaque autorité est justifié et justifiable. Cela est compréhensible si on part de principe que le modèle institutionnel propre à chaque État est le fruit d'une certaine culture politico-institutionnelle.

---

solde excédentaire est canalisé à la fin de chaque exercice pour alimenter un fonds spécial dédié au service universel.

[1] L. n° 127-1981 du 25 juill. 1981 relative à la comptabilité gouvernementale (J.O.R.A.E. n°31*bis*, du 30 juill. 1981), art. 10.

En ce qui concerne l'État égyptien, il est un État jacobin par excellence. Le pouvoir est fortement centralisé et il n'est pas concevable, au moins en l'état actuel, d'accorder une véritable indépendance à une entité extra-gouvernementale. Cela est d'autant plus vrai que le niveau de démocratie politique est en net retrait par rapport à l'État français. La solution consistant à accorder une indépendance à la NTRA me paraît donc irréaliste, car incompatible avec le système politique égyptien. S'il est possible d'accorder une indépendance *de jure* à l'autorité, il n'est pas exclu que son indépendance *de facto* soit réduite.

Pourtant, en dehors de l'indépendance, des garanties d'impartialité peuvent être données aux opérateurs économiques. D'abord, le dilemme de l'État actionnaire et l'État régulateur peut être résolu par la cession de la participation majoritaire de l'État dans le capital de l'opérateur historique *Telecom Egypt*, qui s'élève à ce jour à 80% de son capital social. La minorisation de la participation de l'État dans le capital social de l'entreprise lui permettra de protéger les hauts intérêts de la sécurité de l'État sur son infrastructure vitale, et de concentrer l'essentiel de ses efforts sur sa fonction de régulation économique. N'ayant plus d'intérêts financiers notables dans le secteur, l'État peut avoir tout intérêt à exercer pleinement la fonction de régulation économique qui jouera au profit des consommateurs finals. En parallèle, il faudra libérer la NTRA de la forte tutelle gouvernementale qui pèse sur elle. La composition du collège et les règles régissant les mandats peuvent être révisées pour garantir une représentation plus technocratique, à l'instar de celle de l'autorité égyptienne de la concurrence. Enfin, des garanties supplémentaires, tel le recours à l'arbitrage international, peuvent être nécessaires pour rassurer les investisseurs étrangers.

Conclusion du titre

Les autorités française et égyptienne de régulation des communications électroniques ont été créées lors de l'ouverture à la concurrence du secteur des télécommunications. Le contexte d'émergence de ces deux autorités n'a cependant pas été le même.

La libéralisation du secteur en France s'est opérée sous une politique communautaire visant à la création d'un marché unique européen. L'État français était partie prenante à cette dernière et s'est plié face à ses exigences en toute connaissance de cause.

En revanche, l'ouverture à la concurrence du secteur des télécommunications en Égypte s'inscrivait dans le cadre de la transformation économique de l'économie administrée à l'économie du marché. Cette transformation a été orchestrée par les institutions financières internationales : la Banque mondiale et le Fonds monétaire international. Les prêts d'assistance accordés par ces institutions étaient conditionnés par la mise en place de réformes économiques structurelles.

Le contexte d'émergence et la nature du système politique ont eu d'importantes empreintes sur les caractéristiques institutionnelles de l'ARCEP et de la NTRA.

En France, l'absence du phénomène d'isomorphisme, et l'existence préalable du modèle institutionnel de l'A.A.I., ont permis de concevoir une autorité indépendante pour la régulation des télécommunications sur l'initiative de l'État français. L'existence de ce modèle a été confortée par l'existence préalable d'un degré suffisant de séparation des pouvoirs et de démocratie politique. Cela permet le partage du pouvoir de nomination entre le gouvernement et le Parlement. Il permet également de déléguer le pouvoir de contrôle sur l'autorité de régulation au Parlement, suffisamment indépendant du gouvernement.

En Égypte, ce modèle institutionnel de l'A.A.I. n'existait pas à l'heure de la création de la NTRA. La création d'une autorité indépendante n'apparaissait pas comme une solution compatible avec le système politico-administratif. D'autres remèdes ont été privilégiés, notamment les garanties d'arbitrage international accordées aux investisseurs étrangers. Ce choix, malgré sa rigidité, s'avère plus cohérent avec le système politique égyptien et plus fidèle à la culture politique et institutionnelle.

TITRE II.

LA CONVERGENCE MATÉRIELLE DES MISSIONS DES AUTORITÉS FRANÇAISE ET ÉGYPTIENNE DE RÉGULATION DES COMMUNICATIONS ÉLECTRONIQUES

664. Les régulateurs français et égyptien des communications électroniques partagent, dans une large mesure, les grandes missions qu'ils assurent. Celles-ci sont variées. Elles ne sont pas uniquement économiques, mais sont également de nature sociale et territoriale.

665. Mais comment peut-on expliquer la persistance des missions de nature sociale incombant à un régulateur économique dont la naissance marquait le retrait de l'État du secteur, la fin du monopole et l'ouverture à la concurrence ?

666. En effet, l'ouverture à la concurrence du secteur n'emportait pas une disparition pure et simple des missions de service public des télécommunications. Les mêmes préoccupations de nature sociale et territoriale ont persisté. Ce qui a véritablement changé c'est la manière d'appréhender le service public des télécommunications, dorénavant aperçu sous l'angle plutôt matériel qu'organique[1]. Les missions de service public des télécommunications restent donc présentes, mais assurées différemment. L'État intervient désormais au travers de son pouvoir de police administrative, mobilisée au service de l'ordre public économique, préventif et de direction.

667. Sous un angle téléologique, les missions des régulateurs des communications électroniques visent soit l'objectif économique de la concurrence (chapitre I), soit la cohésion sociale et territoriale (chapitre II).

668. Séduisante, soit-elle, l'importance de cette répartition des missions selon la finalité doit cependant être relativisée. En effet, il existe une importante synergie entre les différentes missions. Le régulateur doit donc chercher, au travers des instruments de régulation qu'il détient, à les concilier. Lorsque l'accomplissement de certaines missions est exclusif, l'une de l'autre, il revient au régulateur de faire les arbitrages nécessaires pour assurer *in fine* l'accomplissement de la globalité de ses missions. C'est la recherche de cet « équilibre » entre les impératifs concurrentiels et autres qui caractérise

---

[1] S. ZIANI, *Du service public à l'obligation du service public*, L.G.D.J.-Lextenso Éd, 2015.

finalement la spécificité fonctionnelle du régulateur, et marque la singularité du droit de la régulation économique et son identité propre[1].

[1] M.-A. FRISON-ROCHE, « Définition du droit de la régulation économique », *op.cit.,* pp. 128-129.

CHAPITRE I.

LES MISSIONS VISANT L'INSTAURATION DE LA CONCURRENCE

669. En sciences économiques, la concurrence « désigne une situation de marché dans laquelle il existe une 'compétition' entre vendeurs et entre acheteurs. Cette compétition peut porter sur les prix, les caractéristiques d'un produit, les parts de marché, etc. »[1]. La concurrence présume donc l'idée d'une pluralité d'offreurs et d'acheteurs, s'opposant ainsi au monopole qui reflète l'unicité.

670. Né à l'ère de la libéralisation du secteur des télécommunications, le régulateur des communications électroniques avait pour objectif principal de conduire cette transition du monopole à la concurrence. Autrement dit, il devait lever les barrières à l'accès, peu importe leur nature, pour permettre une entrée effective des nouveaux opérateurs dans le secteur des télécommunications. En remplaçant l'unicité d'offre par la pluralité, la concurrence se produira, et emportera des effets bénéfiques pour les utilisateurs finals.

671. C'est ainsi que l'objectif de l'instauration de la concurrence représente la mission principale du régulateur, voire sa raison d'être.

672. Pour réaliser cette mission, le régulateur devrait formuler, appliquer et assurer le respect des règles et des procédures garantissant la naissance d'une concurrence loyale entre les opérateurs économiques.

673. Au-delà de l'égalité des chances économiques, l'instauration de la concurrence peut requérir du régulateur d'établir une certaine équité des conditions de concurrence entre les opérateurs économiques. D'une part, l'opérateur historique peut se voir imposer des obligations supplémentaires pour restreindre son pouvoir de marché. D'autre part, un nouvel opérateur peut profiter des conditions plus favorables, notamment en vue d'atteindre une certaine masse critique[2], car son entrée sur le marché crée de nouvelles

---

[1] A. BEITONE, A. CAZORLA et E. HEMDANE, *Dictionnaire de science économique*, Dunod, 6ème éd., 2019, p. 104.

[2] En microéconomie, la masse critique renvoie à l'idée du seuil en-dessous duquel le projet n'est pas rentable. Une fois ce seuil atteint, la rentabilité de la firme s'accroit rapidement et exponentiellement sous l'effet des externalités positives, jusqu'à atteindre un niveau de saturation (N. CURIEN, *Économie des réseaux*, *op.cit.*, p. 23-24). Cette caractéristique concerne tous les marchés fonctionnant en réseaux et n'est pas propre au secteur des télécommunications. Pourtant, ce dernier, grâce aux externalités engendrées sur les couches hautes et basses, connaît un haut niveau d'externalités (*Ibid.,* p. 20). Dans les marchés des télécommunications, le régulateur prend soin de renforcer la position de l'opérateur nouvel entrant, pour qu'il puisse

dynamiques concurrentielles. Dans les deux cas, les règles applicables sont asymétriques, et l'égalité des conditions de la concurrence peut être doublée par un objectif d'équité.

674. Pour instaurer et dynamiser la concurrence dans le secteur des communications électroniques, le régulateur joue sur deux paramètres essentiels et complémentaires. D'une part, il s'efforce de lever les barrières à l'entrée, permettant ainsi l'accès des nouveaux opérateurs aux différents marchés des communications électroniques (section I). D'autre part, il met en œuvre de techniques de régulation du pouvoir de marché. Cette régulation asymétrique vise principalement à évaluer en permanence l'état de la concurrence sur les marchés des communications électroniques et, le cas échéant, à réguler les opérateurs détenant une puissance significative sur ces marchés. L'examen des différents marchés, dans le cadre de la régulation du pouvoir de marché, permet également d'évaluer la pertinence de la régulation *ex ante*. Lorsque le niveau de la concurrence sur un marché donné est suffisamment intense, la régulation *ex ante* ne se justifie plus. Elle laisse donc place à la régulation *ex post* assurée par les règles de droit de la concurrence (section II).

Section I.
Permettre l'accès aux marchés des communications électroniques : condition nécessaire pour l'instauration de la concurrence

675. Le secteur des télécommunications fut pendant longtemps exploité en monopole. Tous les réseaux des télécommunications étaient détenus par un seul opérateur : l'opérateur historique. Celui-ci l'exploitait en monopole par la vente des services et des équipements téléphoniques nécessaires.

676. Pour permettre une ouverture effective à la concurrence du secteur des télécommunications, il était nécessaire de permettre aux nouveaux opérateurs de pénétrer les différents marchés des télécommunications. Pour ce faire, il était indispensable de supprimer les barrières à l'entrée, autrement dit « les obstacles à la concurrence que peut rencontrer une entreprise pour pénétrer sur un marché »[1]. Ces obstacles sont de nature variée : juridiques, économiques ou techniques. Peu importe leur nature, il incombe au régulateur de baisser les barrières à l'entrée pour que les nouveaux opérateurs puissent

---

atteindre ce seuil critique le plus rapidement possible. Au-delà de ce seuil, l'opérateur nouvel-entrant entre véritablement en concurrence avec les opérateurs existants sur le marché, et aucun traitement préférentiel ne se justifiera.

[1] A. BEITONE, A. CAZORLA et E. HEMDANE, *op. cit.*, p. 34.

accéder aux marchés des télécommunications, créant ainsi la pluralité nécessaire à l'instauration de la concurrence.

677. C'est ainsi que l'accès représente la clé de voûte dans la libéralisation du secteur des télécommunications[1]. C'est là où le régulateur doit intensifier les efforts pour ouvrir le secteur à la concurrence.

678. La problématique de l'accès comprend l'accès aux activités économiques[2] (§1), l'accès aux ressources rares (§2) et l'accès aux éléments des réseaux et aux facilités essentielles (§3).

679. Toutes ces formes d'accès ne sont pas séparables ou alternatives. Dans leur ensemble, elles constituent les conditions nécessaires pour qu'une concurrence effective puisse voir le jour.

§1. Permettre l'accès aux activités économiques du secteur des communications électroniques

680. L'accès aux activités économiques désigne l'ensemble des exigences légales s'imposant aux nouveaux opérateurs économiques pour pouvoir entrer sur le marché. Autrement dit, ce sont les conditions légales requises pour qu'un opérateur puisse exercer une activité économique sur un marché donné. Le degré d'exigence de ces conditions module dans une large mesure la capacité des opérateurs d'entrer sur le marché. Ces conditions peuvent ainsi constituer des barrières à l'entrée si elles sont déraisonnables.

681. Les entreprises souhaitant établir des réseaux et/ou fournir des services de communications électroniques sont soumises à des régimes juridiques différents en France et en Égypte. Les régulateurs français et égyptien jouent ainsi des rôles différents en matière d'accès aux activités économiques du secteur par les nouveaux opérateurs. Alors que l'ARCEP ne joue plus qu'un rôle très limité dans l'accès aux activités économiques de communications électroniques (A), la NTRA conserve un rôle essentiel par l'octroi d'autorisations administratives et la formulation des conditions d'attribution de ces autorisations (B).

---

[1] V. sur cette question J. CATTAN, *Le droit de l'accès aux communications électroniques*, Presses universitaires d'Aix-Marseille, 2015.

[2] L'expression « accès aux activités économiques » peut sembler malheureuse. On l'emprunte partiellement au droit anglo-saxon qui l'utilise sous le vocable « *Market Access Regulation* ». Il désigne l'ensemble des exigences juridiques imposées par le pouvoir public sur les opérateurs économiques pour l'entrée sur le marché.

A. Faciliter l'accès aux activités économiques des communications électroniques : le rôle de l'ARCEP

682. Sous l'influence du droit communautaire, le rôle de l'ARCEP en matière de réglementation d'accès aux marchés des communications électroniques s'est fortement réduit au lendemain de la libéralisation complète du secteur des télécommunications[1].

683. En effet, la soumission des nouveaux entrants au régime de l'autorisation administrative dans l'Union européenne « a révélé un certain nombre d'imperfections. Certains États membres ont imposé des procédures administratives longues et coûteuses. Les lourdes obligations imposées aux nouvelles entreprises entrant sur le marché causaient des retards significatifs. Le manque d'harmonisation entre les systèmes nationaux d'autorisation freinait par ailleurs le développement d'un véritable marché intérieur européen »[2].

684. Pour remédier aux problèmes afférents au régime de l'autorisation administrative, et pour assurer une « régulation minimale »[3] de l'accès aux marchés, le meilleur moyen envisagé était d'« instaurer un système d'autorisation générale pour tous les réseaux et services de communications électroniques, sans exiger de décision expresse ou d'acte administratif de la part de l'autorité réglementaire nationale, et à limiter les procédures à la seule notification »[4].

685. Depuis l'adoption de la directive « autorisation »[5] dans le cadre du deuxième paquet télécom de 2002, l'accès à tous les marchés de communications électroniques est libre, sans condition d'obtention préalable d'une autorisation administrative. L'instauration de ce régime d'« autorisation générale »[6] garantit l'entrée libre sur les différents marchés des

---

[1] À titre de rappel, l'ART jouait auparavant un rôle dans l'instruction des dossiers de demandes d'autorisations pour l'établissement des réseaux de télécommunications ouverts au public et pour la fourniture des services téléphoniques au public (L. n° 96-659, préc., art. 36-7, 1°).

[2] F. DEHOUSSE, T. ZGAJEWSKI, et Y. SKASKEVITCH, « Le cadre réglementaire européen des communications électroniques de 2003 », *Courrier hebdomadaire du CRISP*, n° 1857, 2004, p. 14.

[3] D. POPOVIC, *Le droit communautaire de la concurrence et les communications électroniques*, L.G.D.J.-Lextenso Éd, 2009, p. 50.

[4] Dir. 2002/20/CE, préc., considérant 8.

[5] *Ibid.*

[6] L'article 2, 22° du C.C.E.E. définit l'autorisation générale comme « un cadre juridique mis en place par l'État membre, qui garantit le droit de fournir des réseaux ou des services de communications électroniques et qui fixe les obligations propres au secteur pouvant s'appliquer à tous les types de réseaux et de services de communications électroniques, ou à certains d'entre eux, conformément à la présente

communications électroniques, sous réserve du respect, le cas échéant, de l'obligation de notification auprès de l'A.R.N. compétente.

686. Les dispositions de la directive « autorisation » ont été transposées dans le C.P.C.E. L'article L. 33-1 dispose désormais que « L'établissement et l'exploitation des réseaux ouverts au public et la fourniture au public de services de communications électroniques sont libres sous réserve d'une déclaration préalable auprès de l'Autorité de régulation des communications électroniques, des postes et de la distribution de la presse »[1].

687. Il ressort de ce qui précède que l'opérateur nouvel entrant n'est pas tenu de solliciter une autorisation à l'ARCEP pour exercer ses activités. Il doit néanmoins les déclarer[2]. Cette déclaration a pour objectif de permettre à l'ARCEP de tenir un registre des exploitants des réseaux et des fournisseurs des services de communications électroniques, de manière à contrôler leur respect des obligations découlant de l'autorisation générale.

688. D'ailleurs, l'entrée sur le marché ne peut en principe être empêchée, à moins que ce soit sur le fondement de l'article 52 paragraphe I du traité sur le fonctionnement de l'U.E.[3] pour des raisons relevant du maintien de l'ordre public, de la sécurité publique ou de la santé publique.

689. Si l'ARCEP ne joue plus aucun rôle dans le contrôle de l'accès aux activités économiques, elle intervient néanmoins pour faciliter cet accès. En effet, le C.C.E.E. impose au régulateur de fournir aux entreprises, à la suite de leurs demandes ou, le cas échéant, à la suite de la réception de leurs

---

directive ». Nonobstant l'amalgame qui résulterait du choix du terme « autorisation générale » en droit de l'Union, il ne s'agit pas véritablement d'une « autorisation » entendue dans le sens strict du terme en droit public français, comme l'acte émanant d'une autorité publique pour permettre à son titulaire l'exercice d'une certaine activité. Il s'agit plutôt d'une autorisation qui trouve son origine dans « la législation au sens large » (F. DEHOUSSE, T. ZGAJEWSKI, et Y. SKASKEVITCH, *op. cit.*, p. 14).

[1] C.P.C.E., art. L. 33-1, I.

[2] Depuis l'entrée en vigueur de la loi n° 2015-990 du 6 août 2015 pour la croissance, l'activité et l'égalité des chances économique (J.O.R.F. n° 0181, du 7 août 2015, p. 13537, texte n° 1), qui modifie l'article L. 33 du C.P.C.E., l'opérateur qui ne déclare pas son activité peut voir son activité déclarée d'office par l'autorité, réunie en formation de règlement des différends, de poursuite et d'instruction. « L'objectif de cette disposition était d'éviter les distorsions de concurrence entre les opérateurs traditionnels et les nouveaux acteurs de l'Internet [*sic*], qui offrent des services équivalents sans être soumis à une quelconque obligation. Ces acteurs sont désignés par l'acronyme 'OTT' (*over the top*), car ils utilisent les réseaux des opérateurs traditionnels pour délivrer leurs contenus. L'ARCEP avait par exemple alerté en 2007 et en 2013 le Procureur de la République de Paris de l'absence de déclaration en France de l'opérateur Skype » (Projet de loi (procédure accélérée) portant suppression de sur-transpositions de directives européennes en droit français, rapport fait au nom de la commission spéciale sur le projet de loi, Doc. Sén. n° 96, 2018-2019, p. 107).

[3] C.C.E.E., art. 12, §1.

déclarations, une attestation. Ce document atteste l'habilitation de l'opérateur à demander les droits de passage auprès des autorités publiques, et d'interconnexion vis-à-vis des autres opérateurs[1].

690. Enfin, dès l'entrée sur le marché par le dépôt de la déclaration juridiquement requise, l'opérateur nouvel entrant se voit accordé *ipso jure* des droits attachés à son statut, tels le droit d'établir des réseaux et de fournir des services de communications électroniques[2], de demander de droits de passage sur les domaines publics et privés pour les opérateurs de réseaux[3], ou lorsqu'il s'agit d'une entreprise qui fournit des réseaux ou des services de communications électroniques ouverts au public, de demander l'accès aux réseaux des opérateurs existants sur le marché ou l'interconnexion s'il s'agit d'un nouvel opérateur de réseau[4]. Ces droits sont distincts des droits d'utilisation des ressources en fréquences radioélectriques et/ou en numérotation, dont la rareté peut justifier une allocation individuelle selon des procédures particulières[5]. Ils sont donc régis par un cadre juridique distinct.

B. Contrôler l'accès aux marchés des communications électroniques : le rôle de la NTRA

691. Contrairement au régime de la liberté d'accès consacre en droit français, l'accès aux marchés des communications électroniques en Égypte requiert l'obtention préalable d'une autorisation administrative de la NTRA (I). Cette autorisation est octroyée dans des conditions variables selon l'activité que l'opérateur souhaite exercer (II).

I. L'exigence d'une autorisation administrative

692. Avant d'entrer sur un des marchés des communications électroniques en Égypte, l'opérateur doit s'adresser au préalable à la NTRA en vue de l'obtention d'une licence ou d'une permission[6].

---

1 C.C.E.E., art. 14.

2 C.C.E.E., art. 15, §1 sous a).

3 C.C.E.E., art. 15, §1 sous b).

4 C.C.E.E., art. 15, §2 sous a).

5 C.C.E.E., art. 15, §1 sous c) et d) ; C.P.C.E., L. 41-1.

6 Dans l'application de la loi n° 10-2003 relative à la régulation des communications, le terme « licence », « ترخيص», diffère du terme « permission », « تصريح ». La licence concerne l'activité des communications électroniques *stricto sensu,* qui porte sur l'établissement des réseaux et la fourniture de service des communications

693. L'exigence de l'obtention préalable d'une licence découle de l'article 21 de la loi n° 10-2003 relative à la régulation des communications qui énonce que : « Nul ne peut établir ou exploiter un réseau des communications ou fournir des services de communications aux tiers ou passer des appels téléphoniques internationaux, ou faire des annonces dans ce sens, sans l'obtention d'une licence de l'autorité, conformément à la présente loi et aux décisions d'application »[1].

694. Il apparaît ainsi que l'accès aux marchés est restrictif, en ce que toute activité économique du secteur est soumise à la condition d'obtention d'une autorisation administrative. L'article 21 précité, formulé d'une manière prohibitive, laisse penser à un principe de restriction et à une exception de permission. Cela est d'autant plus vrai que le silence gardé par l'administration pendant quatre-vingt-dix jours à l'égard d'une demande d'octroi des licences vaut décision implicite de rejet[2].

695. D'ailleurs, la soumission à un régime d'autorisation administrative peut se justifier par le fait qu'il facilite à l'administration le contrôle des activités de l'opérateur titulaire. Dans un régime d'entrée libre, l'administration aura peut-être du mal à contrôler, au moment opportun, tous les opérateurs sur le marché. Une procédure *ex ante* s'avère ainsi plus simple pour l'administration et plus adaptée à ses capacités[3].

électroniques. Le terme « permission » quant à lui est relatif aux équipements de communications électroniques.

[1] Traduction libre de l'article 21 de la loi :

« لا يجوز انشاء أو تشغيل شبكات اتصالات أو تقديم خدمات الاتصالات للغير أو تمرير المكالمات التليفونية الدولية، أو الإعلان عن شيء من ذلك دون الحصول على ترخيص من الجهاز وفقاً لأحكام هذا القانون والقرارات المنفذة له ».

Cette exigence ne s'étend pas à l'établissement et l'exploitation des réseaux privés qui n'empruntent pas la voie radioélectrique, exclus par le deuxième alinéa de l'article 21 précité. Les réseaux privés sont ceux définis par l'article 1e de la loi n° 10-2003 relative à la régulation des communications comme : « Les systèmes de communications qui fournissent des services de communications à un seul utilisateur, sans fourniture de services à des tiers » [Traduction libre].

« الشبكات الخاصة : نظم الاتصالات التي توفر خدمات الاتصالات لمستخدم واحد باستخدام شبكة اتصالات، وذلك دون تقديم خدمات للغير ».

[2] L'alinéa 2, de l'art. 22 de la loi n° 10-2003 relative à la régulation des communications précitée énonce : « la demande d'obtention de licence est tranchée dans un délai ne dépassant pas quatre-vingt-dix jours à compter de la date où le demandeur de la licence déposait tous les chartes et documents qui lui sont demandés ; sinon la demande est réputée rejetée » [Traduction libre].

« ويبت في طلب الترخيص خلال مدة لا تجاوز تسعين يوماً من تاريخ استيفاء طالب الترخيص جميع ما يطلب منه من البيانات والمستندات وإلا اعتبر الطلب مرفوضاً ».

[3] *Cf.*, O. AL-CHÉRIF, *op. cit.*, p. 16. L'auteur estime que l'objectif de la soumission à un régime d'autorisation est « que le titulaire de la licence va exercer son activité d'une façon réglementée par l'État, et que cet exercice ne soit pas laissé à la seule volonté des sociétés et des individus sans règles précises ». Pourtant, ces arguments ne sont pas convaincants. Que l'accès soit réglementé ou pas, cela ne change rien s'agissant de l'obligation juridique incombant à l'opérateur de se conformer aux lois

696. Il en ressort que l'entrée sur les marchés de réseaux et de services de communications électroniques requiert l'obtention préalable d'une licence sous un régime juridique d'autorisation administrative[1]. Ce régime découle du

---

et aux réglementations en vigueur. Il me semble que la soumission au régime d'autorisation préalable relève d'une démarche de facilitation administrative plutôt que d'une nécessité juridique. *In fine*, le régime de l'accès libre ou non-réglementé dépend de la capacité de l'administration à contrôler les activités des opérateurs pour s'assurer qu'elles sont en règle : une tâche délicate vu les difficultés que rencontre l'administration égyptienne dans le temps actuel. De plus, la soumission des opérateurs à un régime d'autorisation administrative, sous forme contractuelle, permet d'inclure une clause d'arbitrage.

[1] O. AL-CHÉRIF, *op. cit.*, p. 15. L'auteur soutient que toutes les licences et les permissions accordées par la NTRA constituent des contrats administratifs. On rejoint l'auteur sur ce point en précisant notamment qu'il ne s'agit pas, dans le cas des licences, de contrats administratifs de concession de service public, mais plutôt d'une autorisation administrative conventionnelle. La contractualisation présente à cet égard d'importants avantages pour l'opérateur contractant, notamment en termes de sécurité juridique. Étant partie à un contrat, l'opérateur jouit de droits acquis face au régulateur. On pense notamment que la voie contractuelle permet d'inclure une clause d'arbitrage pour résoudre les éventuels litiges. Pour les pays émergents, tels l'Égypte, le recours à l'arbitrage international représente une garantie pour les investisseurs étrangers et ainsi une condition nécessaire pour la mobilisation des capitaux. C'est ainsi que la « convention d'autorisation » conclue le 5 mai 1998 entre l'autorité de régulation et l'opérateur *Misrfone*, prédécesseur de *Vodafone Egypt*, comportait, dans son article 24-3 une clause de règlement des différends par voie d'arbitrage pour toute question relative à la licence ou résultant de son application (A. RAMADAN, N. KARARA et A. SAAD, *Enquête : Vodafone Egypte Telecommunications*, Institut de droit des affaires internationales, faculté de droit, université du Caire, 2004, p. 15, annexe 3). Reste à savoir dans quelle mesure la contractualisation peut être compatible avec le pouvoir de police administrative de l'autorité de régulation. Autrement dit, dans quelle mesure la contractualisation peut restreindre le pouvoir discrétionnaire du régulateur dans l'accomplissement de sa mission de police administrative du secteur des communications électroniques ? Alors que la question de la qualification de la licence en droit égyptien n'a pas été posée en contentieux, elle a déjà été tranchée par le juge administratif français. Dans son arrêt *Sté. Senc Fun Radio* du 8 avril 1998, était en question des « conventions » conclues entre le C.S.A. et les opérateurs du secteur des communications audiovisuelles (C.E., Ass., 8 avril 1998, *Sté. Senc Fun Radio*, n° 161411, Rec. p. 138). En l'espèce, le C.S.A. avait accordé une autorisation d'usage des fréquences radioélectriques à la société Senc Fun. Cette autorisation prenait la forme d'une convention. Quelques années plus tard, le C.S.A. imposait à la société, d'une manière unilatérale, de modifier cette convention par un avenant. Le juge administratif, après avoir rappelé que le C.S.A. octroie les autorisations sous forme de convention, a conforté l'acte unilatéral pris par le C.S.A., sans évoquer la force juridique d'un quelconque contrat. Selon M. René CHAPUS, la jurisprudence fait apparaître qu'il y a des « conventions » qui n'ont qu'une simple apparence de contrats, sans toutefois se caractériser comme tel. Ces conventions sont en réalité des autorisations unilatérales assorties de conditions négociées entre le C.S.A. et les

pouvoir de police administrative spéciale attribué à l'autorité[1] en vue de la réalisation des objectifs qui lui sont assignés par l'article 4 de la loi. Ces objectifs visent notamment à garantir le développement et la diffusion des services de communications selon les technologies les plus avancées contre des prix raisonnables pour les consommateurs, tout en encourageant l'investissement national et international dans le secteur dans le cadre de la libre concurrence[2].

697. Au-delà des marchés des réseaux et des services des communications électroniques, le régime d'autorisation administrative s'étend également au marché des équipements de communications électroniques. L'entrée sur le marché est ouverte sous condition de l'obtention préalable d'une permission de la NTRA, que ce soit pour l'importation, la fabrication ou l'assemblage des équipements de communications[3]. Cette permission ne se confond pas, à notre sens, avec l'agrément des équipements de communications « *type approval* » qui relève d'une procédure différente[4].

---

titulaires. Il ne s'agit donc que d'une variante des actes négociés (R. CHAPUS, *Droit administratif général*, *op.cit.*, p. 495).

[1] M. M. ABDELLATIF, *op.cit.*, p. 52.

[2] L'article 4 de la loi n° 10-2003 relative à la régulation des communications énonce : « L'autorité vise à réguler le secteur de télécommunications, et à développer et diffuser ses services selon les moyens de technologies les plus avancés, pour répondre aux besoins de consommateurs, avec des prix raisonnables, et à encourager l'investissement national et international dans le domaine dans un cadre de la libre concurrence ». [Traduction libre].
« يهدف الجهاز إلى تنظيم مرفق الاتصالات وتطوير ونشر جميع خدماته على نحو يواكب أحدث وسائل التكنولوجيا ويلبى جميع احتياجات المستخدمين بأنسب الأسعار ويشجع الاستثمار الوطنى والدولى في هذا المجال في إطار من قواعد المنافسة الحرة ».

[3] L'article 44 de la loi n° 10-2003 relative à la régulation des communications énonce : « Il est interdit d'importer, de fabriquer ou de réassembler un équipement de communications qu'après l'obtention préalable d'une autorisation de la part de l'autorité ». Traduction libre de :
« يحظر استيراد أو تصنيع أو تجميع أي معدة من معدات الاتصالات إلا بعد الحصول على تصريح بذلك من الجهاز ».
Cet article doit être lu en combinaison avec l'article 48 qui énonce : « l'autorité met en place les règles et les procédures relatives à l'agrément de tout type d'équipement et à l'octroi des permissions d'importation, de fabrication et d'utilisation des équipements de communications, et leur commercialisation, et précise les conditions de l'octroi de ces permissions, leurs durées et la contrepartie financière à leur octroi ». Traduction libre de :
« يحدد الجهاز قواعد وإجراءات اعتماد أي طراز من الأجهزة وإصدار التصاريح الخاصة باستيراد وتصنيع واستخدام أجهزة ومعدات الاتصالات والاتجار فيها وتسويقها والشروط اللازمة للحصول على هذه التصاريح ومدتها والمقابل المقرر لها ».

[4] Il me semble que l'exigence de l'obtention d'une permission répond à un objectif de protection des consommateurs, alors que l'agrément répond aux nécessités de s'assurer que les équipements respectent les normes posées. Pour le constater, il suffit de savoir que la permission impose des obligations particulières au fabricant ou à l'importateur des équipements terminaux en termes de fourniture de certificats de garantie pour les équipements vendus ou de création de centres de maintenance pour ces équipements. *Cf.*, O. AL-CHÉRIF, *op. cit.*, pp. 50-54. Selon l'auteur, l'agrément

II. La variabilité des conditions d'entrée sur le marché

698. La NTRA est dotée d'une large compétence pour « la formulation et la publication des types de services de communications (…) et les règles générales de l'attribution des licences et autorisations »[1].

699. Une telle rédaction confère à la NTRA une large marge d'appréciation dans l'exercice de ce pouvoir réglementaire d'exécution de la loi n° 10-2003 relative à la régulation des communications en ce qui concerne la formulation des règles et conditions relatives à tous les aspects des licences, et notamment aux conditions d'attribution[2].

---

se confond avec la permission dans la mesure où le titulaire de la permission est celui qui demande l'agrément pour les équipements qu'il entend importer ou fabriquer. Je tends à penser néanmoins que les deux procédures sont différentes. La permission a plutôt un caractère subjectif qui diffère de l'agrément qui a un caractère objectif. Ainsi, un équipement déjà agréé ne devrait pas faire l'objet d'une nouvelle procédure d'agrément. L'importateur devrait néanmoins obtenir une permission pour importer cet équipement.

[1] Traduction libre de l'article 5 de la loi n° 10-2003 relative à la régulation des communications :

« للجهاز (...): 3 – إعداد ونشر بيان بخدمات الاتصالات (...) والأسس العامة التي يتم منح التراخيص والتصاريح بناء عليها ».

[2] D'ailleurs, l'étendue de ce pouvoir réglementaire d'exécution de loi laissé à la discrétion de la NTRA en la matière me pousse à me demander si un tel pouvoir d'une telle étendue ne méconnaît pas les dispositions de la Constitution égyptienne de 2014 relatives aux pouvoirs confiés respectivement aux pouvoirs législatif et exécutif. Il convient de rappeler que la Cour constitutionnelle suprême a déjà jugé, s'agissant de la délégation étendue du pouvoir législatif au pouvoir exécutif sous la Constitution de 1971 dont les dispositions en la matière étaient similaires, que : « la Constitution n'accorde pas au pouvoir exécutif une compétence générale pour réglementer les droits garantis par la Constitution ; cette compétence doit être exercée par le pouvoir législatif à travers les lois qu'il édicte (…) que le pouvoir législatif ne peut se décharger de l'exercice de cette compétence par la délégation complète de celle-ci au pouvoir exécutif ; sans restreindre ce dernier par des principes généraux et des règles principales dans le cadre desquelles il doit œuvrer. Si le législateur ne respecte pas cette règle, et confie au pouvoir exécutif l'organisation de droit [protégé par la Constitution], il devient dans l'abstention de l'exercice de sa compétence originelle confiée par l'article 86 de la Constitution ; non-conforme à la Constitution ». La Cour précisait ensuite que « si les constitutions [successives] reconnaissaient au pouvoir exécutif un droit d'édiction de règlements, cela ne constitue que l'exception, exercée dans les limites tracées par les dispositions de la Constitution. Cela comprend le pouvoir d'édicter des règlements d'exécution des lois, qui, par définition, n'équivaut pas à un pouvoir de réglementer les questions pour lesquelles la loi n'a pas précisé le contour. Le cas échéant, le règlement ne saurait être regardé comme traitant des questions organisées par la loi, mais aurait légiféré *ex nihilo* au travers des nouveaux textes qui ne trouvent pas de référence dans la loi. L'objectif de l'édiction de règlements doit se limiter à compléter la loi par la mise en place des règles nécessaires

700. Dans l'exercice de cette compétence, la NTRA a fait le choix de distinguer entre les différents services de communications électroniques et de moduler les conditions de l'obtention de la licence correspondante. Autrement dit, l'autorité n'a pas opté pour le système communément appelé « *Unified licence* »[1] qui consiste en une licence générale pour l'établissement des réseaux et la fourniture de tout type de service de communication électronique[2].

701. Conformément aux règlements de la NTRA[3], le secteur égyptien des communications électroniques comprend quatre grandes catégories de

---

à son exécution » (C.C.S., 10 juin 2007, déc. n° 68 de l'année judiciaire n° 25, J.O.R.A.E. n° 26bis (a), du 17 juill. 2007, p. 496).

[1] La licence unique.

[2] Il apparaît que la NTRA a envisagé récemment l'introduction de cette licence dans le cadre des concertations menées avec les opérateurs des réseaux égyptiens : l'opérateur historique d'une part, qui détient le monopole de droit de l'établissement des réseaux fixes, et les opérateurs mobiles, d'autre part. À notre avis, l'appellation donnée à cette licence était trompeuse, car il s'agissait d'une licence « extensive » et non pas unique, dans le sens où les seuls opérateurs concernés par cette licence sont les opérateurs des réseaux existants. Le *design* de cette licence aurait donc permis à l'opérateur historique, *Telecom Egypt*, d'entrer sur le marché mobile, et aux opérateurs mobiles d'entrer sur le marché des réseaux fixes. La forme de l'entrée sur le marché des réseaux fixes mérite néanmoins d'être précisée : les opérateurs des réseaux devaient établir conjointement une société pour l'établissement des réseaux fixes (*Special Purpose Vehicule* 'SPV') pour concurrencer l'opérateur historique. En contrepartie, ce dernier aurait pu entrer sur le marché mobile pour concurrencer les opérateurs mobiles (M. RADWAN, « *الدفاع تتدخل لحل الخلافات بين شركات الاتصالات قبل تفعيل الرخصة الموحدة [Le ministère de la défense intervient pour régler les conflits entre les opérateurs télécoms avant l'activation de la licence unique]* », sur *Al-bourse News*, publié le 27 oct. 2014, disponible sur https://alborsaanews.com/2014/10/27/612282, consulté le 22 août 2019).

[3] À cause de la non-publication de ces informations au journal officiel, je me suis penché sur les informations les plus récentes, publiées par l'autorité de régulation sur son site internet (http://www.tra.gov.eg/en/SitePages/default.aspx). On fait référence notamment à deux documents principaux : un document intitulé « Règles et conditions relatives à l'obtention de licence pour l'établissement de réseaux de télécommunications et la fourniture de services de télécommunications en la République Arabe d'Égypte (*The Rules and Conditions Of The Award Of Licence To Establish Telecom Networks and Provide Telecom Services In A.R.E.*) » (http://www.tra.gov.eg/en/regulation/licensing/Documents/Telecom%20Service%20 Regulatory%20Framework.pdf, consulté le 20 août 2019), et l'autre intitulé « un coup d'œil sur les titulaires (*Glance On The Licensees*) » (http://www.tra.gov.eg/en/regulation/licensing/Documents/Glance-on-the-Licensing.pdf, consulté le 20 août 2019). Il convient de noter ici que la non-publication de ces actes réglementaires dans le Journal officiel sème des doutes quant à leur constitutionnalité. La publication étant une forme exigée par les constitutions égyptiennes successives pour le droit entendu dans le sens large, elle comprend donc

licences, constituées selon la famille de services à laquelle la licence appartient : les licences pour services fixes, que ce soit pour la fourniture des services téléphoniques fixes[1] ou la fourniture de services d'internet[2] ; les licences pour services radio, que ce soit pour les services mobiles[3] ou les services satellitaires[4] ; les licences pour l'établissement et l'exploitation des

---

les règlements édictés par le pouvoir exécutif. D'ailleurs, cette non-publication était à l'origine de l'invalidation récente pour inconstitutionnalité de l'une des décisions réglementaires de l'autorité des marchés financiers. Dans sa décision, la Cour constitutionnelle suprême, seule compétente pour le contrôle de constitutionnalité tant des lois que des règlements, précisait que « la publication de la règle de droit garantit sa diffusion et la diffusion de ses dispositions à l'égard des intéressés, qui ne peuvent dès lors en prétendre l'ignorance ; cette publication garantit qu'ils soient en mesure de savoir son existence, son contenu et ses limites (...) les contraindre à le respecter [, l'acte réglementaire en question,] avant sa publication (...) constitue une atteinte portée à leurs libertés et leurs droits garantis par la Constitution ». La Cour conclut ainsi que « s'il s'avère des éléments du dossier que l'acte litigieux n'avait pas été publié au Journal officiel (...) son application à l'égard du requérant en amont de cette publication enlève toute 'impérativité' des dispositions que contient cet acte, et il devient juridiquement inexistant » (C.C.S., 4 fév. 2017, requête n° 14 de l'année judiciaire n° 37, J.O.R.A.E. n° 6*bis* (b), du 15 fév. 2017, p. 28).

[1] Cela comprend les licences pour la fourniture de services téléphoniques fixes, via l'opérateur de réseau, ou virtuels, pour les fournisseurs de services téléphoniques fixes qui utilisent le réseau de l'opérateur de réseau.

[2] Cela comprend quatre types de licences : licence de classe A, la licence la plus générale pour la fourniture de services d'internet et de *Voice Over Internet Protocol* (VOIP) de détail, aux utilisateurs finals, et de vente de capacité de gros, aux autres fournisseurs de services d'internet, sur des lignes louées ou dédiées. Elle permet également au titulaire de construire et d'exploiter des infrastructures connectées aux passerelles internationales ; licence de classe B, pour la fourniture de mêmes services que la licence A, à l'exception de la revente de capacité et les passerelles internationales ; licence de classe C, pour la fourniture des services de l'internet gratuits ; et licence pour le *Global Perring Services* (GPX), pour l'établissement de l'interconnexion entre les titulaires des licences de classe A et B pour l'écoulement du trafic, et la construction et l'exploitation des bases de données.

[3] Cela comprend la construction et l'exploitation des réseaux de téléphonie mobile ; la fourniture des services d'envoi de messages de type un à plusieurs (*One to Many*) ou un à un (*One to One*) ; et la fourniture de services à valeur ajoutée via les réseaux mobiles.

[4] Cela comprend la licence VSAT (*Very Small Aperture Terminal*) pour la construction et l'exploitation des infrastructures de base pour la fourniture des services de transmission de données via les satellites, sauf les données relatives à l'audiovisuel, la connexion à l'internet, les réseaux privés virtuels (VPN) et la téléphonie locale ; la licence GMPCS (*Global Mobile Personal Communications by Satellite*) pour la fourniture de services de télécommunications via les réseaux satellitaires ; la licence pour la fourniture des services fixes de diffusion audiovisuelle

passerelles internationales de télécommunications (*International Gateways*)[1] ; et les licences pour les infrastructures de télécommunications[2]. Au-delà de ces catégories établies, tout opérateur souhaitant fournir un service nouveau des communications électroniques peut se rapprocher de l'autorité pour demander une licence spéciale.

702. Les conditions relatives à l'attribution de ces licences sont différentes, mais elles ont comme dénominateur commun la capacité technique du demandeur et sa capacité financière à faire face aux nombreuses obligations financières résultant de l'attribution de la licence demandée[3].

703. En vertu d'une jurisprudence constante du Conseil d'État d'Égypte, la réunion de ces conditions générales et non-restrictives doit donner lieu à une attribution automatique de la licence demandée[4]. Si l'autorité s'est vu déléguer par le législateur la mise en place des règles de nature réglementaire afin de préciser les conditions d'attribution, il ne lui a pas donné pour autant un pouvoir discrétionnaire concernant l'octroi de la licence elle-même. Autrement dit, une fois que le demandeur a réuni toutes les conditions nécessaires à l'attribution, l'autorité ne peut légalement rejeter sa demande[5]. Seule l'insuffisance des fréquences radioélectriques, lorsque la fourniture du service l'exige, peut justifier le refus de la demande d'autorisation.

---

via le satellite ; et la licence pour la fourniture des services de télécommunications à bord des avions et des bateaux.

[1] Cela comprend des licences pour la construction et l'exploitation des infrastructures de base pour l'établissement des passerelles internationales de télécommunications (*International Telecommunications Gateways*) ; et des licences pour la pose, l'exploitation et la location des câbles sous-marins pour les communications internationales.

[2] Cela comprend des licences pour l'établissement et l'exploitation des infrastructures de base pour les réseaux de télécommunications ; l'établissement et l'exploitation des infrastructures de base pour les réseaux de télécommunications dans les lotissements résidentiels (*Closed Urban Communities*) ; et l'établissement et la location des pylônes pour les télécommunications mobiles.

[3] Ces obligations sont diverses. Elles comprennent notamment les frais d'octroi de la licence ; les redevances annuelles de la licence ; la contribution au fonds universel ; la contribution aux recherches scientifique et éducative, et au training ; les redevances pour l'utilisation de certains types d'équipements sans-fil ; les redevances annuelles d'utilisation du spectre alloué ; et les redevances annuelles pour les ressources en numérotation (*The Rules and Conditions Of The Award Of Licence To Establish Telecom Networks and Provide Telecom Services In A.R.E,* préc., p. 7).

[4] H.C.A., 24 fév. 2007, n° 17017 de l'année judiciaire n° 50, Rec. du bureau technique n° 52, partie 1ère, p. 396.

[5] H.C.A., 27 oct. 2007, n° 5557 de l'année judiciaire n° 48, Rec. du bureau technique n° 53, partie 1ère, p. 59.

§2. Permettre l'accès aux ressources rares

704. Les ressources rares en matière de communications électroniques sont les « moyens d'exploitation nécessaires [pour la fourniture des services de communications électroniques], qui ne sont disponibles qu'en quantité limitée (…) et doivent faire l'objet d'un rationnement assurant l'égalité entre exploitants »[1].

705. En raison de la rareté de ces ressources et de leur importance pour les opérateurs de communications électroniques, les régulateurs doivent assurer l'accès à ces ressources d'une manière optimale. Surtout, ils doivent veiller à ce que les règles de gestion garantissent un égal accès à ces ressources, dans des conditions objectives et non-discriminatoires. En faisant ainsi, le régulateur sera en mesure de mettre à bas les barrières économiques relatives aux ressources rares.

706. Les ressources rares en matière de communications électroniques se répartissent en deux catégories : les ressources rares en fréquences radioélectriques[2] (A), et les ressources rares en numérotation (B).

---

[1] P. HUET, « Allocation et gestion des ressources rares en matière de télécommunications », *AJDA*, 1997, p. 251.

[2] Le choix d'employer le terme « radioélectrique » plutôt que de celui d'« électromagnétique » est une option consciente qui repose sur une différence de champ entre les deux termes. Les fréquences des ondes électromagnétiques couvrent tout le spectre comprenant toutes les fréquences, de la plus basse à la plus haute. En revanche, les fréquences des ondes radioélectriques ne couvrent qu'une partie de l'échelle électromagnétique. Plus précisément, elles représentent les fréquences exploitables pour le fonctionnement et la fourniture des services des communications électroniques, tels la radio, la radiotéléphonie, la télévision et les réseaux d'internet sans-fil (Wi-Fi). Elles se situent entre 9 KHz et 300 GHz. Au-delà de 300 GHz, il s'agit des fréquences infrarouges, qui ne sont pas jusqu'à présent exploitables pour la transmission par la radio (B. DELCROS et J.-P. BROUANT, « La gestion de la ressource hertzienne », *Revue de Droit de l'Informatique et des Télécoms (DIT)*, 1997, p. 14). Il convient de préciser ici que l'emploi du terme « radioélectrique » est plus précis que celui parfois employé d'« onde hertzienne » ou de « fréquence hertzienne ». En effet, le qualificatif « hertzien » se réfère à l'unité de mesure des fréquences, autrement dit à la mesure du nombre des fréquences par seconde. Il ne se rattache donc pas à la nature intrinsèque des ondes qui restent une vérité physique distincte de leur unité de mesure. Il convient ainsi de saluer ici l'utilisation du terme « fréquences radioélectriques » dans la loi française n° 96-659 du 26 juillet 1996 précitée et dans la loi égyptienne n° 10-2003 relative à la régulation des communications. D'ailleurs, le choix de ce terme par le législateur égyptien a fait l'objet d'un débat lors des travaux préparatoires de la loi. Il fut finalement retenu pour remplacer celui de « fréquences hertziennes », introduit par le Sénat lors de sa première lecture (Projet de loi unique relatif à la réglementation des télécommunications, compte rendu des débats parlementaires de l'Assemblée du

A. La gestion des ressources rares en fréquences radioélectriques

707. Les fréquences radioélectriques proviennent d'un phénomène physique. Ce phénomène est provoqué et exploité par des procédés techniques mis en œuvre par les opérateurs de communications électroniques[1]. C'est au travers de ces ondes que les opérateurs fournissent des services de communications sans-fil à leurs clients, tels que les services de la téléphonie mobile ou encore les services de connexion internet via la boucle locale radio (BLR). En outre, ces ressources sont parfois indispensables pour relier les stations de contrôle se situant à l'extrémité du réseau, à la station mère, dans les zones mal-servies d'infrastructures filaires.

708. Parmi les différentes bandes de fréquences, seul un nombre limité est exploitable par les opérateurs de communications électroniques. Cette limitation principalement liée à des raisons d'ordre physique : la variabilité des propriétés physiques des bandes de fréquences. Des propriétés, tel le niveau de pénétration et de propagation, sont essentielles pour l'exploitabilité de la bande. Il se trouve donc que les bandes exploitables ne sont naturellement disponibles qu'en quantité limitée. Au croisement d'une offre naturelle limitée, il existe une demande importante pour l'appropriation des fréquences disponibles et exploitables. En effet, les fréquences exploitables provoquent des usages multiples. Aux communications électroniques s'ajoutent d'autres usages, tels la transmission de la télévision terrestre et les usages relatifs au service public de la défense et de la police. La demande des fréquences exploitables excède donc l'offre naturelle de ces ressources, d'où la pénurie.

709. Enfin, s'ajoute à ces éléments, la rigidité du plan national des fréquences. Ce plan, conçu sous la forme d'un tableau retraçant les différents usages assignés à chaque bande de fréquences, est difficilement modifiable[2].

Peuple du 15 déc. 2002, 3ème session ordinaire, 11ème séance (J.O.R.A.E. n° 11, du 30 déc. 2003, p. 30).

[1] D'un point de vue physique, le champ électromagnétique est généré lors du passage d'un courant électrique dans un conducteur. Le passage du courant crée des perturbations dans l'air, c'est-à-dire des ondes semblables à celles qu'on observe en jetant un caillou dans un lac. Une fréquence radioélectrique représente donc une perturbation qui parcourt l'air, mesuré en fonction du nombre de perturbations à la seconde. Cette mesure est appelée le « hertz », d'où le nom communément utilisé de fréquences hertziennes.

[2] Pour un aperçu du tableau de répartition des fréquences en France, v. https://www.anfr.fr/fileadmin/mediatheque/documents/tnrbf/TNRBF_2020-03-16.pdf. Pour un aperçu du tableau de répartition des fréquences en Égypte, v.

Les usages rattachés à chaque bande de fréquences sont décidés d'avance au niveau international et inscrits dans un cadre juridique contraignant mis en place et révisé sous l'auspice de l'U.I.T.[1]. Chaque État membre, dont la France et l'Égypte, doit donc se conformer à ce cadre harmonisé, ce qui laisse peu de marges dans l'aménagement des usages[2].

710. Ces raisons conduisent au constat de l'existence d'une pénurie de bandes exploitables de fréquences radioélectriques pour les services de communications électroniques[3].

711. Les régulateurs français et égyptien sont chargés de gérer les ressources en fréquences radioélectriques réservées dans le plan national des fréquences au secteur des communications électroniques. Pour permettre un accès effectif à ces ressources, il incombe aux régulateurs de les gérer d'une manière optimale et neutre à l'égard de la concurrence.

712. Avant d'exposer les rôles de chaque autorité en la gestion des ressources radioélectriques dans le secteur des communications électroniques, il importe de préciser que la NTRA joue un rôle plus extensif que celui de l'ARCEP en matière de gestion des fréquences. En effet, la loi confie à la NTRA une compétence large de gestion des ressources en fréquences radioélectriques qui s'étend à toutes les bandes des fréquences, qu'elles soient réservées aux communications électroniques ou non[4]. Ainsi, il incombe à la NTRA de fixer les usages des différentes bandes de fréquences radioélectriques conformément au cadre harmonisé de l'U.I.T. Elle est chargée ensuite d'assigner les fréquences aux autorités publiques, qui peuvent, selon leurs compétences, attribuer les fréquences à des acteurs privés pour leur propre usage. La NTRA joue ainsi un double rôle en matière des fréquences radioélectriques : elle établit le plan national des fréquences et le gère par l'assignation des fréquences aux différentes autorités, et puis elle gère les fréquences dédiées au secteur des communications électroniques. Pour comprendre la particularité de la NTRA, il faut la situer en contraste avec l'ARCEP. En France, il existe une distinction entre la gestion « macro » des

---

http://tra.gov.eg/ar/regulation/frequency-spectrum/Documents/مخطط%20تخصيص%20الطيف%20الراديوي.pdf.

[1] Union internationale des télécommunications (U.I.T.).

[2] O. AL-CHÉRIF, *op.cit.*, p. 63.

[3] La loi n° 10-2003 relative à la régulation des communications prend acte de cette rareté à l'article 49. Comme il existe des ressources rares en fréquences radioélectriques, il existe également des ressources qui ne sont pas rares. Ces fréquences ou blocs des fréquences sont attribués généralement au fil de l'eau selon la méthode « premier venu, premier servi ». Certains blocs sont ouverts au public par une libre utilisation, à condition qu'il utilise des équipements à faible portée électrique. Les règles relatives à ces fréquences ne font pas partie du présent paragraphe qui se concentre exclusivement sur les ressources en fréquences radioélectriques dont la rareté justifie l'attribution selon des procédures spécifiques.

[4] L. n° 10-2003 relative à la régulation des communications, préc., art. 49.

fréquences, au plan national des fréquences, et la gestion « micro » des fréquences assignées dans le plan aux autorités assignataires. La première compétence est réservée à l'Agence nationale des fréquences (ANFR), établissement public administratif, pendant que la deuxième est confiée aux autorités assignataires, dont l'ARCEP.

713. En ce qui concerne la gestion des ressources en fréquences dans le secteur des communications électroniques, elle comprend l'attribution des ressources rares en fréquences radioélectriques (I) et l'aménagement du schéma de répartition des fréquences (II).

I. L'attribution des ressources rares en fréquences radioélectriques

714. Les fréquences radioélectriques, exploitables pour les communications électroniques, sont rares et indispensables. Elles sont rares parce que l'utilisation d'un certain bloc de fréquences, au moins jusqu'à présent, est exclusive. Autrement dit, le bloc ne peut être attribué qu'à un seul opérateur pour éviter l'interférence et les brouillages préjudiciables[1]. Elles sont aussi indispensables parce que l'existence de tout un marché de communications électroniques, c'est-à-dire le marché mobile, dépend des fréquences radioélectriques.

715. Le régulateur des communications électroniques se retrouve, par conséquent, devant un nombre important de demandes de la part des opérateurs en vue de se voir attribués une partie de ces ressources. Pour satisfaire ces demandes sans créer des distorsions de concurrence, le régulateur doit recourir à des modalités d'attribution neutres à l'égard de la concurrence.

716. Les régulateurs français et égyptien jouent un rôle primordial dans l'attribution des ressources rares en fréquences. Ce rôle est pourtant différemment assuré par l'ARCEP et la NTRA. Il apparaît ainsi opportun d'apporter d'abord un éclairage sur le rôle de l'autorité dans l'attribution de ces ressources (a), avant d'expliquer les différentes modalités d'attribution applicables (b).

---

[1] L'attribution exclusive n'exclut pas le partage des fréquences entre les opérateurs sous certaines conditions.

a. Attribuer des ressources rares en fréquences radioélectriques : le rôle de l'autorité de régulation

717. Les régulateurs français et égyptien jouent des rôles variables dans les processus d'attribution des ressources rares en fréquences radioélectriques. Cette différence est due aux natures institutionnelles de l'ARCEP, d'une part, et de la NTRA, d'autre part. Cette particularité justifie que l'on examine d'abord le rôle de l'ARCEP (i), avant de se pencher sur celui de la NTRA (ii).

i. Le cas de l'ARCEP : une compétence partagée

718. La régulation du secteur des communications électroniques en France est fondée sur une synergie de compétences entre le ministre chargé des communications électroniques et l'ARCEP. L'art. L. 32-1 du C.P.C.E. révèle cette synergie. Il incombe à la fois au ministre chargé des communications électroniques et à l'ARCEP, dans le cadre de leurs compétences respectives, de poursuivre les objectifs fixés.

719. C'est ainsi que l'article L. 42-2 du C.P.C.E. prévoit l'attribution des fréquences radioélectriques selon des compétences partagées entre le ministre des communications électroniques et l'ARCEP. Selon cette disposition[1], le rôle de l'ARCEP est de proposer la modalité et les conditions d'attribution des ressources rares en fréquences au ministre chargé des communications électroniques. Cette proposition, qui doit « assurer des conditions de concurrence effective »[2], n'a de force juridique qu'après son approbation par le ministre.

720. Si l'ARCEP jouit d'un large pouvoir d'appréciation dans la précision des conditions d'attribution des fréquences radioélectriques, « Le ministre peut prévoir que le ou l'un des critères de sélection est constitué par le montant de la redevance que les candidats s'engagent à verser si la fréquence ou la bande de fréquences leur sont assignées »[3]. Dans ce cas, l'ARCEP doit tenir compte de cette préférence en l'incluant dans les critères de sélection. À part cet élément exceptionnel, l'autorité reste seule compétente pour formuler les conditions et les règles procédurales d'attribution.

721. Une fois les conditions d'attribution approuvées et publiées, la loi confie exclusivement à l'ARCEP la compétence de conduire les procédures d'attribution et d'assigner les fréquences au candidat sélectionné[4]. Cette exclusivité s'avère logique, vu les garanties d'indépendance dont jouit l'ARCEP en vertu de son statut juridique d'A.A.I.

---

[1] C.P.C.E., art. L. 42-2, al. 2.
[2] C.P.C.E., art. L. 42-2, al. 1.
[3] C.P.C.E., art. L. 42-2, al. 7.
[4] C.P.C.E., art. L. 42-2, al. 6.

ii. Le cas de la NTRA : une compétence pleine

722. En droit égyptien, la NTRA profite d'une compétence large et exclusive dans l'attribution des fréquences radioélectriques. La loi nº 10-2003 relative à la régulation des communications confie au collège de la NTRA « la formulation des règles et des conditions relatives à l'octroi des autorisations d'utilisation des fréquences radioélectriques »[1].

723. Il incombe donc au collège de l'autorité de choisir la modalité opportune d'attribution des fréquences radioélectriques ainsi que les conditions procédurales afférentes.

724. Si la loi n° 10-2003 relative à la régulation des communications reste muette sur les modalités d'attribution des fréquences radioélectriques, le choix de la modalité doit toutefois répondre à des exigences juridiques. Le choix de la modalité et la formulation des conditions d'attribution doivent respecter les principes généraux énoncés dans la loi n° 10-2003 relative à la régulation des communications, notamment « l'encouragement de l'investissement national et international (...) dans un cadre qui garantit une libre concurrence »[2].

725. À l'image de l'ARCEP, une fois les règles d'attribution établies, il incombe à la NTRA de conduire les procédures d'attribution, selon la modalité et les conditions prévues[3]. Elle assigne ensuite les fréquences correspondantes au candidat sélectionné. L'assignation prend la forme d'une autorisation administrative accordée à son titulaire pour une durée déterminée d'avance.

b. Les modalités d'attribution des fréquences en droits français et égyptien

726. L'attribution des ressources rares en fréquences radioélectriques se fait sous le contrôle de l'autorité de régulation, selon des modalités diverses en droits français et égyptien. Le dénominateur commun de ces modalités réside dans la neutralité à l'égard de la concurrence. On peut distinguer trois méthodes : la soumission comparative (i), la procédure mixte (ii) et la mise aux enchères (iii).

i. La soumission comparative

727. La soumission comparative, communément dénommée « concours de beauté », est une modalité d'attribution utilisée par les régulateurs français et égyptien en vue d'attribuer les ressources en fréquences radioélectriques « dans le cas où une situation de rareté serait constatée en raison des contraintes

---

[1] C.P.C.E., art. 13, 6° et art. 51, al. 1.
[2] L. n° 10-2003 relative à la régulation des communications, préc., art. 4.
[3] L. n° 10-2003 relative à la régulation des communications, préc., art. 51.

techniques de disponibilité des fréquences »[1]. Dans ce cas, l'autorité identifie le nombre d'autorisations à attribuer en fonction de la quantité des fréquences disponibles et de l'usage qui en est fait[2].

728. La méthode de la soumission comparative consiste en une mise en concurrence des opérateurs souhaitant l'octroi des ressources rares en fréquences[3], selon des critères non-financiers. Plus précisément, la sélection

---

[1] ANFR, « Organisation et évolution de la gestion du spectre », rapport du groupe de travail du Conseil d'administration de l'ANFR, mars 2008, p 8, *In* T. PEZ, *Le domaine public hertzien. Attribution et exploitation des fréquences radioélectriques.*, L.G.D.J., 2011, p. 59.

[2] L'usage des fréquences est un élément affectant le nombre d'autorisations disponibles. En effet, chaque usage requiert l'attribution d'une certaine quantité suffisante en fréquences. En dessous de cette quantité, l'usage ne peut être optimal. C'est pour cette raison que les fréquences sont toujours attribuées en bloc pour répondre aux impératifs techniques de leur usage.

[3] Il convient de donner ici quelques précisions quant à la nature juridique des fréquences radioélectriques. Ces précisions sont importantes dans la mesure où elles permettent de comprendre les pouvoirs et les limites de l'autorité de l'État sur les fréquences radioélectriques, et notamment sa capacité juridique de retirer des avantages financiers valorisables de l'attribution des fréquences. En France, l'utilisation des fréquences radioélectriques est considérée, depuis l'adoption de la loi du 17 janvier 1989 modifiant la loi du 30 septembre 1986 relative à la liberté de communication, comme « un mode d'occupation privatif du domaine public de l'État » (art. 10). Avec l'adoption de la loi n° 96-659 du 26 juillet 1996 de réglementation des télécommunications, les fréquences radioélectriques ont été qualifiées expressément comme relevant du domaine public de l'État (C.P.T., art. 97-1). Cette qualification emporte l'application de tout un corpus de principes et de règles régissant la domanialité publique. Ainsi, comme tous les éléments mobiliers et immobiliers du domaine public, les fréquences radioélectriques sont inaliénables et imprescriptibles. Leur utilisation représente une occupation privative du domaine public qui ne peut s'effectuer, à moins de constituer une contravention de grande voirie, sans obtenir une autorisation administrative préalable (C.G.P.P.P., art. L. 2122-1 et C.P.C.E., art. L. 41-1). Cette autorisation administrative est accordée sous le paiement d'une redevance dont le montant reflète l'avantage économique que retire le titulaire de l'usage du domaine affecté. Les autorisations d'utilisation des fréquences radioélectriques se distinguent néanmoins des autres autorisations domaniales par quelques spécificités. Contrairement aux autorisations domaniales classiques, les autorisations d'utilisation des fréquences radioélectriques ne sont ni temporaires, vu leur durée qui peut atteindre plus de dix ans (C.P.C.E., art. L. 42-1, II, 2°), ni révocables, à moins que ce soit pour un manquement constaté du titulaire à l'une de ses obligations afférentes à son autorisation (C.P.C.E., art. L. 36-11, III, al. 5). De plus, les autorisations d'utilisation des fréquences radioélectriques sont cessibles sous certaines conditions (C.P.C.E., art. L. 42-3). La cessibilité singularise donc les autorisations d'occupation privative des fréquences radioélectriques, et rend son régime juridique véritablement dérogatoire (P. GONOD, *Traité de droit administratif.* T. 2, Dalloz, 2011, p. 321). En Égypte, la loi n° 10-2003 relative à la

de l'attributaire se fait sur la base des critères liés au développement et à la contribution aux objectifs sociaux plutôt que sur la valorisation financière maximale des ressources à attribuer. La redevance d'attribution est donc un élément fixe, déterminé en amont des procédures, et connu par les opérateurs candidats à la procédure[1].

---

régulation des communications habilite la NTRA à attribuer les fréquences radioélectriques selon les règles qu'elle met en place (Art. 13, 6° ; art. 51, al. 1). Néanmoins, la loi n'a précisé, dans aucune de ses dispositions, la nature juridique de ces fréquences. Qu'attribue alors la NTRA ? Quelles sont les limites de la NTRA dans la précision de la contrepartie financière qu'elle « fixe (…) et publie » en vertu de l'article 53 de la loi ? En fonction de quoi cette contrepartie est fixée ? Ni la loi n° 10-2003 relative à la régulation des communications ni la jurisprudence ne donnent de réponses à ces questions. Afin de qualifier les fréquences radioélectriques, et faute des dispositions spécifiques dans la loi n° 10-2003 précitée, il faudra examiner la nature juridique des fréquences à la lumière des règles générales inscrites dans le code civil. Le code civil égyptien prévoit trois types de biens au sein desquels le spectre radioélectrique doit nécessairement trouver une place : des biens échangeables, des biens publics et des biens communs, *rus nullius*. Le spectre radioélectrique ne peut être qualifié de bien échangeable, car nul ne peut s'approprier de son utilisation ou se réserver l'exclusivité de son usage. Il ne peut non-plus être qualifié de bien public, car il est difficile de l'assimiler à un bien meuble ou immeuble, comme le requiert l'art. 87 du code civil égyptien. A notre avis, les fréquences radioélectriques relèvent de la catégorie de biens communs, *rus nullius*. Le spectre est une ressource disponible à tous pour l'usage collectif, sans exclusivité ni rivalité. Cela n'empêche cependant pas l'État d'intervenir, au travers de son pouvoir de police administrative, pour organiser l'usage de ce bien commun de manière à le rendre disponible pour tous. Ainsi, si son usage aléatoire engendre des effets négatifs sur la collectivité, l'État peut assortir l'utilisation du spectre de l'obtention d'une autorisation administrative. L'obtention de cette autorisation peut être assortie du paiement d'une redevance pour service rendu dont le montant doit refléter le coût encouru pour l'État. Autrement dit, en l'état actuel du droit, l'État ne peut attribuer le spectre par une procédure de mise en enchère, car il ne s'agit pas d'un élément du domaine public qu'il met à la disposition d'un tiers.

[1] S. HOYNCK, *in* P. DELVOLVÉ, M. PINAULT, O. SCHRAMECK *et al.* (dir.), *Le patrimoine immatériel des personnes publiques,* Paris, La Documentation française, 2013, p. 106. Il convient de noter ici que les opérateurs titulaires s'engagent à acquitter, en plus des redevances d'utilisation des fréquences, des redevances pour services rendus de gestion, équivalentes à la charge supportée par l'administration en vue de fournir ses services. En droit français, les deux types de contreparties financières sont régis par le décret n° 2007-1531 du 24 oct. 2007 instituant une redevance destinée à couvrir les coûts exposés par l'État pour la gestion de fréquences radioélectriques, et le décret n° 2007-1532 du 24 oct. 2007 relatif aux redevances d'utilisation des fréquences radioélectriques dues par les titulaires d'autorisations d'utilisation de fréquences délivrées par l'Autorité de régulation des communications électroniques et des postes. En droit égyptien, les redevances pour services rendus sont régies par l'article 8 de la loi n° 10-2003 relative à la régulation des

729. L'origine textuelle de cette modalité d'attribution diffère dans les deux cadres juridiques étudiés.

730. En droit français, le C.P.C.E. prévoit explicitement cette modalité à l'article L. 42-2 qui énonce : « La sélection des titulaires de ces autorisations [les autorisations limitées à cause de la rareté des ressources en fréquences disponibles] se fait par appel à candidatures sur des critères portant sur (...) la contribution à la réalisation des objectifs mentionnés à l'article L. 32-1 »[1].

731. En droit égyptien, comme relevé précédemment, le choix de cette modalité provient de l'initiative du régulateur lui-même.

732. En constatant la rareté dans quelques bandes de fréquences, la soumission comparative a été choisie à plusieurs reprises par le régulateur français. Mais le régulateur égyptien a opté une seule fois pour cette modalité.

733. En France, l'ART a adopté la soumission comparative comme modalité d'attribution pour les fréquences radioélectriques destinées à fournir les services mobiles de troisième génération (3G) lors des appels à candidature organisés en l'année 2000[2]. Le choix de cette modalité a été fait suite à la constatation de la rareté des fréquences disponibles dans les bandes 1.8 GHz et 2.1 GHz, techniquement exploitables pour ce type de services et dédiées à

---

communications. Cet article précise que font partie des ressources financières de l'Autorité : « 2- les redevances annuelles des autorisations et des licences octroyées par l'autorité. 3- la contrepartie des services ou prestations fournis ou supportés par l'Autorité aux titulaires des licences ou autorisations ». Traduction libre de :

« الرسوم السنوية للتراخيص والتصاريح التي يصدرها الجهاز. 3- مقابل الأعمال والأعباء والخدمات التي يؤديها أو يتحملها الجهاز بالنسبة إلى المرخص لهم أو للغير ».

Concernant les redevances d'utilisation des fréquences, elles sont fixées par la NTRA à la lumière de l'article 53 de la loi n° 10-2003 relative à la régulation des communications préc. Cet article énonce dans des termes généraux que : « L'autorité fixe la contrepartie financière de l'autorisation d'utilisation d'une fréquence ou d'une bande de fréquence pour les différents services de télécommunications et publie sa décision. Tous les utilisateurs du spectre sont tenus de la payer » [Traduction libre].

« يحدد الجهاز مقابل الترخيص باستخدام تردد أو حيز ترددات لخدمات الاتصالات اللاسلكية المختلفة ويعلن عن هذا المقابل، ويلتزم بأدائه جميع مستخدمى الطيف الترددى».

À titre d'exemple, les redevances pour utilisation des fréquences radioélectriques attribuées à *Vodafone Egypt* en 1998 furent fixées dans l'annexe h de sa licence à 200.000 L.E. par an pour chaque MHz attribué. Cette licence prévoyait également une redevance pour service rendu qui s'élevait à 20 millions L.E. par an pour tous les frais liés à la gestion de la licence, y compris pour la gestion des fréquences (A. RAMADAN, N. KARARA, et A. SAAD, *op.cit.*, annexe 3).

[1] C.P.C.E., art. L. 42-2, al. 4.

[2] ART, décision n° 00–835 du 28 juill. 2000 proposant au ministre chargé des télécommunications les modalités et les conditions d'attribution des autorisations pour l'introduction en France métropolitaine des systèmes mobiles de troisième génération, point 2-1 sous III du document II annexé (J.O.R.F. n° 190, 18 août 2000, p. 12678).

ce type d'usage dans le cadre harmonisé de l'U.I.T.[1]. Pour garantir la disponibilité d'une quantité suffisante du spectre pour chacun des opérateurs retenus, le nombre des lots à attribuer était donc limité au nombre de quatre. Les critères de sélection pour les fréquences disponibles portaient sur la contribution à l'innovation et au développement du marché du multimédia mobile ; l'accroissement de l'emploi et de l'investissement ; l'optimisation en l'usage des ressources en fréquences ; et le niveau d'engagement pour l'aménagement numérique du territoire[2].

734. De même, l'ART a adopté cette modalité lors des premiers appels à candidature organisés au premier semestre de l'année 2000 concernant la fourniture des services de connexion à internet haut débit via la BLR[3]. En l'occurrence, l'ART a identifié, après une phase d'expérimentation, 30 MHz duplex disponibles et exploitables dans les bandes 3.4 GHz à 3.6 GHz et 448 MHz duplex dans les bandes 24.5 GHz à 26.6 GHz. Les limites inhérentes à la disponibilité de ces fréquences ont justifié la limitation du nombre des licences à deux au niveau national pour la bande 26 GHz et à deux dans chacune de vingt-deux régions de France métropolitaine dans la bande 3.5 GHz[4]. La sélection a été faite à l'appui de critères tenant à « la capacité à stimuler la concurrence sur la boucle locale au bénéfice des utilisateurs, la contribution au développement de la société de l'information et des services à haut débit ainsi que l'ampleur et la rapidité des déploiements de boucles locales radio »[5].

735. Le régulateur égyptien, bénéficiant d'une large marge d'appréciation, a également fait le choix de recourir à cette modalité d'attribution[6] à une seule

---

[1] ART, décision n° 00–835 du 28 juill. 2000, préc., §I du document III.

[2] ART, décision n° 00–835 du 28 juill. 2000, préc., 2-2° sous §III du document II.

[3] Boucle locale radio (BLR).

[4] En justifiant cette limitation, l'ART a pris soin de préciser que « cette quantité finie de spectre disponible produit une limitation intrinsèque du nombre d'opérateurs en un point donné, dans la mesure où il n'est techniquement pas possible à plusieurs opérateurs de partager les mêmes fréquences pour déployer au même endroit des systèmes point à multipoint » (ARCEP, décision n° 99–829 du 6 oct. 1999 proposant au ministre chargé des télécommunications des appels à candidatures pour l'établissement et l'exploitation de réseaux de boucle locale radio dans les bandes 3,5 GHz et 26 GHz et désignant les fréquences dans les bandes 3,5 GHz et 26 GHz pour la boucle locale radio, exposé des motifs, §2, al. 8 (J.O.R.F. n° 277, du 30 nov. 1999, p. 17823).

[5] ARCEP, décision n° 99–829 du 6 oct. 1999, préc., §6, p. 7.

[6] Luxner, Egypt's mobile phone market heats up, Luxner News, décembre 2000, disponible sur http://www.luxner.com/cgi-bin/view_article.cgi?articleID=589, *In* C. LEWIS, « Lessons From Spectrum Auctions », *SSRN Electronic Journal*, 2018, pp. 6-7. L'opérateur retenu, *Misrfone*, a payé 520 millions de dollars comme redevance pour cette attribution et s'est engagé à établir un plan de couverture national à des niveaux déterminés de qualité de service.

occasion. Il s'agissait du premier appel à candidatures[1] organisé à la fin de l'année 1997 relatif à l'attribution d'un lot de fréquences dans le cadre de la deuxième licence d'établissement et d'exploitation du deuxième réseau mobile (G.S.M.)[2].

ii. La procédure mixte

736. La procédure mixte est une modalité combinatoire. Elle occupe une place intermédiaire entre la soumission comparative pure, dans laquelle les aspects financiers ne jouent aucun rôle, et la mise aux enchères pure, dans laquelle l'aspect financier est le critère déterminant. La procédure mixte consiste donc à considérer l'aspect financier comme un critère de sélection parmi les autres critères.

737. En droit français, cette modalité d'attribution trouve son origine dans l'article L. 42-2 du C.P.C.E., donnant au ministre chargé des communications électroniques la faculté de « prévoir que le ou l'un des critères de sélection est constitué par le montant de la redevance que les candidats s'engagent à verser si la fréquence ou la bande de fréquences leur sont assignées. Il fixe le prix de réserve au-dessous duquel l'autorisation d'utilisation n'est pas accordée »[3].

738. Cette modalité de procédure mixte a été retenue lors des appels à candidature organisés en 2005 pour l'attribution des fréquences disponibles dans les bandes de 3.4 GHz à 3.6 GHz, destinées au déploiement de la technologie de connexion à internet haut débit (WiMax)[4]. Parmi les critères précédemment utilisés pour la BLR, figure un nouveau critère financier, correspondant au montant de la redevance proposé pour l'attribution des fréquences[5].

739. De surcroît, la modalité de la procédure mixte a été retenue pour l'attribution des blocs de fréquences pour la fourniture des services selon la norme 4G dans les bandes 800 MHz et 2,6 GHz. La sélection pour les deux bandes reposait sur des critères sensiblement différents. L'attribution des lots

---

[1] Appel à candidatures pour l'établissement et l'exploitation du deuxième réseau mobile (G.S.M.) en Égypte n° 10/97/81 du 22 novembre 1997.

[2] Le premier réseau a été construit en 1996 par l'ARENTO avant la libéralisation du secteur. Au tout début de la phase de libéralisation, ce réseau a été vendu à *Egyptian Company for Mobile Services* (E.C.M.S.) via le contrat de cession d'actifs signé entre l'opérateur historique, *Telecom Egypt*, héritier des actifs de l'ARENTO, et E.C.M.S., le 30 avril 1998 (A. RAMADAN, N. KARARA, et A. SAAD, *op. cit,* annexe 6).

[3] C.P.C.E., art. L. 42-2, al. 8.

[4] ARCEP, décision n° 2005-0646 du 7 juill. 2005 proposant au ministre chargé des communications électroniques les modalités et les conditions d'autorisation d'utilisation des fréquences de boucle locale radio disponibles dans la bande 3,4-3,6 GHz en France métropolitaine (J.O.R.F. n° 182, du 6 août 2005, p. 12909, texte n° 144).

[5] T. PEZ, *op. cit.*, p. 78.

disponibles dans la bande 800 MHz était basée sur une note combinée attribuée à chaque candidat en fonction de trois critères : le montant de la valorisation du spectre, le niveau d'engagement d'accueil des opérateurs MVNO[1] et le niveau d'engagement en faveur de l'aménagement numérique du territoire[2]. L'attribution des blocs disponibles sur la bande 2.6 GHz était fondée uniquement sur une note combinée des deux premiers critères précités[3].

740. Bien que le régulateur égyptien ait eu la possibilité de choisir cette modalité d'attribution, il semble qu'il ne l'a jamais privilégiée. Il recourt, jusqu'à présent, soit à la soumission comparative, soit à la mise aux enchères.

iii. La mise aux enchères

741. Contrairement à la méthode de la soumission comparative et à la procédure mixte, la méthode de la mise aux enchères repose exclusivement sur des aspects financiers. Les fréquences radioélectriques disponibles sont donc allouées à l'opérateur qui valorise le plus ce spectre disponible. Autrement dit, celui qui est prêt à consentir la somme la plus élevée en vue de

---

[1] *Mobile Virtual Network Operators* (M.V.N.O.). Les opérateurs M.V.N.O. sont des opérateurs virtuels qui ne possèdent aucun réseau propre des communications électroniques (*Light* M.V.N.O.), ou qui possèdent uniquement un cœur de réseau (*Full* M.V.N.O.). Dans les deux cas, les M.V.N.O. ont un modèle d'affaires qui ne vise pas le même type de clientèle que les opérateurs qui possèdent un réseau des communications électroniques (M.N.O.). Pour fournir leurs services, habituellement à bas coût, les opérateurs M.V.N.O. achètent des services en gros des opérateurs des réseaux, et fournissent des services de détail à leur clientèle via les réseaux de ces opérateurs partenaires avec lesquels ils signent des conventions d'accès ou d'interconnexion selon le cas.

[2] ARCEP, décision n° 2011-0600 du 31 mai 2011 proposant au ministre chargé des communications électroniques les modalités et les conditions d'attribution d'autorisations d'utilisation de fréquences dans la bande 800 MHz en France métropolitaine pour établir et exploiter un réseau radioélectrique mobile ouvert au public, document II annexé, point 4.1 (J.O.R.F. n° 0137, du 15 juin 2011, texte n° 95).

[3] ARCEP, décision n° 2011-0598 du 31 mai 2011 proposant au ministre chargé des communications électroniques les modalités et les conditions d'attribution d'autorisations d'utilisation de fréquences dans la bande 2,6 GHz en France métropolitaine pour établir et exploiter un réseau radioélectrique mobile ouvert au public, document II annexé, point 4.1 (J.O.R.F. n° 0137, du 15 juin 2011, texte n° 93). Avec un prix de réserve de 2.5 milliards d'euros, les opérateurs retenus se sont engagés à payer près de 3,6 milliards d'euros (ARCEP, document d'orientation pour l'introduction de la neutralité technologique dans la bande 1800 MHz, publié le 13 mars 2013, p. 6, note de bas de page n° 9, disponible sur : https://archives.arcep.fr/fileadmin/uploads/tx_gspublication/temp/Document_dorientation_pour_lintroduction_de_la_neutralite_technologique_dans_la_bande_1800_MHz.pdf, consulté le 15 juill. 2019).

son appropriation. Ainsi, « la différence fondamentale entre la sélection par appel à candidature et la sélection par une procédure d'enchères est relative à la place qui est faite au critère financier »[1].

742. L'idée est que l'opérateur qui valorise le plus la fréquence sera naturellement l'opérateur le plus efficace économiquement puisque c'est lui qui vise une maximisation de l'utilisation de cette ressource rare.

743. En droit français, la modalité d'attribution par la mise aux enchères a été introduite en 2008[2]. L'alinéa 5 de l'article L. 42-2 du C.P.C.E énonce dorénavant que : « la sélection des titulaires de ces autorisations [les autorisations limitées à cause de la rareté des ressources en fréquences disponibles] se fait par (…) ou par une procédure d'enchères ».

744. Cette modalité a été mise en place lors des procédures organisées en 2015 relatives à l'attribution des fréquences redevenues disponibles dans la bande 700 MHz grâce au passage à la Télévision numérique terrestre (T.N.T.)[3]. Cette modalité d'attribution semble continuer à être privilégiée dans l'attribution des fréquences dans la bande 3.5 GHz, notamment pour le déploiement des réseaux en 5G[4]. L'ARCEP a proposé de scinder les fréquences disponibles en quatre blocs de 50 MHz à attribuer à prix fixe contre des engagements spécifiques, et des blocs supplémentaires de 10 MHz chacun attribué selon une procédure de mise aux enchères. Cela est conforme aux orientations stratégiques du Gouvernement, visant, *inter alia*, à valoriser le patrimoine de l'État[5].

---

[1] T. PEZ, *op. cit.*, p. 76.

[2] Art. 114 de la loi n° 2008-776 du 4 août 2008 de modernisation de l'économie (J.O.R.F. n° 0181, du 5 août 2008, p. 12471, texte n° 1).

[3] ARCEP, décision n° 2015-0825 du 2 juill. 2015 proposant au ministre chargé des communications électroniques les modalités et les conditions d'attribution d'autorisations d'utilisation de fréquences dans la bande 700 MHz en France métropolitaine pour établir et exploiter un réseau radioélectrique mobile ouvert au public (J.O.R.F. n° 0157, du 9 juill. 2015, texte n°100). A. du 6 juillet 2015 relatif aux modalités et aux conditions d'attribution d'autorisations d'utilisation de fréquences dans la bande 700 MHz en France métropolitaine pour établir et exploiter un système mobile terrestre (J.O.R.F. n° 0157, du 9 juill. 2015, texte n° 71).

[4] ARCEP, décision n° 2019-1386 en date du 21 nov. 2019 proposant au ministre chargé des communications électroniques les modalités et les conditions d'attribution d'autorisations d'utilisation de fréquences dans la bande 3,4-3,8 GHz en France métropolitaine pour établir et exploiter un réseau radioélectrique mobile ouvert au public, doc. II, 3°.

[5] Ministère de l'économie et des finances et ministère de la cohésion des territoires et des relations avec les collectivités territoriales, communiqué de presse du 10 mai 2019 intitulé « Mise en œuvre de la feuille de route 5G : Le Gouvernement communique à l'ARCEP ses orientations en vue de l'élaboration des prochaines attributions de fréquences pour la 5G », p. 2, disponible sur https://www.cohesion-territoires.gouv.fr/mise-en-oeuvre-de-la-feuille-de-route-5g-le-gouvernement-communique-larcep-ses-orientations-en-vue, consulté le 22 oct. 2019. Pour une

745. En Égypte, la NTRA a profité de son pouvoir d'appréciation dans le choix de la modalité d'attribution pour privilégier la mise aux enchères. Dans la procédure d'attribution de la troisième licence pour l'établissement des réseaux et la fourniture des services mobiles de troisième génération (3G), les conditions d'attribution ont porté sur le montant de la redevance, constitué d'une part fixe, à payer dès l'attribution des fréquences, ainsi que d'une part variable calculée en pourcentage du chiffre d'affaires annuel réalisé par le candidat sélectionné[1].

II. L'aménagement des ressources rares en fréquences radioélectriques

746. L'applicabilité des principes d'objectivité et de non-discrimination ne se limite pas aux procédures visant l'attribution des ressources rares en fréquences radioélectriques. Ces mêmes principes doivent être respectés par le régulateur s'il souhaite gérer ces ressources. L'aménagement peut concerner la répartition des fréquences entre les opérateurs (a) ou les conditions d'utilisation des fréquences attribuées (b).

évaluation de l'économie globale de cette procédure et de sa pertinence, v. J.-V. MAUBLANC, « La procédure d'attribution des autorisations d'exploitation de réseaux mobiles à l'épreuve de la 5G », *RFDA*, n° 4, 2020, pp. 713-723. Pour les procédures et les décisions d'attribution prises par l'ARCEP, v. ARCEP, décision n° 2020-1160 du 20 octobre 2020 relative au compte rendu et au résultat de la procédure d'attribution d'autorisations d'utilisation de fréquences dans la bande 3,4 - 3,8 GHz en France métropolitaine pour établir et exploiter un réseaux radioélectrique mobile ouvert au public ; ARCEP, décisions n° 2020-1254, 2020-1255, 2020-1256 et 2020-1257 du 12 novembre 2020 autorisant les sociétés Bouygues Télécom, Free Mobile, Orange et SFR à utiliser des fréquences dans la bande 3,4 - 3,8 GHz en France métropolitaine pour établir et exploiter un réseau radioélectriques mobile ouvert au public (https://www.arcep.fr/la-regulation/grands-dossiers-reseaux-mobiles/la-5g/frequences-5g-procedure-dattribution-de-la-bande-34-38-ghz-en-metropole.html). La demande de suspension d'exécution de ces décisions a été rejetée pour défaut d'urgence (C.E., ord., 18 nov. 2020, *Asso. Priartem et Asso. agir pour l'environnement*, n° 446301, inédit). La demande au fond a été rejetée par la suite par le juge de l'excès de pouvoir (C.E., 2/7 S.S.R., 6 oct. 2021, *Asso. Priartem et Asso. agir pour l'environnement*, n° 446302, mentionné aux tables du Rec.).

[1] Au terme des procédures, l'opérateur *Etisalat* a consenti à payer 2.5 milliard de dollars en redevance, et 6% de ses chiffres d'affaires annuels (« UAE's Etisalat is granted third mobile license in Egypt », 5 juin 2006, disponible sur https://www.smh.com.au/national/uaes-etisalat-is-granted-third-mobile-license-in-egypt-20060705-gdnw9c.html, consulté le 6 août 2019).

a. L'aménagement du schéma d'attribution des fréquences entre les opérateurs

747. Retrouver des quantités de fréquences suffisantes dans des bandes où une pénurie est déjà constatée présente un défi que le régulateur doit relever, sans pour autant altérer le respect de la concurrence entre les opérateurs.

748. C'est dans cet esprit que les régulateurs français et égyptien sont habilités à aménager, dans des conditions objectives et non-discriminatoires, le schéma de répartition des fréquences. Évidemment, cet aménagement ne peut être effectué que lors du renouvellement des autorisations d'utilisation des fréquences radioélectriques.

749. Si la NTRA, à notre connaissance, n'a jamais été confrontée à une telle situation, l'ARCEP l'a été au cours de l'année 2007 lorsqu'elle envisageait de permettre l'entrée sur le marché mobile d'un quatrième opérateur. Les difficultés juridiques de ce réaménagement méritent d'être analysées.

750. En effet, l'ARCEP envisageait d'aménager le schéma de répartition des fréquences dans la bande 900 MHz afin de pouvoir attribuer une quantité de fréquences à un nouvel opérateur télécom. À cet effet, le régulateur introduisit, lors des procédures de renouvellement de l'autorisation de la société Bouygues Télécom dans les bandes 900 et 1800 MHz en 2007, une clause de restitution des fréquences[1]. Selon de cette clause, il n'était plus possible pour l'opérateur Bouygues Télécom de réutiliser une partie de ses fréquences dans la bande 900 MHz dans le but de développer son réseau 3G en norme dite U.M.T.S[2]. Toutefois, s'il le souhaitait, il devait restituer un bloc de 4,8 MHz de fréquences sur les 14,8 MHz dont cette société était assignataire dans la bande 900 MHz, et cela dans la partie du territoire national dite hors zones très denses. Les fréquences à restituer étaient destinées à être réaffectées au nouvel opérateur pour l'exploitation d'un réseau de téléphonie mobile en 4G.

751. Insatisfaite de cette décision, la société Bouygues Télécom a introduit un recours pour excès de pouvoir devant le Conseil d'État tendant à annuler l'annexe 5 de la décision litigieuse imposant cette rétrocession. Pour la société requérante, cette rétrocession constituait un traitement discriminatoire de la part du régulateur, la mettant dans une situation défavorable par rapport à ses concurrents. Si le recours a été rejeté[3], la décision présente néanmoins des éclaircissements quant aux principes d'objectivité et de non-discrimination appliqués à l'aménagement du schéma des fréquences radioélectriques.

---

[1] ARCEP, décision n° 2007-1114 du 4 déc. 2007 fixant les conditions de renouvellement de l'autorisation d'utilisation de fréquences de Bouygues Télécom dans les bandes 900 et 1800 MHz (J.O.R.F. n° 0013, du 16 jan. 2008, texte n° 82).

[2] *Universal Mobile Telecommunications Service* (U.M.T.S.).

[3] C.E., 2/7 S.S.R., 27 avril 2009, *Sté. Bouygues Télécom,* n° 312741, Concl. F. LENICA, Rec. p. 168.

752. D'abord, la société Bouygues Télécom a soulevé une rupture d'égalité avec ses concurrents résultant de sa soumission à l'obligation de restituer une partie de ses fréquences dans la bande 900 MHz dans la partie hors zones très denses du territoire comme condition pour pouvoir utiliser les fréquences disponibles restantes dans cette bande pour la fourniture des services en 3G. En rejetant ce moyen, le Conseil d'État a mis l'accent tout d'abord sur l'« intérêt général »[1] attaché à l'entrée sur le marché d'un quatrième opérateur mobile. Cet intérêt général est garanti par le schéma de répartition des fréquences adopté par l'ARCEP. Ensuite, le juge administratif a rejeté le moyen allégué concernant la rupture d'égalité, en estimant que « le schéma d'ensemble de rétrocession, par les opérateurs existants, de fréquences dans la bande 900 MHz, dans lequel s'inscrit la décision attaquée, aura pour conséquence, s'il est réalisé, l'attribution, à partir du 31 décembre 2012, de la même quantité de fréquences à chacun de ces opérateurs dans la bande autour de 900 MHz, soit 10 MHz en zones très denses et 10 MHz hors zones très denses ». Le Conseil d'État a ainsi constaté le « caractère équitable » du schéma, ce qui le conduit à rejeter le moyen soulevé.

753. Ensuite, la Haute juridiction a examiné le moyen tiré de la rupture d'égalité résultant de la fixation des calendriers de rétrocession différents concernant la société requérante et ses concurrents. Ce calendrier exigeait de la société requérante la restitution de la partie demandée de ses fréquences dans un délai plus court que celui accordé à ses concurrents[2]. Le juge administratif a rejeté ce moyen en relevant que cette rétrocession à double vitesse était justifiée par deux raisons. D'abord, il a souligné « la nécessité de fournir au futur attributaire de la quatrième licence de téléphonie mobile un accès aux fréquences de la bande 900 MHz dans un délai au-delà duquel il ne serait pas en mesure de déployer son réseau dans des conditions de concurrence loyale et efficace »[3]. Ensuite, le juge a précisé que la différence de délais se justifie par la différence de situation entre la société Bouygues Télécom et les opérateurs concurrents, dans la mesure où « les contraintes de trafic pesant, à court terme, sur BOUYGUES TÉLÉCOM sont moindres que celles qui affectent ses concurrents, du fait de son moins grand nombre de clients »[4].

---

[1] Cons. 4.

[2] En effet, l'ARCEP a imposé, d'une part, à Bouygues Télécom de restituer la partie de 4.5 MHz parmi les 14.5 MHz qu'il utilise dans la bande 900 MHz hors zones très denses dans 18 mois de l'attribution de la licence au nouvel opérateur mobile. D'une autre, elle a imposé aux deux autres opérateurs, Orange et SFR, de restituer la partie de leurs fréquences, voire 2.4 MHz sur les 12.4 MHz qu'ils détiennent dans la même bande hors zones très denses, au 31 décembre 2012. Puisque l'entrée sur le marché du 4ème opérateur télécoms était prévue dès 2009, Bouygues Télécoms était ainsi contrainte de restituer des fréquences avant ses concurrents.

[3] Cons. 7.

[4] Cons. 7.

754. La société requérante a prétendu par la suite que la rétrocession hâtive allait la contraindre à reporter l'exploitation du réseau selon la norme 3G ou à dégrader la qualité offerte des services fournis en 2G en cas de départage des fréquences entre les deux normes. Pour rejeter ce moyen, le juge administratif s'est penché sur l'examen des mesures annoncées par l'ARCEP plusieurs années avant l'annonce de la condition de rétrocession. L'ARCEP a indiqué « clairement que les opérateurs disposant de fréquences situées dans la bande autour de 900 MHz, utilisées en norme 2G (GSM) pourraient se voir demander ultérieurement, à l'occasion de l'examen de leurs demandes de réutilisation d'une partie de ces fréquences pour compléter le déploiement de leur réseau 3G, une rétrocession partielle de ces fréquences visant à maintenir l'équité entre les différents opérateurs de téléphonie mobile »[1]. La Haute juridiction a conclu ainsi que « chacun des opérateurs de téléphonie mobile a été mis en mesure d'anticiper la nécessité de procéder aux rétrocessions exigées en contrepartie de l'autorisation de réutiliser en norme 3G certaines des fréquences jusqu'alors exploitées en norme 2G, dans des conditions non discriminatoires »[2].

755. Enfin, le juge administratif n'a pas accueilli l'argument de la société requérante consistant à dire que la rétrocession des fréquences allait nécessairement la conduire à dégrader la qualité des services offerts selon la norme 2G par la réduction de la quantité des fréquences dédiées à 5 MHz pour pouvoir fournir des services selon la norme 3G par les 5 MHz restants. Le juge administratif a indiqué que les concurrents de la société requérante « ayant prévu d'affecter chacun 5 MHz au déploiement de leur réseau 3G dans cette bande autour de 900 MHz, ils disposeront, pour assurer le trafic résiduel en norme 2G dans ces zones, d'une quantité de fréquences inférieure à celles de BOUYGUES TÉLÉCOM, jusqu'à la rétrocession complète par cette société de 4,8 MHz, et égale à celle de BOUYGUES TÉLÉCOM à l'issue de celle-ci ; que, par suite, BOUYGUES TÉLÉCOM disposant à tout moment dans les zones concernées par ces restitutions d'une quantité de fréquences au moins égale à celle de ses concurrents, la distorsion de concurrence invoquée ne pourrait provenir que de la nécessité alléguée par BOUYGUES TÉLÉCOM d'assurer une proportion de trafic résiduel en norme 2G plus importante que celle de ses concurrents dans les zones concernées »[3]. Or cette nécessité, comme l'a relevé le juge administratif, ne saurait pas être attribuée « à une rupture, à son détriment, de l'équité des attributions des fréquences entre l'ensemble des opérateurs de réseaux mobiles de deuxième et troisième génération »[4], mais plutôt à la stratégie commerciale de la société requérante elle-même.

---

[1] Cons. 8.
[2] Cons. 8.
[3] Cons. 9.
[4] Cons. 9.

b. L'aménagement des conditions d'utilisation des fréquences attribuées

756. L'attribution des fréquences ne se limite pas à réserver des ressources rares en fréquences radioélectriques à un certain opérateur, mais emporte également la précision des conditions techniques d'usage de ces fréquences. Une de ces conditions techniques se rapporte au type d'usage que l'opérateur fait de la fréquence, et notamment de la technologie employée.

757. Les conditions d'utilisation des fréquences sont d'une grande importance pour les opérateurs, car elles ont un impact sur la rentabilité économique attendue de l'usage du spectre. Ainsi, le changement des conditions technologiques peut permettre aux opérateurs de rentabiliser encore davantage l'utilisation du spectre par l'emploi d'une nouvelle technologie. Par conséquent, si le régulateur souhaite accorder plus de flexibilité dans les conditions techniques d'utilisation du spectre, il a l'obligation de garantir une égalité des conditions entre tous les opérateurs sur le marché.

758. La NTRA n'a pas été amenée, jusqu'à présent et à notre connaissance, à se prononcer sur cette question. En revanche, l'ARCEP, sous l'effet du droit de l'Union, a dû aménager les conditions d'utilisation des fréquences des autorisations déjà attribuées aux opérateurs mobiles.

759. La directive 2009/140/CE du 25 novembre 2009 a abrogé le principe de restriction technologique attaché à l'utilisation des fréquences radioélectriques. Il a été remplacé par le principe dit de la « neutralité technologique »[1]. Ce principe libère les attributaires des contraintes technologiques qui peuvent être imposées au travers de l'obligation d'utilisation d'une technologie déterminée dans le bloc de fréquences attribué. Il incombe donc aux régulateurs nationaux, à moins qu'il existe une raison qui

---

[1] Dir. 2002/21/CE préc., art. 9, 3°, modifié par l'article 1 de la directive 2009/140/CE (Directive 2009/140/CE du Parlement européen et du Conseil du 25 novembre 2009 modifiant les directives 2002/21/CE relative à un cadre réglementaire commun pour les réseaux et services de communications électroniques, 2002/19/CE relative à l'accès aux réseaux de communications électroniques et aux ressources associées, ainsi qu'à leur interconnexion, et 2002/20/CE relative à l'autorisation des réseaux et services de communications électroniques ((J.O.U.E. L. 337, 18 déc. 2009, p. 37). Cet article prévoyait que : « les États membres veillent à ce que tous les types de technologies utilisés pour les services de communications électroniques puissent être utilisés dans les bandes de fréquences déclarées disponibles pour les services de communications électroniques dans leur plan national d'attribution des fréquences conformément à la législation communautaire ». Ce même principe a été repris dans le C.C.E.E. (art. 73, §2 sous c)).

nécessite de déroger à ce principe[1], de permettre aux différents opérateurs d'employer les différents types de technologies sans restriction pour fournir leurs services aux utilisateurs finaux en utilisant les mêmes fréquences qui leurs sont assignées.

760. Dès la transposition de cette directive en droit français[2], l'opérateur Bouygues Télécom a demandé à l'ARCEP de lever la contrainte technologique qui pèse sur l'utilisation des fréquences qui lui sont attribuées dans la bande 1800 MHz selon la seule technologie G.S.M. Cette levée de restriction technologique devait lui permettre de fournir des services sur la même bande selon des technologies plus avancées, et notamment selon la norme 4G LTE[3].

761. Parallèlement à l'examen de la demande de la société Bouygues Télécom, le régulateur français s'est intéressé de manière plus globale à la question de la levée des restrictions technologiques sur la bande de fréquences 1800 MHz. Dans son document d'orientation publié à cet effet[4], l'autorité a relevé que le maintien des restrictions technologiques dans ladite bande ne lui paraissait plus nécessaire en vue de la réalisation d'un des objectifs d'intérêt général inscrits au II de l'article L. 42 du C.P.C.E.[5]. Néanmoins, eu égard à la

---

[1] C.C.E.E., art. 73, §2 sous c). « Les États membres peuvent toutefois prévoir des restrictions proportionnées et non discriminatoires aux types de réseau de radiocommunications et de technologie sans fil utilisés pour les services de communications électroniques si cela est nécessaire pour :

a) éviter le brouillage préjudiciable;
b) protéger la santé publique contre les champs électromagnétiques;
c) assurer la qualité technique du service;
d) optimiser le partage des radiofréquences;
e) préserver l'efficacité de l'utilisation du spectre; ou
f) réaliser un objectif d'intérêt général conformément au paragraphe 4 ».

[2] Ordonnance n° 2011-1012 du 24 août 2011 relative aux communications électroniques (J.O.R.F. n° 0197, du 26 août 2011, p. 14473, texte n°49).

[3] *Long-Term Evolution* (L.T.E.)

[4] ARCEP, document d'orientation pour l'introduction de la neutralité technologique dans la bande 1800 MHz, publié le 13 mars 2013, préc., p. 22.

[5] « L'Autorité de régulation des communications électroniques, des postes et de la distribution de la presse peut également, dans les conditions prévues à l'article L. 36-6, prévoir des restrictions aux types d'équipements, de réseaux et de technologies utilisés dans les bandes de fréquences attribuées aux services de communications électroniques dans le tableau national de répartition des bandes de fréquences et dont l'assignation lui a été confiée si cela est nécessaire pour :

a) Éviter les brouillages préjudiciables ;
b) Protéger la santé publique ;
c) Assurer la qualité technique du service ;
d) Optimiser le partage des fréquences radioélectriques ;
e) Préserver l'efficacité de l'utilisation du spectre ; ou
f) Réaliser un objectif prévu à l'article L. 32-1 ».

situation concurrentielle sur la bande 1800 MHz, résultant notamment de la non-attribution des fréquences sur cette bande au quatrième opérateur, Free Mobile, l'ARCEP a considéré la nécessité d'une procédure particulière. En effet, « l'absence de mesure correctrice, [risquait de] créer un déséquilibre important dans l'accès au spectre pour le déploiement des nouveaux réseaux mobiles en défaveur du dernier entrant »[1]. L'ARCEP a donc conditionné la levée des restrictions technologiques sur cette bande, à compter du 25 mai 2016, à la réalisation d'un rééquilibrage des fréquences attribuées aux différents opérateurs dans cette bande. Le schéma cible de répartition de la bande 1800 MHz a été considéré « le plus à même de répondre à l'exigence d'égalité entre opérateurs dans un contexte de levée de la restriction à la technologie GSM à compter du 25 mai 2016 [. Il] correspond à 20 MHz duplex pour chacun des trois opérateurs historiques et 15 MHz duplex pour Free Mobile sur tout le territoire. Ce rééquilibrage, qui se traduit ainsi par une restitution de fréquences par les trois opérateurs historiques et une attribution au dernier entrant qui n'en disposait pas, permet de veiller à l'exercice d'une 'concurrence effective et loyale' au bénéfice du consommateur »[2].

762. Ayant clarifié sa position, l'ARCEP a fait suite à la demande de la société Bouygues Télécom en l'autorisant à employer d'autres technologies que celle du G.S.M. sur les fréquences qu'elle utilise dans la bande 1800 MHz. Néanmoins, cette levée de restriction était tributaire du respect de certaines conditions : afin d'éviter que Bouygues Télécom ne détienne un avantage concurrentiel injustifié sur ses concurrents, l'autorité a conditionné la levée de restriction technologique à la restitution par la société, dès le 1er octobre 2013, des fréquences qui lui avaient été attribuées dans la bande 1800 MHz en plus « de 23,8 MHz dans les zones très denses et de 21,6 MHz, hors des zones très denses »[3]. Cette solution devait permettre l'atteinte de deux objectifs. D'une part, elle visait l'établissement d'une égalité entre Bouygues Télécom et ses deux concurrents les plus anciens, Orange France et SFR, en termes de quantité de fréquences attribuées à chacune sur cette bande. D'autre part, elle permettait au nouvel entrant, Free Mobile, de demander, s'il le souhaitait et à compter du 1er octobre 2013, l'attribution de 5 MHz sur la bande 1800 MHz où aucun bloc de fréquences ne lui était pas jusqu'alors attribué.

763. À l'appui d'un recours pour excès de pouvoir introduit devant le Conseil d'État à l'encontre de la décision de l'ARCEP de levée conditionnée

[1] ARCEP, document d'orientation pour l'introduction de la neutralité technologique dans la bande 1800 MHz préc., p. 22.

[2] ARCEP, document d'orientation pour l'introduction de la neutralité technologique dans la bande 1800 MHz préc., p. 24.

[3] ARCEP, décision n° 2013-0363 du 14 mars 2013 relative à la demande de la société Bouygues Telecom de réexamen des restrictions technologiques de son autorisation d'utilisation de fréquences dans la bande 1800 MHz au titre du II de l'article 59 de l'ordonnance n° 2011-1012 du 24 août 2011, p. 26.

des restrictions technologiques dans la bande 1800 MHz pour l'opérateur Bouygues Télécom, l'opérateur Orange France a soulevé deux moyens tirés d'une erreur de droit et d'une d'appréciation commise par l'autorité de régulation. Le juge administratif a rejeté ces moyens[1] en considérant que « l'ARCEP a pris les mesures appropriées afin que soient respectés le principe d'égalité entre opérateurs et les conditions d'une concurrence effective »[2]. Il a précisé également « qu'en tout état de cause, à supposer que la société Bouygues Télécom ait disposé d'un avantage concurrentiel à compter de la date d'entrée en vigueur de la décision attaquée, cet avantage n'est pas la conséquence de la seule décision contestée mais résulte également des choix stratégiques, technologiques et économiques des autres opérateurs de télécommunications mobiles au cours des dernières années »[3].

B. La gestion des ressources rares en numérotation

764. Les ressources en numérotation constituent des ressources logiques, indispensables pour l'adressage, l'identification et l'acheminement de la communication téléphonique de bout en bout[4]. Ces ressources n'existent

---

[1] C.E., 2/7 S.S.R., 18 juin 2014, *Sté. Orange France*, n° 369077, Concl. X. DOMINO, inédit.

[2] Cons. 15.

[3] Cons. 15.

[4] Plus précisément, les ressources en numérotation sont les identifiants logiques qui permettent aux différents éléments du réseau de s'identifier, assurant ainsi un écoulement simple, fluide et ciblé du trafic d'une partie du réseau à une autre partie du même réseau, ou d'un autre réseau. Chaque partie du réseau a donc un numéro d'identification précis, que ce soit pour l'acheminement ou pour la terminaison. Les ressources en numérotation peuvent être des préfixes, des numéros ou des blocs de numéros, géographiques et non-géographiques, conçues dans des formats et des longueurs différents. Elles sont inscrites dans un schéma communément appelé « plan national de numérotation ».
Il convient de noter ici qu'il existe un autre type de ressource d'adressage pour le réseau internet dénommé IP (*Internet Protocol*). À l'instar des ressources en numérotation, les ressources en IP sont des identifiants qui permettent d'écouler les données transmises en ligne, de bout en bout. La seule différence entre les deux types de ressources, c'est que l'utilisateur d'internet ne connaît pas forcément son adresse IP. Cette adresse sert seulement comme un support d'adressage pour les données, et ne constitue pas un identifiant public de l'utilisateur vis-à-vis d'autres utilisateurs. Cet élément a des conséquences importantes, car si l'accessibilité des utilisateurs finals aux numéros téléphoniques intelligibles et faciles à mémoriser appellent à mettre en place de numéros plus de court, cette question ne se pose pas pour les adresses IP. Si la nature intrinsèque des adresses IP ne peut pas connaître des limites, car elle est infinie, il n'en reste pas moins que la gestion des adresses IP requiert une adaptation

qu'en quantité limitée. Cette limitation est due à leur inscription dans un schéma de numérotation, communément appelé « plan national de numérotation »[1], organisé dans ses différents types sous formes de séries, contenant chacune un certain nombre limité des chiffres, souvent entre 1 et 14 chiffres[2].

765. À l'instar des ressources rares en fréquences radioélectriques, certaines ressources en numérotation sont marquées par une certaine rareté. Cette rareté provient de deux sources principales : d'abord, les opérateurs expriment parfois une forte demande pour se voir attribuer des ressources particulières en numérotation. Comme l'explique M. Thierry TUOT, « parmi les numéros de téléphones, certains, par leur brièveté, ont une valeur supérieure pour les opérateurs – qu'il s'agisse d'un chiffre, de deux ou de quatre, faciles à retenir et donnant accès rapide à des services qui deviennent ainsi attractif pour ce motif »[3]. Les préfixes représentent à notre sens un des exemples clairs illustrant cette rareté de ressource[4], car la séquence et l'élégance des préfixes peut avoir un effet notable sur les préférences de clientèle. Puis, la rareté peut provenir des objectifs pratiques, notamment la lisibilité et la facilité d'usage

---

permanente. En effet, le système d'adressage sur internet dit (IPv4), en place depuis les années 1980, demeure le système couramment utilisé aujourd'hui. Les adresses IP dans le cadre de ce système sont limitées à 32 bits. Avec l'explosion de l'usage d'internet, il était nécessaire de replacer ce système pas un autre système d'une plus grande capacité, d'où le nouveau système (IPv6). Ce système a une capacité plus grande que l'IPv4. Les régulateurs français et égyptien des communications électroniques n'ont pas d'autorité sur les systèmes d'adressage d'internet. Le registre des systèmes d'adressage est tenu et développé par une association internationale non-lucrative (I.C.A.N.N.) regroupant en son sein des acteurs publics, notamment des États, et des acteurs privés. Au niveau national, les régulateurs français et égyptien des communications électroniques participent aux processus de la migration de l'IPv4 à l'IPv6 par la sensibilisation des opérateurs de communications électroniques.

[1] Le plan de numérotation peut être défini comme étant « la ressource constituée par l'ensemble structuré des numéros permettant notamment d'identifier les points de terminaison fixes ou mobiles des réseaux et services téléphoniques, d'acheminer les appels et d'accéder à des ressources internes aux réseaux » (ARCEP, décision n° 05-1084 du 15 déc. 2005 approuvant les règles de gestion du plan national de numérotation, p. 7).

[2] Le plan national de numérotation de l'Égypte, adopté par la NTRA, prend note de cette limitation dans son préambule en considérant la numérotation en tant que « ressource limitée de l'État ».

[3] T. TUOT, « Pouvoir tarifaire - compétence législative : Une redevance qui n'est pas proportionnelle au service rendu est une taxe que seul le législateur peut créer », note sous C.E., 25 avril 2007, *Sté. Free*, n° 287486, *Concurrences*, 2007, p. 158.

[4] Les préfixes sont les premiers chiffres du numéro, d'un à trois chiffres, identifiant l'opérateur auprès duquel l'utilisateur est abonné. Il est utilisé également pour la sélection d'un transporteur, pour les émissions des appels longue distance, différent de l'opérateur de boucle locale auquel l'utilisateur est abonné.

par les utilisateurs finals. Dans la recherche de ces objectifs, le régulateur doit optimiser le schéma de numéro, en restreignant la composition des numéros à un nombre raisonnable de chiffres.

766. La limitation des ressources rares en numérotation nécessite donc une gestion efficace et prudente de la part du régulateur. D'abord, le régulateur doit assurer une conception simple, efficace et prévoyante du plan national de numérotation. Ensuite, il doit veiller à une attribution des ressources en numérotation selon des critères objectifs, transparents et non-discriminatoires.

767. Les régulateurs français et égyptien sont chargés d'établir et de gérer le plan national de numérotation. L'article L. 44 du C.P.C.E. prévoit que « Le plan national de numérotation téléphonique est établi par l'Autorité de régulation des communications électroniques, des postes et de la distribution de la presse et géré sous son contrôle ». De même, l'article 5 de la loi égyptienne n° 10-2003 relative à la régulation des communications énonce que : « L'autorité (…) est habilitée à : (…) 9- mettre en place le plan national de numérotation et suivre sa mise en œuvre »[1].

768. Dans le cadre de cette mission de gestion des ressources rares en numérotation, l'ARCEP et la NTRA exercent deux fonctions principales : en amont, elles établissent le plan national de numérotation (I), et en aval elles aménagent ces ressources pour garantir leur disponibilité et leur bonne utilisation (II).

I. L'établissement du plan national de numérotation

769. L'établissement du plan national de numérotation est une tâche ardue. Les régulateurs doivent concilier l'optimisation de l'utilisation des ressources rares en numérotation et la protection de la concurrence loyale par la garantie d'un accès égal des opérateurs à ces ressources indispensables[2].

770. Le plan national de numérotation comporte deux volets principaux : un schéma fonctionnel des différentes ressources en numérotation selon leur utilisation (a) et les règles procédurales relatives à l'attribution de ces ressources aux opérateurs qui en font la demande (b).

---

[1] Traduction libre de :

« للجهاز (...) على الأخص ما يأتى: 9- وضع خطة الترقيم القومى للاتصالات والاشراف على تنفيذها » .

[2] Il convient de noter ici que l'égalité d'accès aux numérotations n'est pas un détail sans importance. Elle a une incidence certaine sur la facilité de communication et ainsi sur la préférence de la clientèle. L'expérience de l'opérateur *Mercury* au Royaume Uni est ici pertinente. L'opérateur a dû passer par une période difficile au début de l'ouverture à la concurrence, car il fallait composer un numéro plus long que son concurrence, *British Telecom*, pour accéder au destinataire (F. DUPUIS-TOUBOL, « Un détail qui a son importance ; l'attribution des préfixes E aux opérateurs longue distance », *Revue de Droit de l'Informatique et des Télécoms (DIT)*, 1998, p. 91).

a. Concevoir des schémas fonctionnels des ressources en numérotation

771. La conception du plan national de numérotation constitue un préalable nécessaire à l'attribution ultérieure des ressources en numérotation. La conception du plan reflète la rareté, supposée ou réelle, des différentes ressources en numérotation. Le processus de catégorisation de ces ressources relève donc parfois cette idée de rareté. C'est pour cette raison que les exigences d'objectivité et de non-discrimination entre les différents opérateurs doivent être respectées dès ce stade.

772. En droits français et égyptien, les impératifs d'« un accès égal »[1] au plan national de numérotation et de la « protection de la concurrence loyale »[2] s'imposent aux régulateurs français et égyptien. Ils doivent donc concevoir le plan national de numérotation de telle manière que tous les opérateurs qui fournissent des services comparables se voient attribuer des ressources en numérotation de format équivalent.

773. Dans la pratique du régulateur des communications électroniques, le respect du principe d'égalité d'accès a soulevé des sérieuses problématiques juridiques concernant le plan national de numérotation en France.

774. Ces problématiques sont apparues au début de la libéralisation du secteur à l'occasion de l'attribution des préfixes pour la sélection des transporteurs longue distance. Pour leurs attributions, l'ART avait opté pour une modalité d'attribution basée sur la mise en concurrence[3].

775. En effet, l'ART s'est aperçue de la rareté des préfixes composés d'un seul chiffre pour la sélection des transporteurs : seuls sept préfixes étaient disponibles. Le régulateur a voulu tirer profit de cette rareté pour développer rapidement les réseaux filaires concurrents de France Télécom. En même temps, il devait assurer la disponibilité d'un nombre de préfixes suffisants pour tous les opérateurs, fournisseurs de services et gestionnaires des infrastructures, qui voulaient entrer sur le marché et fournir des services de la téléphonie fixe.

776. Pour ce faire, l'autorité a distingué entre deux blocs de préfixes : les préfixes composés d'un seul chiffre, dits préfixes E, et les préfixes composés de quatre chiffres, dits préfixes 16XY[4].

---

[1] C.P.C.E., L. 44.

[2] L. n° 10-2003 relative à la régulation des communications, préc., art. 2.

[3] A. du 30 juill. 1997 homologuant la décision n° 97-196 de l'Autorité de régulation des télécommunications en date du 16 juill. 1997 relative aux modalités d'attribution d'un chiffre de sélection du transporteur (J.O.R.F. n° 178, du 2 août 1997, p. 11498).

[4] Pour comprendre ce mécanisme, il faut savoir qu'« entre le 1er janvier 1998 et le 1er janvier 2000, les usagers [choisissaient] leur opérateur appel par appel en composant le préfixe attribué à cet opérateur, le zéro renvoyant sur France Télécom. À partir du 1er janvier 2000, le zéro [renvoyait] directement sur l'opérateur présélectionné par

777. Contrairement aux préfixes composés de quatre chiffres, qui sont attribués sur demande de l'opérateur concerné auprès de l'autorité[1], les préfixes composés d'un seul chiffre furent attribués selon une procédure permettant une mise en concurrence.

778. La décision de l'autorité prise le 16 juillet 1997[2], homologuée par le ministre chargé des télécommunications le 30 juillet de la même année[3], précisa les procédures et les critères d'attribution de cette ressource rare.

779. Suivant l'objectif du développement des réseaux filaires concurrents de l'opérateur historique, l'éligibilité à la participation aux procédures fut limitée aux seuls opérateurs titulaires d'une autorisation pour établir et exploiter un réseau de télécommunications ouvert au public, en vue de la fourniture d'un service téléphonique au public[4]. Les critères de sélection se cristallisèrent autour des engagements pris par les candidats pour déployer et exploiter un réseau de télécommunications suivant un calendrier prédéterminé[5]. Une fois les candidats qualifiés déterminés, les préfixes disponibles en E leur étaient attribués par un tirage au sort[6].

---

l'usager, ou, à défaut d'une préférence exprimée par lui, sur France Télécom. L'usager [avait] toujours la faculté, appel par appel, de recourir à un opérateur autre que celui qu'il aura présélectionné en composant le préfixe attribué à un opérateur » (F. RAYNAUD, « Procédure et conditions de l'attribution des préfixes téléphoniques », *AJDA*, 1998, p. 565).

[1] A. du 30 juill. 1997 homologuant la décision n° 97-196, préc. V. également ART, décision n° 97-277 du 12 septembre 1997 relative à l'attribution des préfixes de sélection d'un réseau de transport à quatre chiffres et au format des appels correspondants.

[2] ART, décision n° 97-196 du 16 juill. 1997 relative aux modalités d'attribution d'un chiffre de sélection du transporteur.

[3] A. du 30 juill. 1997 homologuant la décision n° 97-196, préc.

[4] ART, décision n° 97-196, préc., art. 2, al. 4, 1°.

[5] Ces critères ont porté spécifiquement sur l'engagement d'établir au moins un point d'interconnexion par région métropolitaine au plus tard dix-huit mois après l'inscription du droit à l'attribution du préfixe E dans son autorisation ; l'engagement d'établir au moins deux points d'interconnexion par région métropolitaine au plus tard trente-six mois après l'inscription du droit à l'attribution du préfixe dans son autorisation ; l'engagement d'établir au moins trois points d'interconnexion par région métropolitaine, pour celles comportant au moins trois départements, au plus tard dix ans après l'inscription du droit à l'attribution du préfixe E dans son autorisation ; et l'engagement d'établir et exploiter une infrastructure de transmission longue distance métropolitaine minimum (*Ibid.*, points 2-5).

[6] Il convient de noter que la décision de l'ART n° 97-196 précitée n'organisait pas l'éventualité de la qualification de plus de sept opérateurs. Cette lacune juridique a été constatée par le commissaire du gouvernement, M. Hubert dans ses conclusions dans l'affaire *Sté Axs Télécom* dans lesquelles il proposait, sur ce fondement, de conclure à l'illégalité de la décision. Selon le commissaire du gouvernement, « le vide avait contaminé la légalité de l'ensemble du règlement, dès lors qu'il faisait naître une

780. La distinction des procédures d'attribution des préfixes entre le E et le 16XY fit l'objet d'un important contentieux devant le Conseil d'État. La société AXS Télécom mettait en question le refus de l'ART de l'admettre au troisième tour d'attribution des préfixes à un seul chiffre.

781. D'abord, le juge administratif a rejeté le moyen tiré de l'exception d'illégalité de la décision réglementaire n° 97-196 précitée pour incompétence de l'ART. Il a confirmé que l'autorité était bien compétente, dans le cadre de sa compétence générale de gestion du plan de numérotation, pour « déterminer la nature des différents préfixes de sélection des opérateurs longue distance ainsi que les conditions de leur attribution et d'instituer une procédure de réservation préalable à l'attribution définitive »[1]. Le juge administratif a fait ainsi une lecture « constructive »[2] du texte de loi, en présumant un pouvoir réglementaire implicite accordé à l'ART en la matière.

782. Ensuite, sur le fond, le juge administratif a rejeté le moyen invoqué par la société requérante selon lequel la décision litigieuse aurait méconnu le principe de non-discrimination inscrit à l'article L. 36-7 du C.P.T. Le juge administratif a conforté la légalité de la décision de l'ART en s'appuyant sur l'objectif poursuivi par la décision et l'asymétrie d'obligations pesant sur les titulaires du préfixe E. Dans un premier temps, le juge administratif a relevé que l'objectif de la décision de l'autorité était la création d'une concurrence effective entre l'opérateur historique, France Télécom, qui possédait déjà un préfixe E (0), et les nouveaux entrants. Cet objectif justifiait donc « le choix de cette autorité d'utiliser les ressources rares que constituent les préfixes simples de sélection du transporteur »[3]. Le juge a considéré ainsi que ce choix « ne constitue pas, en lui-même, une discrimination illégale »[4]. En deuxième temps, la Haute juridiction s'est appuyée sur la différence des conséquences financières pour les titulaires des préfixes à un seul chiffre comparée à celles des titulaires des préfixes à quatre chiffres pour écarter le moyen tiré de la méconnaissance du principe de non-discrimination. Dans ce cadre, le juge administratif a précisé que les ressources de préfixes à un seul chiffre « ne sont accordées qu'en contrepartie d'importantes obligations d'investissement, qui ne sont pas imposées aux opérateurs qui bénéficient uniquement d'un préfixe à quatre chiffres »[5] et que « les bénéficiaires des préfixes simples

---

suspicion sur le caractère réellement objectif de la procédure suivie » (F. RAYNAUD, *préc.*, p. 567).

[1] C.E., Ass., 26 juin 1998, *Sté. AXS Télécom* et *Sté. Esprit Télécom*, n° 194151, 194152, 195427, 195428, 195429, 195430, Concl. M. HUBERT, Rec. p. 248, cons. 6.

[2] F. RAYNAUD, *préc.*, p. 566.

[3] Cons. 7.

[4] Cons. 7.

[5] Cons. 7.

doivent d'ailleurs acquitter une redevance dix fois plus importante que celle due par les opérateurs qui disposent de préfixes à quatre chiffres »[1].

783. Par ailleurs, le plan national de numérotation en France a fait l'objet d'un autre recours en excès de pouvoir devant le Conseil d'État en ce qui concerne les numéros dédiés aux services de renseignements téléphoniques. Le non-respect du principe d'« équivalence des formats de numérotation » inscrit à l'article L. 34-10 du C.P.T. était en cause[2].

784. Les sociétés Scoot France et Fonecta, sociétés de fourniture de services de renseignements téléphoniques au public, ont saisi le Conseil d'État en 2004. Elles demandaient l'annulation des décisions implicites de rejet de l'ART opposées à l'encontre de leurs demandes de modification du plan national de numérotation. Leurs demandes auprès de l'ART visaient, d'une part, à empêcher les opérateurs de réseaux d'utiliser le numéro 12 pour fournir des renseignements téléphoniques à leurs clients, et d'autre part à attribuer un numéro de même format à tous les opérateurs fournissant des services de renseignements téléphoniques. En effet, l'ART avait attribué le numéro 12, dans le plan national de numérotation alors en vigueur, aux seuls opérateurs de réseaux de télécommunications pour fournir des services de renseignement de base à leurs clients. Elle avait attribué par ailleurs les numéros courts à quatre chiffres aux opérateurs des services de renseignements téléphoniques, dits services à valeur ajoutée.

785. Cette distinction entre les opérateurs de réseaux et les opérateurs de services dans l'attribution de numéros de formats différents était remise en question par les sociétés requérantes. Elles invoquaient notamment une discrimination à leur égard.

786. Le juge administratif a donné une réponse favorable aux sociétés requérantes[3]. D'abord, il a examiné la nature des services de renseignements téléphoniques fournis par les opérateurs de réseaux de télécommunications et les opérateurs de services de renseignements téléphoniques. Ayant estimé la similitude de leur nature, le juge administratif a relevé que les opérateurs qui fournissent des services aux mêmes utilisateurs « pour des usages et à des prix comparables »[4] sont dans la même situation juridique, ce qui justifie un accès égal à la même ressource de numérotation et sous le même format. L'exploitation du réseau n'avait donc pas d'effet sur l'attribution du numéro de services, car « le service de renseignements téléphoniques n'est pas

---

[1] Cons. 7.

[2] L'article précité, équivalent de l'article L. 44 du C.P.C.E., prévoyait que : « [Le] plan national de numérotation garantit un accès égal et simple aux différents réseaux et services de télécommunications et l'équivalence des formats de numérotation ».

[3] C.E., Sect., 25 juin 2004, *Sté. Scoot France et Sté. Fonecta*, n° 249300 et 249722, Concl. E. PRADA BORDENAVA, Rec. p. 274.

[4] Cons. 7.

indissociablement lié à l'exploitation du réseau téléphonique »[1]. Le juge administratif a précisé ensuite que la logique adoptée par l'autorité reposant sur la distinction entre les services de renseignement de base, relevant du service universel, et les services de renseignement à valeur ajoutée, ne justifie pas non plus une différenciation de traitement : les coûts afférents à la fourniture des services universels sont financièrement compensés par les autres opérateurs. Le juge administratif a conclu ainsi que l'ART, en refusant d'attribuer aux sociétés requérantes un numéro du même format que celui des exploitants de réseaux de télécommunications, « a laissé subsister une discrimination non justifiée entre ces opérateurs »[2].

787. Cette conclusion devait permettre aux sociétés requérantes de partager le numéro court 12 au même titre que les opérateurs des réseaux. Or cette solution paraissait insatisfaisante pour le juge administratif qui a relevé que ce partage « ne serait pas de nature à lever les obstacles ainsi créés au libre jeu de la concurrence, dès lors que les exploitants de réseaux de télécommunications, dont le nombre est limité et qui détiennent les informations nécessaires à l'établissement des listes d'abonnés utilisées pour la fourniture de services de renseignements téléphoniques, conserveraient, en tout état de cause, dans cette hypothèse, la maîtrise de l'accès aux services fournis par les opérateurs concurrents, via le mécanisme dit de pré-sélection »[3]. Le juge administratif a conclu donc qu'« en maintenant le 12 pour le service de renseignement par opérateur, l'Autorité de régulation des télécommunications a méconnu l'objectif de concurrence effective et loyale entre les exploitants de réseaux de télécommunications et les fournisseurs de services de télécommunications »[4]. Cela impliquait que les opérateurs des réseaux perdent l'avantage comparatif qu'ils détenaient en faisant un usage exclusif du numéro court 12.

b. Mettre en place des règles procédurales en vue l'attribution des ressources rares en numérotation

788. À l'exception des préfixes à un seul chiffre, attribués toujours par l'ARCEP selon la modalité de mise en concurrence précédemment expliquée[5],

---

[1] Cons. 7.
[2] Cons. 7.
[3] Cons. 8.
[4] Cons. 8.
[5] Cette modalité reste toujours applicable pour ce type de préfixe. Le nouveau plan national de numérotation adopté par l'ARCEP en 2018 fait expressément référence à la décision n° 97-196 pour les procédures particulières d'attribution des préfixes à un chiffre (ARCEP, décision n° 2018-0881 du 24 juill. 2018 établissant le plan national de numérotation et ses règles de gestion (J.O.R.F. n° 0174, du 31 juill. 2018, texte n° 96), annexe n° 1 relatif au plan national de numérotation, point 2.5.3).

l'autorité française rejoint l'autorité égyptienne dans l'attribution des ressources rares en numérotation sans mise en concurrence.

789. Dans son nouveau plan national de numérotation établi en 2018[1], l'ARCEP a opté pour une procédure simplifiée d'attribution, suivie, en cas d'éligibilité et de recevabilité de la demande présentée par l'opérateur, par l'attribution de la ressource en numérotation demandée[2]. En cas de réception simultanée de plusieurs demandes recevables, l'autorité organise une procédure de tirage au sort[3]. Le tirage au sort est organisé de telle manière qu'il garantisse au maximum l'égalité des chances entre les opérateurs candidats pour l'attribution de cette ressource en numérotation particulière. Ainsi, si un certain nombre d'opérateurs candidats pour l'attribution de cette même ressource en numérotation conservent des intérêts communs, ces candidats, pris dans leur ensemble, seront considérés comme un candidat unique. Cette organisation est justifiée par le fait que les liens d'intérêts communs « pourraient avoir pour effet de remettre en cause l'égalité de traitement entre les candidats dans le cadre de la procédure de tirage au sort »[4].

790. Le régulateur égyptien, quant à lui, favorise toujours une procédure simplifiée qui devrait garantir une attribution égalitaire dans le cadre de son obligation « de gérer et attribuer les ressources en numérotation dans un cadre garantissant l'objectivité, la transparence et la préservation de la concurrence loyale »[5]. Néanmoins, il apparaît que le plan de numérotation ne contient pas des dispositions instituant des mesures applicables en cas de concurrence entre les opérateurs pour l'attribution de la même ressource en numérotation, notamment de préfixes. Le plan reste muet sur ce point, laissant à penser à une attribution au fil de l'eau ou *a fortiori* à une attribution consensuelle.

791. D'ailleurs, la méthode utilisée par la NTRA lors de l'attribution récente des préfixes géographiques, à la suite de l'octroi de nouvelles autorisations aux opérateurs mobiles pour fournir les services téléphoniques fixes en 2015, est révélatrice de sa stratégie. L'autorité qui a dû attribuer des préfixes de type 06X où le X est le préfixe attribué à chaque opérateur des services de la téléphonie fixe, a préféré ne pas attribuer le préfixe 6. Ce préfixe a une valeur économique plus grande pour son titulaire grâce à la séquence 066 constituée en cas d'attribution. La NTRA, en concertation avec les opérateurs intéressés, a éliminé tout simplement le préfixe 6 des procédures d'attribution. Elle a dédié les chiffres restants, allant de 060 à 065, et de 067 à 069, aux opérateurs entrants sur le marché des services de la téléphonie fixe. Bien que cette modalité soit simple et amiable, elle représente en même temps une occasion manquée pour le régulateur égyptien. Il aurait pu tirer profit de la rareté de

---

[1] ARCEP, décision n° 2018-0881, préc.
[2] ARCEP, décision n° 2018-0881, préc., annexe n° 2, 2.2°.
[3] ARCEP, décision n° 2018-0881, préc., annexe n° 2, 2.2.5°.
[4] ARCEP, décision n° 2018-0881, préc., annexe n° 2, 2.2.5° sous a).
[5] NTRA, Plan national de numérotation en Égypte, art. 1.

cette ressource en l'attribuant selon des procédures particulières en contrepartie d'engagements spécifiques de la part du titulaire.

792. Par ailleurs, les impératifs d'optimisation requièrent parfois des procédures spécifiques en vue de garantir un usage rationnel des ressources attribuées. Pour les numéros des utilisateurs finals, fixe et mobile, par exemple, l'attribution se fait par bloc séquencé normalement d'un million de numéros. En vue de l'attribution d'un nouveau bloc, la NTRA exige, dans le plan national de numérotation, qu'un certain taux d'épuisement des ressources en numérotation déjà attribuées à l'opérateur soit atteint, avant que ce dernier puisse demander à nouveau qu'il lui soit attribué de nouvelles ressources en numérotation. Ce taux est de l'ordre de 80%[1]. Autrement dit, cet opérateur n'a le droit de demander une nouvelle attribution de ressources en numérotation que si le taux de disponibilité est inférieur à 20%.

793. Par contraste, l'autorité française choisissait de ne pas préciser de taux d'utilisation de manière à permettre à l'opérateur de demander de nouvelles ressources en numérotation. Cependant, en exigeant la précision du « taux d'utilisation et données justifiant la bonne utilisation des ressources actuellement attribuées au demandeur pour une demande d'attribution de ressources de même catégorie »[2], il semble que ce taux ait été pris en compte et joué indéniablement un rôle important dans la décision de l'ARCEP d'attribuer ou non les nouvelles ressources en numérotation demandées.

II. L'aménagement du plan national de numérotation

794. Les compétences des régulateurs nationaux ne se limitent pas à la mise en place du plan national de numérotation et à l'attribution des ressources afférentes. Les « équilibres évoluent au fur et à mesure de l'ouverture du secteur à la concurrence et du développement des marchés, et appellent, en conséquence, l'adaptation de certaines règles »[3].

795. Les régulateurs français et égyptien interviennent donc, en aval de l'attribution, pour réaménager le plan de numérotation en place (b). Cette manipulation du plan est confortée par la nature juridique des ressources en numérotation (a).

---

[1] NTRA, Plan national de numérotation en Égypte, préc., art. 8.

[2] ARCEP, décision n° 2018-0881, préc., annexe n° 2, 2.2.1°.

[3] A. LAGET-ANNAMAYER, « Les numéros de téléphone ne sont pas la propriété des opérateurs », *AJDA*, 2003, p. 1381.

a. La nature juridique des ressources en numérotation : un *res communis*

796. La précision de la nature juridique des ressources en numérotation s'avère une question primordiale dans la mesure où elle détermine l'étendue des pouvoirs que le régulateur exerce pour aménager le plan de numérotation. Cette question est d'autant plus importante que les opérateurs peuvent éventuellement prétendre à la jouissance d'un certain droit sur les ressources en numérotation attribuées pour empêcher tout aménagement du plan national de numérotation.

797. D'abord, il importe de souligner que les lois française et égyptienne n'ont pas clarifié la nature juridique des ressources en numérotation. Le C.P.C.E. se contente, dans l'alinéa 6 sous I de son article L. 44, de prévoir que les ressources en numérotation « ne peuvent être protégé[e]s par un droit de propriété industrielle ou intellectuelle ». La loi égyptienne reste complètement muette sur cette question.

798. Les contentieux portés devant le Conseil d'État français ont permis de lever progressivement les doutes quant à la qualification juridique des ressources en numérotation. Dans sa décision *Syndicat national de la télématique* du 29 janvier 2003[1], le Conseil d'État devait se prononcer sur la question de savoir si les ressources en numérotation constituent des propriétés pour les opérateurs auxquels elles sont assignées. La réponse de la Haute juridiction, à la lumière de sa lecture de l'article L. 34-10 du code des P&T, l'équivalent de l'article L. 44 du C.P.C.E. dans sa version en vigueur, fut tranchante : « Les préfixes, numéros ou blocs de numéros attribués aux opérateurs ou utilisateurs, qui sont incessibles, ne sont pas la propriété de ces derniers ». En se contentant de nier l'existence d'un droit de propriété des opérateurs sur les numéros de téléphone sans admettre un droit de propriété de l'État, surtout en l'absence d'un texte juridique l'instituant expressément, il semble que « le juge administratif considère ces numéros comme une sorte de *res communis* »[2], au sens de l'article 714 du code civil français[3].

799. Cette solution et la lecture tirée de la jurisprudence précédemment mentionnée du Conseil d'État français sont transposables en droit égyptien. L'article 81 du code civil égyptien reprend, d'une manière un peu différente, les mêmes dispositions que celles prévues à l'article 714 du code civil français[4].

---

[1] C.E., 2/1 S.S.R., 29 jan. 2003, *Syndicat national de la télématique*, n° 237618, Concl. E. PRADA BORDENAVA, Rec. T (n/a).

[2] J.-M., BRUGUIÈRE, « Note sous arrêt : CE 29 janvier 2003, Syndicat national de la télématique », *Propriétés Intellectuelles (PI)*, 2003, p. 461.

[3] « Il est des choses qui n'appartiennent à personne et dont l'usage est commun à tous. Des lois de police règlent la manière d'en jouir ».

[4] « II – les biens insaisissables par nature sont ceux que nul ne peut s'en approprier ».

800. Ainsi, dans l'utilisation de ces biens communs, « la loi, dans le sens de droit administratif et non pas de droit civil, n'intervient que pour régir l'utilisation de ces biens pour éviter les dommages qui peuvent résulter des différents usages. La loi n'établit pas aux personnes de droits sur ces biens, car ceux-ci ne peuvent faire l'objet d'un quelconque droit et ne peuvent faire l'objet de droit de propriété »[1].

801. Il convient de noter enfin que l'énoncé de « la propriété de l'État des numéros » introduite dans le plan national de numérotation en Égypte à son article 3[2] est sans incidence sur la qualification juridique des ressources en numérotation. Les numéros, étant des choses immatérielles, une telle qualification ne peut être donnée qu'en vertu d'un *lex specialis*, comme le requiert l'article 86 du code civil égyptien[3].

802. En attendant une évolution législative ou jurisprudentielle faisant entrer les ressources en numérotation dans le « domaine public informationnel »[4] de l'État, les ressources en numérotation constituent donc des biens communs dont l'État organise l'usage. Par conséquent, les opérateurs ne peuvent s'opposer à tout changement de règles organisant ces ressources sous prétexte d'un quelconque droit de propriété.

b. La liberté d'aménagement du plan national de numérotation

803. Eu égard à la qualification juridique des ressources en numérotation, les régulateurs français et égyptien des communications électroniques sont habilités à réorganiser le plan national de numérotation en aval de l'attribution des ressources en numérotation. En effet, les évolutions permanentes du secteur et les besoins croissants des ressources en numérotation imposent aux régulateurs de faire « évoluer le plan national et ses règles de gestion en vue de répondre à certains risques de pénurie »[5], pour ainsi assurer l'existence d'« un réserve en numérotation permettant au secteur de se développer »[6].

---

[1] A. AL-SANHOURI, حق الملكية *[Le droit de propriété]*, Dar Ehia'a Al-thourath Al-Arabi, 1967, p. 7, note de bas de page n° 2.

[2] « Les numéros sont une propriété de l'État, représentée par l'autorité de régulation des télécommunications, qui peut changer ou modifier les numéros attribués aux opérateurs et fournisseurs de services de télécommunications conformément aux aménagements introduits au plan national de numérotation ».

[3] L'article 86 du code civil égyptien n° 131-1948 énonce que : « Les droits qui portent sur des choses immatérielles sont régis par des lois spéciales » Traduction libre de :
« الحقوق التي ترد على شيء غير مادى تنظمها قوانين خاصة ».

[4] J.-M., BRUGUIÈRE, *préc.*, p. 463.

[5] ARCEP, décision n° 2018-0881, préc., p. 4.

[6] Préambule du plan national de numérotation en Égypte préc., p. 1. Traduction libre de :

804. La réorganisation du plan national de numérotation peut porter soit sur les formats de numéro pour répondre aux besoins croissants en numérotation (i), soit sur les conditions d'utilisation pour garantir une utilisation efficiente des ressources en numérotation déjà attribuées (ii).
805. En tout cas, tout réaménagement ne doit pas distordre la concurrence dans le secteur en portant atteinte à l'égalité entre les opérateurs.

i. Le réaménagement des catégories et des formats de numéros déjà attribués

806. Avec les évolutions rapides du secteur des communications électroniques, les besoins des différents opérateurs des ressources en numérotation augmentent. Les autorités de régulation doivent donc veiller à ce que les ressources en numérotation soient disponibles dans des quantités suffisantes pour répondre à ces besoins. Si les régulateurs prennent normalement en compte cette augmentation des besoins lors de l'élaboration du plan national de numérotation, des pénuries imprévues peuvent cependant survenir, imposant au régulateur de réaménager le plan de numérotation en place afin d'accroître sa capacité.
807. Cette situation s'est présentée par exemple pour le régulateur égyptien au courant de l'année 2010, lorsqu'il a été confronté à un risque de saturation des tranches de numéros non-géographiques de communications interpersonnelles. Cette saturation était attribuable « au développement du secteur des télécommunications et à la croissance du nombre d'abonnés à la téléphonie mobile »[1]. Conforté dans l'exercice de son pouvoir de modification du plan de numérotation par un texte de loi l'habilitant[2], la NTRA a modifié

« وجود احتياطي من الأرقام يسمح بنمو هذا القطاع ».

[1] H. ELSAID, « *غدا.. بدء تغيير أرقام المحمول وإلزام الشركات بالتبديل آلياً* *[Demain, le commencement du changement des numéros de portable, et les opérateurs sont obligés de mettre en place un mécanisme de remplacement automatique]* », sur *Al-Youm Al-Sabi'*, publié le 5 oct. 2011, consulté le 8 août 2019, disponible sur https://www.youm7.com/story/2011/10/5/غدا-بدء-تغيير-أرقام-المحمول-وإلزام-الشركات-بالتبديل-آليا/506597.

[2] L'article 13 de la loi n° 10-2003 relative à la régulation des communications énonce : « le collège (…) est habilité notamment à : 9- mettre en place le plan national de numérotation pour les services téléphoniques publics et le modifier si nécessaire » Traduction libre de :

« مجلس إدارة الجهاز (...) له على الأخص ما يأتي : 9- إقرار خطة الترقيم القومى لخدمات الاتصالات العامة وتعديلها كلما دعت الضرورة إلى ذلك ».

Il convient de noter ici que la NTRA n'est pas tout à fait libre dans l'établissement et la modification du plan national de numérotation. L'article 66 de la loi n° 10-2003 relative à la régulation des communications, l'oblige à se mettre d'accord avec les forces armées et les appareils de la sécurité nationale lors de l'établissement, de la révision ou de la modification du plan.

le plan national de numérotation en augmentant le nombre de chiffres constituant les numéros de dix à onze chiffres, ouvrant ainsi des nouvelles tranches attribuables.

808. Dans des circonstances analogues, l'ART se trouvait face à des besoins croissants de numéros dits « non-géographiques » commençant par 08. Pour répondre adéquatement à ces besoins, le régulateur a modifié le plan de numérotation adopté en 1996 en substituant aux numéros commençant par 0836 6, des numéros commençant par 08 9[1].

809. À la suite de cet aménagement, deux recours ont été introduits devant le Conseil d'État par le Syndicat national de la télématique aux fins d'obtenir l'annulation de deux décisions de l'ART rejetant des demandes qui lui avaient été adressées tendant, d'une part, à l'abrogation de sa décision de réaménagement des numéros, et d'autre part, à la modification des numéros permettant d'accéder aux services des fournisseurs de services en ligne.

810. Ces deux recours, jugés par la même décision[2], donnaient l'occasion au juge administratif de préciser sa position quant à la compétence de l'ART en matière de modification du plan de numérotation. Sa décision complétait l'édifice jurisprudentiel établi par l'arrêt *Sté. AXS Télécom* et *Sté. Esprit Télécom* rendu le 26 juin 1998. Dans le prolongement de sa « lecture constructive » de l'article L. 34-10 du C.P.T., le juge administratif, suivant « l'adage "qui peut le plus peut le moins" »[3], a conforté la compétence de l'ART en matière de modification du plan de numérotation. Il a précisé notamment que l'autorité « pouvait, sans excéder sa compétence, modifier ce plan et, par voie de conséquence de cette modification, attribuer des numéros composés selon un format différent de celui utilisé par les entreprises adhérentes du syndicat requérant »[4]. Par ailleurs, pour rejeter le moyen tiré de la méconnaissance du droit de propriété des attributaires de numéros, la Haute juridiction a tiré les conséquences de son interprétation de l'article L. 34-10 du C.P.T., équivalent de l'article L. 44 du C.P.C.E., selon laquelle un tel droit n'existe pas. La décision litigieuse n'avait donc pas porté atteinte à ce droit prétendu.

ii. Le réaménagement des conditions d'utilisation des ressources en numérotations attribuées

811. La prévention de pénuries et la gestion efficace des ressources en numérotations sont au cœur des préoccupations de l'ARCEP. Afin de parvenir

---

[1] ART, décision n° 98-1046 du 23 déc. 1998 relative à l'évolution du plan de numérotation pour les numéros non géographiques de la forme 08ABPQMCDU (J.O.R.F. n° 29, du 4 fév. 1999, p. 1821).

[2] C.E., 29 jan. 2003, *Syndicat national de la télématique*, n° 237618, préc.

[3] A. LAGET-ANNAMAYER, *préc.*, p. 1381.

[4] Cons. 3.

à un niveau plus élevé d'optimisation dans l'utilisation des ressources en numérotation, l'ARCEP, dans le nouveau plan de numérotation de 2018, a aménagé quelques règles régissant l'utilisation des ressources. Cette modification s'inscrit pleinement dans sa compétence de modification du plan de numérotation confortée par la décision du Conseil d'État *Syndicat national de la télématique* du 29 janvier 2003 précitée.

812. Pour ne citer qu'un seul exemple, l'ARCEP a constaté une fragmentation du plan de numérotation en ce qui concerne les numéros attribués en bloc de 10.000 numéros. Cette fragmentation « résulte du fait que certains opérateurs affectent des numéros au sein de nouveaux blocs alors qu'il reste une quantité importante de numéros disponibles au sein de blocs déjà ouverts à l'affectation »[1]. Pour y faire face, elle a modifié les règles d'utilisation des blocs de numéros pour obliger les attributaires à ne pas ouvrir un nouveau bloc de numéros avant d'atteindre un niveau de disponibilité de moins de 20% dans le bloc précédent[2]. Une telle organisation a le mérite d'obliger les opérateurs à faire un usage optimisé des ressources attribuées.

§3. Permettre l'accès économique et technique aux éléments des réseaux et aux facilités essentielles

813. La levée des barrières juridiques à l'entrée sur les marchés de communications électroniques est une condition nécessaire mais insuffisante pour garantir la concurrence. L'entrée effective sur les différents marchés de communications électroniques est tributaire de l'accès aux différents éléments des réseaux et des services de communications électroniques fournis par les autres opérateurs, notamment de ceux de l'opérateur historique. L'accès représente donc une condition incontournable pour établir et dynamiser la concurrence, notamment en obligeant les opérateurs détenant les parties terminales du réseau à permettre l'accès.

814. Outre l'importance du principe de l'accès aux réseaux, les conditions de cet accès peuvent favoriser une instauration rapide la concurrence sur les différents marchés des communications électroniques. C'est pour cela que la modulation de ces conditions revêt une importance capitale pour le

---

[1] ARCEP, décision n° 2018-0881, préc., p. 8. L'illustration donnée par l'ARCEP semble éclairante à cet égard : « pour répondre à une demande d'attribution d'un bloc de 10 000 numéros, il est plus efficace en termes de gestion de la ressource de l'attribuer au sein d'une tranche de 100 000 numéros dont certains blocs ont déjà fait l'objet d'attribution que de l'attribuer au sein d'une série de 1 000 000 numéros encore vierge de toute attribution. Cela permet en effet de préserver 1 000 000 de numéros consécutifs pour répondre, le cas échéant, à une demande portant sur une série de 1 000 000 de numéros » (ARCEP, décision n° 2018-0881, préc., p. 8).

[2] ARCEP, décision n° 2018-0881, préc., annexe n° 1, 2.2.4°, 2.3.5° et 2.3.3°.

régulateur : il manie ces paramètres au service de sa stratégie de développement de la concurrence par les services et les infrastructures[1].

815. D'ailleurs, la conciliation entre le développement de la concurrence par les services et celle par les infrastructures n'est pas toujours une tâche aisée. Parfois, la promotion de la concurrence par les services se fait au détriment de l'émergence d'une concurrence par les infrastructures[2]. Autrement dit, promouvoir une concurrence fondée sur les services, par l'assouplissement des conditions d'accès, peut avoir des effets négatifs sur les incitations des fournisseurs des services à investir dans les réseaux. De même, le durcissement des conditions d'accès au réseau peut inciter l'investissement dans les réseaux, mais va retarder l'émergence d'une concurrence par les services, le temps que les opérateurs établissent leurs propres réseaux[3].

816. En suivant des stratégies spécifiques pour le développement de la concurrence, les régulateurs des communications électroniques français et égyptien définissent les règles et conditions relatives à l'accès technique et économique. Ces règles et conditions prennent pour cible le développement de la concurrence par les services (B) et le développement de la concurrence par les infrastructures (C). Dans les deux cas, la notion d'accès découle en grande partie de la théorie des facilités essentielles (A).

---

[1] V. à cet égard, M.-D., HAGELSTEEN et P. CHONE, « Accès au réseau et efficacité économique : réglementation et concurrence », *Revue Lamy de la concurrence* 2010, n° 23, p. 139-141.

[2] « La vision standard de la théorie économique suggère une relation négative entre concurrence par les services et concurrence par les infrastructures. Autrement dit, l'introduction d'une phase de concurrence par les services retardera ou rendra moins probable l'établissement d'une concurrence par les infrastructures » (M. BOURREAU, « La relation entre concurrence par les services et concurrence par les infrastructures », *Revue Lamy de la concurrence*, 2010, p. 3).

[3] Afin de concilier les objectifs de la concurrence à court terme par les services, et la concurrence à long terme par les infrastructures, l'ARCEP adopte une stratégie dite d'« échelle d'investissement ». Elle consiste à employer des techniques tarifaires évolutives dans le temps. Au début, ces tarifs incitent les opérateurs nouveaux entrants à s'installer rapidement sur les marchés des services par l'accès aux réseaux de l'opérateur historique. Au fil de temps, ces conditions tarifaires commencent à se durcir pour inciter les opérateurs de services à déployer graduellement leurs propres réseaux. Ce passage est donc assimilé à une montée dans l'échelle d'investissement, du niveau le plus bas, qui requiert peu d'investissement pour fournir des services, au niveau le plus élevé par le déploiement des infrastructures (M. BOURREAU, P. DOĞAN et M. MANANT, « Incitations à l'entrée et incitations aux investissements dans le secteur des télécoms », *Revue française d'économie*, 2010, pp. 152-154).

A. La théorie des facilités essentielles : origine théorique du droit d'accès au secteur de communications électroniques

817. Les fournisseurs des services de communications électroniques ont un droit d'accès aux réseaux et aux services de communications électroniques (II). Ce droit d'accès découle de la théorie des facilités essentielles appliquée en *ex ante* dans le secteur des communications électroniques (I).

I. Une esquisse de la théorie des facilités essentielles

818. Si le droit d'accès en matière de communications électroniques connaît une origine théorique, celle-ci se trouve dans les apports de la théorie des facilités essentielles.

819. Selon cette théorie, « une entreprise propriétaire d'infrastructures utiles à la prestation de services par ses concurrents peut être contrainte de leur offrir l'accès »[1]. Plus précisément, lorsqu'une infrastructure économiquement non-reproductible située en amont de la chaîne est indispensable pour la fourniture d'un service en aval de la chaîne, cette infrastructure est considérée comme essentielle pour la fourniture de ce service. Tout fournisseur de service, autre que celui qui s'en approprie, doit donc y avoir accès dans des conditions raisonnables et non-discriminatoires pour qu'il puisse exercer son activité avale. En l'absence de cet accès, ce fournisseur sera évincé *ipso facto* du marché.

820. L'application de la théorie des facilités essentielles a des effets notables pour le propriétaire de l'infrastructure, car elle « permet de limiter la liberté contractuelle » de celui-ci[2], sans pour autant impliquer un changement de propriété. Elle représente donc une solution viable pour atteindre un équilibre entre les droits attachés à la propriété et les objectifs d'intérêt général, telle la réalisation de la concurrence.

821. La théorie des facilités essentielles fut l'œuvre de la Cour suprême américaine depuis sa décision dans l'affaire *Terminal Railroad*[3] jugée en 1912. Cette affaire fut introduite par le gouvernement des États-Unis contre le *Terminal Railroad Association of Saint Louis*, une entreprise qui détenait les trois ponts ferroviaires existants à l'époque qui permettaient l'entrée et la

---

[1] J. CATTAN, *op.cit.*, p. 60.

[2] ARCEP, « La notion d'infrastructure essentielle dans la régulation sectorielle », *Lettre de l'Autorité de régulation des communications électroniques et des postes*, fév. 2008, p. 21.

[3] Supreme Court of the United States of America, United States v. Terminal Railroad Association of Saint Louis, 224 U.S. 383 (1912).

sortie des trains de la ville de *Saint-Louis*. L'entreprise contrôlait totalement l'entrée et la sortie de la ville par voie ferroviaire. Elle imposait donc à sa discrétion les conditions commerciales relatives à cet accès aux différentes compagnies ferroviaires. Inquiète de ce monopole sur ces facilités et de son effet potentiel sur le commerce interétatique, le gouvernement des États-Unis demanda au juge de dissoudre cette association sur le fondement du *Sherman Act*.

822. Au lieu de prononcer la dissolution de l'entreprise, la Cour préféra adopter une position intermédiaire, « moins attentatoire au droit de propriété et à la liberté du commerce et de l'industrie »[1]. Autrement dit, elle mit en balance, d'une part, la garantie d'une liberté d'usage de ces facilités pour les différentes compagnies ferroviaires et, d'autre part, la liberté du commerce et de l'industrie pour le *Terminal Railroad Association of Saint Louis* et les gains d'économies d'échelle qu'il obtient du fait de son monopole sur ces infrastructures. La solution retenue par la Cour fut d'imposer au *Terminal Railroad Association of Saint Louis* l'obligation de garantir l'accès à la ville pour toutes les compagnies ferroviaires dans des conditions raisonnables et non-discriminatoires ; que ces compagnies fassent parties de l'association ou non.

823. La théorie des facilités essentielles trouve un écho en droit européen et français, et en droit égyptien. Elle représente une forme d'abus de position dominante.

824. L'autorité de la concurrence en France précise, à la lumière de la jurisprudence française et européenne, les cinq conditions qui doivent être réunies pour qu'une infrastructure puisse être considérée comme essentielle au regard du droit de la concurrence :

> « En premier lieu, l'infrastructure est possédée par une entreprise qui détient un monopole (ou une position dominante) ; En deuxième lieu, l'accès à l'infrastructure est strictement nécessaire (ou indispensable) pour exercer une activité concurrente sur un marché amont, aval ou complémentaire de celui sur lequel le détenteur de l'infrastructure détient un monopole (ou une position dominante) ; En troisième lieu, l'infrastructure ne peut être reproduite dans des conditions économiques raisonnables par les concurrents de l'entreprise qui la gère ; En quatrième lieu, l'accès à cette infrastructure est refusé ou autorisé dans des conditions restrictives injustifiées ; En cinquième lieu, l'accès à l'infrastructure est possible »[2].

---

[1] G. DEZOBRY, *La théorie des facilités essentielles*, L.G.D.J.-Lextenso Éd, 2009, pp. 2-3.

[2] Conseil de la concurrence, avis n° 02-A-08 du 22 mai 2002 relatif à la saisine de l'Association pour la promotion de la distribution de la presse. Ces conditions ne

825. Les conditions énoncées par le Conseil de la concurrence ont été présentées de manière pédagogique par M. Guillaume DEZOBRY. Dans sa thèse portant sur « La théorie des facilités essentielles »[1], l'auteur précise qu'il existe, d'une part, des conditions relatives à la notion de facilités essentielles elle-même, et d'autre part des conditions relatives à son régime juridique. Pour qu'il existe une facilité essentielle, il doit exister une facilité monopolisée, placée en amont du marché, non-reproductible dans des conditions économiques raisonnables et nécessaire pour l'accès aux clients sur le marché aval[2]. Ensuite, si une facilité essentielle existe, son régime juridique s'applique lorsque le détenteur de la facilité refuse l'accès d'un tiers ou l'admet dans des conditions excessives, malgré la possibilité technique et économique de permettre l'accès[3].

826. Si les conditions d'application de la théorie des facilités essentielles sont réunies, le détenteur de l'infrastructure, abusant de sa position dominante, peut se voir imposer l'accès à son infrastructure dans des conditions particulières. Dans le cadre du droit de la concurrence, l'obligation de donner accès est imposée *ex post*, à l'occasion d'une procédure qui peut opposer le demandeur d'accès au détenteur de la facilité.

II. L'application des apports de la théorie des facilités essentielles en *ex ante* au secteur des communications électroniques

827. Le secteur des communications électroniques, par sa conception en réseau et son mode de fonctionnement notamment dans sa partie terminale des réseaux fixes, comporte des goulets d'étranglement, réunissant les conditions

---

diffèrent pas fondamentalement des celles explicitées par l'autorité égyptienne de la concurrence (*Egyptian Competition Authority* (ECA), rapport du 8 mars 2016 relatif aux plaintes déposées contre la société *Telecom Egypt*, p. 29, disponible sur http://www.eca.org.eg/ECA/News/View.aspx, consulté le 15 nov. 2018).

D'ailleurs, ces conditions sont les mêmes que celle que retient la NTRA dans son cadre juridique de la concurrence « Basic facility : The networks or services provided by one or by a limited number of service providers and which are irreplaceable on the economic and technical levels ». Cela se traduit par « Facilité essentielle : les réseaux ou services fournis par un ou un nombre limité de fournisseurs, et qui sont économiquement et techniquement irremplaçables » [Traduction libre] (http://www.tra.gov.eg/en/regulation/Pages/Framework-of-Competition-Policy.aspx, consulté le 26 juill. 2019).

[1] G. DEZOBRY, *op. cit.*

[2] *Ibid.*, p. 39 et s.

[3] *Ibid.*, p. 275 et s.

d'une facilité essentielle. En effet, dans la plupart des cas, les opérateurs des réseaux détiennent des parties terminales des réseaux qui relient leurs clients à leur réseau. Cette partie terminale donne un accès exclusif de l'opérateur vers ses clients, que ce soit dans le marché fixe ou mobile. C'est précisément cette exclusivité et l'importance du coût d'établissement des réseaux qui fait que les parties terminales représentent des goulets d'étranglement pouvant empêcher la naissance de la concurrence.

828. Le droit français, sous l'influence du droit de l'Union, ainsi que le droit égyptien, se sont inspirés des apports de la théorie des facilités essentielles. Les enseignements tirés de cette théorie s'appliquent désormais en *ex ante* au propriétaire de réseaux. En d'autres termes, ce dernier se voit imposer des obligations spécifiques d'accès au profit des opérateurs dont l'activité dépend de son réseau. Cette solution constitue une manière efficace et rapide pour ouvrir les réseaux en monopole de fait, sans avoir une intervention *ex post* de l'autorité de concurrence ou d'un juge[1].

829. Au-delà des infrastructures qualifiées de facilités essentielles, le droit d'accès s'étend également aux autres réseaux et services de communications électroniques. Il comprend donc les facilités essentielles, mais ne se limite pas à elles.

B. L'accès pour le développement de la concurrence par les services

830. La concurrence par les services est un objectif que le régulateur vise en mettant en œuvre des techniques propres de régulation. À l'origine, cette concurrence représentait historiquement la première phase de la libéralisation du secteur des télécommunications en ce qu'elle permettait aux nouveaux entrants de pénétrer les marchés sans attendre l'établissement de leurs réseaux propres. Cet accès reste, à nos jours, d'une grande importance pour dynamiser la concurrence par les services.

831. On s'intéressera d'abord à l'accès aux éléments des réseaux (I), avant de mettre en lumière le cas spécifique du partage d'infrastructure dans le marché mobile (II).

I. L'accès aux éléments des réseaux : aperçu général

832. Comme relevé précédemment, l'accès au service de la concurrence par les services représentait historiquement le premier objectif des régulateurs des

---

[1] G. DEZOBRY, *op. cit.*, p. 409.

télécommunications. La réglementation de l'accès revêtait donc une importance capitale.

833. En France, l'imposition d'obligations d'accès à l'opérateur historique est apparue au tout début de la libéralisation à travers la transposition des règles posées par la directive « O.N.P. »[1]. Ces règles avaient comme objectif de remédier au risque que présentait le monopole de l'opérateur historique sur le réseau, et notamment sur l'accès à l'utilisateur final dans les parties terminales du réseau. Il fallait donc s'assurer que l'opérateur historique ne fausse pas la concurrence sur le marché aval par une tarification excessive ou discriminatoire de l'accès, ou *a fortiori* par un refus d'accès.

834. À titre de rappel, la directive « O.N.P. » établissait les principes généraux garantissant la fourniture effective d'un réseau ouvert, fondée sur les principes d'objectivité, de la transparence dans les conditions d'accès, qu'elles soient d'ordre technique ou tarifaire, d'égalité et de non-discrimination[2]. Conformément à l'article 3 §2 de la directive, aucune restriction ne devait être apportée à l'accès aux réseaux publics de télécommunications ou aux services publics de télécommunications, et aucune dérogation aux principes énoncés n'était possible en cas de demande d'accès, sauf pour une raison fondée sur les exigences essentielles, définies comme : la sécurité du réseau, le maintien de son intégrité, l'interopérabilité des services et la protection des données.

835. Ces règles furent transposées en droit français par la loi n° 90-1170 du 29 décembre 1990 précitée. Elle imposait au ministre chargé des télécommunications d'assurer l'accès des fournisseurs au réseau public des télécommunications dans des conditions objectives, transparentes et non-discriminatoires[3].

836. Sur le fondement de la directive « O.N.P. » et en vue de préciser les conditions harmonisées pour l'application de la directive cadre, d'autres directives furent prises pour garantir un accès ouvert au réseau pour les lignes louées[4], la téléphonie vocale fixe[5] et l'interconnexion[6].

837. Ces règles furent transposées en droit français par la loi n° 96-659 du 26 juillet 1996 relative à la réglementation des télécommunications. Elle imposait au ministre chargé des télécommunications et à l'ART de définir les

---

[1] Dir. 90/387/ CEE, préc.

[2] Dir. 90/387/CEE préc., art. 3, §2.

[3] L. n° 90-1170 du 29 déc. 1990, préc., L. 32-1, §4.

[4] Dir. 92/44/CEE du Conseil du 5 juin 1992 relative à l'application de la fourniture d'un réseau ouvert aux lignes louées (J.O.U.E. L 165, du 19 juin 1992, p. 27).

[5] Dir. 95/62 du Parlement européen et du Conseil du 13 décembre 1995 relative à l'application de la fourniture d'un réseau ouvert (ONP) à la téléphonie vocale (J.O.U.E. L 321, du 30 déc. 1995, p. 6).

[6] Dir. 97/33/CE du Parlement européen et du Conseil du 30 juin 1997 relative à l'interconnexion dans le secteur des télécommunications en vue d'assurer un service universel et l'interopérabilité par l'application des principes de fourniture d'un réseau ouvert (ONP) (J.O.U.E. L 199, du 26 juill. 1997, p. 32).

conditions d'accès aux réseaux pour réaliser une égalité des conditions de la concurrence[1]. De plus, la loi imposait aux exploitants de réseaux de télécommunications ouverts au public de faire droit aux demandes d'accès dans des conditions objectives, transparentes et non-discriminatoires[2].

838. Avec la libéralisation complète du secteur et l'introduction de la concurrence sur les marchés des infrastructures, d'autres règles d'accès ont été édictées[3], notamment dans le cadre du deuxième paquet télécom. Elles visaient à « intégrer des mécanismes de flexibilité afin de réduire les interventions de nature réglementaire au fur et à mesure que la concurrence augmentera »[4].

839. En l'état actuel du droit, après la transposition des deuxième et troisième paquet télécoms, le C.P.C.E. garantit l'accès par plusieurs dispositions. D'abord, l'article L. 32 du C.P.C.E. définit l'accès comme « toute mise à disposition de moyens, matériels ou logiciels, ou de services, en vue de permettre au bénéficiaire de fournir des services de communications électroniques ». La définition s'avère donc large, et peut inclure toute forme de moyens ou de services mis au service de l'objectif de relier un opérateur alternatif aux utilisateurs finals. Puis, afin de garantir l'égalité dans les conditions techniques et tarifaires d'accès, le C.P.C.E. habilite l'ARCEP à prendre des décisions réglementaires relatives à l'accès, notamment pour préciser les conditions équitables d'ordre technique et financier dans lesquelles l'accès doit être assuré[5]. En tout cas, les conditions contenues dans les conventions d'accès doivent respecter les principes d'objectivité et de transparence[6]. En cas de refus d'accès ou d'échec des négociations

---

[1] C.P.C.E., art. L. 32-1, II, 4°.

[2] C.P.C.E., art. L. 34-8, II, al. 3.

[3] Comme l'explique M. Vassilis HATZOUPOULOS, les règles de l'O.N.P. étaient une application de la théorie de *Workable competition* qui permet la préservation du monopole tout en tirant profit des conséquences de la compétition parfaite par l'application d'une régulation adéquate. Plus précisément, « Le principe de l'ONP vise l'instauration du régime concurrentiel dans des domaines 'noirs' où jusqu'à présent les situations monopolistiques régnaient. Toutefois, il ne vise pas à les 'blanchir' complètement, dans la mesure où il présuppose l'existence de réseaux détenus sous monopole. Une dérégulation complète annihilerait le principe de l'ONP, puisqu'elle devrait permettre la concurrence à tous les niveaux, et notamment à celui des réseaux » (V. HATZOPOULOS, « L'ONP, moyen de dérégulation des télécommunications », *RTD eur.*, 1994, pp. 66-67).

[4] Commission des communautés européennes, Communication de la Commission au Conseil, au Parlement européen, au comité économique et social et au comité des régions « Vers un nouveau cadre pour les infrastructures de communications électroniques et les services associés. Réexamen 1999 du cadre réglementaire des communications », Com(1999) 539 final, p. 9.

[5] C.P.C.E., art. L. 34-8, I, al. 2.

[6] C.P.C.E., art. D. 99-10.

commerciales, ou en cas de litige entre les cocontractants d'une convention d'accès, la loi habilite l'ARCEP à régler ce différend selon des procédures quasi-judiciaires, dans le cadre de son pouvoir de règlement de différends[1]. Dans ce cadre, l'autorité rend une décision précisant les conditions équitables d'ordre technique et financier dans lesquelles l'accès s'effectue. Le respect cette décision par les opérateurs est garanti par le pouvoir de sanction que l'ARCEP détient[2].

840. De surcroît, « en vue d'assurer le bon fonctionnement et l'interconnexion de leurs réseaux ainsi que l'accès aux services fournis sur d'autres réseaux », l'ARCEP peut imposer des obligations spécifiques aux opérateurs qui contrôlent l'accès aux utilisateurs finals[3].

841. En droit égyptien, la loi n° 10-2003 relative à la régulation des communications ne contient aucune disposition qui accorde un droit d'accès aux réseaux de communications électroniques. Ces sont plutôt les règlements de la NTRA découlant de son pouvoir réglementaire attribué par l'article 5 de la loi qui imposent d'une manière générale à l'opérateur détenant des facilités essentielles de faire droit aux demandes d'accès qui lui sont soumises sans retard injustifié et dans des conditions financières et techniques raisonnables et non-discriminatoires[4].

---

[1] C.P.C.E., art. L. 36-8, I.

[2] C.P.C.E., art. L. 36-11, I.

[3] C.P.C.E., art. L. 34-8, III.

[4] Le cadre juridique relatif à la concurrence, publié par la NTRA, dispose que : « Refus d'accès aux facilités essentielles : le licencié doit se soumettre au suivant : (...) disponibilité : mettre son réseau et ses facilités essentielles à la disponibilité de ses concurrents sans retards injustifiés et à des tarifs raisonnables ; non-discrimination : abstention de discriminer entre les concurrents dans la permission d'accès ». Traduction libre de : « *Refusal to Supply Basic Facilities: The licensee shall abide by the following: (...) Availability: Making its network and basic facilities available to the competitors, without unjustified delay and at affordable prices; Non-discrimination: Non-discrimination between the competitors in provision of basic facilities* » ; En l'actuel actuel, ces obligations d'accès concernent l'opérateur historique Telecom Egypt, seul détenteur de licence de construction et d'exploitation des réseaux ouvert au public (Le tableau des licenciés est publié par la NTRA et disponible sur http://www.tra.gov.eg/en/regulation/licensing/Documents/Glance-on-the-Licensing.pdf, consulté le 2 septembre 2019). D'ailleurs les obligations d'accès qui incombent à *Telecom Egypt* ont été inscrites dans la licence qui lui a été attribuée. L'article 3-1 de sa licence énonce : « Le licencié est obligé, tout au long de la durée de validité de sa licence et, le cas échéant, pendant les périodes de prolongations ultérieures, de rendre disponible ses facilités essentielles de télécommunications par leur location. Cela comprend les bâtiments, les terrains, les outils, les instruments, les équipements, les câbles, les pylônes, les antennes, les lignes, les systèmes et les programmes, les circuits d'alimentation électrique quel que soit leurs types. Sans préjudice des dispositions relatives à l'interconnexion, le licencié s'engage à unifier

842. En cas de différend entre le demandeur d'accès et le propriétaire de réseau sur les conditions techniques et tarifaires d'accès, le demandeur peut saisir la NTRA, qui rend « une décision définitive »[1]. La NTRA détient ainsi un réel pouvoir unilatéral de préciser les conditions techniques et tarifaires de l'accès et de les imposer en cas de désaccord sur les conditions d'accès ou sur son principe[2].

II. L'accès aux éléments des réseaux par le partage d'infrastructure : un cas particulier

843. Le développement de la concurrence par les services de communications électroniques passe également par l'encouragement du partage d'infrastructure entre les opérateurs télécoms, et même parfois l'imposition d'obligations en la matière[3].

---

les conditions financières et techniques relatives à la location de ces services [de mise à disposition] » (E.C.A., rapport du 8 mars 2016 préc., p. 28).

[1] L. n° 10-2003 relative à la régulation des communications, préc., art. 34.

[2] Cette précision me semble importante dans la mesure où, comme cela sera révélé ci-après, les dispositions relatives au pouvoir de la NTRA en la matière diffèrent des dispositions relatives à l'interconnexion. Ces dernières habilitent la NTRA, en cas de désaccord entre les parties à l'interconnexion de « mettre en place les règles et les conditions qui assurent l'interconnexion ». Ces dispositions ont été interprétées par la C.C.A. comme permettant à la NTRA de formuler les conditions destinées à permettre la conclusion de la convention d'interconnexion, et non pas de préciser elle-même les tarifs d'interconnexion. Autrement dit, les conditions mises en place par la NTRA « sont prises en compte par les parties lors de la conclusion de leur convention d'interconnexion, et ne constituent pas en elles-mêmes les clauses de la convention d'interconnexion » (C.C.A., 7ème ch. statuant en urgence, 5 juin 2010, *Sté. Mobinil Egypt Telecom,* n° 3248-63 et 20220-64 (non publié), p. 26).

[3] La question du partage d'infrastructure représente une illustration du choix que le régulateur doit opérer entre le développement de la concurrence par les services et la concurrence par les infrastructures. L'ARCEP confirme ce dilemme en précisant qu'« Il revient aux pouvoirs publics de garantir un équilibre entre concurrence par les infrastructures et partage d'infrastructures afin d'assurer les différents objectifs de la régulation tels que fixés par le droit communautaire et national, et en particulier celui d'une concurrence effective et loyale entre les exploitants de réseaux mobiles au bénéfice des consommateurs » (ARCEP, avis n° 2012-1627 du 20 déc. 2012 sur la demande d'avis de l'Autorité de la concurrence relatif aux conditions de mutualisation et d'itinérance sur les réseaux mobiles, p. 6). L'attachement de l'ARCEP à développer la concurrence par les infrastructures, comme l'explique M. Jean CATTAN, n'est pas « aveugle ». L'autorité met en balance les différents intérêts, et priorise ses objectifs quand ils sont inconciliables (J. CATTAN, *op. cit.*, p. 51).

844. D'emblée, il convient de noter que cette forme d'accès se distingue nettement de l'accès aux facilités essentielles, car même en l'absence du partage d'infrastructure, la concurrence est susceptible de se produire. L'avantage que permet cette forme d'accès c'est l'instauration plus rapide de la concurrence, ou sa dynamisation si elle est déjà instaurée.

845. En termes généraux, le partage d'infrastructure constitue une forme particulière d'accès aux réseaux[1]. Il consiste à mettre en commun, à des degrés variables, les éléments de réseaux appartenant à chaque opérateur mobile, tels les gaines, les pylônes et les antennes, pour permettre à tous les opérateurs mobiles concernés de fournir leurs services respectifs aux utilisateurs finals. Il permet aux opérateurs tantôt de mutualiser leurs efforts et de réduire leurs dépenses respectives, et par conséquent les coûts de leurs services pour les utilisateurs finals ; tantôt de renforcer le caractère dynamique du marché des services par l'octroi de droits spécifiques d'accès accordés aux nouveaux arrivants sur le marché.

846. Étant une forme d'accès aux réseaux de communications électroniques, l'ARCEP et la NTRA régulent le recours aux différentes formes de partage d'infrastructures[2]. Les deux autorités interviennent en amont par des mesures réglementaires qu'elles édictent pour réguler ce type particulier d'accès, en vue de la réalisation des objectifs définis[3], et en aval par le pouvoir de règlement des différends qu'elles détiennent[4]. De plus, l'ARCEP se différencie de la NTRA par le pouvoir de réviser et d'approuver les conventions de partage d'infrastructure conclues entre les exploitants des réseaux ouverts au public dont elle dispose[5].

---

[1] Cela résulte, en droit français, de la définition large adoptée par le C.P.C.E. dans le point 8 de l'article L. 32 qui énonce : « Accès : On entend par accès toute mise à disposition de moyens, matériels ou logiciels, ou de services, en vue de permettre au bénéficiaire de fournir des services de communications électroniques ».

[2] Cela découle respectivement de l'article L 34-8 du C.P.C.E. pour l'ARCEP, et de l'article 5-4 de la loi n° 10-2003 relative à la régulation des communications préc., pour la NTRA.

[3] Les objectifs définis sont ceux assignés par le C.P.C.E. à l'article L. 32-1, et par la loi n° 10-2003 relative à la régulation des communications, préc., par l'article 4.

[4] Le pouvoir de règlement des différends découle, respectivement pour l'ARCEP et la NTRA, de l'art. L. 36-8, II du C.P.C.E., et des articles 29, 33 et 34 de la loi n° 10-2003 relative à la régulation des communications, préc.

[5] Art. L. 34-8-1-1 du C.P.C.E., ajouté par la loi n° 2015-990, préc. Ce pouvoir s'ajoute à son pouvoir analogue portant sur la modification des conventions relatives aux prestations d'itinérance mentionné à l'alinéa 3 de l'art. L. 34-8-1 du C.P.C.E. Avant même l'entrée en vigueur de cette loi, le juge administratif donnait une interprétation large aux pouvoirs de l'ARCEP en matière de régulation de l'itinérance ; des pouvoirs que l'ARCEP refusait de mettre en œuvre en faisant une lecture stricte de ses pouvoirs. Pourtant, le juge administratif a invalidé la lecture faite par l'ARCEP au titre de

847. La question du partage d'infrastructure se pose, pour les régulateurs français et égyptien, pour l'infrastructure mobile. À cet égard, les deux régulateurs n'ont pas toujours développé des positions identiques, à l'exception de l'itinérance des nouveaux entrants ; une forme extrême du partage d'infrastructure.

848. L'ARCEP, quant à elle, adopte à l'égard de la question du partage d'infrastructure des stratégies évolutives au fil du temps et suffisamment détaillées. Ces stratégies sont fondées sur une différenciation essentielle, porteuse d'effets importants sur l'état de la concurrence sur le marché, entre le partage d'infrastructure passive[1] et active[2].

849. Dans le cadre du partage de l'infrastructure passive, l'ARCEP a toujours eu une position constante favorable à ce type de partage qui « présente peu d'enjeux concurrentiels et des avantages économiques et environnementaux »[3] :

> « le partage d'infrastructures passives n'a a priori pas ou peu d'impacts négatifs sur la capacité de différenciation des opérateurs, sous réserve que chacun conserve sa liberté : notamment, il convient de s'assurer qu'un tel partage ne contraigne pas un opérateur à colocaliser tous ses sites avec un unique autre opérateur, et que

---

l'erreur de droit qui l'a conduite à une mauvaise interprétation de ses pouvoirs (C.E., 2/7 S.S.R., 9 oct. 2015, *Sté. Bouygues Télécom*, n° 379579, Rec. T. p. 1020).

[1] Le partage d'infrastructure passive « consiste notamment en l'utilisation commune à plusieurs opérateurs de tout ou partie des éléments passifs d'infrastructure : sites, génie civil, locaux techniques et servitudes, pylônes, alimentation électrique, climatisation » (ART, position sur le partage d'infrastructures dans les réseaux mobiles de troisième génération, 10 déc. 2001, p. 2).

[2] L'infrastructure active comprend tous les éléments de réseau qui sont fonctionnels pour la transmission des données des communications électroniques, tels les antennes, les transmetteurs et les fréquences. Le partage d'infrastructure active prend trois formes différentes. Suivant une approche ascendante, ces formes sont : la mutualisation des réseaux, la mutualisation des fréquences et l'itinérance. La mutualisation des réseaux « conduit à ce que deux opérateurs mobiles mettent en commun une partie de leurs réseaux. Ils établissent pour cela une coordination de leurs efforts et échangent des informations, qu'il s'agisse de la phase de préparation et de mise en œuvre du projet, ou de l'exploitation régulière du réseau partagé entre eux ensuite » (ARCEP, avis n° 2012-1627 préc., p. 29). Cela n'implique pas donc une utilisation partagée des fréquences. La mutualisation des fréquences constitue une forme différente et plus approfondie du partage. L'itinérance est la forme extrême. Elle représente une dépendance totale de l'opérateur mobile de service, nouvel entrant ou M.V.N.O. par exemple, sur le réseau de l'opérateur hôte.

[3] ARCEP, avis n° 2014-0657 du 10 juin 2014 rendu à la demande de l'Autorité de la concurrence et portant sur la saisine de la société Orange relative à l'accord de mutualisation de réseaux mobiles conclu entre les sociétés SFR et Bouygues Telecom, p. 21.

chacun reste libre d'implanter des sites non partagés. Pour ces raisons, et sous ces réserves, les impacts positifs du partage d'infrastructures passives sur les objectifs de régulation priment les impacts négatifs. Un tel partage est donc à encourager sur l'ensemble du territoire et à réaliser de manière effective par les opérateurs »[1].

850. En revanche, le partage de l'infrastructure active comporte des enjeux concurrentiels importants, et chaque forme d'accès à l'infrastructure active emporte des effets différents sur les perspectives de la concurrence par les services et par les infrastructures. C'est pour cela que la position de l'ARCEP est nuancée en fonction de la modalité d'accès envisagée, de son étendue, de son destinataire et de sa durée[2].

851. Outre la mutualisation des fréquences pour lesquelles l'ARCEP n'est pas favorable à leurs partages, à moins que ce soit dans les zones les moins denses pour des raisons liées à l'aménagement numérique du territoire[3], la mutualisation des réseaux et l'itinérance[4] se sont présentées comme des modalités intéressantes pour développer la concurrence par les services de communications électroniques.

852. L'ARCEP a autorisé notamment la mutualisation d'infrastructures actives entre les opérateurs télécoms pour le déploiement des réseaux selon la technologie 4G. Comme l'explique l'ARCEP dans son avis relatif à l'accord de mutualisation de réseaux actifs conclu entre Bouygues Télécom et SFR en 2014, « dans le contexte actuel où les besoins d'investissements dans les réseaux 4G sont importants, le partage d'installations actives peut contribuer

---

[1] ARCEP, lignes directrices sur le partage de réseaux mobiles, mai 2016, p. 24. Cette position est la même que l'ART avait adoptée dès le début de la mise en place des plans du partage d'infrastructure des opérateurs mobiles (ART, position sur le partage d'infrastructures dans les réseaux mobiles de troisième génération, préc.).

[2] Dans ses lignes directrices de 2016, l'ARCEP annonce son approche vigilante vis-à-vis de la question du partage d'infrastructure en précisant que « le partage de réseaux mobiles peut avoir un effet défavorable sur les objectifs de concurrence effective et loyale au bénéfice des utilisateurs, d'investissement et d'innovation et la promotion de la concurrence par les infrastructures ». L'autorité utilise trois critères pour juger *in concreto* la validité de telle ou telle convention de partage selon ses effets potentiels sur la concurrence. Sa stratégie consiste à distinguer entre les zones très denses et les zones les moins denses, et à encourager la concurrence par les infrastructures aux premières, et la concurrence par les services aux deuxièmes (ARCEP, lignes directrices sur le partage de réseaux mobiles, préc., pp. 18-19).

[3] ARCEP, lignes directrices sur le partage de réseaux mobiles, préc., pp. 24-25.

[4] L'itinérance « consiste en l'accueil, par un opérateur de réseau mobile, des clients d'un autre opérateur de réseau mobile sur son réseau, pour lequel seules les fréquences de l'opérateur accueillant sont exploitées. Cette modalité est mise en œuvre dans différents contextes, notamment l'itinérance internationale (*roaming*), l'itinérance ultramarine, ou encore l'itinérance nationale ou locale » (ARCEP, lignes directrices sur le partage de réseaux mobiles, préc., p. 9).

à accroitre la compétitivité des opérateurs, d'une part, en réduisant leurs coûts et, d'autre part, en améliorant leur rapidité de déploiement, et plus généralement leur couverture et leur qualité de services »[1].

853. En ce qui concerne la prestation d'itinérance nationale, l'ARCEP a approuvé le recours à cette modalité de partage d'infrastructures pour le nouvel entrant mobile. En effet, l'itinérance permet à l'exploitant d'un réseau mobile d'entrer rapidement sur le marché et de commencer, dans un laps de temps très court, à fournir ses services aux utilisateurs finals, sans avoir à attendre l'établissement ou l'extension de son réseau. C'est pour cela que l'ARCEP a accordé à Free Mobile, le quatrième opérateur qui a obtenu la licence 3G en 2010, un droit d'itinérance sur le réseau d'un des trois autres opérateurs concurrents pendant une période de six ans[2].

854. Par ailleurs, l'itinérance est indispensable pour développer un marché dynamique des services de communications mobiles pour les M.V.N.O. C'est

---

[1] ARCEP, avis n° 2014-0657, préc., p. 23. Il convient de noter que l'ARCEP ne donne pas ainsi un feu vert à tout projet de mutualisation de réseaux. Elle procède *in concreto* au cas par cas à l'étude de chaque convention de partage pour mesurer ses effets sur la concurrence. A la lumière de ses analyses, elle donne ou non son approbation. Comme le relève l'ARCEP, « le nombre de parties à l'accord est un aspect important. Dans un marché à quatre opérateurs, si un accord de partage de réseaux mobiles devait lier trois opérateurs sur une zone étendue, il devrait s'analyser avec attention, notamment parce qu'il pourrait apparaître excessif pour l'opérateur se retrouvant à déployer seul » (ARCEP, lignes directrices sur le partage de réseaux mobiles, préc., p. 22).

[2] Comme l'expliquait l'ARCEP, « Il s'agissait, en premier lieu, pour le nouvel entrant, du droit de se voir attribuer des fréquences dans la bande MHz 900 si les opérateurs existants demandaient à réutiliser une partie de ces fréquences, initialement réservées à leur réseau 2G, pour développer leur réseau en norme 3G ; en deuxième lieu, du droit de localiser ses équipements 3G sur tout site 2G réutilisé en 3G d'un opérateur existant ; enfin, du droit de bénéficier de l'itinérance 2G sur le réseau d'un des opérateurs existants pendant six ans à compter de l'attribution de son autorisation (soit jusqu'au 12 janvier 2016, au vu de la date d'attribution de son autorisation à Free Mobile) » (ARCEP, avis n° 2012-1627, préc., p. 23). D'ailleurs cette modulation des conditions de partage d'infrastructures pour renforcer la position du nouvel entrant a été déclarée légale par le Conseil d'État. Il a estimé que ces mesures « avaient pour objet de compenser les avantages concurrentiels dont disposaient les trois opérateurs existants vis-à-vis d'un nouvel entrant compte tenu des réseaux mobiles qu'ils avaient déjà pu constituer et des positions ainsi acquises sur le marché de la téléphonie mobile » (C.E., 2/7 S.S.R., 12 oct. 2010, *Sté. Bouygues Télécom*, n° 332393, 332394, 332421, concl. B. BOURGEOIS-MARCHUREAU, Rec. p. 378, cons. 12). Cette même convention conclue entre Free Mobile et Orange en 2011, et prolongé en 2020 au-delà de la période initiale de six ans sans objection de la part de l'ARCEP, a fait l'objet d'un contentieux où le juge administratif a conforté la position du régulateur (C.E., 2/7 C.R., *Sté. Bouygues Télécom et SFR*, 15 déc. 2021, n° 448067 et 448601, Rec. T.).

la raison pour laquelle l'ARCEP a permis l'itinérance pour les opérateurs mobiles virtuels sur les réseaux des opérateurs mobiles, à travers les engagements pris par les opérateurs disposant de fréquences aux bandes 2,1 GHz, 800 MHz et 2,6 GHz, qui se sont engagés à faire droit aux demandes raisonnables d'accès présentées par ces opérateurs[1].

855. Le régulateur égyptien, quant à lui, permet le partage d'infrastructures passives comme actives uniquement pour les nouveaux entrants sur le marché mobile. Autrement dit, il apparaît que le régulateur égyptien n'autorise normalement le partage d'infrastructures pour les autres opérateurs télécoms que dans des circonstances particulières qui l'exigent, comme l'aménagement numérique du territoire[2]. Ainsi, *Etisalat Misr*, le troisième opérateur mobile qui est entré sur le marché en 2006, s'est vu accordé un droit de partage d'infrastructures passives d'autres opérateurs télécoms, ainsi qu'un droit d'itinérance nationale dans les parties du territoire où il n'avait pas encore établi de réseaux[3]. De même, dès son entrée sur le marché mobile en 2016, l'opérateur *Telecom Egypt* s'est vu octroyé un droit d'itinérance nationale pour faciliter son entrée effective sur le marché[4].

C. L'accès pour le développement de la concurrence par les infrastructures

856. Contrairement à la concurrence par les services, la concurrence par les infrastructures est un objectif à long terme. Il s'agit d'un objectif difficile à atteindre sans que le régulateur ne fasse les efforts nécessaires pour préparer les conditions essentielles à l'émergence de cette concurrence. Il n'est pas évident que sa réalisation est conciliable avec la promotion de la concurrence par les services. On peut même dire que ces deux objectifs sont souvent antinomiques, ce qui amène généralement le régulateur à faire des arbitrages entre les deux, ou à adopter une stratégie de conciliation comme la stratégie d'échelle d'investissement de l'ARCEP.

---

[1] ARCEP, avis n° 2012-1627, préc., p. 32.

[2] H. OTHMAN, « *«القومى للطرق» يُشعل منافسة شركات المحمول حول «التغطية»* » [Le projet national des routes enflamme la concurrence entre les opérateurs mobiles pour la couverture] », sur *El-Wattan-news*, publié le 12 sep. 2018, disponible sur https://www.elwatannews.com/news/details/3652441, consulté le 3 sep. 2019.

[3] A. EL-HADDAD, « Welfare gains from utility reforms in Egyptian telecommunications », *Utilities Policy*, 45, 2017, p. 15.

[4] NTRA, « *التقرير السنوى للجهاز 2017 : نهضة الاتصالات في مصر* [Le rapport annuel de l'autorité : la renaissance des télécommunications en Égypte] », 2017, p. 20.

857. En tout cas, la concurrence par les infrastructures reste une condition nécessaire pour un véritable passage d'un secteur soumis à une forte régulation sectorielle à un secteur animé par le jeu de la concurrence[1].
858. A cet égard, l'interconnexion des réseaux apparaît comme l'outil principal pour favoriser la concurrence par les infrastructures, par le biais du contrôle des conditions techniques et tarifaires de l'interconnexion entre les différents exploitants des réseaux. La définition des conditions relatives à cette interconnexion affecte la capacité des opérateurs d'entrer sur les marchés fixe et mobile dans des conditions favorables à l'essor d'une concurrence basée sur l'infrastructure.
859. Avant de procéder à l'analyse des positions des régulateurs en matière d'interconnexion (II), il convient de circonscrire le concept d'interconnexion (I).

I. L'interconnexion : définition d'un concept clé

860. L'interconnexion est une forme particulière d'accès qui se réalise entre les opérateurs des réseaux de communications électroniques. Un raisonnement *a contrario* implique donc que les opérateurs de services ne sont pas concernés par ce type particulier d'accès[2].
861. Puisqu'elle concerne les opérateurs de réseaux, l'interconnexion est le garant de l'universalité du réseau des communications électroniques par la création des réseaux interconnectés[3].
862. Le C.P.C.E. définit l'interconnexion comme la « liaison physique et logique des réseaux ouverts au public exploités par le même opérateur ou un opérateur différent, afin de permettre aux utilisateurs d'un opérateur de

---

[1] Comme l'expliquent les auteurs, « Trois arguments justifient généralement cet objectif à long terme. Tout d'abord, l'établissement d'une concurrence par les infrastructures permettrait d'alléger les contrôles réglementaires, conduisant à une certaine dérégulation du secteur et donc à une réduction des coûts directs ou indirects liés à la régulation. Par ailleurs, il est souvent avancé que les innovations de produits et de services sont plus nombreuses lorsque les opérateurs contrôlent leur infrastructure de bout en bout. Enfin, la concurrence par les infrastructures serait la seule forme de concurrence pérenne. Ces bénéfices attribués à la concurrence par les infrastructures l'emportent implicitement sur le coût de duplication des réseaux » (M. BOURREAU, P. DOĞAN et M. MANANT, *op.cit.*, pp. 149-150).
[2] A. SHEHA, « (Re)slicing The Cake for A Fair Share. Regulatory Powers Over Interconnection Agreements in Egypt », *LexisNexis MENA Buiseness Law Review*, 2020, p. 54.
[3] *Ibid.*, pp. 54-55.

communiquer avec les utilisateurs du même opérateur ou d'un autre, ou bien d'accéder aux services fournis par un autre opérateur »[1].

863. La loi égyptienne n° 10-2003 relative à la régulation des communications définit également l'interconnexion en tant que « liaison entre les réseaux autorisés de deux exploitants ou plus, qui permet une liberté de communication entre les utilisateurs, peu importe les réseaux auxquels ils sont abonnés ou les services qu'ils utilisent »[2].

864. On en déduit que l'interconnexion est le raccordement des réseaux entre les exploitants des réseaux mobiles, les exploitants des réseaux fixes ainsi qu'entre ces deux types d'exploitants. Son but est double : d'une part, permettre la communication entre les utilisateurs finals des services de communications électroniques, quel que soit l'opérateur de réseau ou de service auprès duquel ils se sont souscrits[3]. D'autre part, elle permet à l'utilisateur final sur une ligne fixe d'accéder aux services proposés par un opérateur autre que celui auprès duquel il a souscrit un contrat[4].

865. Les deux formes d'interconnexion ne sont pas les mêmes et ne se font pas dans les mêmes conditions. La première, l'interconnexion horizontale, se fait entre des opérateurs qui possèdent leur propre réseau terminal, fixe ou mobile, et gardent ainsi un accès direct et exclusif, chacun à ses propres clients. L'interconnexion profite donc à chaque opérateur par les externalités positives de réseau dans la mesure où elle permet aux clients d'un certain opérateur de communiquer avec les clients des autres opérateurs qui ne sont pas raccordés au même réseau.

866. La seconde forme d'interconnexion est l'interconnexion verticale. Dans les réseaux fixes, cette forme d'interconnexion se réalise entre un opérateur d'un réseau intermédiaire, une ligne interurbaine de fibre optique pour les services d'internet à haut-débit par exemple, et un opérateur de réseau terminal au niveau de la boucle locale fixe. Dans les réseaux mobiles, il s'agit de l'interconnexion entre le cœur de réseaux d'un *Full* M.V.N.O. et les autres opérateurs des communications électroniques. Dans les deux cas, l'opérateur qui a un réseau intermédiaire n'a d'accès aux utilisateurs finals qu'au travers des réseaux terminaux des autres opérateurs fixes ou mobiles.

---

[1] C.P.C.E., art. L. 32, 9°.

[2] L. 10-2003 relative à la régulation des communications, préc., art. 1, 17°. Traduction libre de :
« الترابط : التوصيل بين الشبكات المرخص بها لمشغلين أو أكثر والذى يسمح بحرية اتصال المستخدمين فيما بينهم ، أياً كانت الشبكات التي يرتبطون بها أو الخدمات التي يستعملونها ».

[3] À titre d'exemple, il peut s'agir d'un utilisateur abonné à l'opérateur Orange, qui émet un appel à partir de son poste fixe pour rejoindre un autre utilisateur abonné à l'opérateur mobile SFR, et vice versa.

[4] À titre d'exemple, il peut s'agir d'un utilisateur abonné à l'opérateur SFR pour le service de la téléphonie fixe, et abonné à l'opérateur Free Mobile pour les services d'internet haut-débit.

II. L'interconnexion comme instrument de promotion de la concurrence par les infrastructures

867. Si les régulateurs français et égyptien des communications électroniques régulent les deux formes d'interconnexion, il n'en reste pas moins que chaque forme pose des problématiques économiques et techniques spécifiques. Plus précisément, dans l'interconnexion horizontale, l'interconnexion est porteuse d'effets positifs pour les deux opérateurs des réseaux interconnectés, car les clients respectifs de chaque opérateur profitent d'un accès réciproque aux clients de l'autre (*Two-ways communication*). Ainsi, chaque opérateur, notamment s'ils ont des parts de marché comparables, a intérêt à l'opération d'interconnexion. Le risque pour la concurrence peut apparaître sur le marché des détails où des pratiques de collusions entre ces opérateurs peuvent se produire[1]. L'importance de cette forme d'interconnexion apparaît néanmoins pour les opérateurs nouveaux entrants. Par la modulation des conditions d'interconnexion, le régulateur peut faire en sorte que ces nouveaux entrants profitent de conditions plus favorables, leur permettant ainsi d'achever le niveau économiquement requis de la masse critique.

868. Dans l'interconnexion verticale, il s'agit d'une communication à sens unique (*one-way communication*) où l'opérateur hôte ne profite pas d'effets des réseaux en reliant sa partie terminale au réseau de l'opérateur alternatif. Le risque de refus d'accès ou, le cas échéant, de pratique des ciseaux tarifaires, est donc considérable.

869. La différence d'enjeux conduit ainsi à examiner séparément l'interconnexion horizontale, d'une part (a), et de l'interconnexion verticale, d'autre part (b).

a. L'interconnexion horizontale

870. Comme précisé plus-haut, l'interconnexion horizontale est le raccordement des réseaux des exploitants des réseaux ouverts au public qui détiennent des réseaux terminaux, dans le but d'assurer la communication de bout en bout de leurs utilisateurs respectifs.

871. Les droits français et égyptien s'accordent à donner à l'ARCEP et à la NTRA deux pouvoirs principaux pour réguler l'interconnexion : le pouvoir de formuler des règles objectives et impersonnelles destinées à préciser les conditions techniques et tarifaires dans le respect desquelles les conventions

---

[1] M. ARMSTRONG, « Network Interconnection in Telecommunications », *The Economic Journal*, 1998, p. 548.

d'interconnexion doivent être conclues[1], et le pouvoir de régler les différends qui peuvent naître entre les opérateurs interconnectés[2].

872. Par ailleurs, la NTRA détient un pouvoir d'approbation des accords d'interconnexion. En effet, le point 2 de l'article 28 de la loi n° 10-2003 relative à la régulation des communications oblige les opérateurs des réseaux à « soumettre la convention [d'interconnexion] à l'autorité pour approbation »[3]. L'absence de ce pouvoir est compensée pour l'ARCEP par les pouvoirs qu'elle détient en matière de régulation du pouvoir de marché. Comme on le constatera ci-après, l'ARCEP peut imposer des conditions techniques et tarifaires à l'opérateur puissant sur le marché, et lui demander de modifier les conditions inclues dans ses conventions d'interconnexion avec les autres opérateurs.

873. Peu importe la modalité d'intervention, les conditions techniques et tarifaires constituent un moyen important pour les deux régulateurs pour atteindre l'objectif de la concurrence par les infrastructures. La modulation de ces conditions, notamment financières, peut créer des incitations pour les opérateurs à développer leurs réseaux, à condition cependant que le régulateur soit en mesure de garantir à chaque opérateur une couverture totale de ses coûts et une rémunération raisonnable du capital investi. Dans cette optique, le droit français requiert que les tarifs soient fixés de manière objective et transparente[4]. Dans le cadre de son pouvoir de régulation de la puissance de marché, l'ARCEP peut imposer des obligations relatives à l'orientation des tarifs vers les coûts, que ce soit par la description d'une méthode comptable à suivre quant à leur fixation, ou bien par la fixation directe des tarifs.

874. Le droit égyptien, quant à lui, exige que les conditions d'interconnexion soient raisonnables et non-discriminatoires[5], orientées vers les coûts réels, avec une marge raisonnable de retour sur investissement[6].

875. Dans tous les cas, la modulation des conditions tarifaires requiert de la part du régulateur une connaissance solide du secteur, et, si nécessaire, la

---

[1] C.P.C.E., art. L. 34-8 et L. n° 10-2003 relative à la régulation des communications, préc., art. 5-4.

[2] C.P.C.E., art. L. 36-8 et L. n° 10-2003 relative à la régulation des communications, préc., art. 29.

[3] L. n° 10-2003 relative à la régulation des communications, préc., art. 28, 2. Traduction libre de :

« على أن تقدم الاتفاقية إلى الجهاز لا عتمادها ».

[4] C.P.C.E., art. D. 99-10.

[5] Art. 28 de la loi n° 10-2003 relative à la régulation des communications, préc.

[6] L. n° 10-2003 relative à la régulation des communications, préc., art. 29. V. le cadre général sur l'interconnexion sur : http://www.tra.gov.eg/ar/regulation/Pages/%d8%a7%d9%84%d8%a5%d8%b7%d8%a7%d8%b1%d8%a7%d9%84%d8%b9%d8%a7%d9%85%d9%84%d9%84%d8%aa%d8%b1%d8%a7%d8%a8%d8%b7.aspx, consulté le 9 sep. 2019.

capacité d'employer des méthodes économiques transparentes et efficaces pour estimer les coûts de chaque opérateur[1].

876. L'ARCEP n'a pas manqué de moduler les conditions d'interconnexion en utilisant ses pouvoirs en matière de régulation du pouvoir de marché. Bouygues Télécom a profité de cette modulation. En l'occurrence, l'ARCEP a imposé aux trois opérateurs mobiles, Orange France, SFR et Bouygues Télécom, identifiés comme exerçant une puissance significative sur leurs marchés respectifs concernant la terminaison des appels vocaux sur les réseaux mobiles en métropole, des obligations tarifaires différenciées. Plus précisément, l'ARCEP a fixé un plafond tarifaire (*price cap*) différencié pour Orange France et SFR d'une part, et Bouygues Télécom d'autre part[2]. Ce plafond était plus favorable à Bouygues Télécom pour lui permettre, pendant une période transitoire, d'atteindre une masse critique permettant les mêmes niveaux d'économies d'échelle que ses concurrents[3].

877. De même, la NTRA a utilisé son pouvoir de règlement des différends en 2007 pour permettre à l'opérateur nouvel entrant *Etisalat Misr* de profiter

---

[1] La question de l'estimation des coûts est une des questions les plus délicates en matière de régulation de l'interconnexion. Contrairement aux conditions techniques d'interconnexion, qui sont intelligibles pour le régulateur, les conditions tarifaires ne sont pas faciles à préciser. En effet, elles doivent être orientées vers les coûts. Ainsi, la connaissance de la structure du coût de chaque opérateur est indispensable. Or, les opérateurs télécoms n'ont aucun intérêt à révéler la structure de leurs coûts, profitant ainsi d'une asymétrie d'informations. Pour contrer cette asymétrie, le régulateur doit appliquer des formules économiques efficaces pour l'estimation des coûts des différents opérateurs des réseaux. A ce jour, on peut recenser trois modalités d'estimation des coûts : la modalité de l'estimation du coût historique (comptable) ; la modalité des coûts incrémentaux à long terme (LRIC) ; et la modalité des coûts miroirs de détails (*Retail minus*).

[2] Le plafond tarifaire, au-delà duquel l'opérateur ne peut fixer ses tarifs d'interconnexion, était fixé à 6.5 centimes d'euro par minute pour Orange France et SFR, et à 8.5 centimes d'euro pour Bouygues Télécom pour la période du 1er janvier 2008 jusqu'au 30 juin 2009 ; à 4.5 centimes d'euro par minute pour Orange France et SFR, et à 6 centimes d'euro pour Bouygues Télécom pour la période du 1er juillet 2009 jusqu'au 30 juin 2010 ; et à 3 centimes d'euro par minute pour Orange France et SFR, et à 4 centimes d'euro pour Bouygues Télécom pour la période de du 1er juillet 2010 jusqu'au 31 décembre 2010 (ARCEP, décision n° 08-1176 du 2 déc. 2008 portant définition de l'encadrement tarifaire des prestations de terminaison d'appel vocal mobile des opérateurs Orange France, SFR et Bouygues Telecom pour la période du 1er juillet 2009 au 31 décembre 2010, p. 64-65).

[3] ARCEP, décision n° 08-1176 préc., p. 41. D'ailleurs, le Conseil d'État a conforté la légalité du principe de cette asymétrie tarifaire sur le marché de gros dans l'affaire *Sté. Orange France et Sté. Française de la radiotéléphonie* du 24 juillet 2009 (C.E., 2/7 S.S.R., 24 juill. 2009, *Sté. Orange France et Sté. Française de la radiotéléphonie*, n° 324642 et 324687, Concl. F. LENICA, Rec. p. 299).

des conditions financières favorables en matière d'interconnexion dans le but d'atteindre rapidement la masse critique[1].

b. L'interconnexion verticale

878. L'interconnexion verticale consiste à raccorder les réseaux intermédiaires des exploitants des réseaux ouverts au public aux parties terminales des réseaux, souvent la propriété de l'opérateur historique. Cet accès est incontournable pour atteindre les utilisateurs finals se situant à l'extrémité de la chaîne de valeur[2]. Conscient de sa position dans le marché sur ce goulet d'étranglement, l'opérateur des parties terminales de réseaux, communément appelées les boucles locales (*local loop*)[3], peut dès lors imposer des tarifs excessifs d'interconnexion ou se livrer à des pratiques de ciseaux tarifaires rendant difficile l'émergence de toute concurrence sur le marché[4].

879. C'est pour cette raison que la boucle locale est considérée comme une facilité essentielle, et la régulation de l'interconnexion horizontale est d'une importance majeure notamment dans la libéralisation du marché fixe où l'opérateur historique reste dominant durablement[5].

880. La régulation de l'accès aux boucles locales, que ce soit par la régulation de l'interconnexion *stricto sensu* ou par la régulation de l'accès, est appréhendée dans le cadre de la promotion de la concurrence par les infrastructures[6].

---

[1] NTRA, recommandation du comité de règlement des différends du 26 avril 2007, *Etisalat Misr* v. *Mobinil & Vodafone Egypt*, S.N. (non-publiée).

[2] « [L]e réseau de transport (c'est-à-dire la partie du réseau qui permet la transmission de ville à ville ou de pays à pays) est la partie du réseau la plus facilement duplicable. Par contre, les 'extrémités' de ce réseau – ce qu'on appelle la boucle locale – constituent un goulet d'étranglement pour les opérateurs entrants » (M. BOURREAU, P. DOĞAN et M. MANANT, *op. cit.*, p. 148).

[3] L'article L. 32 du C.P.C.E. définit la boucle locale comme « l'installation qui relie le point de terminaison du réseau dans les locaux de l'abonné au répartiteur principal ou à toute autre installation équivalente d'un réseau de communications électroniques fixe ouvert au public ». Cette partie du réseau, à moins qu'il s'agisse d'une boucle locale fibre, reste la propriété exclusive des opérateurs historiques Orange et *Telecom Egypt*.

[4] ART, « Interconnexion : L'Autorité approuve le catalogue d'interconnexion de France Télécom pour 2002 », *Lettre d'information bimestrielle de l'Autorité de régulation des télécommunications*, déc. 2002, p. 3.

[5] Dans le marché mobile, chaque opérateur a souvent intérêt à avoir un accès réciproque au réseau de l'autre.

[6] Comme le rappelait Mme Joëlle TOLEDANO, membre du collège de l'ARCEP en 2010, « Pour moi et l'ARCEP en général, le dégroupage a toujours été considéré comme une concurrence par les infrastructures, même si la boucle locale de cuivre

881. ***L'accès à la boucle locale en France.*** Depuis la libéralisation complète du secteur, l'accès à la boucle locale représentait une préoccupation majeure pour la Commission européenne et pour l'ART. L'objectif était de garantir une interconnexion des réseaux alternatifs aux réseaux terminaux de l'opérateur historique dans des conditions raisonnables et non-discriminatoires, correspondant aux besoins réels de l'opérateur alternatif.

882. Au niveau communautaire, la spécificité de l'accès à la boucle locale poussa la Commission à publier sa première communication en la matière le 26 avril 2000[1]. Dans ce cadre, elle soulignait que « Le fait d'autoriser tous les nouveaux arrivants à accéder à la boucle locale va intensifier la concurrence et stimuler l'innovation technologique sur le marché de l'accès local, ce qui favorisera la fourniture concurrentielle d'une gamme complète de services de télécommunications allant de la simple téléphonie vocale aux services à large bande offerts à l'usager »[2].

883. Le cadre juridique communautaire s'est précisé notamment avec le règlement relatif au dégroupage de la boucle locale[3]. Il obligeait l'opérateur

---

était effectivement partagée, et c'est plutôt le bitstream qui était la concurrence par les services » (J. TOLEDANO, « Actes du débat : « Concurrence par les infrastructures ou sur les infrastructures ? », disponible sur www.avicca.org », 2010, p. 7, consulté le 30 août 2019).

[1] Commission des Communautés européennes, communication de la Commission relative au dégroupage de l'accès à la boucle locale : permettre la fourniture concurrentielle d'une gamme complète de services de communications électroniques, notamment les services multimédias à large bande et l'internet à haut débit, COM(2000) 237 final, 26 avril 2000.

[2] Commission des Communautés européennes, communication de la Commission relative au dégroupage de l'accès à la boucle locale préc., p. 3.

[3] Règ. C.E. 2887/2000 du Parlement européen et du Conseil du 18 décembre 2000 relatif au dégroupage de l'accès à la boucle locale (J.O.U.E. L. 336, du 30 déc. 2000, p. 4). Le dégroupage de la boucle locale consiste à permettre aux opérateurs alternatifs d'accéder à la boucle locale et d'utiliser les ressources associées qui sont indispensables pour la fourniture de leurs services, telle la colocalisation des équipements. Ainsi, la forme du dégroupage dépend des besoins de l'opérateur alternatif qui a le choix entre un dégroupage partiel ou total de la boucle locale. Les opérateurs font normalement recours au dégroupage partiel de la boucle locale pour fournir des services de la téléphonie fixe ou de l'accès à internet. Dans ce cas, ils installent leurs équipements actifs dans l'espace de colocalisation à la boucle locale, et font une utilisation partagée avec l'opérateur principal de la même paire torsadée métallique qui relie la boucle locale à la poste de l'utilisateur. À titre d'exemple, si l'opérateur alternatif fournit un service d'accès à internet selon la technologie ADSL (*Asymmetric Digital Subscriber Line*) à un client qui est en même temps abonné au service de la téléphonie fixe auprès de l'opérateur de réseau, l'opérateur alternatif utilise les fréquences hautes du spectre de la ligne, pendant que l'opérateur de service téléphonique utilise les fréquences basses du spectre sur la même ligne. Les opérateurs peuvent également demander un dégroupage total de la boucle locale. Dans ce cas, ils

notifié en tant qu'exerçant une puissance significative sur le marché de la fourniture de gros d'accès à la boucle locale de publier et de mettre à jour « une offre de référence pour l'accès dégroupé à leur boucle locale et aux ressources connexes, qui inclut au minimum les éléments énumérés dans l'annexe »[1]. Afin d'éviter une surfacturation, le règlement précise que « L'offre est suffisamment dégroupée pour que le bénéficiaire n'ait pas à payer pour des éléments ou des ressources du réseau qui ne sont pas nécessaires à la fourniture de ses services et contient une description des éléments de l'offre et des modalités, conditions et tarifs qui y sont associés »[2]. En formulant son offre, sous le contrôle du régulateur[3], l'opérateur devait orienter ses tarifs d'accès dégroupé à la boucle locale vers les coûts[4]. Cette orientation devait « permettre au fournisseur de la boucle locale de couvrir les coûts y afférents tout en retirant de l'opération une rémunération raisonnable afin d'assurer le développement à long terme et la modernisation de l'infrastructure locale d'accès »[5].

884. Dans ce cadre, l'ART publia sa première recommandation en la matière[6] pour guider l'opérateur historique dans la fixation des coûts d'accès à la boucle locale. Dans la fixation des coûts, l'autorité prit en compte l'objectif de la concurrence par les infrastructures. À cette fin, elle était vigilante à dégrader les tarifs d'accès selon le degré de densité du réseau de l'opérateur alternatif, dans le but d'inciter les opérateurs à développer leurs propres réseaux[7].

885. Depuis l'adoption du troisième paquet télécom, le cadre juridique relatif au dégroupage de la boucle locale a été supprimé. La régulation de l'accès à la boucle locale se fait désormais à travers le contrôle de l'ARCEP sur le

---

ont un contrôle total de la ligne métallique torsadée et tout le spectre associé, et contrôle ainsi toute la chaîne de valeur, du réseau jusqu'à l'abonné.

[1] Règ. CE 2887/2000, préc., art. 3, §1.

[2] Règ. CE 2887/2000, préc., art. 3, §1.

[3] Règ. CE 2887/2000, préc., art. 4, §2 sous a).

[4] Règ. CE 2887/2000, préc., art. 3, §3.

[5] Règ. CE 2887/2000, préc., 11.

[6] ART, recommandations du 30 octobre 2000 relatives à la définition des prestations d'accès à la boucle locale et à sa mise en œuvre opérationnelle, disponible sur : https://www.arcep.fr/fileadmin/reprise/publications/rec-pgs.htm.

[7] ART, recommandations du 30 octobre 2000 relatives à la définition des prestations d'accès à la boucle locale et à sa mise en œuvre opérationnelle préc., p. 6. En l'occurrence, l'ART adoptait une différenciation tarifaire ascendante d'interconnexion. L'interconnexion intra-commutateurs d'abonnés au niveau départemental était la moins coûteuse. L'interconnexion par le simple transit au niveau régional et l'interconnexion par un double transit au niveau national était plus coûteuse pour l'opérateur alternatif. Cette tarification graduelle visait donc à inciter les opérateurs alternatifs à développer leurs propres réseaux au plus près de la boucle locale.

marché de gros de l'accès, dans le cadre de sa régulation du pouvoir de marché.

886. ***L'accès à la boucle locale en Égypte.*** À l'image de l'interconnexion verticale, l'interconnexion horizontale par l'accès à la boucle locale est soumise au contrôle de la NTRA en droit égyptien. Les tarifs d'interconnexion appliqués doivent être orientés vers les coûts, sous le contrôle de la NTRA. Ce type de contrôle est particulièrement important pour le marché fixe en Égypte. Outre les lignes de transport, tous les réseaux terminaux en Égypte sont le monopole de l'opérateur historique, *Telecom Egypt*. Aucun autre opérateur n'est autorisé à établir, exploiter et louer des capacités de transmission[1].

887. Pour contrôler l'accès à la boucle locale de l'opérateur historique, la NTRA lui impose de préparer une offre de référence publique. Cette offre est approuvée par le régulateur pour s'assurer notamment de l'orientation des tarifs vers les coûts et du dégroupage suffisant des offres de services proposées[2]. Elle est ensuite publiée et représente une offre générale, ouverte à l'adhésion de tout opérateur qui souhaite éventuellement relier son réseau au réseau de l'opérateur historique[3].

---

[1] Il existe cependant une seule exception concernant l'opérateur *Etisalat Misr* qui détient depuis 2016 une licence d'établissement et d'exploitation des réseaux fixes dans les nouveaux lotissements résidentiels (*compounds*). Cette licence ne donne pas droit de location des capacités à des opérateurs tiers, créant ainsi un droit d'usage en monopole *de facto* à *Etisalat Misr*.

[2] Ce point est important pour éviter les pratiques de groupage de services qui consistent à proposer un ensemble de services regroupés sans pour autant que la fourniture d'un de ses services ne soit nécessaire pour la fourniture de l'autre. Dans le marché fixe, ce regroupement peut conduire à une surfacturation car l'opérateur alternatif aura à acheter des services dont il n'a pas véritablement besoin.

[3] Depuis l'octroi récent des licences pour la fourniture de la téléphonie fixe aux opérateurs mobiles en 2015, ceux-ci sont désormais en mesure d'utiliser la totalité du spectre, et passer ainsi d'un dégroupage partiel au dégroupage total de la boucle locale. Ils peuvent désormais proposer des services composés comme les offres de *triple play* ou même de *quadruple play* (D. FRENCH et T. ARNOLD, « *Egypt to issue landline licences to mobile firms in weeks [L'Egypte octroi des licences de fixe aux opérateurs mobiles dans quelques semaines]* », sur *Reuters*, publié le 11 fév. 2015, disponible sur https://www.reuters.com/article/uk-egypt-telecomunications/egypt-to-issue-landline-licences-to-mobile-firms-in-weeks-idUKKBN0LF1O620150211, consulté le 4 sep. 2019). Par ailleurs, malgré les pouvoirs que détient la NTRA en matière de régulation de l'offre de référence de l'opérateur historique, il me semble que le régulateur ne met pas assez de pression sur celui-ci, pour permettre l'accès à ses concurrents dans des conditions raisonnables. Cela donne à la question d'indépendance de la NTRA un nouveau regain d'intérêt. Ce constat provient d'un rapport publié par l'E.C.A. en 2016, dans le cadre d'une enquête que l'autorité menait pour vérifier des allégations d'abus de position dominante contre l'opérateur historique sur le marché d'accès de gros à l'infrastructure de fibre optique pour la

Section II.
Réguler le pouvoir de marché : instrument pour dynamiser la concurrence

888. L'établissement d'une concurrence effective et durable dans le secteur des communications électroniques nécessite parfois une intervention spécifique de type *ex ante* et l'application aux opérateurs dominants de règles asymétriques pour garantir un accès effectif de tous les opérateurs à tous les éléments des réseaux. Cette intervention exceptionnelle est légitime uniquement dans le cas où la simple application des règles du droit de la concurrence de type *ex post* ne suffirait pas à contrebalancer de manière efficace et durable la puissance qu'un opérateur peut avoir sur un marché déterminé.

889. Compte tenu de cet objectif, l'intervention par l'autorité de régulation en *ex ante* doit se limiter aux cas où celle-ci s'avérerait indispensable au bon fonctionnement de la concurrence dans le secteur.

890. Il en résulte qu'une analyse fine et minutieuse du secteur et des différents marchés le composant est nécessaire afin d'appliquer la régulation spécifique uniquement lorsque la concurrence pérenne fait défaut, laissant ainsi place à l'autorégulation par les mécanismes de la concurrence, ou à défaut par une intervention *ex post* de l'autorité chargée de la concurrence[1].

891. Sous l'effet du droit de l'Union, le droit français explicite la méthode, les règles et les procédures relatives à la régulation du pouvoir de marché. En revanche, la loi égyptienne n°10-2003 relative à la régulation des communications ne fait mention ni de ce concept de régulation asymétrique *ex ante* ni de ces règles et procédures applicables.

892. Toutefois, sur la base de son pouvoir réglementaire, la NTRA a introduit des règles relatives à la puissance de marché dans les licences

---

fourniture des services d'accès à internet à la clientèle résidentielle et professionnelle (Rapport de l'ECA du 8 mars 2016, préc.). D'après l'autorité, l'opérateur historique avait publié une offre de référence incomplète pour l'accès des fournisseurs de services d'accès à internet à son réseau. L'opérateur historique les empêchait donc d'avoir des prospections claires sur le marché (*Ibid.*, p. 3). De plus, les conditions financières et techniques d'accès au réseau étaient excessives, ce qui permettait à l'opérateur historique, verticalement intégré, d'abuser de sa position dominante sur le marché aval par la restriction d'accès à sa facilité essentielle (*Ibid.*, p. 29). L'autorité relevait surtout que malgré le pouvoir que la NTRA détenait en la matière par la loi, « la tarification de l'accès à l'infrastructure [de communications électroniques] est *de facto* non-régulé » «وبناءً عليه يكون تسعير البنية التحتية – واقعياً وفعلياً – غير منظم»[Traduction libre], *Ibid*, p. 13).

[1] C.C.E.E., considérant 29.

octroyées aux opérateurs pour le 3G[1]. Ces règles ont été actualisées lors de l'attribution des nouvelles autorisations de la 4G en 2016[2]. Cependant, puisque ces licences ne sont pas publiées[3], les informations relatives à ces conditions sont pratiquement hors de portée[4].

893. Ainsi, l'objet du présent paragraphe se limite à l'étude du seul cadre juridique français et des règles pertinentes du droit de l'Union.

894. En droit français, pour identifier où et quand la régulation spécifique est nécessaire, l'ARCEP, sous l'influence des recommandations et des lignes directrices de la Commission européenne, mène ses analyses du marché pour définir les marchés pertinents (§1), analyser les marchés définis (§2) et imposer des obligations asymétriques à l'égard de l'opérateur puissant identifié (§3).

§1. La définition des marchés pertinents

895. La définition des marchés pertinents est une opération technique qui permet de cerner le périmètre économique et géographique où des opérateurs concurrents, exploitants d'un certain type de réseaux ou fournisseurs d'un certain type de services de communications électroniques, exercent leurs activités.

896. En matière de définition des marchés pertinents, l'ARCEP n'est pas toujours entièrement libre dans l'appréciation qu'elle fait. L'influence du droit de l'Union et les objectifs de consolidation du marché intérieur des communications électroniques ont eu des effets sensibles sur le droit français

---

[1] V. à titre d'exemple l'article 19-3 de la licence n° 3 octroyée au troisième opérateur mobile, *Etisalat Misr* qui dispose : « Sont applicables à l'égard du licencié les règles et les procédures relatives à la puissance de marché, énoncées dans l'annexe 1 ».

[2] NTRA, « *التقرير السنوى للجهاز 2017 : نهضة الاتصالات في مصر* [Le rapport annuel de l'autorité : la renaissance des télécommunications en Égypte] », préc., p. 20.

[3] Contrairement à l'obligation juridique découlant de l'article 21 de la loi n° 10-2003 relative à la régulation des communications imposant que « les décisions relatives aux licences prises par l'autorité sont publiées au Journal officiel et un journal quotidien à large diffusion, aux frais du licencié. La publication comprend toutes les conditions de la licence ». Traduction libre :
« *وتنشر القرارات الصادرة من الجهاز بشأن التراخيص في الوقائع المصرية وإحدى الصحف اليومية واسعة الانتشار وذلك على نفقة المرخص له على أن يشمل النشر جميع شروط الترخيص* ».

[4] D'ailleurs, l'inclusion dans des autorisations administrative des règles de régulation du pouvoir de marché dans m'intriguent. En effet, ces règles sont de nature réglementaire. Les règlements étant des règles objectives et impersonnelles, doivent faire l'objet d'une publication officielle au journal officiel. Cette obligation de nature constitutionnelle ne peut être remplacée par une notification à ceux que l'autorité estime intéressés. Le champ de définition des « intéressés » est large. Il ne se limite pas aux seuls opérateurs économiques.

en la matière. D'après le schéma dessiné par le droit de l'Union en vue de la réalisation de la consolidation du marché intérieur, il existe une grande synergie entre la Commission européenne, qui exerce un rôle important dans la définition des marchés pertinents (A), et les A.R.N., dont l'ARCEP (B).

A. La Commission européenne et le recensement des marchés pertinents

897. Le droit de l'Union organise la régulation des marchés de communications électroniques de telle sorte que la Commission européenne se comporte en tant que chef de file. La Commission guide la régulation des marchés nationaux afin de garantir l'harmonisation dans l'application des règles *ex ante*.

898. À cette fin, le droit de l'Union lui confie la tâche de recenser les marchés pertinents au niveau communautaire, ceux dont l'état de concurrence peut justifier une régulation spécifique[1]. La tâche de la Commission se limite donc, après consultation publique et consultations des autorités réglementaires nationales, tout en tenant compte de l'avis formulé par l'ORECE, à recenser les marchés communautaires pertinents. Le recensement diffère de la définition des marchés pertinents qui reste une tâche confiée aux régulateurs nationaux.

899. En recensant les marchés pertinents, la Commission applique les principes du droit de la concurrence pour identifier les marchés de produits et de services de communications électroniques dans lesquels une régulation spécifique s'impose. Trois conditions guident la Commission dans le recensement des marchés : l'existence des barrières à l'entrée importantes et durables, qu'elles soient de nature économique ou réglementaire ; la structure du marché qui n'amène pas à une concurrence effective ; et l'insuffisance de l'application des seules règles du droit de la concurrence[2].

900. Au terme de ses analyses, la Commission publie une recommandation comportant les résultats de celles-ci et son recensement des marchés pertinents. Ce recensement comporte une présomption selon laquelle les marchés recensés réunissent les trois conditions précédemment mentionnées. Les A.R.N. n'auront donc à réétudier la réunion de ces conditions que pour les nouveaux marchés qui ne sont pas recensés dans la recommandation.

901. C'est ainsi que la Commission, suivant ses analyses périodiques, publia trois recommandations pour le recensement des marchés pertinents, de gros et de détails, pour les produits et les services de communications électroniques,

---

[1] C.C.E.E., art. 64.

[2] D. POPOVIC, *Le droit communautaire de la concurrence et les communications électroniques*, L.G.D.J.-Lextenso Éd., 2009, pp. 80-81.

dans les années 2003[1], 2007[2] et 2014[3]. D'ailleurs, l'évolution de ces recensements dévoile une délimitation progressive du champ d'application du droit de la régulation *ex ante* au profit de l'application des règles de droit de la concurrence *ex post*. Cette délimitation s'effectue à travers la limitation progressive de l'application des règles *ex ante* aux seuls marchés de gros, et la réduction progressive du nombre de marchés recensés[4]. Cela témoigne donc du développement de la concurrence sur les différents marchés de communications électroniques, et annonce une disparition progressive des règles de la régulation *ex ante* pour céder la place à l'autorégulation ou, à défaut, aux règles de droit de la concurrence.

B. L'ARCEP et la définition des marchés pertinents

902. Comme relevé précédemment, la définition des marchés pertinents est une tâche confiée aux A.R.N., et exercée au niveau de chaque État membre[5]. Il appartient donc à l'ARCEP de définir plus finement les marchés des

---

[1] Commission européenne, recommandation du 11 fév. 2003 concernant les marchés pertinents de produits et de services dans le secteur des communications électroniques susceptibles d'être soumis à une réglementation ex ante conformément à la directive 2002/21/CE du Parlement européen et du Conseil relative à un cadre réglementaire commun pour les réseaux et services de communications électroniques, 2003/311/CE, C (2003) 497, (J.O.U.E. L 114, du 8 mai 2003, p. 45).

[2] Commission européenne, recommandation du 17 déc. 2007 concernant les marchés pertinents de produits et de services dans le secteur des communications électroniques susceptibles d'être soumis à une réglementation ex ante conformément à la directive 2002/21/CE du Parlement européen et du Conseil relative à un cadre réglementaire commun pour les réseaux et services de communications électroniques, 2007/879/CE, C(2007) 5406, (J.O.U.E. L 344, du 28 déc. 2007, p. 65).

[3] Commission européenne, recommandation du 9 oct. 2014 concernant les marchés pertinents de produits et de services dans le secteur des communications électroniques susceptibles d'être soumis à une réglementation ex ante conformément à la directive 2002/21/CE du Parlement européen et du Conseil relative à un cadre réglementaire commun pour les réseaux et services de communications électroniques, 2014/710/UE, (J.O.U.E. L 295, du 11 oct. 2014, p. 79).

[4] Selon la recommandation de 2003, 18 marchés de gros et de détails, de produits et de services de communications électroniques étaient recensés. Ce nombre de marchés recensés était en constant déclin, passant de 18 à seulement 5 marchés de gros recensés dans la recommandation de la Commission de 2014.

[5] Il convient de noter que la définition des marchés transnationaux, par leur dimension européenne, entre dans les compétences exclusives de la Commission européenne. Cette compétence est exercée en concertation avec l'ORECE et les autres parties prenantes (C.C.E.E., art. 65).

produits et des services de communications électroniques au niveau national en France[1].

903. En principe, l'ARCEP doit tenir « le plus grand compte »[2] du recensement des marchés pertinents effectué par la Commission européenne dans sa recommandation ainsi que de ses prescriptions dans les lignes directrices qu'elle publie.

904. L'ARCEP procède à une définition minutieuse des marchés pertinents, et mène dans ce cadre des analyses techniques et économiques approfondies pour délimiter finement ces marchés dans leurs deux dimensions. La première dimension est celle des produits ou des services de communications électroniques, tandis que la deuxième est le périmètre géographique.

905. Dans ce cadre, l'ARCEP suit les lignes directrices des analyses des marchés publiées par la Commission[3], qui ont pour « objectif de garantir la cohérence des approches suivies (…) dans l'application du nouveau cadre réglementaire »[4]. Ces lignes directrices énumèrent les règles à respecter et les tests économiques à appliquer pour la délimitation des marchés pertinents des produits et des services[5], et de leur délimitation du périmètre géographique[6].

---

[1] L'article 37-1 du C.P.C.E. énonce que « L'Autorité de régulation des communications électroniques, des postes et de la distribution de la presse détermine, au regard notamment des obstacles au développement d'une concurrence effective, et après avis de l'Autorité de la concurrence, les marchés du secteur des communications électroniques pertinents, en vue de l'application des articles L. 38, L. 38-1 et L. 38-2 ».

[2] C.P.C.E., art. D. 301, al. 1.

[3] Commission des Communautés européennes, lignes directrices sur l'analyse du marché et l'évaluation de la puissance sur le marché en application du cadre réglementaire communautaire pour les réseaux et les services de communications électroniques, 2002/C 165/03, (J.O.U.E. C 165, du 11 juill. 2002, p. 6). Ces lignes directrices sont en grande partie inspirées des principes de droit de la concurrence, avec quelques adaptations propres au secteur des communications électroniques, telles l'analyse prospective des marchés. Ces analyses prennent en compte l'historique des marchés et leur évolution anticipée au futur, notamment sous l'effet des avancées technologiques du secteur.

[4] Lignes directrices de la Commission 2002/C 165/03, préc., p. 7.

[5] « [L]e marché pertinent de produits ou de services comprend tous les produits ou les services qui sont suffisamment interchangeables ou substituables l'un à l'autre, en fonction non seulement de leurs caractéristiques objectives, en vertu desquelles ils sont particulièrement aptes à satisfaire les besoins constants des consommateurs, de leur prix ou leur usage prévu, mais également en fonction des conditions de concurrence et/ou de la structure de la demande et de l'offre sur le marché en question » (Lignes directrices de la Commission 2002/C 165/03, préc., 44°, p. 11).

[6] « [L]e marché géographique pertinent peut être défini comme le territoire sur lequel les entreprises concernées sont engagées dans la fourniture ou la demande des produits ou services pertinents, où elles sont exposées à des conditions de concurrence similaires ou suffisamment homogènes et qui se distingue des territoires voisins sur

906. Ce sont donc les analyses mises en œuvre par l'ARCEP, après avis de l'Autorité de la concurrence[1], et le cas échéant du C.S.A. lorsque le marché inclut la diffusion de la radio ou/et la télévision[2], qui permettent d'identifier finement et plus précisément les contours des marchés recensés ou identifiés[3].
907. Outre les marchés recensés par la recommandation de la Commission, l'ARCEP peut identifier des nouveaux marchés pertinents ou maintenir sa définition du marché pertinent malgré le retrait de ce marché de la liste des marchés recensés par la Commission. Dans ce cas, l'autorité doit démontrer, sous le contrôle du juge[4] et après approbation de la Commission[5], la réunion des trois conditions mentionnées précédemment.
908. Il convient enfin de préciser que l'inscription d'un marché pertinent sur la liste des marchés ainsi identifiés se réalise, en principe[6], pendant une période maximale de trois ans[7]. L'évolution technologique rapide peut justifier cette fréquence de révision. Elle implique en effet une substituabilité du côté de l'offre ou de la demande ce qui peut rendre la définition du marché pertinent très rapidement caduque, et nécessite ainsi sa révision. Cette période s'applique également aux analyses des marchés qui coïncident normalement avec le cycle de la révision des marchés.

§2. Les analyses des marchés pertinents

909. Il ne ressort pas du simple recensement et de la définition des marchés pertinents la nécessité d'appliquer des règles spécifiques de type *ex ante*. Cette

---

lesquels les conditions de concurrence sont sensiblement différentes » (Lignes directrices de la Commission 2002/C 165/03, préc., p. 13, 56°).
[1] C.P.C.E., art. L. 37-1, al. 1.
[2] C.P.C.E., art. D. 301.
[3] Le large pouvoir discrétionnaire laissé à l'ARCEP conduit le juge administratif à exercer un contrôle restreint sur la qualification juridique des faits (C.E., 2/7 S.S.R., 29 déc. 2006, *Sté. UPC France*, n° 288251, concl. E. PRADA BORDENAVA, Rec. p. 283 ; C.E., 2/7 S.S.R., 11 juin 2014, *Sté. towerCast* et autres, n° 363920, 363949 et 365455, concl. B. BOURGEOIS-MARCHUREAU, Rec. T. p. 969, cons. 25 à 27).
[4] V. à titre d'exemple le contrôle exercé par la Haute juridiction administrative sur l'acte définissant le marché pertinent de gros des services de diffusion hertzienne terrestre de programmes télévisuels en mode numérique (C.E., 11 juin 2014, *Sté. towerCast et autres*, n° 363920, 363949 et 365455 préc., cons. 20 à 24).
[5] C.P.C.E., art. L. 37-3, al. 1.
[6] Exceptionnellement, la révision de la définition du marché peut être faite dans un délai plus court si l'ARCEP estime la nécessité, ou si la Commission publie une nouvelle recommandation des marchés pertinents. Inversement, le délai peut être prolongé pour trois autres années si l'autorité l'estime nécessaire, et lorsque la Commission ne s'y est pas opposée (C.P.C.E., art. D. 301, al. 4).
[7] C.P.C.E., art. D. 301, al. 4.

nécessité se manifeste seulement à travers les analyses des marchés pertinents qu'il appartient à l'ARCEP de mener pour évaluer l'état de la concurrence sur chacun de ces marchés, et apprécier ainsi le besoin d'une intervention *ex ante*.

910. Avant d'expliquer le procédé des analyses de marché (B), il convient de clarifier la notion de puissance significative du marché (SMP)[1] (A) qui occupe une place centrale dans les analyses.

A. La puissance significative sur le marché (S.M.P.) : notion centrale dans les analyses des marchés

911. La notion de puissance significative sur le marché joue un rôle essentiel dans les analyses des marchés effectuées par l'ARCEP. L'affirmation ou l'infirmation du caractère concurrentiel du marché analysé se trouve intimement liée à l'existence ou à l'absence de cette puissance significative sur le marché. Cette notion est équivalente à celle de position dominante en droit de la concurrence. C'est ce que la Commission européenne confirme dans ses lignes directrices sur les analyses des marchés :

> « On parle de concurrence effective lorsqu'il n'existe aucune entreprise en position dominante sur le marché pertinent. Autrement dit, un marché pertinent est réputé être effectivement concurrentiel en l'absence de position dominante individuelle ou conjointe. À l'inverse, un marché pertinent n'est pas considéré comme effectivement concurrentiel s'il existe une position dominante individuelle ou conjointe sur ce marché »[2].

912. L'article L. 37-1 du C.P.C.E. énonce qu'« Est réputé exercer une influence significative sur un marché du secteur des communications électroniques tout opérateur qui, pris individuellement ou conjointement avec d'autres, se trouve dans une position équivalente à une position dominante lui permettant de se comporter de manière indépendante vis-à-vis de ses concurrents, de ses clients et des consommateurs. Dans ce cas, l'opérateur peut également être réputé exercer une influence significative sur un autre marché étroitement lié au premier ».

913. Il convient de formuler ici trois remarques. Premièrement, si la notion de la puissance significative sur le marché s'apparente à la détention d'une position dominante dans le sens du droit de la concurrence, elle s'en éloigne dans la mesure où la détention d'une position dominante en droit de la concurrence n'est pas en soi interdite. Ce qui est prohibé, c'est l'exploitation abusive de la position dominante et non la simple acquisition d'une position

---

[1] Significant Market Power (S.M.P.).

[2] Lignes directrices de la Commission 2002/C 165/03, préc., p. 21.

dominante[1]. La spécificité du droit de la régulation est ici claire, car la simple détention d'une position dominante représente éventuellement une pierre d'achoppement au développement de la concurrence dans le secteur. « L'imposition d'obligations réglementaires [sur l'opérateur occupant la position dominante au terme des analyses des marchés] vise donc à prévenir tout comportement abusif et non pas à le sanctionner »[2].

914. Deuxièmement, pour analyser la position dominante et déterminer ainsi le S.M.P., l'ARCEP mène des analyses prospectives, tournées vers le futur. Cela s'explique aisément eu égard à la nature de la régulation *ex ante*. Cette dernière vise en effet à prévenir l'éventualité de l'abus de position dominante et non pas à sanctionner les actions passées. Elle s'apparente donc aux analyses du contrôle des concentrations menées par l'Autorité de la concurrence[3].

915. Troisièmement, le C.P.C.E. élargit la définition de la puissance significative sur un marché donné pour y inclure celle détenue conjointement par plusieurs opérateurs. Cette position dominante collective se manifeste lorsque des entreprises adoptent « ensemble vis-à-vis de leurs clients et de leurs concurrents une attitude très semblable à celle d'une seule et même entreprise en position dominante, pour autant qu'il n'y ait pas de concurrence effective entre elles »[4]. Ces opérateurs, pris individuellement, ne seront pas considérés comme exerçant une puissance significative sur le marché[5].

916. Enfin, la puissance significative d'un opérateur sur un marché donné peut lui conférer des avantages concurrentiels sur un autre marché connexe. Les liens étroits entre deux marchés particuliers peuvent laisser penser à une utilisation potentielle par cet opérateur de sa puissance sur le marché A pour renforcer sa position sur le marché B[6]. Cela peut concerner notamment le cas d'une entreprise verticalement intégrée et présente, par conséquent, sur les marchés amont et aval. Il est vrai que les obligations d'accès empêchent normalement l'entreprise verticalement intégrée de profiter d'un effet de levier de sa position dominante sur le marché de gros pour renforcer sa position sur le marché de détail. Cependant, ces obligations peuvent s'avérer incapables d'atteindre ce but. C'est pourquoi l'opérateur détenant une position

---

[1] A. DECOCQ et G. DECOCQ, *Droit de la concurrence*, L.G.D.J.-Lextenso Éd, 2018, p. 356.

[2] D. POPOVIC, *op. cit.*, p. 150.

[3] *Ibid.*

[4] Lignes directrices de la Commission 2002/C 165/03, préc., p. 17, 87°.

[5] L'alinéa 2 de l'art. D. 302, II du C.P.C.E. présente des critères non-exhaustifs selon lesquels l'occupation conjointe d'une position dominante peut être identifiée, telle la faible élasticité de la demande ; la similarité des parts de marché ; l'existence des barrières juridiques ou économiques importantes à l'entrée ; l'intégration verticale avec refus collectif d'approvisionnement ; l'absence de contre-pouvoir des acheteurs ; et/ou l'absence de concurrence potentielle.

[6] C.P.C.E., art. D. 302, II.

dominante sur le marché de gros peut être considéré comme détenant une position analogue sur le marché de détail (marché connexe), sans considération de la position réelle sur ce dernier marché. Cette solution peut prévenir les effets de levier, nuisibles à la concurrence sur le marché de détail[1].

B. Le procédé des analyses des marchés en vue de déterminer le S.M.P.

917. Les analyses des marchés pertinents, dont les modalités sont inspirées des lignes directrices de la Commission européenne, sont effectuées par l'ARCEP en procédant à des sous-analyses quantitatives (I) et qualitatives (II). Les résultats cumulés de ces sous-analyses déterminent ou réfutent l'existence d'une S.M.P., et ainsi la nécessité d'une régulation *ex ante*.

I. Les analyses quantitatives

918. Les analyses quantitatives se focalisent principalement sur la quantification des parts de marché détenues par les opérateurs existant sur le marché pertinent étudié. Certes, l'ordre de grandeur de la part de marché de tel ou tel opérateur, ou de plusieurs opérateurs conjointement, mesuré en termes de montant de vente en valeur (chiffres d'affaires) pour les produits différenciés, et en volume pour les produits homogènes[2], peut révéler une puissance significative détenue sur le marché.

919. L'existence d'une part de marché d'une certaine entreprise en dessous de 25% suffit à elle seule, selon les lignes directrices de la Commission sur les analyses des marchés[3], pour exclure l'existence d'une puissance significative sur le marché pertinent analysé. Pourtant, une part de marché s'élevant à 40% s'avère préoccupante dans la mesure où son ordre de grandeur peut révéler l'existence d'une S.M.P. Une part de marché dépassant le seuil de 50% représente pour la Commission, sauf circonstances exceptionnelles, une présomption de position dominante.

920. Ainsi, pour les parts de marché se situant entre 25% et 50%, des analyses historiques poussées doivent être mises en œuvre, prenant notamment en compte la fluctuation de la part de marché de l'opérateur en question[4].

---

[1] Lignes directrices de la Commission 2002/C 165/03, préc., p. 17, 84°

[2] Lignes directrices de la Commission 2002/C 165/03, préc., p. 15, 76°.

[3] Lignes directrices de la Commission 2002/C 165/03, préc., p. 15, 75°.

[4] Lignes directrices de la Commission 2002/C 165/03, préc., p. 15, 75°.

921. Cependant, « l'existence d'une position dominante ne saurait être établie sur le seul fait qu'une entreprise détient d'importantes parts de marché »[1]. La part de marché constitue donc une condition nécessaire mais non pas suffisante pour établir l'existence d'une S.M.P. Dans ce cas, les analyses quantitatives doivent donc être complétées par d'autres analyses qualitatives afin de donner une image fidèle de l'état de la concurrence sur le marché pertinent en question.

II. Les analyses qualitatives

922. Les analyses qualitatives sont des éléments complémentaires d'importance pour les analyses quantitatives qui peuvent affirmer ou infirmer l'existence d'une S.M.P. Leur prise en compte peut compenser la faible part de marché, menant à considérer qu'une certaine entreprise détient une S.M.P. Inversement, elles peuvent amoindrir le risque sur la concurrence d'une entreprise qui détient une large part de marché.

923. D'après les lignes directrices de la Commission sur les analyses des marchés pertinents, plusieurs critères peuvent être considérés à cet égard pour évaluer si l'entreprise détient une S.M.P, et a ainsi la capacité de se comporter de manière indépendante de ses concurrents et de ses clients : « la taille globale de l'entreprise ; le contrôle d'une infrastructure qu'il n'est pas facile de dupliquer : les avancées ou la supériorité technologiques ; l'absence ou la faible présence de contre-pouvoir des acheteurs ; l'accès facile ou privilégié aux marchés des capitaux et aux ressources financières ; la diversification des produits et/ou des services (…) ; les économies d'échelle ; les économies de gamme ; l'intégration verticale ; l'existence d'un réseau de distribution et de vente très développé ; l'absence de concurrence potentielle ; des entraves à l'expansion »[2].

924. Hormis ces éléments, l'appréciation de la facilité d'accès au marché constitue également un élément important à prendre en compte[3]. Les marchés où l'accès est ouvert, sans entraves juridiques ou techniques, constituent des marchés contestables. Le caractère contestable du marché produit des effets correcteurs sur le comportement de l'opérateur existant sur le marché, qui, à force de crainte de l'entrée d'un nouvel opérateur, se trouve en permanence sous une pression concurrentielle assimilable à celle qui s'exerce sur un marché sur lequel se trouvent un grand nombre de concurrents.

925. Il convient de noter ici que la détention par une entreprise donnée d'une position dominante sur le marché ne veut pas nécessairement dire qu'elle

---

[1] Lignes directrices de la Commission 2002/C 165/03, préc., p. 16, 78°.
[2] Lignes directrices de la Commission 2002/C 165/03, préc., p. 16, 78°.
[3] Lignes directrices de la Commission 2002/C 165/03, préc., p. 16, 80°.

détient une infrastructure essentielle. Si la détention d'une infrastructure ou d'une facilité essentielle implique indéniablement l'existence d'une position dominante sur le marché de la facilité, l'inverse n'est pas forcément vrai. Autrement dit, « un opérateur de réseau peut se trouver en position dominante en dépit de l'existence de réseaux concurrents, si la taille ou l'importance de son réseau lui permet de se comporter de manière indépendante des autres opérateurs de réseau »[1]. L'existence d'une facilité essentielle constitue donc un critère suffisant mais non pas nécessaire pour établir la position dominante de l'entreprise.

926. Dans tous les cas, l'appréciation de la détention par une entreprise d'une position dominante doit être faite à la lumière des analyses cumulatives de l'ensemble de ces éléments dans la mesure où « une position dominante peut être le résultat de la combinaison de ces critères, qui, pris séparément, ne sont pas nécessairement déterminants »[2].

C. L'imposition des obligations spécifiques à l'égard de l'opérateur puissant identifié

927. L'ARCEP impose, après avis de l'Autorité de la concurrence, et éventuellement du CSA lorsque le marché considéré touche à l'audiovisuel, des obligations asymétriques à l'égard de l'opérateur puissant identifié[3]. Ces obligations sont destinées à prémunir contre le risque d'abus de position dominante détenu par l'opérateur puissant[4].

928. L'ensemble des obligations susceptible d'être imposé à l'opérateur puissant identifié (II) doit être conforme aux objectifs assignés à l'ARCEP et proportionné à ceux-ci (I).

I. Les conditions relatives aux obligations à imposer à l'opérateur puissant

929. Le choix de l'obligation à imposer à l'opérateur puissant sur le marché pertinent doit être justifié et proportionnel aux objectifs que l'ARCEP entend

---

[1] Lignes directrices de la Commission 2002/C 165/03, préc., p. 17, 81°.

[2] D. POPOVIC, *op. cit.*, p. 152.

[3] C.P.C.E., art. L. 37-2, 2° et 3°.

[4] L'ARCEP ne peut donc se contenter d'identifier l'opérateur puissant, à moins de vider les règles de droit de leur portée. Elle doit, à l'issue de cette identification, choisir une ou plusieurs des obligations prévues par la loi (D. POPOVIC, *op. cit.*, p. 225).

atteindre[1]. Ces objectifs sont ceux que le C.P.C.E. prévoit à l'article L 32-1 du code. L'obligation respecte la règle de la proportionnalité si « les moyens mis en œuvre pour atteindre un objectif donné se limitent à ce qui est nécessaire et suffisant pour atteindre cet objectif »[2].

930. Afin de mesurer la proportionnalité, le Conseil d'État se livre à un examen de proportionnalité au cas par cas, destiné à relever si la mesure prise par l'ARCEP est limitée à ce qui est nécessaire pour atteindre les objectifs poursuivis[3].

931. C'est en partant de ce principe que le Conseil d'État[4] a validé le principe de la tarification différenciée pour l'encadrement tarifaire annuel que l'ARCEP avait imposé aux trois opérateurs mobiles, Orange France, SFR et Bouygues Télécom, identifiés comme exerçant une puissance significative sur leurs marchés respectifs pour la terminaison des appels vocaux sur les réseaux mobiles en métropole.

932. En l'occurrence, l'ARCEP avait fixé un plafond tarifaire (*price cap*) différencié pour Orange France et SFR d'une part, et Bouygues Télécom d'autre part. Le plafond tarifaire au-delà duquel l'opérateur ne pouvait fixer ses tarifs d'interconnexion était fixé à 6.5 centimes d'euro par minute pour Orange France et SFR, et à 8.5 centimes d'euro pour Bouygues Télécom pour la période du 1er janvier 2008 jusqu'au 30 juin 2009 ; à 4.5 centimes d'euro par minute pour Orange France et SFR, et à 6 centimes d'euro pour Bouygues Télécom pour la période du 1er juillet 2009 jusqu'au 30 juin 2010 ; et à 3 centimes d'euro par minute pour Orange France et SFR, et à 4 centimes d'euro pour Bouygues Télécom pour la période du 1er juillet 2010 jusqu'au 31 décembre 2010.

933. Le juge administratif a accueilli favorablement cette différenciation tarifaire, dans la mesure où elle visait à compenser le déficit financier engendré pour Bouygues Télécom. Traduit par le solde négatif d'interconnexion avec les autres opérateurs, ce déficit était dû à son entrée tardive sur le marché. Le juge a estimé que « la compensation partielle et transitoire de ce déficit pouvait légalement être retenue (…) pour fonder une différenciation tarifaire transitoire au profit de Bouygues Télécom »[5].

---

[1] Cette obligation découle de l'article L. 38 du C.P.C.E. qui énonce : « Les opérateurs réputés exercer une influence significative sur un marché du secteur des communications électroniques peuvent se voir imposer, en matière d'interconnexion et d'accès, une ou plusieurs des obligations suivantes, proportionnées à la réalisation des objectifs mentionnés à l'article L. 32-1 ».

[2] Lignes directrices de la Commission 2002/C 165/03, préc., p. 22, 118°.

[3] À titre d'exemple, v. C.E., 11 juin 2014, *Sté. TowerCast et autres*, n° 363920, 363949 et 365455, préc., cons. 44.

[4] C.E., 24 juill. 2009, *Sté. Orange France* et *Sté. Française de la radiotéléphonie*, n° 324642 et 324687, préc.

[5] Cons. 16.

934. Néanmoins, en relevant que l'objectif recherché, à savoir la compensation financière de Bouygues Télécom, serait atteint au 1er juillet 2010, et que Bouygues Télécom pourrait même bénéficier d'un solde financier positif au-delà de cette date, le juge administratif a relevé que « cette différenciation tarifaire est, à compter du 1er juillet 2010, manifestement disproportionnée au regard de l'objectif qui lui est assigné »[1].
935. D'ailleurs, la Haute juridiction administrative ne contrôle pas uniquement la proportionnalité de l'obligation imposée au regard du seul objectif poursuivi, mais cherche également à savoir dans quelle mesure l'obligation imposée entre en cohérence avec les autres objectifs énoncés à l'article L. 32-1 du C.P.C.E.[2].

II. Les obligations susceptibles d'être imposées à l'opérateur puissant

936. En matière d'obligations asymétriques à imposer, le C.P.C.E. distingue les marchés de gros (a) des marchés de détails (b).
937. Cette distinction est due au caractère alternatif de la régulation de ces deux marchés. En effet, les obligations relatives aux marchés de détails ne sont susceptibles d'être imposées que si, et seulement si, les obligations concernant les marchés de gros sont incapables à assurer une concurrence effective.

a. Les obligations relatives aux marchés de gros

938. L'article L. 38 du C.P.C.E. énumère les obligations asymétriques que l'ARCEP peut imposer aux opérateurs puissants identifiés sur les marchés de gros définis. Dans leur totalité, ces obligations visent à « garantir que ces entreprises ne puissent utiliser leur puissance de marché pour restreindre ou fausser la concurrence sur le marché pertinent ni faire jouer cette puissance sur des marchés adjacents »[3].

---

[1] Cons. 18.
[2] C.E., 29 déc. 2006, *Sté. UPC France*, n° 288251, préc. En l'occurrence, la société requérante soutenait que l'obligation tarifaire que l'ARCEP lui avait imposée méconnaissait l'objectif de l'encouragement des investissements efficaces en matière d'infrastructures. Ce moyen a été rejeté, car aucun élément du dossier ne relevait qu'il résulte de l'application de cette obligation que la société requérante aurait été empêchée de développer son infrastructure, ou qu'elle était contrainte à utiliser la boucle locale de France Télécom.
[3] Lignes directrices de la Commission 2002/C 165/03, préc., p. 8, 16°.

939. Les obligations susceptibles d'être imposées sont celles de la transparence, de la non-discrimination, de la séparation comptable, de l'accès à des ressources de réseau spécifiques et à leur utilisation, du contrôle de prix et de la comptabilisation de coûts et/ou de la séparation fonctionnelle. Elles concernent donc l'imposition d'accès, l'imposition des conditions relatives à l'accès et l'imposition des conditions de transparence pour faciliter le contrôle sur les conditions d'accès[1].

940. ***Les obligations de transparence*[2].** L'ARCEP est habilitée à imposer des obligations de transparence pour l'interconnexion et/ou l'accès à l'encontre de l'opérateur puissant identifié sur le marché de gros. Ces obligations visent à contraindre l'opérateur puissant à rendre publiques des informations bien définies relatives aux conditions comptables, aux spécifications techniques de son réseau, aux modalités et aux conditions de fourniture, et aux tarifs proposés pour l'accès et/ou l'interconnexion. Si l'opérateur puissant est soumis à des obligations de non-discrimination, l'ARCEP peut lui imposer l'obligation plus complète de publier une offre de référence suffisamment détaillée « pour que l'opérateur demandeur ne paye que l'utilisation des moyens strictement liés à la prestation demandée »[3]. Cette offre de référence est soumise à l'ARCEP pour approbation, et le régulateur peut imposer à tout moment les modifications nécessaires pour atteindre les objectifs établis par la loi[4].

941. ***Les obligations de non-discrimination*[5].** L'objectif de l'imposition de ce type d'obligation est de contraindre l'opérateur puissant, afin d'assurer l'interconnexion et/ou l'accès, à appliquer « des conditions équivalentes dans des circonstances équivalentes aux autres opérateurs fournissant des services équivalents et qu'ils fournissent aux autres des services et informations dans les mêmes conditions et avec la même qualité que ceux qu'ils assurent pour leurs propres services, ou pour ceux de leurs filiales ou partenaires »[6]. Elle vise donc à éviter tout traitement discriminatoire de la part de l'opérateur puissant pour favoriser soit sa propre filiale du marché aval lorsqu'il s'agit d'un opérateur verticalement intégré, soit des entreprises avec lesquelles il détient des intérêts économiques communs.

942. ***Les obligations d'accès à des ressources de réseau spécifiques et à leur utilisation*[7].** L'ARCEP est habilitée à imposer des obligations d'accès au réseau ou à ses éléments à l'égard de l'opérateur puissant sur le marché de l'accès de gros à l'infrastructure lorsqu'« un refus d'accorder l'accès ou des

---

[1] D. POPOVIC, *op. cit.*, p. 233.
[2] C.P.C.E., art. L. 38, I, 1° ; C.C.E.E., art. 69.
[3] C.P.C.E., art. D. 307, II, al. 2.
[4] C.P.C.E., art. D. 307, II, al. 4.
[5] C.P.C.E., art. L 38, I, 2° ; C.C.E.E., art. 70.
[6] C.P.C.E., art. D. 309, al. 1.
[7] C.P.C.E., art. L. 38, I, 3° ; C.C.E.E., art. 73.

modalités et conditions déraisonnables ayant un effet similaire empêcher[a] l'émergence d'un marché de détail concurrentiel durable ou risqueraient d'être préjudiciables aux utilisateurs finaux»[1]. Ainsi, si les précédentes obligations ne visaient que les conditions d'accès, cette obligation impose directement à l'opérateur puissant de faire droit aux demandes raisonnables d'accès, que ce soit au réseau, à l'un de ses éléments ou aux ressources associées, dans les conditions définies, le cas échéant, par l'ARCEP[2]. Les conditions de cet accès doivent faire l'objet d'une offre de référence que l'opérateur auquel incombe cette obligation doit publier[3].

943. L'imposition de cette obligation requiert beaucoup de prudence de la part du régulateur. En effet, le fait d'accorder aux autres opérateurs un accès peu coûteux aux réseaux peut avoir des conséquences négatives sur le niveau d'investissement dans les infrastructures. Cela va à l'encontre de l'objectif à long terme d'une concurrence par les infrastructures. De même, durcir les conditions d'accès au réseau de l'opérateur puissant peut empêcher l'émergence des nouveaux marchés de services, et freiner ainsi l'évolution des marchés des services de communications électroniques. Une certaine mise en balance doit donc être réalisée pour mesurer les effets que l'imposition de cette obligation peut emporter[4]. C'est la raison pour laquelle la C.P.C.E. appelle l'ARCEP à veiller à prendre en compte « la nécessité de préserver la concurrence à long terme en apportant une attention particulière à la concurrence effective fondée sur les infrastructures »[5] au moment de l'appréciation de la nécessité d'imposer ce type d'obligation.

944. ***Les obligations relatives au contrôle des prix et au système de comptabilisation de coûts***[6]**.** L'ARCEP est habilitée à imposer à l'opérateur puissant, pour un type particulier d'interconnexion et/ou d'accès, des règles spécifiques relatives à la méthode de tarification et à la méthode de comptabilisation de coûts, notamment pour assurer l'orientation des tarifs d'accès vers les coûts. Cette obligation peut s'avérer importante pour éviter les « tarifs excessifs ou d'éviction »[7] que l'opérateur puissant peut appliquer. Elle n'impose pas pour autant pour fixer des tarifs identiques, mais plutôt des tarifs proportionnels objectivement fixés.

945. La charge de la preuve de l'orientation des tarifs vers les coûts incombe à l'opérateur puissant. Il doit justifier intégralement ces tarifs en fonction des coûts, ce qui n'empêche pas pour autant l'ARCEP de comptabiliser les coûts

---

[1] C.P.C.E., art. D. 310, al. 1.
[2] C.P.C.E., art. D. 310, al. 2.
[3] C.P.C.E., art. D. 308, al. 1.
[4] D. POPOVIC, *op. cit.*, p. 234.
[5] C.P.C.E., art. L. 38, IV, sous d).
[6] C.P.C.E., art. L. 38, I, 4° ; C.C.E.E., art. 74.
[7] C.P.C.E., art. L. 38, I, 4°.

d'une méthode différente, et si nécessaire, de demander à l'opérateur d'adapter ses tarifs[1].

946. Dans tous les cas, les méthodes imposées et les tarifs retenus doivent assurer une rémunération raisonnable de l'investissement réalisé, tout en tenant compte des risques d'investissements spécifiques liés à l'investissement dans les infrastructures de prochaine génération[2].

947. ***Les obligations de séparation comptable***[3]**.** « La séparation comptable consiste en la production de comptes séparés en fonction d'une découpe pertinente de l'entreprise soumise à cette obligation »[4]. Cette obligation vise tout particulièrement l'opérateur puissant verticalement intégré qui peut profiter de sa position sur le marché amont de l'accès de gros aux infrastructures pour fausser les règles de la concurrence sur le marché aval des services, par les pratiques de ciseaux tarifaires et de compression de marges.

948. Les comptes séparés doivent contenir, tout particulièrement, « une description du système de comptabilisation des coûts (…) et (…) les principales catégories au sein desquelles les coûts sont regroupés et les règles d'allocation des coûts »[5].

949. En tenant des comptes séparés, et éventuellement publiés[6], pour les activités de l'opérateur puissant sur le marché de gros et le marché de service, il est peu probable que l'opérateur puissant puisse enfreindre les règles de la concurrence sur le marché aval. De même, l'Autorité de la concurrence sera mieux à même de détecter, le cas échéant, des pratiques anti-concurrentielles.

950. ***Les obligations de séparation fonctionnelle***[7]**.** Ces obligations ont un caractère subsidiaire, c'est-à-dire qu'elles sont susceptibles d'être imposées uniquement si les obligations précédemment mentionnées s'avéraient inaptes à assurer une concurrence effective. Elles consistent à obliger l'opérateur puissant verticalement intégré à procéder à une séparation fonctionnelle entre ses activités sur le marché de gros et ses activités sur le marché de produit ou de service de communications électroniques. Le cas échéant, les activités économiques sur le marché de gros seront effectuées par une entité économiquement indépendante de tout opérateur de détail. Cette entité fournira donc les services d'accès à tous les opérateurs, y compris à la filiale de l'opérateur puissant qui fournit des services sur le marché de détail dans des conditions techniques et financières équivalentes.

951. Certes, le caractère exceptionnel de cette obligation et la gravité de ses effets sur l'opérateur puissant justifient le recours à des procédures

---

[1] C.P.C.E., art. L. 38, I, 4°.
[2] C.P.C.E., art. D. 311, II, al. 3.
[3] C.P.C.E., art. L. 38, I, 5° ; C.C.E.E., art. 71.
[4] D. POPOVIC, *op. cit.*, p. 241.
[5] C.P.C.E., art. D. 312, I, al. 2.
[6] C.P.C.E., art. D. 312, I, al. 2.
[7] C.P.C.E., art. L. 38-2 ; C.C.E.E., art. 77.

particulières pour l'imposition de cette obligation. Ces procédures consistent en la saisine obligatoire de la Commission européenne pour analyser les mesures que l'autorité souhaite prendre, c'est-à-dire évaluer leur nécessité et approuver ou non le projet[1].

952. Outre ces obligations, le C.C.E.E. prévoit deux nouvelles obligations susceptibles d'être imposées à l'opérateur ayant une puissance significative sur le marché. L'article 72 concerne les obligations d'accès au génie civil et l'article 76 porte sur les obligations de co-investissement pour les réseaux de haute capacité. Ces deux obligations seront transposées dans le C.P.C.E.

953. En sus de ces obligations, l'ARCEP peut, dans des circonstances exceptionnelles, imposer toute autre obligation qui paraît nécessaire, sous réserve de l'accord de la Commission européenne[2].

954. Enfin, en vue de donner effet aux obligations imposées, l'ARCEP peut enjoindre à l'opérateur puissant de revoir les contrats conclus avec les autres opérateurs antérieurement à l'entrée en vigueur des obligations asymétriques. Alors que cette obligation accessoire peut paraître contraire à la liberté contractuelle, et même au principe de la sécurité juridique, « la modification de ces contrats [peut répondre] à un motif d'intérêt général suffisant lié à l'impératif d'ordre public tenant à l'établissement d'une concurrence effective et loyale sur le marché »[3].

b. Les obligations relatives aux marchés de détail

955. Le cadre réglementaire européen des communications électroniques était conçu pour favoriser la régulation au niveau des marchés de gros plutôt que de détail. Le caractère subsidiaire de la régulation des marchés de détail s'explique par le fait qu'une régulation adéquate des marchés de gros devrait garantir *ipso facto* une concurrence effective au niveau des marchés de détail. En effet, la plupart des pratiques anti-concurrentielles sont susceptibles d'avoir lieu sur le marché amont où les opérateurs de réseaux et les opérateurs de services se rencontrent pour demander et permettre l'accès. Les conditions techniques et financières relatives à cet accès, ou *a fortiori* son refus, constituent des paramètres importants qui peuvent empêcher les opérateurs d'entrer sur le marché de détail, ou au moins de les mettre dans une situation défavorable à celle de l'opérateur verticalement intégré[4].

956. C'est pour cette raison que la directive « service universel », qui énumère les obligations susceptibles d'être imposées à l'opérateur détenant un S.M.P. sur le marché de détail, et qui ont été transposées à l'article L. 38-1 du

---

[1] C.P.C.E., art. L. 38-2, II et art. R. 9-5, I.

[2] C.P.C.E., art. L. 38, I, 6°.

[3] C.E., 11 juin 2014, *Sté. TowerCast et autres*, n° 363920, 363949 et 365455 préc., cons. 49.

[4] D. POPOVIC, *op. cit.*, p. 227.

C.P.C.E., précise deux conditions qui doivent être réunies pour qu'une intervention sur les marchés de détail soit possible : la constatation qu'un marché de détail n'est pas en situation de concurrence effective ; et l'insuffisance des obligations imposées sur le marché de gros situé en amont en vue d'établir une concurrence effective.

957. Si ces conditions sont réunies, l'ARCEP est habilitée à imposer une ou plusieurs des obligations précisées à l'article L. 38-1 du C.P.C.E. : fournir les services dans des conditions non-discriminatoires[1] ; s'abstenir de pratiquer des tarifs excessifs ou d'éviction, pratiquer des tarifs alignés sur les coûts correspondants, respecter un encadrement tarifaire pluriannuel imposé par l'ARCEP ou communiquer les tarifs que l'opérateur puissant entend appliquer en amont de leur application[2] ; ou tenir une compatibilité spéciale de ses activités[3].

Conclusion du chapitre

L'instauration de la concurrence dans le secteur des communications électroniques est au cœur des préoccupations du régulateur. Le contexte dans lequel s'est inscrit la création de l'autorité fait même de cette mission singulière sa raison d'être. Cela implique pour le régulateur de baisser les barrières à l'entrée, notamment en contrant le pouvoir de marché de l'opérateur historique hérité depuis l'exploitation monopolistique du secteur. À cet égard, l'accès et l'interconnexion des réseaux à des conditions objectives, transparentes et non-discriminatoires représentent une condition essentielle, à défaut de laquelle la concurrence durable ne pourra s'installer.

Par ailleurs, la régulation du pouvoir de marché contribue également à réguler non seulement le pouvoir de l'opérateur historique, mais aussi celui des autres opérateurs alternatifs détenant une puissance significative sur un des marchés de communications électroniques. La régulation du pouvoir de marché représente également un moyen de dérégulation, dans le sens où les tests économiques employés servent à identifier les marchés où une régulation *ex ante* s'impose, et ceux pour lesquels la seule application des règles de droit de la concurrence devrait suffire.

Peu importe la stratégie adoptée, la recherche de l'instauration d'une concurrence pérenne justifie la régulation *ex ante* et délimite les frontières de son usage.

Alors que la mission du régulateur devrait s'arrêter à l'instauration de la concurrence, il semble que cela n'est plus le cas. Au-delà de l'instauration *ex nihilo* de la concurrence, le régulateur des communications électroniques connaît de plus en plus d'autres missions économiques relatives à la

---

[1] C.P.C.E., art. L. 38-1, I, 1°.

[2] C.P.C.E., art. L. 38-1, I, 2°.

[3] C.P.C.E., art. L. 38-1, I, 3°.

consolidation de la concurrence et à la prévention de la constitution de monopole. Cette extension de ses missions suit l'élargissement des frontières du secteur des communications électroniques[1].

En effet, au début de la libéralisation, le secteur des communications électroniques ne concernait que les réseaux *stricto sensu*, physiques et logiques. Autrement dit, il concernait uniquement l'infrastructure-support des communications, et non pas les communications elles-mêmes. Pourtant, avec l'évolution numérique, les frontières séparant le contenant (les réseaux des communications électroniques) et le contenu (les données transmises en ligne) ont été progressivement effacées. D'une part, les exploitants des réseaux et les fournisseurs des services de communications électroniques sont de plus en plus enclins à fournir des services en ligne aux utilisateurs finals. D'autre part, les fournisseurs des services en lignes fournissent désormais des services classiques de télécommunications au public[2], et vont même au-delà en aspirant à construire leurs propres réseaux ouverts au public[3]. Ce mouvement de rapprochement entre le contenant et le contenu pose des nouveaux défis économiques, notamment avec la constitution de nouvelles intégrations verticales à l'échelle mondiale. Les enjeux de la neutralité d'internet, principe consacré en droit de l'Union européenne depuis 2015[4], attestent de l'ampleur

---

[1] V. à cet égard A. SHEHA, « Telecommunications And Beyond: What Is Next for Telecom Regulators? », *op.cit.*

[2] On fait référence notamment aux services dits *Over the Top* (O.T.T.), consistant à fournir aux utilisateurs finals des services similaires à ceux fournis par les fournisseurs classiques des services des communications électroniques. L'exemple des communications vocales ou visuelles faites au travers de plateformes tels Facebook Messenger ou Zoom est à cet égard pertinent.

[3] On mentionne notamment le projet *Athena* de la société Facebook, fournisseur de service en ligne. Ce projet a pour ambition de relier le monde entier par un réseau interconnecté des satellites, permettant une connexion à haut débit partout dans le monde (v. https://www.digitaltrends.com/social-media/facebook-athena-internet-satellite/, consulté le 28 août 2020)

[4] Règlement 2015/2120/UE du Parlement européen et du Conseil du 25 novembre 2015 établissant des mesures relatives à l'accès à un internet ouvert et modifiant la directive 2002/22/CE concernant le service universel et les droits des utilisateurs au regard des réseaux et services de communications électroniques et le règlement (UE) no 531/2012 concernant l'itinérance sur les réseaux publics de communications mobiles à l'intérieur de l'Union (J.O.U.E. L 310, du 26 nov. 2015, p. 1).

de ce mouvement et de l'intérêt porté à ce sujet[1]. L'élargissement conséquent des compétences de l'ARCEP témoigne de cette évolution[2].

Dans le même ordre d'idées, l'apparition des nouveaux acteurs majeurs en ligne témoigne du déplacement du centre de gravité des enjeux économiques du secteur, des réseaux physiques aux réseaux numériques. Les GAFA, acronyme communément utilisé pour désigner les quatre sociétés américaines Google, Apple, Facebook et Amazon, incarnent ce nouveau mouvement hégémonique vis-à-vis duquel les autorités publiques ne peuvent pas être insensibles. Par des pratiques d'acquisition et un usage massif du *big data*, couplé à un usage à grande échelle de l'intelligence artificielle, les GAFA interrogent la capacité des autorités publiques à faire face à ces nouveaux monopoles du marché numérique. Alors qu'aucune solution de principe n'a été trouvée jusqu'à présent, le régulateur des communications électroniques, étant donné son expertise technique, semble être l'institution la plus apte à réguler les nouveaux marchés numériques[3]. Cela est d'autant plus vrai que des solutions radicales, telle l'imposition de la séparation organique ou fonctionnelle aux plateformes numériques, sont envisagées[4]. La régulation *ex ante* trouvera donc sûrement sa place au-delà des marchés de l'infrastructure physique pour s'étendre à l'infrastructure numérique.

[1] V. à cet égard le premier arrêt rendu par la C.J.U.E. au 15 septembre 2020 portant sur les pratiques « tarifs nuls », une des manifestations des pratiques contraires à la neutralité d'internet que chaque régulateur européen doit veiller à préserver (C.J.U.E., gr. ch., 15 sep. 2020, *Telenor Magyarország Zrt. C. Nemzeti Média- és Hírközlési Hatóság Elnöke*, aff. C-807/18 et C-39/19, concl. M. CAMPOS SANCHEZ-BORDONA, 4 mars 2020).

[2] T. PEZ, « Les attributions des autorités de régulation économique », *RFDA*, 2017, p. 42.

[3] *Cf.* D. FASQUELLE, « Régulation numérique - Le droit de la concurrence à la croisée des chemins face à l'émergence du numérique », *Contrats Concurrence Consommation*, 2019. L'auteur propose une mise en œuvre effective d'un nouveau droit adapté à la concurrence. Selon l'auteur, cela devrait être la voie à emprunter pour réguler la puissance de marché des GAFA. Cependant, il semble que la Commission européenne tende vers une application des règles *ex ante* dans le cadre du nouveau paquet portant sur les services électroniques (*Digital Services Act Package*). Pour plus d'informations, v. https://ec.europa.eu/digital-single-market/en/digital-services-act-package.

[4] S. SORIANO, « Mieux réguler la GAFA permettra de libérer la capacité des autres acteurs à innover », prise de parole publiée sur le site de l'ARCEP le 20 sep. 2019, disponible sur : https://www.arcep.fr/actualites/les-prises-de-parole/detail/n/mieux-reguler-les-gafa-permettra-de-liberer-la-capacite-des-autres-acteurs-a-innover.html.

CHAPITRE II.

LES MISSIONS VISANT LA COHÉSION SOCIALE ET TERRITORIALE

958. La libéralisation du secteur des communications électroniques a entraîné une distanciation de l'État par rapport à l'exploitation du secteur. Pourtant, le retrait de l'État de la sphère de production des biens et des services de télécommunications ne marquait pas son désintérêt de ce secteur vital pour la vie économique et sociale.

959. S'il est communément admis que la concurrence dans le secteur des communications électroniques est porteuse d'effets positifs en termes de connectivité, de prix et de qualité de service, il n'en reste pas moins que la recherche de rentabilité peut créer des fossés importants entre les différentes couches de la société et entre les différents territoires.

960. D'un point de vue sociétal, les fossés de connectivité sont nuisibles. Ils risquent de priver une partie de la population d'une connectivité adéquate. Cette partie de la population sera condamnée à vivre à la marge de la société numérique du XXIe siècle. Les fractures sociales, existant déjà, seront donc aggravées avec l'écart numérique[1].

961. D'un point de vue économique, la carence dans la fourniture des services de communications électroniques de qualité à un prix raisonnable dans une partie des territoires ou à l'égard d'une partie de la population freine leur développement économique. En effet, les services des communications électroniques représentent le système nerveux de la plupart des activités économiques. Il s'agit donc d'une infrastructure indispensable à l'attractivité économique des territoires et un support nécessaire pour la participation des individus à la vie économique.

962. Dès lors, la question de la cohésion sociale et territoriale demeure au cœur des préoccupations de l'État dans le secteur des communications électroniques. Le passage d'un État producteur à un État régulateur devrait s'accompagner d'une évolution des instruments utilisés pour assurer cette cohésion.

963. C'est pour ces raisons que l'État, français et égyptien, confie au régulateur national la mission de veiller à assurer la cohésion sociale et territoriale. À cette fin, le régulateur met en place les règles et les modalités adéquates qui ne portent pas atteinte au bon fonctionnement de la concurrence dans le secteur en matière de service universel (section I) et d'aménagement numérique du territoire (section II).

---

[1] *Digital divide.*

Section I.
Assurer la mise en œuvre du service universel

964. La fin de l'emprise de l'État sur le secteur des télécommunications n'emportait pas une disparation, du jour au lendemain, de tous les besoins sociaux auxquels il peinait à satisfaire. Si les dynamiques concurrentielles promettent un accès accru des utilisateurs finaux aux services innovants à des prix bas, cet accès ne sera en tout cas qu'un effet secondaire de la quête de rentabilité. L'accès, la qualité et la disponibilité des services seront donc assurés si, et seulement si, la fourniture de services est prometteuse de profits. Cela risque de laisser des couches de la société à la marge du développement économique et social. Il se crée ainsi un fossé, source d'inégalités, entre les citoyens, amenant à un développement sociétal « à deux vitesses »[1].

965. « Destinée à corriger les conséquences perverses d'un recours exclusif aux mécanismes du marché en tenant compte d'intérêts sociaux et économiques qui ne s'accordent pas nécessairement avec les impératifs de la seule rentabilité financière »[2], la notion du service universel a trouvé son chemin en droits français et égyptien. Il incombe aux régulateurs nationaux français et égyptien d'assurer sa mise en œuvre dans des conditions compatibles avec le bon fonctionnement de la concurrence dans le secteur[3].

966. S'intéresser aux rôles des régulateurs dans la mise en œuvre du service universel (§2) requiert d'abord de définir cette notion originale (§1).

§1. La délimitation de la notion du service universel en matière de communications électroniques

967. Dans sa conception la plus large, le service universel implique « d'imposer au marché la fourniture de certaines prestations afin d'assurer un développement conforme à l'intérêt de la collectivité »[4].

968. Malgré la facilité apparente de la définition, cette acception soulève de nombreuses interrogations quant à la véritable nature de la notion du service

---

[1] J. TOUSCOZ et O. DUMONT, « Le service universel dans le secteur des télécommunications en droit communautaire et en droit français (quelques remarques juridiques) », in *Service public et Communauté européenne : entre l'intérêt général et le marché*, La Documentation française, 1998, p. 165.

[2] R. KOVAR, « Droit communautaire et service public : esprit d'orthodoxie ou pensée laïcisée », *RTD eur.*, 1996, p. 497.

[3] C.P.C.E., art. L. 32-1, I, sous 1) ; L. n° 10-2003 relative à la régulation des communications, préc., art. 4, 1°.

[4] D. POPOVIC, *op. cit.*, p. 64.

universel et à la place qu'elle occupe en droit positif. La délimitation de la notion s'avère d'autant plus importante que cette notion est tout à fait étrangère à la culture juridique romano-germanique à laquelle la France et l'Égypte appartiennent.

969. Tenter de délimiter la notion du service universel revient donc d'abord à lui donner une définition précise qui permet de la distinguer de la notion voisine de service public (A), puis à délimiter le champ matériel du service universel (B).

A. La définition du service universel

970. Le concept de service universel est importé du droit étasunien. Il a d'abord été successivement transposé en droit communautaire puis en droit français, avant d'intégrer le droit égyptien. Donner une définition précise au service universel (II) revient nécessairement à s'interroger sur son origine conceptuelle (I).

I. L'origine conceptuelle du service universel : la genèse d'un concept polymorphe

971. La naissance du concept juridique de service universel, au sens du droit étasunien et du droit contemporain, « a été le produit d'une gestation longue et quelque peu mouvementée »[1]. Le service universel, dans son sens actuel, se distingue donc clairement du service universel invoqué au début du XXe siècle.

972. Le concept de service universel est né aux États-Unis pour poursuivre des finalités éminemment commerciales, et non pas sociétales (a). Plus tard, d'importantes mutations politiques, économiques et technologiques s'enchevêtrèrent afin de donner un nouveau sens au service universel, de plus en plus socialisé (b). Le même concept servit finalement de base pour répondre aux besoins sociaux dans un cadre libéralisé (c).

---

[1] F. R. VAN DER MENSBRUGGHE, « Le service universel des télécommunications aux Etats-Unis », in J. -M. CHEFFERT et al. (dir.), *Service universel, concurrence et télécommunications* , E. Story Scientia, 1999, p. 92.

a. L'émergence du concept de service universel : une stratégie commerciale

973. Contrairement à ce qu'une lecture juridique contemporaine du service universel peut laisser penser (une politique menée par les pouvoirs publics pour assurer une accessibilité de tous à des services de base de qualité déterminée à des tarifs abordables) le concept de service universel n'était pas dès le départ conçu ni par les pouvoirs publics, ni pour servir ces fins de nature sociale *stricto sensu*.

974. En effet, on impute à Theodore VAIL, alors directeur de l'entreprise américaine des télécommunications AT&T, l'introduction du concept de service universel dans un rapport annuel de l'entreprise, publié en 1907[1]. Il proposa le service universel en tant que remède au fractionnement de l'usage de téléphone. Pour comprendre le sens du service universel proposé par VAIL, il faut garder à l'esprit que l'on se situait à une période où la concurrence entre AT&T et les opérateurs indépendants était acharnée. Le lancement par AT&T d'une campagne publicitaire dont le slogan était « un réseau, une politique, un service universel » s'inscrivait donc dans le cadre d'une « politique commerciale délibérée »[2] conduite par VAIL. Cette politique visait à promouvoir les bienfaits d'un seul réseau interconnecté sur tout le territoire étasunien pour tous les usagers des services téléphoniques. La réalisation de l'universalité de service, dans le sens entendu par VAIL, était donc centrée autour de la création d'un réseau unique et interconnecté. Cet objectif ne pouvait être atteint, selon VAIL, que par l'institution d'un monopole au profit d'AT&T.

975. Ainsi, on ne voit dans ce concept originel de service universel aucun élément qui le rapporte au concept contemporain. Le service universel, réalisé par un réseau interconnecté et par l'unicité de l'offreur des services, était simplement une stratégie commerciale soutenue par la société AT&T pour évincer définitivement ses concurrents du secteur. Sa réalisation se limita à interconnecter les différents réseaux dispersés sur les territoires des différents États américains par un réseau transversal de longue distance de portée nationale.

976. L'absence de concept de service universel, dans le sens contemporain, était d'autant plus justifiée que le niveau de pénétration des lignes téléphoniques aux États-Unis au début du XXe siècle atteignait déjà des niveaux inégalés dans le monde entier. En d'autres termes, le besoin d'une politique sociale menée par le gouvernement étatsunien ne se ressentait

---

[1] AT&T, Annual report 1907, pp. 17-18 *In* F. R. VAN DER MENSBRUGGHE, « Le service universel des télécommunications aux Etats-Unis », *op.cit.*, p. 92.

[2] M. MUELLER, « Le service universel dans l'histoire du téléphone, une reconstruction », *Réseaux*, 1994, p. 19.

visiblement pas à cette époque. La concurrence entre AT&T, d'une part, et les opérateurs indépendants, d'autre part, suffisait à garantir un rythme exponentiel de déploiement de réseaux, même dans les parties les plus reculées du territoire étatsunien. L'idée soutenue par VAIL, sous le vocable d'*Universal service*, était destinée uniquement à mettre fin à la pluralité des réseaux, et à fournir des services interconnectés pour les abonnés de l'un et de l'autre dans le cadre d'un seul réseau consolidé.

977. L'émergence du concept de service universel était donc loin d'être une politique nationale, destinée à atteindre des objectifs de nature sociale. Ce constat peut expliquer l'absence totale de toute référence à ce concept de service universel, revêtant une dimension sociale, dans la loi étasunienne, *The Communications Act* de 1934. Même si cette loi visait à « rendre disponibles, à tous les habitants des États-Unis, des services de communications filaires et sans-fil, rapides et efficients, au niveau national et international, avec des facilités adéquates, et à des prix raisonnables »[1], la régulation menée par la F.C.C. dans la première moitié du XXe siècle se concentra sur la réglementation d'AT&T pour l'empêcher de réaliser des rentes de monopole. Il n'y avait pas une véritable politique sociale destinée à établir une quelconque réallocation au profit des plus démunis ou aux zones rurales.

978. En somme, le service universel représenta, jusqu'au début des années soixante, une stratégie commerciale d'AT&T pour légitimer son monopole, sous prétexte d'une indispensable interconnexion entre les différents réseaux.

b. La métamorphose du concept de service universel

979. Au milieu des années soixante, on assiste à l'apparition d'un nouvel agenda de politique sociale de la F.C.C. Il avait pour objectif de rendre les prix des communications téléphoniques plus abordables pour les usagers résidentiels, et ainsi d'augmenter le taux de raccordement. Il s'agit donc d'une politique volontariste et proactive.

980. La mise en œuvre de l'agenda de la F.C.C. passait par la mise en place d'un subventionnement croisé entre les lignes longue distance et les lignes locales d'AT&T. Autrement dit, les communications passées sur les lignes longue distance furent surfacturées pour subventionner les communications au niveau local[2].

981. Cette stratégie ne posa aucun problème économique. Le secteur fut géré par un monopole intégré bénéficiait d'une immunité à l'égard de toute concurrence par la protection garantie par la F.C.C. Cependant, les évolutions

---

[1] Section I du Titre I de *The Communications Act* de 1934, n. 416-73D.

[2] Cela s'inscrivait dans le cadre d'un plan communément appelé « Ozark Plan » (F.C.C., prescription of procedures for separating and allocating plan investment, operating expenses, taxes, and reserve between the intrastate and interstate operations of Telephone companies).

des années soixante-dix, et notamment l'entrée de l'entreprise MCI sur le marché des lignes longue distance par l'établissement des lignes dédiées pour les services à valeur ajoutée[1], bouleversèrent la structure de coûts d'AT&T. Ayant surfacturé les tarifs sur les lignes longue distance pour subventionner les communications locales, l'ouverture à la concurrence des lignes longue distance permit l'écrémage de ce segment de marché rentable au profit de nouveaux entrants : ces derniers furent en mesure de proposer des tarifs meilleurs aux usagers, car ils reflétaient le vrai coût économique du service fourni.

982. Le déséquilibre économique qu'affronta AT&T le poussa à revendiquer le droit à une certaine protection contre les effets de la concurrence sur ses coûts et ses recettes. Pour fonder cette revendication, le concept de service universel revit le jour, sous un autre habit. Comme l'explique Milton MULLER, « A l'exemple de Vail qui usa de ce terme [, le service universel,] pour en finir avec la course aux raccordements entre 1907 et 1920, AT&T essaya d'utiliser la même expression, quoique avec [*sic*] un sens différent et dans un autre contexte, afin de renouveler l'engagement de la nation en faveur du monopole que son ancien président avait aidé à mettre en place »[2].

983. Dès lors, on assista à une « reconstruction rétroactive »[3] du concept de service universel, en se référant au monopole réglementé qui prend en charge la responsabilité de la réalisation des objectifs de nature sociale. Or, les tentatives désespérées pour sauver AT&T de la concurrence échouèrent, et le démantèlement de la société par la décision de la *District Court of Columbia* du 11 août 1982[4] mit fin à la gestion monopolistique des télécommunications.

984. Pourtant, au lieu de faire disparaître le service universel, la suppression du monopole ouvrit de nouvelles perspectives pour la naissance d'une autonomie conceptuelle du service universel.

c. La construction du concept autonome de service universel lors du passage à la concurrence

985. Jusqu'au moment de la libération du secteur des télécommunications aux États-Unis en 1982, aucune disposition législative ne faisait référence au concept de service universel. Le seul sens retenu était celui rattaché à la

---

[1] Pour rappel, l'ouverture à la concurrence de ce marché anciennement monopolisé par AT&T était une conséquence des enquêtes de « *Computer inquiry* » menées par la F.C.C. Ces enquêtes ont déplacé les frontières entre le champ de monopole naturel réservé à AT&T, à savoir les services de base, et tous les autres services ouverts à la concurrence, dits services à valeur ajoutée.

[2] M. MUELLER, *op. cit.*, p. 31.

[3] *Ibid.*

[4] *U.S. District Court for the District of Columbia*, *United States v. American Tel. and Tel. Co.*, August 11, 1982.- 552 F. Supp. 131 (D.D.C. 1983)

politique sociale de la F.C.C., entendu comme la fourniture de service téléphonique de base à un prix abordable.

986. Avec la déréglementation des télécommunications, les besoins des usagers en termes d'accessibilité à des services innovants de communications à des prix abordables ont évolué : « L'on ne se satisfait plus d'un service universel limité à l'accessibilité géographique du service téléphonique le plus simple »[1]. Dans ces conditions, le concept qui pouvait accueillir les nouveaux besoins fut naturellement celui du service universel.

987. Le concept de service universel commença donc, peu à peu, à prendre corps dans l'optique d'un accompagnement de l'environnement concurrentiel. Après une tentative législative qui visa à incorporer le concept de service universel dans un corps législatif fortement exigeant[2], ce n'est qu'en 1996 que cette introduction fut effective par *The Telecommunications Act*[3], modifiant *The Communications Act* de 1934.

988. Dans ce nouveau cadre juridique, le service universel occupe une place centrale[4]. Il englobe les services des télécommunications dont la fourniture revêt une importance particulière pour un développement harmonieux, économique et social. Afin de ne pas figer les composantes de ce service universel dans un cadre juridique rigide, la loi confia à la F.C.C., en collaboration avec une commission instituée à cet effet, d'arrêter la liste des services dont la fourniture relève du service universel et de la réviser périodiquement.

989. Les composantes du service universel doivent donc être fournies à tous, à un prix abordable et sur des bases non-discriminatoires. Dans l'exercice de leur pouvoir en la matière, la F.C.C. et la commission de service universel doivent mesurer l'importance d'inclure tel ou tel service dans la liste du service universel. Cela se fait à la lumière des principes suivants : le caractère essentiel du service pour l'enseignement, la santé, ou la sécurité publique ; l'accès volontaire déjà acquis de la majorité substantielle des abonnements résidentiels à ce service ; sa fourniture sur des réseaux de télécommunications publics ; et sa consistance avec l'intérêt public, l'usage et la nécessité[5].

---

[1] F. R. VAN DER MENSBRUGGHE, *op. cit.*, p. 98.

[2] Le *Holdings Bill – Communications Act* de 1994 (S. 1822), introduit devant le Sénat américain le 2 mars 1994.

[3] *Telecommunications Act* of 1996. Pub. Law No. 104-104, 110 Stat. 56 (1996).

[4] Section 254 under Title II of the Telecommunications Act of 1996, entitled "Universal Service".

[5] B under Section 254 under Title II of the Telecommunications Act of 1996.

II. La définition du concept de service universel en droits français et égyptien

990. C'est bien le concept de service universel, selon sa dernière acception, qui a été transposé en droit communautaire, et par ce biais en droit français. S'inspirant du droit français, le législateur égyptien a transposé ce concept en droit égyptien par la loi n° 10-2003 relative à la régulation des communications.

991. La transposition soulève néanmoins des interrogations juridiques multiples, notamment à cause de la proximité du concept avec celui plus classique de service public. Il importe donc d'abord de chercher une définition positive du service universel (a) avant de le distinguer du concept voisin de service public (b).

a. La définition positive du service universel

992. Définir le concept de service universel ne paraît pas une tâche aisée. La difficulté réside dans l'insuffisance de la définition retenue en droit positif (i). Tenter de livrer une définition rigoureuse revient à rassembler les éléments constitutifs du concept de service universel et de les reconstituer dans un ensemble logique (ii).

i. L'insuffisance des définitions données en droit positif

993. Le concept de service universel a été introduit en droit communautaire, et puis en droits français et égyptien dans un contexte particulier : l'ouverture à la concurrence du secteur des télécommunications. Le service universel était donc conçu comme l'outil conceptuel garantissant la réalisation des objectifs de politiques publiques, sociales ou culturelles que l'État s'était assigné à l'ère du monopole, dans un nouvel environnement concurrentiel. En droit communautaire, cette recherche de cohabitation entre la concurrence et le service universel faisait l'objet d'une mention explicite : l'objectif était de « libéraliser l'ensemble des services de téléphonie vocale tout en maintenant un service universel »[1]. En droit égyptien, cette relation est déduite d'une lecture plus implicite. C'est le simple parallélisme de l'ouverture à la concurrence avec l'introduction du concept de service universel qui révèle la relation qu'ils entretiennent.

---

[1] Rés. du Conseil du 22 juill. 1993 sur le réexamen de la situation du secteur des télécommunications et de la nécessité de nouveaux développements sur ce marché, préc.

994. Il paraît opportun d'annoncer d'emblée que ni le droit français ni le droit égyptien ne donnent une définition du service universel que les régulateurs nationaux, l'ARCEP et la NTRA, doivent veiller à assurer. Le droit français se contente de dresser les composantes du service universel et les principes de sa fourniture[1]. Le droit égyptien se limite à proclamer son caractère essentiel[2], sans prendre le soin de définir ses contours[3].

995. Quant au droit européen, le C.C.E.E. ne donne pas une définition du service universel. L'article 84, intitulé « service universel abordable », énonce seulement que « Les États membres veillent à ce que tous les consommateurs sur le territoire aient accès, à un tarif abordable, compte tenu des circonstances nationales spécifiques, à un service d'accès adéquat à l'internet à haut débit disponible et à des services de communications vocales à un niveau de qualité spécifié sur leur territoire, y compris au raccordement sous-jacent, en position déterminée ». Le débit nécessaire est défini comme celui capable de « prendre en charge au moins l'ensemble minimal de services énoncés à l'annexe V »[4]. Cette dernière liste comporte un ensemble « minimal » des services auxquels l'accès doit être permis. Cela comprend l'accès à la messagerie électronique ; aux moteurs de recherches ; aux journaux ; à la banque en ligne ; et à l'utilisation de services d'administration en ligne.

996. Néanmoins, on trouve une définition du service universel dans la directive « cadre »[5]. Celle-ci avait défini le service universel en tant qu'« un ensemble de services minimal, défini dans la directive 2002/22/CE (directive «service universel»), de qualité déterminée, disponible pour tous les utilisateurs, quelle que soit leur situation géographique et, compte tenu des conditions nationales spécifiques, d'un prix abordable »[6]. Bien que cette définition n'a pas été reprise dans le C.C.E.E., elle reste cependant valable.

---

[1] C.P.C.E., art. L. 35 et L. 35-1.

[2] L. n° 10-2003 relative à la régulation des communications, préc., art. 2.

[3] On peut néanmoins se référer à la définition donnée par le ministre des C.T.I. lors des travaux parlementaires de la loi n° 10-2003 relative à la régulation des communications. Le ministre précisait que le service universel se cantonne aux services non-rentables pour les opérateurs télécoms (Projet de loi relative à la réglementation des télécommunications, compte rendu intégrale de 12ème séance préc., p. 15). On peut se référer également à la définition donnée par le régulateur égyptien, NTRA, dans son rapport d'activités de 2017 qui le définit comme la « fourniture des services de base des télécommunications à un prix raisonnable à tous les utilisateurs, notamment dans les zones non-rentables, dans un cadre de neutralité technologique et de concurrence loyale » (NTRA, « *التقرير السنوى للجهاز 2017 : نهضة الاتصالات فى مصر [Le rapport annuel de l'autorité : la renaissance des télécommunications en Égypte]* », *Op. cit.*, p. 37).

[4] C.C.E.E., art. 84, §3.

[5] Dir. 2002/22/CE, préc.

[6] Dir. 2002/22/CE, préc., art. 2 sous j).

997. Cette définition appelle de brèves remarques. Le service universel a été défini à la lumière de sa seule dimension fonctionnelle. La dimension organique est donc reléguée au second plan ou même complétement ignorée. Ensuite, le service universel est défini selon son champ minimal. Autrement dit, tout ce qui ne relève pas de services minimaux, ne peut être considéré comme service universel. Finalement, le service universel se distingue par ses objectifs : la qualité, la disponibilité et le caractère abordable de prix.

998. La définition retenue par le droit communautaire me paraît insatisfaisante car incomplète : elle ne prend en compte ni la dimension organique du service universel, ni la relation existentielle entre le service universel et la concurrence.

999. L'insuffisance de cette définition nous amène donc à chercher une définition plus rigoureuse du service universel.

ii. Vers une définition rigoureuse du service universel

1000. Le processus de recherche d'une définition rigoureuse du service universel devrait consister en l'analyse de ses éléments constitutifs, puis en la recomposition de ces éléments en un ensemble logique et cohérent.

1001. D'abord, le service universel peut être appréhendé sous un angle matériel. Il représente un ensemble de services dont le marché ne garantit pas la fourniture à tous, à un certain niveau de qualité et/ou à un prix abordable. Ainsi, le service universel représente un complément au marché et non pas un substitut. Si le marché garantit la fourniture de ces services avec ces caractéristiques, il n'y a pas lieu de les considérer comme relevant du service universel.

1002. Puis, le service universel peut être vu sous un angle organique. En effet, il appartient aux pouvoirs publics de préciser le champ du service universel par la définition des services le constituant.

1003. Enfin, le service universel peut être analysé sous un angle organisationnel ou contextuel. Ce qui fonde l'idée du service universel n'est pas l'idée de rendre disponible tel ou tel service pour réaliser les objectifs poursuivis, mais plutôt d'atteindre ses objectifs dans un environnement concurrentiel, selon des mécanismes neutres à l'égard de cette concurrence[1]. La neutralité à l'égard de la concurrence marque donc la philosophie du service universel et par conséquent ses modalités de mise en œuvre.

1004. En prenant acte de ces éléments recensés du service universel, je me suis inspiré de la définition proposée par M. Jean-Marie CHEFFERT qui le définit comme « Toute politique visant, pour une liste de services, les objectifs de qualité, d'accessibilité et d'abordabilité [*sic*], dans le contexte de concurrence, selon une méthode accompagnant la concurrence et corrigeant ses effets, tout en respectant, dans ses modalités, le principe de saine

[1] J. CATTAN, *op. cit.*, p. 176.

concurrence et, en particulier, les principes de non-discrimination et de transparence »[1].

1005. Je propose néanmoins une définition quelque peu différente : le service universel est l'ensemble des services arrêtés par le pouvoir public, qui ne sont pas fournis par le marché à tous, à un certain niveau de qualité et/ou à un prix abordable, et dont la modalité de mise en œuvre est neutre à l'égard de la concurrence[2].

b. La définition négative du service universel : le service public et le service universel

1006. Dès son apparition en droit communautaire, le concept de service universel suscitait un large débat dans la doctrine française sur la place qu'il occupe, notamment par rapport au concept classique de service public. Même si ce concept ne suscitait pas autant de débat doctrinal en Égypte, le fruit du débat doctrinal français reste valable pour le droit égyptien, ce qui apparaît clairement en explorant les notions de service public à l'égyptienne et à la française qui présentent des fortes ressemblances.

1007. Le service universel a été rangé, dans la loi de réglementation des télécommunications n°96-659 précitée[3], parmi les composantes du service public des télécommunications. Mais sur quel fondement ? S'agit-il d'une simple approximation sans influence sur sa véritable nature juridique, ou bien correspond-il à un véritable service public dans le sens juridique du terme ?

1008. Afin de mesurer la position du service universel par rapport à la notion plus classique de service public, il faut décomposer ces deux notions dans les deux droits étudiés, et soumettre ces composantes à un examen rigoureux pour pouvoir les comparer.

1009. D'une part, le service public est défini, en France comme en Égypte, en recourant à deux dimensions principales : une dimension matérielle,

---

[1] J.-M. CHEFFERT, « Le service universel : une notion à cerner pour un champ politique à identifier », in *Service universel, concurrence et télécommunications*, 1999, Namur, E. Story Scientia, p. 17.

[2] En l'absence de toute précision législative en droit égyptien, ces principes sont déduits de la philosophie générale de l'introduction du concept de service universel en droit égyptien, voire la fourniture des services de base dans les zones non-rentables. Évidemment, cette fourniture vise l'accès de tous les citoyens aux moyens de communications électroniques, pour des tarifs abordables correspondants à leurs capacités financières, et de qualité satisfaisante. Cette lecture est confirmée par la NTRA dans son rapport d'activités de 2017, qui proclame ces trois principes dans l'exposition des buts de service universel (NTRA, « *التقرير السنوى للجهاز 2017 : نهضة الاتصالات فى مصر* [Le rapport annuel de l'autorité : la renaissance des télécommunications en Egypte] », *Op. cit.*, p. 37).

[3] C.P.C.E., art. L. 35.

représentée par l'activité d'intérêt général, et une dimension organique, renvoyant à la personne morale de droit public qui exerce cette activité elle-même, ou la confie à une autre personne qui l'exerce sous sa responsabilité[1]. Le service public ainsi défini est régi par trois principes fondamentaux qui constituent le noyau dur de cette notion : l'égalité, la continuité et l'adaptabilité[2].

1010. D'autre part, la notion de service universel, comme relevé plus haut, comporte deux dimensions : une dimension matérielle, représentée par l'activité désignée comme nécessaire pour répondre à un besoin spécifique relevant de l'intérêt général, et une dimension organique, qui repose sur l'existence d'une personne morale de droit public qui se charge de désigner ces activités, et d'organiser la manière selon laquelle elles doivent être assurées. L'exercice de ces activités doit être assuré en visant la qualité, la disponibilité et le caractère abordable de prix.

1011. Les composantes de deux notions ayant été reconstituées, il importe de les examiner l'une par rapport à l'autre pour voir la relation qu'elles entretiennent.

1012. En effet, il semble que les dimensions matérielle ou fonctionnelle des deux notions se recoupent entièrement. Le service universel, comme le service public, représente une activité qui vise à atteindre un objectif d'intérêt général, que ce soit, par exemple, le raccordement au réseau téléphonique dans les parties géographiques non-rentables ou la fourniture des services d'internet à un débit raisonnable et à un prix abordable. La différence entre les deux notions apparaît néanmoins dans la dimension organique qui ne se recoupe que partiellement : cette dimension s'avère plus forte dans la notion classique de service public, que dans la notion de service universel. La personne morale de droit public prend plus de recul en matière de service universel. Son rôle se limite à la stricte organisation de la fourniture des composantes de service universel. Cette prise de distance est justifiable au regard de l'environnement concurrentiel dans lequel le service universel s'insère.

1013. Regarder les principes qui régissent les deux notions ne fait que confirmer le constat de leur rapprochement : le principe d'égalité peut trouver comme pendant l'objectif de la disponibilité pour tous à un prix abordable[3] ; le principe de continuité correspond à la disponibilité dans sa dimension

---

[1] Y. GAUDEMET, *Droit administratif*, L.G.D.J.-Lextenso Éd., 2020, p. 45 ; M. R. AL-HELW, *القانون الإدارى [Droit administratif]*, Dar Al-matbou'at Al-game'ia, 2000, p. 404.

[2] D. TRUCHET, « Unité et diversité des « grands principes » du service public », *AJDA*, 1997, p. 39. V. sur le même point en droit égyptien M. R. AL-HELW, *op. cit.*, p. 417.

[3] O. DONGAR, « Faut-il repenser la notion de service public en France ? », *Revue de la recherche juridique. Droit prospectif*, 2013, p. 786.

temporelle ; finalement, le principe de mutabilité correspond au champ couvert par le service universel qui évolue dans le temps[1].

1014. Ce rapprochement n'exclut pas néanmoins l'existence de spécificités de la notion de service universel par rapport à la notion de service public. Ces spécificités permettent de bien situer la notion de service universel par rapport au service public. Elles peuvent être révélées à travers le champ que chaque notion couvre et les modalités de leur mise en œuvre.

1015. En effet, le service universel, du fait de son émergence pour accompagner la concurrence, ne concerne naturellement que les services publics marchands, entendus au sens matériel. Ce champ ne correspond qu'à une partie du champ couvert par le service public classique, qui comprend à la fois les services marchands et non-marchands.

1016. Puis, les modalités de mise en œuvre du service universel et du service public classique diffèrent. Si les modalités de mise en œuvre reposaient à l'ère du monopole, dans le cadre du service public classique, sur les droits exclusifs ou spéciaux, car le service public était regardé comme antonyme de la concurrence, les modalités du service universel reposent sur une indispensable conciliation entre la concurrence et la réalisation des objectifs d'intérêt général poursuivis.

1017. On peut ainsi déduire que le service universel n'est point une notion étrangère à la notion plus classique de service public, mais « découle »[2] bien de celle-ci. Autrement dit, « le service universel n'est en fait qu'un moyen d'exercer le service public différemment »[3], et « Une vision renouvelée »[4] de celui-ci, limité à un champ déterminé mais, « plus profond et plus précis »[5] que le service public.

---

[1] J.-M. CHEFFERT, *op. cit.*, p. 11.

[2] D. POPOVIC, *op.cit.*, p. 63.

[3] O. DONGAR, *op. cit.*, p. 786. Comme l'explique l'auteur, le service universel amène même à plus d'équité que le service public. « En ciblant une vision différenciée des destinataires des services publics, le service universel s'inscrit forcément dans un cadre spatio-temporel qui exacerbe l'acceptation des particularismes au nom d'une conception renouvelée de l'interdépendance du lien social ». L'exemple de service universel conçu pour répondre aux besoins spécifiques des handicapés est pertinent.

[4] *Ibid.* Comme l'explique l'auteur, le service universel « diversifie les modes de passation du service universel dans l'optique d'agir sur l'offre de service public en la rendant plus hétéroclite en vertu du principe de la liberté d'entreprendre. En cela, la notion de service universel se distingue de la notion de service public qui s'est construite en France différemment. En effet, c'est l'intérêt général qui transcendant la prise en compte des intérêts particuliers donnait un cadre à l'action publique. Laquelle, organisée dans la tradition du jacobinisme, faisait reposer les implications sociales du service public sur l'organisation administrative centralisée » (*Ibid.*, p. 785).

[5] D. TRUCHET, *Droit administratif*, Presse universitaire de France, 2019, pp. 369-370. Comme l'écrit l'auteur, le service universel est « Moins étendu mais plus profond

1018. D'ailleurs, dans sa décision *Sté. Tisacali Télécom* du 18 juin 2003, le Conseil d'État assimilait le service universel au service public. Plus précisément, le juge administratif rattachait le principe de la continuité du service public à la fourniture de service universel[1]. Ainsi, pour le juge administratif, « le service public englobe le service universel et lui transmet ses vertus »[2].

B. Le champ matériel du service universel des communications électroniques

1019. Le champ matériel du service universel des communications électroniques couvre les services qui sont perçus comme indispensables pour atteindre des objectifs d'intérêt général de nature sociale ou culturelle[3].

1020. La détermination de ce champ au travers de la précision des composantes du service universel peut être réalisée sous un angle spatial par l'énumération des composantes actuellement en place (I). S'inscrivant dans un secteur mouvant, ce champ n'est cependant pas figé. Il reste susceptible d'être révisé périodiquement pour accompagner les évolutions des besoins constatés des utilisateurs (II).

---

et plus précis que le service public (…). Il réalise un compromis intelligent, entre les valeurs du service public et l'existence d'un marché ».

[1] C.E., 2/1 S.S.R., 18 juin 2003, *Sté. Tiscali Télécom*, n° 250608, Concl. E. PRADA BORDENAVA, Rec. p. 255.

[2] N. FOULQUIER, « Le financement du service universel des télécommunications », *AJDA*, 2003, p. 1889.

[3] Il faut cependant remarquer que les obligations du service universel sont différentes des obligations du service public : les premières font partie des deuxièmes. Autrement dit, les obligations du service public sont des obligations plus générales, constituées sous des conditions différentes que les obligations du service universel (S. ZIANI, *op.cit.*, pp. 130-131). C'est pour cela que le chapitre III du titre 1 du livre II de la partie législative du C.P.C.E. intitulé « Les obligations de service public » comprend une section 1ère portant sur « Le service universel ». Le service universel constitue donc une composante des obligations de service public. D'ailleurs, l'article L. 35 la loi n° 96-659 du 26 juill. 1996 relative à la réglementation des télécommunications définissait les obligations de service public en incluant le service universel en sus des services obligatoires des télécommunications et des missions d'intérêts général.
En droit égyptien, la loi n° 10-2003 relative à la régulation des communications ne fait référence qu'au service universel. Pourtant, il n'en reste moins que des obligations de service public sont imposées sur les opérateurs télécoms, notamment en vue de l'établissement d'un réseau à étendue national.

I. Le champ matériel du service universel dans sa dimension spatiale

1021. La mise en place de la liste de différentes composantes du service universel relève d'une marge d'appréciation variable laissée aux pouvoirs publics nationaux, en France (a) et en Égypte (b).
1022. En tout cas, la détermination du périmètre du service universel doit être mesurée à la lumière d'« une analyse coûts-avantages approfondie »[1] : en effet, un périmètre trop large peut constituer une charge excessive pour les opérateurs du secteur, et peut donc affecter l'état de développement du marché. Inversement, un périmètre trop étroit peut créer un fossé communicationnel et informationnel entre les citoyens[2].

a. La dimension spatiale du champ matériel du service universel en droit français

1023. Le législateur français n'est pas totalement libre dans le choix des composantes du service universel. Le droit de l'Union a circonscrit le champ matériel du service public.
1024. En effet, le C.C.E.E. précise que le service universel comprend deux éléments principaux : l'accès adéquat, à un tarif abordable, à internet à haut débit et à des services des communications vocales, ainsi qu'au raccordement sous-jacent. Pour définir le niveau adéquat de l'accès à internet, l'article 84 §3 fait référence à l'annexe V du code. L'annexe précise que l'accès adéquat est celui permettant l'accès à l'ensemble minimal de services en ligne suivants : la messagerie électronique ; les moteurs de recherches ; les outils en ligne de base destinés à la formation et à l'éducation ; les journaux ou les sites d'informations en ligne ; l'achat ou commande de biens et services en ligne ; la recherche d'emploi et outils de recherches d'emploi ; le réseautage professionnel ; banque en ligne ; utilisation des services d'administration en ligne ; les médias sociaux et les applications de messagerie instantanées ; et les appels vocaux ou vidéo de qualité standard[3].

---

[1] A. RIEG, *La mise en oeuvre du service universel des communications électroniques*, mémoire du Master II, Université de Strasbourg, 2014, p. 30.
[2] J. TOUSCOZ et O. DUMONT, « Le service universel dans le secteur des télécommunications en droit communautaire et en droit français (quelques remarques juridiques) », in R. KOVAR et D. SIMON (dir.), *Service public et Communauté européenne : entre l'intérêt général et le marché*, La Documentation française, 1998, p. 170.
[3] Cette approche contraste avec l'approche de la directive « service universel » qui prévoyait quatre composantes du service universel : le raccordement au réseau le raccordement au réseau téléphonique public dans une position déterminée et la

1025. Outre les services en position déterminée, le C.C.E.E. permet également aux États membres, lorsqu'ils le jugent nécessaire, d'assurer le caractère abordable des services d'accès à internet et aux communications vocales fournies par sur des réseaux mobiles[1].

1026. Que ce soit pour les services fournis en position déterminée ou pas, chaque État membre définit, en fonction des circonstances nationales, « le service d'accès adéquat à l'internet à haut débit aux fins du paragraphe 1 en vue de garantir le débit nécessaire pour assurer la participation à la vie sociale et économique »[2]. Il relève de cette disposition que la définition des composantes du service universel n'implique pas nécessairement leur fourniture. Tout dépend des circonstances nationales et de l'état de la concurrence à un moment donné. Si l'état de la concurrence permet *ipso facto* la fourniture du service à un niveau abordable, il n'y a pas lieu de procéder à l'assurer selon les procédures de service universel[3].

1027. Alors que ces composantes de service universel concernent *a priori* les utilisateurs finals individuels, il est possible pour les États membres d'étendre ces services aux « utilisateurs finaux qui sont des microentreprises, des petites et moyennes entreprises et des organisations à but non lucratif »[4].

---

fourniture de services téléphoniques publics sur ces réseaux ; la fourniture des services de renseignement téléphonique et d'annuaires ; la fourniture des services téléphoniques par les cabines téléphoniques publiques ; et la fourniture des services adaptés aux situations spécifiques des utilisateurs handicapés (Arts. 4, 5, 6 et 7).

[1] Art. 84, §2. Sur ce point, le C.C.E.E. se distingue de la directive « service universel » qui n'incluait pas le service mobile parmi les composantes du service universel. En se contentant de mentionner le raccordement « en position déterminée », la C.J.U.E. a tiré la conséquence nécessaire de l'exclusion du raccordement au réseau mobile du champ de service universel (C.J.U.E., 11 juin 2015, *Base Company NV et Mobistar NV c/ Ministerraad*, aff. C-1/14, concl. M. P. CRUZ VILLALON, 29 jan. 2015).

[2] C.C.E.E., art. 84, §3.

[3] Il convient de préciser ici que les dispositions du C.C.E.E. ont fait l'objet d'une transposition en droit français par l'ordonnance n° 2021-650 du 26 mai 2021 (O. n° 2021-650 du 26 mai 2021 portant transposition de la directive (UE) 2018/1972 du Parlement européen et du Conseil du 11 décembre 2018 établissant le code des communications électroniques européen et relative aux mesures d'adaptation des pouvoirs de l'Autorité de régulation des communications électroniques, des postes et de la distribution de la presse (J.O.R.F., n° 0121 du 27 mai 2021, texte n° 13)).

[4] C.C.E.E., art. 84, §5. On remarque que le droit de l'Union ne fait pas obstacle à ce que le législateur français ajoute des services obligatoires complémentaires (C.C.E.E., art. 92). Pourtant, la fourniture de ces services doit être financée par d'autres mécanismes de financement autre que ceux applicables sur le service universel *stricto sensu*.

b. La dimension spatiale du champ matériel de service universel en droit égyptien

1028. Contrairement au droit de l'Union, la loi égyptienne n° 10-2003 relative à la régulation des communications ne précise pas les composantes du service universel. Elle n'impose pas non plus un caractère minimal de ces services. Il appartient donc à la NTRA de préciser le champ matériel du service universel, conformément aux différentes dispositions de la loi.

1029. Avant de souligner les composantes de service universel que le régulateur définit, il convient de préciser les règles juridiques devant guider le régulateur dans l'élaboration de la liste des composantes du service universel.

1030. D'abord, la philosophie de service universel : le concept de service universel, comme l'expliquait le ministre des C.T.I. lors de travaux parlementaires de la loi n° 10-2003 précitée[1], se cantonne aux services qui ne sont pas rentables pour les opérateurs télécoms. Ceux-ci ne sont pas donc incités à les fournir. Le caractère non-rentable devrait donc être un dénominateur commun de toutes les composantes du service universel.

1031. De plus, la lecture des dispositions de la loi relatives au financement de service universel donne également des éléments utiles quant aux règles s'imposant au régulateur.

1032. En effet, le financement du service universel est assuré par un fonds appelé « fonds de service universel ». Les ressources financières de ce fonds sont destinées à financer « les projets d'infrastructures nécessaires pour la réalisation du principe du service universel »[2] ; et « la compensation des exploitants et des fournisseurs des services de communications électroniques de la différence entre le prix économique approuvé du service, et le prix que peut être fixé par l'État au profit de l'utilisateur »[3].

1033. Ainsi, la première composante susceptible d'être considérée est celle de l'établissement d'infrastructures des télécommunications, fixe et/ou mobile, répondant aux besoins d'accessibilité au réseau par le raccordement[4].

1034. La deuxième composante comporte les services non-rentables[5]. Ces services sont : soit ceux dont la fourniture garantit normalement une rentabilité

---

[1] Travaux parlementaires de la loi n° 10-2003 relative à la régulation des communications, 3ème session ordinaire, 12ème séance, le 16 déc. 2002 (J.O.R.A.E. 14 jan. 2003, p. 15).

[2] L. n° 10-2003 relative à la régulation des communications, préc., art. 6, §1.

[3] L. n° 10-2003 relative à la régulation des communications, préc., art. 6, §4.

[4] D'ailleurs, il convient de remarquer que la loi n'a pas précisé à cet égard si cette infrastructure concerne l'infrastructure fixe ou mobile. Le régulateur reste donc libre de prioriser l'une ou l'autre de ces infrastructures, ou à la fois les deux.

[5] Ces services sont souvent évoqués en droit égyptien en tant que « services non-économiques » « خدمات غير اقتصادية ». Or, cette appellation n'est pas heureuse : une

financière pour l'opérateur, mais pour lesquels l'État peut fixer un tarif en dessous du tarif économique pour garantir le principe du caractère abordable de prix ; soit ceux dont la fourniture est économiquement non-rentable, fournis dans les régions souffrant d'une carence dans leur fourniture[1].

1035. Pour résumer, on peut dire que le cadre juridique guidant la NTRA dans la définition des composantes de service universel est assez souple. Il comprend le déploiement de réseau pour atteindre l'objectif de l'universalité géographique et la fourniture des services non-rentables. Il appartient donc à la NTRA de préciser les composantes du service universel à la lumière de ce cadre juridique.

1036. En consultant les composantes recensées par la NTRA, nous pouvons constater qu'elles incluent le déploiement du réseau mobile dans les parties isolées du territoire et la fourniture des services téléphoniques mobiles et de l'internet[2]. Elles comprennent également la fourniture des services internet large bande sur les réseaux filaires[3].

1037. Cette liste appelle trois remarques.

1038. Premièrement, il apparaît que le régulateur égyptien partage une vision minimaliste des composantes du service universel. Il les cantonne aux seuls services non-rentables dits « de base ». Ces derniers comprennent : les services clients ; les appels d'urgence ; la connexion internet ; et les appels téléphoniques[4]. Néanmoins, vu la souplesse du cadre juridique, le régulateur peut élargir la portée de ces services pour accompagner les évolutions technologiques et les nouveaux besoins.

1039. Deuxièmement, il semble que le régulateur donne la priorité au déploiement des réseaux mobiles et la fourniture de services téléphoniques mobiles au détriment des services fixes. Cela est vraisemblablement dû à la facilité et à la pertinence du déploiement des réseaux mobiles dans les parties difficilement accessibles du territoire. La topographie de l'Égypte justifie également la préférence accordée aux services mobiles pour relier les parties les plus reculées du territoire national.

1040. Troisièmement, il s'avère que la NTRA accorde à la connexion internet large bande une attention particulière. Outre la connexion internet par voie

---

activité peut être non-rentable tout en gardant son caractère économique. Le caractère économique se distingue donc du caractère rentable de l'activité.

[1] L. n° 10-2003 relative à la régulation des communications, préc., art. 5, 5°, art. 6, 4°, et art. 26.

[2] Un examen des projets actuels qui relèvent du service universel en Égypte montre cette préférence stratégique. Pour un aperçu de ces projets, v. le site de l'autorité http://www.tra.gov.eg/en/regulation/Pages/projects-map.aspx, consulté le 14 sep. 2019).

[3] NTRA, « Universal service: The right of all to connect », 2015, p. 3, disponible sur http://www.mcit.gov.eg/TeleCommunications/USF, consulté le 16 sep. 2019.

[4] NTRA, « *التقرير السنوى للجهاز 2017 : نهضة الاتصالات فى مصر [Le rapport annuel de l'autorité : la renaissance des télécommunications en Egypte]* » *op. cit.*, p. 37.

mobile, la NTRA considère la connexion internet sur les réseaux fixes comme une composante du service universel.

II. La dimension temporelle du champ matériel du service universel

1041. Du fait de leur rapport avec les objectifs d'intérêt général attachés au secteur des communications électroniques, les composantes du service universel évoluent au même rythme que les évolutions du secteur lui-même. Autrement dit, des services qui sont considérés aujourd'hui comme essentiels au regard des besoins exprimés peuvent relever demain d'un souvenir du passé. La rapidité des évolutions dont témoigne le secteur des communications électroniques implique la caducité de certains services essentiels, et l'émergence des autres.

1042. La caducité des composantes du service universel peut provenir de deux sources :

1043. D'abord, sous l'effet du progrès technologique, une composante donnée du service universel peut devenir obsolète. Elle est alors condamnée à disparaître. L'exemple typique de cela est le service de cabines téléphoniques publiques. Il a été retiré de la liste des composantes du service universel en France en 2015, faute d'une vraie utilité, eu égard aux coûts importants de sa fourniture et la propagation de l'usage de la téléphonie mobile[1]. De même, la substituabilité d'usage entre les annuaires universels sous forme papier et électronique justifiait la modification du C.P.C.E. pour en prendre acte. Désormais, ce service est fourni sous l'une ou l'autre de ces formes, au lieu d'imposer leur fourniture cumulative[2].

1044. Ensuite, les développements du marché peuvent favoriser des nouvelles dynamiques de l'offre pour une certaine composante du service universel. Tant que sa fourniture peut être assurée dans des conditions normales du marché à des prix abordables, le service universel n'a plus de sens. Cette composante doit alors être retirée de la liste du service universel ou, à tout le moins, voir son attribution être suspendue selon les modalités de désignation en place. Il s'agit du cas du service universel des annuaires universels électroniques et des services de renseignements. Bien qu'ils demeurent parmi les composantes du service universel recensées à l'article L. 35-1 du C.P.C.E., le ministre chargé des communications électroniques n'a pas lancé les procédures visant à désigner l'opérateur chargé de leur fourniture respectivement depuis 2009 et 2012. Cela tient au fait que la situation

[1] Art. 129 de la loi n° 2015-990, préc., modifiant l'art. L. 35 du C.P.C.E.
[2] Art. 129 de la loi n° 2015-990, préc., modifiant l'art. L. 35 du C.P.C.E.

concurrentielle sur ces marchés garantit leur fourniture[1]. De même, la pertinence des tarifs sociaux au titre du service universel a été remise en cause avec la baisse substantielle des tarifs engendrée par l'entrée sur le marché du quatrième opérateur mobile : Free Mobile[2].

1045. Le C.C.E.E. prend acte de ce caractère dynamique du secteur et de son effet sur l'actualisation des composantes du service universel. Les dispositions de la directive imposent donc à la Commission de procéder au réexamen périodique de la portée du service universel tous les cinq ans[3]. Ce réexamen est fait « à la lumière des évolutions sociale, économique et technologique, compte tenu, notamment, de la mobilité et des débits de données à la lumière des technologies les plus couramment utilisées par la majorité des utilisateurs finaux »[4].

§2. La mise en œuvre du service universel des communications électroniques

1046. L'ARCEP et la NTRA participent, à des degrés différents, à la mise en œuvre du service universel, que ce soit à son exécution (A), ou à son financement (B).

A. L'exécution des obligations du service universel

1047. L'obligation du service universel « se définit comme l'obligation légale faite à un opérateur d'avoir des activités qu'il n'entreprendrait pas dans des conditions commerciales normales »[5]. Le C.C.E.E. définit l'obligation du service universel simplement comme « les obligations qu'un État membre a imposées à une entreprise pour qu'elle fournisse le service universel tel que défini aux articles 84 à 87 »[6].

1048. L'exécution des obligations du service universel nécessite la désignation du ou des opérateurs qui en prennent la charge. Cette désignation doit s'effectuer selon des règles et des procédures neutres à l'égard de la

---

[1] Disponible sur https://archives.arcep.fr/index.php?id=8102#c61928, consulté le 25 sep. 2019.

[2] J. CATTAN, *op. cit.,* p. 182.

[3] C.C.E.E., art. 122, §2, al. 1.

[4] C.C.E.E., art. 122 §2, al. 2.

[5] G. MOINE, « Le service universel des télécommunications », *AJDA*, 1997, p. 248. D'ailleurs, les directives européennes ne fournissent pas une définition précise pour l'obligation de service universel.

[6] C.C.E.E., annexe VII.

concurrence (I). Une fois la composante du service universel fournie, le régulateur procède à l'évaluation du coût induit pour le ou les opérateurs désignés en vue de la fourniture. Ce coût doit être estimé en vue de son éventuelle compensation (II).

I. Le régulateur désigne les opérateurs chargés de l'exécution des obligations de service universel

1049. Pour désigner les opérateurs chargés de l'exécution d'une ou plusieurs composantes de service universel, les droits français et égyptien s'accordent sur l'adoption de la modalité classique de la mise en concurrence par l'appel à candidatures (a). Le droit français se distingue néanmoins par l'adoption d'une modalité complémentaire : la modalité dite « *pay or play* » (b). Outre ces modalités neutres à l'égard de la concurrence, la situation du marché égyptien des communications électroniques nécessite parfois une désignation directe de l'opérateur chargé de l'exécution des obligations de service universel (c).

a. L'appel à candidatures : un choix commun des droits français et égyptien

1050. La mise en concurrence constitue en droits français et égyptien la modalité de droit commun pour la désignation des opérateurs chargés de la prestation de la composante du service universel.

1051. La désignation au moyen d'une procédure de mise en concurrence présente plusieurs mérites. Elle profite à la fois aux opérateurs qui participent à la procédure ainsi qu'à ceux qui n'y participent pas, mais contribuent au financement du service universel. Pour les opérateurs souhaitant être désignés, l'application de cette modalité de désignation emporte l'application des garanties de transparence, de non-discrimination et d'égalité de chances attachées à la procédure de l'appel à candidatures. Cette procédure profite également aux contributeurs au financement du service universel : la mise en concurrence permet de choisir l'opérateur le plus efficace dont le coût net à compenser est le plus bas possible. Puisque les opérateurs participent au financement au prorata du coût de la composante fournie, toute économie faite allège la charge financière incombant à ces opérateurs.

1052. La procédure de mise en concurrence est admise en droits français et égyptien sur des fondements juridiques différents.

1053. En droit français, le C.P.C.E. prévoit expressément que « La désignation intervient à l'issue d'appels à candidatures portant sur les conditions techniques et financières ainsi que, le cas échéant, le coût net de fourniture de ces prestations »[1]. Il incombe donc au ministre chargé des communications électroniques, et non pas à l'ARCEP, de lancer les procédures d'appel à candidatures et de les conduire pour désigner le ou les opérateurs prestataires. La désignation est faite pour une période qui ne peut excéder cinq ans[2].

1054. En droit égyptien, en l'absence de toute précision législative sur la modalité à suivre, il incombe à la NTRA de préciser la procédure à suivre. Il semble dans ce cadre que le régulateur égyptien privilégie, en dehors de la composante d'accès à internet à large bande, l'appel à candidatures comme modalité de désignation de l'opérateur prestataire[3].

1055. Par ailleurs, si la procédure de désignation est commune aux deux droits, le droit français se distingue du droit égyptien par le champ matériel et géographique de la désignation. En effet, pour renforcer l'accessibilité des nouveaux opérateurs aux marchés de fourniture du service universel, le C.P.C.E. permet de décomposer les composantes du service universel. Cette décomposition peut prendre une forme matérielle par le fractionnement de la composante en plusieurs éléments, ou une forme géographique par la limitation de fourniture dans des parties délimitées du territoire national.

1056. La décomposition matérielle a été entreprise notamment pour le service de l'annuaire universel et les services de renseignement. Depuis 2008, la procédure de désignation du ou des opérateurs chargés de leur fourniture a été organisée distinctement pour chaque marché[4]. De même, le service universel de raccordement et celui du service téléphonique font l'objet d'appels à candidatures distincts malgré leur appartenance à la même composante du service universel[5].

---

[1] C.P.C.E., art. L. 35-2, al. 2.

[2] C.P.C.E., art. R. 20-30-12. D'ailleurs, ce choix législatif de confier le lancement de procédures au ministre des communications électroniques plutôt qu'à l'autorité de régulation me paraît logique : le service universel est après tout l'incarnation d'une politique sociale menée par le gouvernement. L'opportunité de sa fourniture reste un choix éminemment politique qui doit être déterminé par le pouvoir politique. Or, à notre sens, il aurait été plus logique que les procédures de désignation soient conduites par l'ARCEP, mieux placée grâce aux garanties d'indépendance attachées à son statut.

[3] NTRA, « *التقرير السنوى للجهاز 2017 : نهضة الاتصالات فى مصر* [Le rapport annuel de l'autorité : la renaissance des télécommunications en Egypte] » *op. cit.,* p. 39. Que le régulateur décide de l'opportunité de lancer les procédures dans le cas égyptien et non pas le ministère me semble compréhensible dans le cas égyptien. La dépendance de l'autorité au ministre des C.T.I., et la présidence de son collège par le ministre lui-même l'explique. On ne saurait pas ainsi, à moins que ce soit très artificiel, distinguer le régulateur du ministère, la technique de politique.

[4] Art. L. 35 du C.P.C.E., modifié par l'art. 129 de la loi n° 2015-990, préc.

[5] V. à titre l'exemple les appels à candidature lancés par le ministre chargé des communications électroniques pour le service de raccordement le 11 janvier 2017 (Avis relatif à un appel à candidatures en vue de la désignation d'un ou plusieurs

1057. S'agissant de la décomposition géographique[1], elle est conçue pour permettre aux nouveaux opérateurs de concurrencer l'opérateur historique en vue de l'attribution des marchés de service universel sur des zones géographiquement limitées[2].

---

opérateurs chargés de fournir la prestation « raccordement » de la composante du service universel des communications électroniques prévue au 1° de l'article L. 35-1 du code des postes et des communications électroniques, (J.O.R.F. n° 9, du 11 jan. 2017, texte n° 82)), et pour la prestation du service téléphonique le 26 avril 2017 (Avis relatif à un appel à candidatures en vue de la désignation d'un ou plusieurs opérateurs chargés de fournir la prestation « service téléphonique » de la composante du service universel des communications électroniques prévue au 1° de l'article L. 35-1 du code des postes et des communications électroniques, (J.O.R.F. n° 98, du 26 avril 2017, texte n° 75)).

[1] C.P.C.E., art. L. 35-2.

[2] La décomposition géographique a été mise en place sous l'influence de droit de l'Union et non pas stratégiquement par l'État français. Depuis l'adoption de la loi n° 96-659 relative à la réglementation des télécommunications précitée, l'article L. 35-2, modifié par la loi n° 2003-1365 précitée, prévoit que : « Peut être chargé de fournir le service universel tout opérateur en acceptant la fourniture sur l'ensemble du territoire national et capable de l'assurer ». En conditionnant la désignation par la capacité à fournir les composantes du service universel sur l'ensemble de territoire, un seul opérateur s'avérait *de facto* éligible pour une telle désignation : l'opérateur historique France Télécom. La conformité de cette disposition avec le droit de l'Union, et plus précisément avec l'exigence de non-discrimination inscrite à l'article 8-2 §I de la directive « service universel » (C.C.E.E., art. 86, §4) a été contestée par la Commission devant la C.J.C.E. qui donna raison à la Commission. Elle releva notamment qu'en excluant « de toute procédure de désignation les entreprises qui ne sont pas prêtes ou ne sont pas capables d'opérer sur l'ensemble du territoire national (…) le mécanisme de désignation qui en résulte ne respecte pas l'article 8, paragraphe 2, de la directive « service universel », et notamment le principe de non-discrimination ». Selon la Cour, le conditionnement de la désignation par la fourniture à l'échelle nationale « prédétermine le résultat de la procédure de désignation », et crée ainsi une distorsion de la concurrence, et empêche l'émergence d'un service universel rentable et efficace (C.J.C.E., 19 juin 2008, *Commission contre France*, aff. C-220/07, Rec. 2008, p. I-95). Alors que la modalité de la décomposition géographique a été introduite, il semble que cette stratégie n'a pas eu l'effet attendu. L'opérateur historique, Orange France, reste jusqu'à présent le candidat imbattable aux appels à candidature pour assurer le service universel dans sa première composante relative au raccordement au réseau et au service téléphonique. Sa désignation constante lors des différents cycles de désignation pour la fourniture de cette composante présente la preuve d'une difficile insertion de la concurrence sur ce marché particulier. Cette situation pourrait néanmoins évoluer avec le déploiement des réseaux en fibre optique, notamment dans le cadre des réseaux d'initiative publique (RIP) initiés par les collectivités territoriales. Pour l'ARCEP, cela constitue un tournant qui « pourrait légitimer la désignation au niveau infranational de prestataires du service universel pour la composante 'raccordement' et 'service téléphonique' » (ARCEP, avis n° 2017

b. « *Pay or play* » : une modalité complémentaire en droit français

1058. Le droit français prévoit une autre modalité complémentaire de désignation du ou des opérateurs de service universel : le mécanisme « *pay or play* »[1].

1059. Ce mécanisme consiste à donner aux opérateurs le choix entre la participation à la mise en œuvre du service universel par la contribution financière, et la participation à la fourniture effective d'une de ses composantes. L'avantage de cette modalité consiste dans le fait d'inciter les opérateurs à participer à la fourniture effective du service universel. Le cas échéant, l'opérateur peut ainsi déduire le coût net induit à ce titre de sa contribution financière versée à titre définitif au fonds de service universel.

1060. Cette modalité ne se déroule pas selon les mêmes procédés que la mise en concurrence. Tout opérateur qui souhaite fournir le service peut adresser une demande au ministre chargé des communications électroniques, qui prend sa décision après avis de l'ARCEP. Une fois désigné[2], l'opérateur peut fournir la composante du service universel. Son coût net vient en déduction de sa contribution définitive constatée au titre du financement au fonds de service universel[3].

1061. Le mécanisme « *pay or play* » ne concerne que la composante de la fourniture de service universel à une catégorie spécifique d'utilisateurs finaux. Il concerne principalement la fourniture de services à des prix réduits pour les utilisateurs ayant des faibles niveaux de revenu[4].

c. La désignation directe : une spécificité du droit égyptien

1062. La désignation selon la modalité de l'appel à candidatures est fondée sur un postulat : l'existence d'un nombre d'opérateurs qui se font concurrence pour se voir attribuer le marché. Lorsque cette pluralité est absente, l'appel à candidatures se trouve vidé de tout sens.

1169 du 5 oct. 2017 sur un projet d'arrêté portant désignation de l'opérateur chargé de fournir les prestations « raccordement » et « service téléphonique » de la composante du service universel prévue au 1° de l'article L. 35 1 du code des postes et communications électroniques (téléphonie fixe), p. 6).

[1] L'alinéa 3 de l'article L. 35-3, II du C.P.C.E. énonce : « Si un opérateur accepte de fournir des prestations de service universel, dans des conditions tarifaires et techniques spécifiques à certaines catégories d'abonnés telles que mentionnées à l'article L. 35-1, le coût net de cette offre est déduit de sa contribution ».

[2] C.P.C.E., art. R. 20-34, I.

[3] C.P.C.E., art. L. 35-3, II, al. 3.

[4] C.P.C.E., art. L. 35-3, II, al. 3 et C.P.C.E., art. R. 20-34.

1063. Dans le secteur égyptien des communications électroniques, l'opérateur historique *Telecom Egypt* se trouve *de facto* en monopole sur le marché de l'établissement des réseaux filaires de communications électroniques pour la fourniture de la téléphonie fixe[1]. De plus, il est le seul titulaire d'une licence permettant la location d'infrastructure aux tiers (*leasing*).
1064. Grâce à cette position de marché, et alors qu'aucune information sur ce point n'est disponible, l'opérateur *Telecom Egypt* devrait être le seul chargé de la fourniture de la composante du service universel relative au raccordement. En l'absence de toute concurrence sur ce marché, il s'agit certainement d'une désignation directe[2].
1065. Une ouverture à la concurrence de ce marché permettrait peut-être dans le futur de passer de la modalité de désignation directe à celle de l'appel à candidatures.

II. Le régulateur établit le coût net de l'opérateur désigné

1066. Le coût net de l'opérateur désigné est le coût constaté mis à sa charge du fait de sa fourniture d'une ou plusieurs composantes du service universel.
1067. L'établissement de ce coût net ne relève pas de la même logique en droit français et en droit égyptien. S'il ressort en France d'un processus long et hautement technique mené par l'ARCEP (a), il résulte en Égypte d'un processus simplifié mis en place par la NTRA (b).

---

[1] V. le document publié par la NTRA « un coup d'œil sur les titulaires (*Glance On The Licensees*) ». Le document est disponible sur le site internet de l'autorité : http://www.tra.gov.eg/en/regulation/licensing/Documents/Glance-on-the-Licensing.pdf, consulté le 20 août 2019.

[2] Cette situation était également celle qui prévalait en France jusqu'en 2001. L'article 35-2, I du C.P.T. prévoyait que « France Télécom est l'opérateur public chargé du service universel ». Cette situation était justifiable, car la concurrence était permise au seul niveau des services. Cependant, lorsque l'établissement et l'exploitation d'infrastructures de télécommunications ont été ouverts à la concurrence à partir du 1er janvier 1998, le monopole *de jure* de France Télécom a perdu toute justification. Ce n'est qu'avec l'intervention de la C.J.C.E. que la France s'est pliée devant les exigences du droit de l'Union en permettant à tous les opérateurs de communications électroniques de fournir les obligations de service universel (C.J.C.E., 6 déc. 2001, *Commission c/ République française*, aff. C-146/00, concl. M. L. A. GEELHOED, 7 juin 2001, Rec. 2001 p. I-9767)

a. L'ARCEP et l'établissement du coût net de l'opérateur désigné

1068. La désignation d'un ou plusieurs opérateurs en vue de fournir une ou plusieurs composantes de service universel ne s'accompagne pas d'un calcul précis du coût définitif que ce/ces opérateurs supportent. Le coût que l'opérateur indique dans son offre, lors de la procédure d'appel à candidatures, ne constitue qu'un coût prévisionnel. Ce coût estimé ou approximatif peut donc diverger du coût réel supporté. Compter uniquement sur ce coût peut permettre à l'opérateur désigné, *a fortiori* s'il s'agit de l'opérateur historique, de dégager une rente indue. C'est pour cette raison que seuls les coûts nets et réels supportés par l'opérateur désigné sont comptabilisés et pris en compte en vue de leur compensation, à condition qu'ils représentent *in fine* une charge excessive pour cet opérateur[1].

1069. Selon le C.C.E.E., le coût net peut être défini comme « la différence entre le coût net supporté par une entreprise lorsqu'elle remplit des obligations de service universel et ce coût lorsqu'elle ne remplit pas telles obligations »[2]. L'estimation du coût net revient à déterminer les coûts engendrés pour l'opérateur en vue de fournir les composantes qui lui incombent, déduits des bénéfices de toute sorte que cet opérateur a pu réaliser par cette fourniture.

1070. La question de la détermination des coûts nets est d'ailleurs très délicate et complexe, tant sur le plan juridique que technique. La détermination du coût net pertinent nécessite de cerner avec précision l'assiette prise comme base de calcul de ce coût. Ceci permet d'éviter l'amalgame des services rentables avec les services non-rentables, ou l'omission du calcul des bénéfices de toute sorte que l'opérateur désigné a pu réaliser. Une assiette imprécise risque d'amplifier artificiellement le coût net de l'opérateur désigné, dont le financement incombe aux autres opérateurs[3].

---

[1] C.P.C.E., art. L. 35-3, II.

[2] C.C.E.E., annexe VII.

[3] Ces problématiques constituaient l'origine d'un nombre important de contentieux devant la C.J.C.E. et ensuite devant le Conseil d'État. La condamnation de la France par la C.J.C.E. en 2001 en raison de l'incompatibilité de son droit avec le droit de l'Union en ce qui concerne les modalités en place depuis 1997 pour calculer le coût net de l'opérateur désigné marquait le caractère complexe de ces calculs et le niveau d'exigence requis par le droit de l'Union (C.J.C.E., 6 déc. 2001, *Commission c/ République française*, aff. C-146/00, préc.). Les modalités de calcul favorables à l'opérateur historique, France Télécom, alors désigné *de jure* pour fournir les composantes de service universel ont été à l'origine d'une série de requêtes devant le Conseil d'État. Des recours ont été dirigés contre le nouvel arrêté fixant les nouvelles modalités de calculs pour l'année au cours de laquelle l'arrêt de la C.J.C.E. a été rendu (C.E., 18 juin 2003, *Sté. Tiscali Télécom*, n° 250608, préc.). D'autres recours ont été formés contre les arrêtés pris en vue de régulariser les situations financières

1071. Afin de calculer précisément le coût net de chaque opérateur désigné, le C.P.C.E. confie à l'ARCEP la mission de calculer ce coût selon des modalités de calcul spécifique à chaque composante du service universel[1]. Le coût net résulte donc de la différence entre les coûts effectifs de la fourniture de la composante et les bénéfices que l'opérateur a retirés.
1072. Dans la comptabilisation du coût, l'autorité ajoute un taux de rémunération du capital. Ce taux est calculé par le régulateur « en tenant compte du coût moyen pondéré des capitaux permanents pour tout opérateur chargé du service universel et de celui que supporterait un investisseur dans les activités de communications électroniques en France »[2].
1073. Une fois les coûts évalués, l'ARCEP doit évaluer les bénéfices de toute sorte que l'opérateur retire de la fourniture en vue de leur comptabilisation[3]. Ces bénéfices ne se limitent pas aux recettes que l'opérateur tire de la stricte fourniture de la composante du service universel. Ils s'étendent également aux autres bénéfices, tels les recettes indirectes liées aux autres services qu'il fournit grâce à la desserte des abonnées de la zone non-rentable[4]. Entrent également dans les bénéfices à prendre en compte les avantages immatériels que l'opérateur tire de la fourniture. Ces avantages peuvent concerner les avantages informationnels rapportés à la meilleure connaissance du marché[5] et les avantages de « l'image de marque associée à la position d'opérateur de service universel »[6].

b. La NTRA et l'établissement du coût net de l'opérateur désigné

1074. La loi égyptienne n° 10-2003 relative à la régulation des communications n'apporte pas de précision quant aux modalités de calcul du

---

précédentes entre 1997 et 2000, pour se conformer à l'arrêt de la C.J.C.E. du 6 décembre 2001 (C.E., 2/7 S.S.R., 11 avril 2005, *Sté. Bouygues Télécom et autres*, n° 251239, 251240, 251241, 252734, concl. E. PRADA BORDENAVA, Rec. p. 144 ; C.E., 2ème S.S., 12 déc. 2005, *Sté. Bouygues Télécom*, n° 252659, concl. E. PRADA BORDENAVA, inédit).

[1] Art. R. 20-33 du C.P.C.E. pour la composante de raccordement au réseau et la fourniture de service téléphonique ; art. R. 20-34 du C.P.C.E. pour les tarifs spécifiques subventionnés ; et art. R. 20-36 du C.P.C.E. pour les annuaires universels et les services de renseignement.

[2] C.P.C.E., art. R. 20-37.

[3] L'article L. 35-3, I du C.P.C.E. énonce « L'évaluation de ces coûts nets prend en compte l'avantage sur le marché que les opérateurs soumis à des obligations de service universel retirent, le cas échéant, de ces obligations ».

[4] C.P.C.E., art. R. 20-33, II.

[5] C.P.C.E., art. R. 20-37-1 sous c).

[6] C.P.C.E., art. R. 20-37-1 sous d).

coût de l'opérateur désigné. Dans ces conditions, il appartient au régulateur égyptien, à travers son pouvoir réglementaire, de mettre en place la modalité opportune.

1075. Contrairement au droit français, la NTRA reconnaît le coût provisionnel établi par l'opérateur désigné lors de l'appel à candidatures comme son coût net définitif. Ce coût est pris donc en compte pour la compensation, qui se fait suivant un calendrier précis, en fonction des indicateurs de qualité de services fournis[1].

1076. La fixation du montant de la compensation se fait ainsi *ex ante* lors des procédures d'appel à candidatures. C'est uniquement le paiement qui reste différé dans les échéances inscrites dans le cahier de charges de l'opérateur désigné.

1077. Mais pourquoi la NTRA a-t-elle opté pour une telle modalité ? Vraisemblablement, c'est le souci de simplification qui guidait l'autorité dans son choix : le calcul du coût net requiert l'emploi d'une expertise économique poussée qui pourrait manquer à l'autorité[2].

B. Le financement du service universel

1078. Ayant été communiqués par l'opérateur désigné, les coûts nets supportés en vue de la fourniture des composantes du service universel doivent être compensés. La compensation doit être organisée selon des mécanismes neutres à l'égard de la concurrence, sans charge excessive ou inéquitable sur les opérateurs du marché.

1079. Pour compenser l'opérateur désigné, les droits français et égyptien optent pour le mécanisme du fonds de service universel (I). Le fonds est alimenté par des contributions financières des opérateurs de communications électroniques, évaluées chaque année par les régulateurs nationaux (II).

---

[1] « Le paiement du montant de la subvention se fait par tranches, selon un calendrier temporel et des indicateurs de qualité de services ». Traduction libre de :

« يتم دفع مبلغ الدعم على أقساط مشروطة بجدول زمني ومؤشرات الأداء ».

NTRA, « *التقرير السنوى للجهاز 2017 : نهضة الاتصالات فى مصر [Le rapport annuel de l'autorité : la renaissance des télécommunications en Egypte]* », *op. cit.*, p. 39.

[2] Comme l'explique Mme Amira EL-HADDAD, les départements de régulation de la NTRA sont dominés par d'ingénieurs plutôt que d'économistes. L'ensemble de l'effectif qualifié en la matière représente moins de 10% de l'effectif total de l'autorité (A. EL-HADDAD et K. ATTIA, *op. cit.*, p. 30).

I. Le fonds de service universel : convergences et divergences d'un choix commun

1080. Les législateurs français et égyptien se sont accordés sur le choix de la création d'un fonds de service universel pour le financement de ses composantes.

1081. La création de ce mécanisme financier répond à une nécessité juridique et financière, justifiée au regard des finances publiques. Seul un mécanisme de fonds permet de réserver les contributions financières des opérateurs au financement des composantes du service universel. Autrement dit, il crée un mécanisme financier autonome et distinct du budget général de l'État, de ses impératifs et de ses procédés rigides.

1082. Si les deux droits ont fait le choix commun de la création du fonds de service universel, l'unicité de choix n'empêche pas les divergences dans les finalités (a) et les sources d'alimentation (b).

a. Les activités susceptibles d'être financées par le fonds de service universel

1083. Afin d'assurer le financement des coûts nets des obligations de service universel, le droit français prévoit la création d'un fonds spécial, dont la gestion est confiée à la Caisse de dépôts et des consignations[1].

1084. Ce fonds vise exclusivement le financement de la fourniture du service universel.

1085. Cette exclusivité est justifiée au regard du droit de l'Union, dans la mesure où les seuls contributeurs de ce fonds sont les opérateurs du secteur eux-mêmes. Dès lors, ils ne peuvent être appelés, à moins d'enfreindre le droit de l'Union, à financer d'autres activités que celles relevant de la fourniture du service universel[2].

1086. Si le droit égyptien prévoit également la mise en place d'un fonds de service universel, ce fonds ne vise pas le financement des seules composantes du service universel *stricto sensu*. En effet, l'article 9 de la loi n° 10-2003 relative à la régulation des communications ajoute au financement des infrastructures et des services non-rentables de télécommunications deux autres activités : « le réaménagement du plan de spectre radioélectrique »[3], et « les projets du plan national pour les communications et les technologies de

---

[1] *Ibid.*

[2] Comme rappelé précédemment, cela n'empêche pas les États membres d'envisager la fourniture de services obligatoires additionnels, financés néanmoins par d'autres mécanismes que celles du service universel.

[3] L. 10-2003 relative à la régulation des communications, préc., art. 6, 2°.

l'information »[1]. Ces activités sont donc financées à partir des fonds disponibles dans le fonds de service universel.

1087. L'étendue des activités à financer par le fonds égyptien de service universel a naturellement des répercussions sur la qualité des contributeurs à ce fonds.

b. Les sources d'alimentation du fonds de service universel

1088. Les fonds français et égyptien de service universel ne sont alimentés ni par les mêmes sources, ni selon les mêmes règles concernant la répartition de charge.

1089. Le législateur français a fait le choix d'alimenter le fonds de service universel exclusivement par les contributions des opérateurs du secteur[2]. Plus précisément, seuls les opérateurs[3] réalisant un chiffre d'affaires annuel de plus de cent millions d'euros[4]sont appelés à partager le fardeau du financement du service universel[5].

1090. En revanche, vu l'étendue des activités couvertes par le fonds, le législateur égyptien a fait le choix de l'alimenter à la fois par les contributions financières publiques et privées[6]. La participation publique provient

---

[1] L. 10-2003 relative à la régulation des communications, préc., art. 6, 3°.

[2] L'article 90, §1 du C.C.E.E. donne aux États membres le choix de financer le service universel sur de fonds publics, de fonds privés ou par une combinaison de deux.

[3] Selon le point 15 de l'article L. 32 du C.P.C.E., est considéré comme opérateur « toute personne physique ou morale exploitant un réseau de communications électroniques ouvert au public ou fournissant au public un service de communications électroniques ».

[4] C.P.C.E., art. L. 35-3, II, al. 2. L'alinéa 2 de l'article R. 20-39 du C.P.C.E. énonce : « Pour le calcul de la contribution, il est pratiqué un abattement de 100 millions d'euros sur le chiffre d'affaires annuel ainsi calculé ». Ce seuil d'assujettissement à la contribution au fonds de service universel a été relevé de cinq millions d'euros à cent millions d'euros en 2016 pour alléger la charge financière sur les petites entreprises (ARCEP, décision n°2018-0401 du 24 avril 2018 fixant l'évaluation définitive du coût net du service universel et les contributions des opérateurs pour l'année 2016 (J.O.R.F. n° 108, du 12 mai 2018, texte n° 103), p. 7).

[5] C.P.C.E., L. 35-3, II.

[6] L. n° 10-2003 relative à la régulation des communications, préc., art. 9, al. 3. Je tiens à préciser néanmoins que, sur le plan théorique, le financement du service universel *stricto sensu* devrait être supporté par les seuls opérateurs du secteur. Le ministre des C.T.I. soulignait ce point lors des travaux préparatoires de la loi en précisant que le financement de services non-rentables sera supporté par les opérateurs du secteur, et non pas par le gouvernement (Projet de loi unique relatif à la réglementation des télécommunications, compte rendu intégral des débats parlementaires, Doc. Ass. Du Peuple, 12ème séance, *op. cit.*, p. 17). Le fonds public devrait donc alimenter les deux autres activités qui ne font pas partie du service universel. Or, sur le plan pratique, on

essentiellement de l'excédent budgétaire de la NTRA constaté à la fin de chaque exercice, après déduction de ce que le Conseil des ministres décide de transférer au budget général de l'État[1].

1091. Les mécanismes de répartition de charges aux contributeurs n'en restent pas moins les mêmes en droits français et égyptien.

1092. En droit français, la quote-part de chaque opérateur de communications électroniques au financement du service universel est fixée annuellement par l'ARCEP, en fonction du coût net de la fourniture du service universel établi chaque année par l'autorité. Il est constaté au prorata des chiffres d'affaires de chaque opérateur[2]. Ce système garantit la proportionnalité entre les charges des différents opérateurs, leurs capacités financières respectives et l'évolution du coût net effectif de la fourniture du service universel.

1093. En droit égyptien, la contribution financière des opérateurs au fonds de service universel est forfaitaire. La contribution financière de chaque opérateur est fixée par une disposition inscrite dans leurs licences respectives. Cette disposition prévoit expressément l'engagement d'acquitter un certain pourcentage fixe du chiffre d'affaires annuel de l'opérateur, indépendant de l'évolution des coûts nets de la fourniture du service universel[3]. Chaque

---

ne peut distinguer les fonds publics des fonds privés. Une fois reversés au fonds de service universel, ces fonds constituent un tout pour financer les projets concernés par le fonds de service universel.

[1] La consultation des budgets annuels de la NTRA publiés sur le site du ministère des Finances permet de constater que le budget de l'autorité est toujours excédentaire, en raison notamment de l'importance de montants des taxes imposées sur les licences des télécommunications et la quote-part dédiée à l'autorité des redevances de l'utilisation des fréquences radioélectriques attribuées (L. n° 10-2003 relative à la régulation des communications, préc., art. 8, 2 et 4). Cet excédent est en partie transféré au budget général de l'État, et le reste au fonds de service universel. À titre d'exemple, le pourcentage de transfert était de l'ordre de 60.2% pour le budget général de l'État, et de 39.8% pour le fonds de service universel en 2015 ; de 61.3% pour le budget général de l'État et de 38.7% pour le fonds de service universel en 2016 ; et de 60% pour le budget général de l'État et de 40% pour le fonds de service universel en 2017. Ces éléments d'informations sont disponibles sur le site internet : http://www.mof.gov.eg/Arabic/%D8%B9%D9%86%D8%A7%D9%88%D9%8A%D9%86%20%D8%B1%D %A6%D9%8A%D8%B3%D9%8A%D9%87/Pages/Economic_bodies_budgets.aspx , consulté le 23 juill. 2017).

[2] C.P.C.E., art. L. 35-3, II.

[3] « Le fonds de service universel est financé sur de fonds qui proviennent de ressources publiques (résidu du budget de la NTRA), et de ressources privées (les obligations de service universel inscrites dans les licences des opérateurs, et qui peuvent atteindre 0.5% de leur chiffre d'affaires ». Traduction libre de :« *The Universal Service Fund is financed from both public resources (residues of NTRA budget), and private resources (Universal Service obligations stipulated in operators' licenses which can*

opérateur doit donc s'acquitter chaque année du montant correspondant à ce pourcentage au titre de sa participation au fonds de service universel.

1094. Le principe de la contribution forfaitaire au titre de la participation au financement au fonds de service universel ne pose pas, à notre avis et sur le plan technique et administratif, un problème majeur. Au contraire, il me semble que cette modalité a le mérite de la simplicité d'application, confortant les capacités techniques du régulateur[1]. En d'autres termes, la participation forfaitaire épargne à la NTRA des analyses et des estimations laborieuses en vue de calculer le coût prévisionnel et puis le coût net de l'opérateur désigné, et la quote-part annuelle pour chaque opérateur. Ce mode d'organisation de participation financière lui épargne également les instabilités liées à des éventuels contentieux. Ces avantages peuvent contrebalancer, à notre sens, l'inconvénient de la constance de la charge financière qui incombe aux opérateurs, sans considérer les vrais besoins de financement du service universel.

1095. Or, si le principe de l'adoption de cette modalité me semble avantageux, il reste à savoir si sa mise en œuvre, selon sa modalité actuelle consistant à fixer l'assiette dans les licences attribuées, est régulière sur le plan juridique.

1096. En effet, que la contribution obligatoire des opérateurs au fonds de service universel soit qualifiée d'impôt, de taxe ou de redevance, elle doit dans tous les cas trouver une base légale dans la loi l'instituant[2]. Les exigences juridiques sont d'autant plus fortes que l'obligation de contribution au fonds de service universel imposée aux opérateurs de communications électroniques réunit les principales caractéristiques de l'impôt selon la jurisprudence constante de la Cour constitutionnelle suprême[3].

---

add up to 0.5% of their Adjusted Gross Revenues) » (NTRA, « Universal service: The right of all to connect », *op. cit.*, p. 3).

[1] Pour rappel, il semble que le régulateur égyptien compte sur un effectif composé principalement par des ingénieurs et non pas par des économistes (A. EL-HADDAD et K. ATTIA, *op. cit.*, p. 30).

[2] L'article 38 de la Constitution égyptienne de 2014 énonce : « La création des charges fiscales, sa modification ou sa suppression ne peut se faire que par une loi (…) nul ne peut être contraint à payer d'autres impôts ou taxes que dans les limites de la loi ». Traduction libre de :

« لا يكون إنشاء الضرائب العامة، أو تعديلها، أو إلغاؤها، إلا بقانون، ولا يجوز الاعفاء منها إلا فى الأحوال المبينة فى القانون. ولا يجوز تكليف أحد أداء غير ذلك من الضرائب، أو الرسوم، إلا فى حدود القانون ».

[3] C.C.S., 6 juin 2004, n° 128 de l'année judiciaire 22, Rec. bureau technique n°11, 1ère partie, p. 861. La C.C.S. précise que l'impôt, comme une charge fiscale, s'identifie au travers de trois critères principaux : l'imposition de la charge par l'État sur le contribuable ; l'absence de contrepartie à cette charge ; et la proportionnalité de la charge à la capacité financière de contribuables. En mesurant la qualification juridique des contributions des opérateurs au fonds de service universel, il me semble que ces contributions réunissent tous les critères distinctifs de l'impôt : elles sont imposées sur les opérateurs par une autorité publique, sans aucune contrepartie. Elles sont en

1097. Sur ce point, la loi égyptienne n° 10-2003 relative à la régulation des communications est muette. Elle ne contient aucune disposition créant une telle charge financière sur les opérateurs en vue d'alimenter le fonds de service universel. Cette imposition vient donc de l'initiative de l'autorité de régulation. N'étant pas constitutionnellement compétente pour imposer une telle charge financière, et nonobstant l'opportunité de cette imposition, la légalité de cette charge financière reste donc douteuse.

II. Le régulateur évalue les contributions des opérateurs au financement du service universel

1098. Pour l'évaluation des contributions des opérateurs au financement du service universel, les régulateurs des communications électroniques français (a) et égyptien (b) appliquent des modalités différentes. Cette divergence s'explique par les objectifs de proportionnalité de la charge financière recherchés par l'ARCEP, et les objectifs de simplicité poursuivis par la NTRA.

a. L'évaluation des contributions par l'ARCEP

1099. Comme relevé précédemment, les contributions financières des opérateurs de communications électroniques en France sont proportionnelles au coût net de la fourniture des composantes de service universel.

1100. La contribution financière des opérateurs de communications électroniques au fonds du service universel se fait en deux temps. D'abord, les opérateurs avancent une contribution provisionnelle l'année précédant celle de l'année considérée pour la fourniture effective des composantes du service universel. Ils s'acquittent ensuite du montant correspondant à leur contribution définitive calculée par le régulateur l'année suivante[1].

1101. Les opérateurs sont appelés ainsi à avancer le montant correspondant à un coût provisionnel fixé par l'autorité pour l'année considérée[2]. Ce coût est égal au dernier coût définitif constaté pour chaque opérateur. Si le solde de l'opérateur est débiteur, il avance le montant correspondant à sa dernière

---

outre en proportion de leurs capacités financières respectives car fixées en pourcentage de leurs chiffres d'affaires.

[1] C.P.C.E., art. R. 20-39, al. 12 et 13.

[2] Alors que la directive « service universel » ne faisait aucune référence à ce système d'avance, la compatibilité de ce système au regard de droit de l'Union a été réconfortée par le Conseil d'État dans sa décision *AFORST* du 25 avril 2007 (C.E., 2/7 S.S.R., 25 avril 2007, *Sté. AFORST*, n° 290019, Concl. E. PRADA BORDENAVA, inédit).

participation définitive au titre du coût provisionnel de l'année considérée. S'il est créditeur, il appartient à la Caisse des dépôts et des consignations de lui verser le montant correspondant.

1102. L'avantage de ce système d'avance consiste dans le fait qu'il permet d'assurer la continuité de la fourniture du service universel par le biais de la garantie de l'approvisionnement permanent de ses sources de financement. Cela permet d'éviter toute disruption brutale du service universel à cause du retard du paiement des opérateurs contributeurs. Cette modalité accorde également une certaine visibilité pour l'opérateur contributeur, par l'estimation de sa participation au fonds pour l'année à venir.

1103. Or, le coût prévisionnel n'est pas le coût définitif. Celui-ci est fixé, comme relevé ci-avant, seulement après la comptabilisation des coûts nets effectifs de l'opérateur désigné pour la fourniture des composantes du service universel. Ainsi, la contribution définitive constatée de chaque opérateur peut s'écarter de sa contribution provisionnelle, positivement ou négativement. Si le solde est débiteur, l'opérateur reverse la différence de sa contribution provisionnelle et de la contribution définitive constatée au fonds de service universel. S'il est créditeur, il reçoit le trop-perçu[1].

1104. Si l'opérateur contributeur avait déjà participé à la fourniture de la composante du service universel par la modalité de « *pay or play* », le coût net induit en vue de cette fourniture est déduit de sa contribution définitive.

1105. Enfin, en cas de défaillance d'un opérateur dans le paiement de sa contribution au fonds du service universel, sa quote-part est repartie sur tous les autres opérateurs durant l'année suivante au prorata de leurs chiffres d'affaires[2].

---

[1] À titre d'exemple, on reprend l'évaluation du coût définitif des composantes du service universel faite par l'ARCEP au titre de l'année 2015. L'ARCEP constatait que « Le coût intégral du service universel (14 242 137,94 euros) rapporté au total du chiffre d'affaires de référence (après abattement, soit 26,3 milliards d'euros) représente un taux de prélèvement d'environ 0,053 % en 2015 ». Ce taux de prélèvement, voire 0.053%, s'applique au chiffre d'affaires annuel de chaque opérateur assujetti. Après les calculs, en faisant la différence entre ce que l'opérateur avait avancé au titre de contribution provisoire et ce qu'il devra payer au titre de contribution définitive, la solde de sa situation comptable s'établit, par un excèdent ou par un déficit. Autrement dit, le solde traduit par un montant à reverser, ou par un montant à recevoir de la Caisse de dépôts et des consignations (ARCEP, décision n° 2017 0468 du 20 avril 2017 fixant l'évaluation définitive du coût net du service universel et les contributions des opérateurs pour l'année 2015, p. 6).

[2] C.P.C.E., art. R. 20-39, al. 12.

b. L'évaluation des contributions par la NTRA

1106. Contrairement au régime dichotomique, contribution provisoire et contribution définitive, la NTRA a opté pour l'imposition d'une seule contribution annuelle, calculée à titre définitif.
1107. La NTRA privilégiant le système de contribution financière forfaitaire pour chaque opérateur, l'évaluation des contributions ne soulève vraisemblablement pas de problème. Il appartient à l'autorité de constater le montant de la contribution annuelle à la lumière de la constatation du chiffre d'affaires de chaque opérateur. Ce dernier reverse donc au fonds de service universel le montant correspondant ainsi constaté.

Section II.
Contribuer à l'aménagement numérique du territoire

1108. Certes, les conditions concurrentielles favorables peuvent conduire à un déploiement rapide des réseaux de haut et de très haut-débit. Cependant, l'évolution accélérée des technologies et la double vitesse du déploiement selon la rentabilité du territoire risque de créer un fossé numérique entre les territoires rentables, d'une part, et les territoires non-rentables, d'autre part. Cela peut condamner les territoires les moins rentables à subir des inégalités grandissantes, et à rester à l'écart du développement du monde numérique.
1109. Même en rendant disponibles les services de base au titre du service universel, qui sont des services minimums, le fossé numérique des territoires ne peut qu'être croissant. Le déploiement massif des réseaux fixes en fibre optique et des réseaux mobiles selon les technologies 4G et 5G dans les zones rentables creuse les écarts de connectivités entre les territoires.
1110. C'est pour cette raison que l'aménagement numérique du territoire s'avère d'une nécessité impérieuse pour « désenclaver numériquement un territoire »[1]. L'enjeu est de taille : faire du numérique une base pour le développement économique et social. Il s'agit d'assurer une égalité de chances du développement entre les territoires en anticipant leurs besoins futurs. L'aménagement numérique du territoire doit donc être mené par des politiques publiques pertinentes, visant à « faciliter l'initiative privée là où c'est possible et [à] compléter son action là où c'est nécessaire »[2].
1111. L'accomplissement des objectifs dynamiques de l'aménagement numérique du territoire implique la mobilisation de plusieurs acteurs, publics

---

[1] G. COESTER et A. DUCASS, *L'aménagement numérique du territoire*, Documentation française, 2007, p. 8.
[2] *Ibid.*

et privés. Les régulateurs des communications électroniques figurent parmi ces acteurs. Les plans nationaux de C.T.I. constituent l'aiguillon de tous ces acteurs[1].

1112. Du côté des régulateurs français et égyptien, l'aménagement numérique du territoire figure parmi les objectifs qui leur sont assignés. Il est repris parmi les objectifs de l'ARCEP recensés à l'article L. 32-1 du C.P.C.E.[2]. Il dérive également de la compétence générale de la NTRA de « veiller à assurer la disponibilité des services des télécommunications selon ses dernières technologies »[3].

1113. En poursuivant les objectifs de l'aménagement numérique du territoire, les régulateurs français et égyptien jouent un double rôle. D'abord, ils contribuent à l'atteinte de ces objectifs par leur expertise technique (§1). Ensuite, ils appliquent de nouvelles modalités de déploiement des réseaux en faisant usage des instruments de régulation qu'ils détiennent (§2).

§1. Le régulateur met son expertise au service de l'aménagement numérique du territoire

1114. À force d'œuvrer dans un secteur hautement technique et mouvant, les régulateurs des communications électroniques français et égyptien ont gagné de l'expertise technique. Cette expertise contribue, par le biais de la multitude de canaux, à l'atteinte des objectifs de l'aménagement numérique du territoire.

1115. Eu égard à la variabilité des situations dans lesquelles les régulateurs nationaux sont amenés à partager leurs expertises, il semble plus pertinent de

---

[1] En France, plusieurs plans nationaux d'aménagement numérique du territoire ont vu le jour depuis les années 2000. Le plan actuel est le Plan France Très Haut Débit (PFTHD), en place depuis 2013. Tous les plans visent à assurer une couverture complète du territoire en haut et très haut débit à l'horizon de 2022. Cette couverture concerne les réseaux fixe, mobile et satellitaire. Leur déploiement s'appuie sur des efforts synergiques et concertés des acteurs publics et privés. En Égypte, le plan *e-Misr* constitue le plan national pour l'aménagement numérique du territoire. En place depuis 2011, il a comme objectif d'atteindre des niveaux spécifiés de couverture en haut et très haut débit à l'horizon de 2021.

[2] L'article L. 32-1, II du C.P.C.E. énonce « Dans le cadre de leurs attributions respectives, le ministre chargé des communications électroniques et l'Autorité de régulation des communications électroniques, des postes et de la distribution de la presse prennent, dans des conditions objectives et transparentes, des mesures raisonnables et proportionnées en vue d'atteindre les objectifs suivants : (…) 4° L'aménagement et l'intérêt des territoires et la diversité de la concurrence dans les territoires ».

[3] L. n° 10-2003 relative à la régulation des communications, préc., art. 4.

mettre en lumière d'abord la contribution de l'ARCEP par son expertise (A) avant de souligner celle de la NTRA (B).

A. L'expertise de l'ARCEP au service de l'aménagement numérique du territoire

1116. Depuis sa revue stratégique publiée en 2016, l'ARCEP se présente en tant qu'expert neutre des réseaux en France[1]. Pour des questions liées à l'aménagement numérique du territoire, les autorités publiques ne manquent pas de solliciter l'autorité pour des avis techniques. Ces saisines sont facultatives (I). En outre, la loi impose la saisine de l'ARCEP en amont de la prise des décisions liées à l'aménagement numérique du territoire. Il s'agit donc d'une saisine obligatoire (II).

I. L'ARCEP : un expert privilégié

1117. L'expertise de l'ARCEP dans la régulation du secteur des communications électroniques constitue l'image de marque de l'autorité. Cette image encourage plusieurs autorités publiques à interroger l'ARCEP sur des questions entrant dans le champ de ses compétences, notamment l'aménagement numérique du territoire.

1118. À titre d'exemple, c'est en prenant acte de cette expertise que le Sénat s'est adressé à l'ARCEP par une demande d'avis en août 2017[2]. L'objet de la saisine était de solliciter l'avis du régulateur sur les conditions de modernisation des infrastructures de communications électroniques et de couverture numérique des territoires. Tout particulièrement, le Sénat demandait à l'ARCEP de définir les conditions qui peuvent permettre une connectivité de 100% du territoire en 2020 en utilisant des technologies mixtes. Cela fut l'annonce du président de la République en juillet 2017.

1119. Loin de l'apport de l'avis technique rendu par l'ARCEP[3], cet exemple de saisine facultative permet de relever le rôle d'expert que l'autorité exerce. Elle met à profit son expertise technique pour servir, de façon indirecte,

---

[1] ARCEP, rapport final de la revue stratégique, 2016, disponible sur https://www.arcep.fr/la-regulation/grands-dossiers-thematiques-transverses/la-revue-strategique-de-larcep.html, consulté le 20 mars 2019.

[2] Sénat, « Infrastructures numériques : saisine de l'ARCEP », disponible sur https://www.senat.fr/presse/cp20170808a.html, consulté le 30 oct. 2019.

[3] ARCEP, avis n° 2017-1293 du 23 oct. 2017 rendu à la demande du Sénat et portant sur la couverture numérique des territoires (disponible sur : https://www.arcep.fr/uploads/tx_gsavis/17-1293.pdf).

l'objectif de l'aménagement numérique du territoire. Faire savoir ses recommandations techniques aux acteurs politiques qui la saisissent volontairement revient à donner à l'autorité une influence non-négligeable en la matière.

II. L'ARCEP : un expert obligé

1120. À part la saisine facultative, le C.P.C.E. reconnaît à l'ARCEP un rôle d'expert au travers des saisines obligatoires qu'il impose pour un certain nombre de questions. Une de ces questions est relative à l'aménagement numérique du territoire par le déploiement des réseaux en fibre optique.

1121. En effet, le déploiement des réseaux fibrés passe par un ensemble d'actions concertées entre les acteurs publics, notamment les collectivités territoriales, et privés. L'objectif de cette concertation est de faire en sorte que l'initiative publique complète l'initiative privée sans pour autant la remplacer. Les opérateurs privés sont donc invités, en premier lieu, à manifester leurs intentions de déploiement dans le cadre des projets AMEL[1] et AMII[2]. Pour s'assurer que la manifestation d'intention serait suivie d'un déploiement effectif, la manifestation d'intention de déploiement prend la forme d'un engagement contraignant. L'opérateur privé prend cet engagement vis-à-vis de l'État. À cet effet, la proposition d'engagement doit être acceptée par le ministre chargé des communications électroniques.

1122. C'est en amont de l'acceptation du dossier par le ministre que l'article L. 33-13 du C.P.C.E. lui impose de saisir l'ARCEP pour avis[3]. Bien que cet avis soit consultatif, il revêt indéniablement une force morale importante vis-à-vis du ministre. La magistrature d'influence de l'ARCEP du fait de son expertise et de sa connaissance fine du secteur n'est pas négligeable. L'avis de l'ARCEP éclaire ainsi le décideur politique en lui fournissant des éléments techniques qu'il doit prendre en compte lors de la prise de décision concernant ce projet. L'ARCEP contribue ainsi, par son rôle d'expert, à l'aménagement numérique du territoire.

---

[1] Appels à manifestation d'engagements locaux (AMEL).

[2] Appel à manifestations d'intentions d'investissements (AMII).

[3] Cet article énonce : « Le ministre chargé des communications électroniques peut accepter, après avis de l'Autorité de régulation des communications électroniques et des postes, les engagements, souscrits auprès de lui par les opérateurs, de nature à contribuer à l'aménagement et à la couverture des zones peu denses du territoire par les réseaux de communications électroniques et à favoriser l'accès des opérateurs à ces réseaux ».

B. La NTRA : un conseiller expert auprès du gouvernement

1123. À l'image de l'ARCEP, la NTRA met également son expertise au service de l'aménagement numérique du territoire. Mais à la différence de l'ARCEP, cette mise à disposition se fait d'une façon systématique auprès du gouvernement[1]. La NTRA est donc appelée à exercer un rôle de conseil auprès du gouvernement pour les questions liées à tous les aspects de communications électroniques, y compris les questions relatives à l'aménagement numérique du territoire.

1124. Le plan national (e-Misr) pour l'internet à large bande (*Broadband*), en place depuis 2011, atteste le rôle de conseil que la NTRA exerce[2]. Ce plan a été conçu par la NTRA en partenariat avec d'autres acteurs publics et privés. En tout cas, c'est la NTRA qui se présentait en tant que chef de file du projet. Par biais de ce plan national, le rôle de l'autorité en tant qu'expert conseiller se manifestait. Elle conseillait le gouvernement sur les pistes d'actions techniques envisageables qui amèneront, dans des échéances précises, à une couverture complète de la population par des réseaux de haut et de très haut débit.

1125. Si le rôle de l'autorité se limitait au conseil, elle exerce tout de même, par ce biais, un rôle dans l'aménagement numérique du territoire. Les avis étayés par son expertise technique permettent à l'autorité de contribuer indirectement à atteindre ses objectifs.

1126. Il convient, enfin, de nuancer la portée de ces affirmations. En effet, la NTRA ne représente que l'autorité technique subordonnée au gouvernement, et opérant dans le domaine des communications électroniques. Autrement dit, c'est grâce à la spécialisation de l'autorité que le gouvernement le charge de préparation des dossiers relatifs à l'aménagement numérique du territoire. Dans ce sens, la NTRA apparaît simplement comme l'administration en charge de la planification du secteur. Cela lui confère, certes, de l'influence, mais cette influence reste limitée par son lien de subordination à l'égard du gouvernement, ce qui peut influencer le contenu des avis rendus par l'autorité.

---

[1] En effet, le rapprochement organique entre le régulateur égyptien, NTRA, et le gouvernement n'est pas sans incidence sur les relations qu'ils entretiennent dans l'exercice de leurs missions respectives. Ce rapprochement se répercute visiblement sur la manière dont le gouvernement regarde la NTRA. Aux yeux du gouvernement, l'autorité de la régulation, attachée au ministère du C.T.I. est l'un de ses démembrements techniques, spécialisé dans les questions relatives aux communications électroniques.

[2] Disponible sur http://www.tra.gov.eg/en/media-center/press-releases/Pages/The-National-Telecom-Regulatory-Authority-(NTRA)-launches-eMisr-National-Broadband-Plan%E2%80%9D.aspx, consulté le 30 juill. 2019.

§2. Le régulateur met les instruments de la régulation au service de l'aménagement numérique du territoire

1127. Les régulateurs des communications électroniques utilisent les instruments de régulation pour contribuer à la réalisation des objectifs de l'aménagement numérique du territoire. À cet effet, ils mettent en place des règles spécifiques pour orienter les efforts de déploiement de réseaux consentis par les opérateurs télécom vers les zones peu denses du territoire[1].

1128. Si les régulateurs français et égyptien appliquent ces règles spécifiques pour le déploiement des réseaux mobiles (A), seul l'ARCEP fournit des efforts pour le déploiement des réseaux fixes fibrés (B)[2].

A. Les régulateurs facilitent le déploiement des réseaux mobiles dans les zones peu denses

1129. Par le déploiement des réseaux mobiles, l'ARCEP et la NTRA visent à assurer une couverture complète du territoire par le haut et le très haut débit. À cet effet, ils mettent les instruments de régulation, dans des degrés variables et par des modalités différentes, au service de la réalisation de cet objectif.

1130. *In concreto*, les régulateurs cherchent à atteindre l'objectif de la couverture du territoire en haut et très haut débit mobile à travers deux moyens : la formulation des conditions spécifiques d'attribution des fréquences radioélectriques (I), et la modulation des conditions du partage d'infrastructure entre les opérateurs mobiles dans les zones peu denses (II).

---

[1] Les zones très denses ne soulèvent pas de difficultés particulières dans le déploiement. Le volume de la demande et les perspectives d'évolution attirent naturellement la plus grande partie d'investissements des opérateurs des communications électroniques. C'est pour cela que les éléments de ce paragraphe se limitent aux zones peu denses, où se concentrent toutes les problématiques du déploiement qui requiert une attention particulière.

[2] Il convient ici d'expliquer la raison de cette divergence. En effet, le marché des réseaux fixes en Égypte est cloisonné sur l'opérateur historique, *Telecom Egypt*. Il est le seul opérateur détenant une licence d'établissement et d'exploitation des lignes fixes et qui a la possibilité de revendre des capacités à d'autres opérateurs. Cette protection est contrebalancée par la participation de l'État à 80% du capital social de l'entreprise. L'État pèse donc sur les orientations stratégiques de l'entreprise. C'est le rôle du ministère du C.T.I. de faire savoir à l'entreprise les projets qu'il souhaite déployer pour l'aménagement numérique du territoire. C'est le rôle de l'entreprise ensuite de traduire les souhaits du gouvernement par un déploiement effectif des réseaux. On en déduit que la NTRA joue un rôle marginal, si ce n'est pas inexistant, pour les réseaux fixes en matière d'aménagement numérique du territoire.

I. Adapter les conditions d'attribution des fréquences radioélectriques pour réaliser les objectifs de l'aménagement numérique du territoire

1131. Comme relevé précédemment, il appartient à l'ARCEP de formuler les modalités et les conditions d'attribution des fréquences radioélectriques en France. Il lui incombe ensuite d'en faire une proposition au ministre chargé des communications électroniques[1].

1132. Profitant de cette attribution, l'ARCEP tend à inclure, dans les appels d'offres, des critères de sélection des attributaires qui répondent à l'objectif de l'aménagement numérique du territoire. Autrement dit, l'autorité met les candidats en concurrence sur les engagements prononcés en faveur de l'aménagement numérique du territoire, ce qui se cristallise par des engagements de déploiement accéléré avec la garantie d'un certain niveau de qualité de services.

1133. Les deux propositions de l'autorité en 2000 et 2009 portant sur les modalités et les conditions d'attribution des fréquences radioélectriques pour le déploiement des réseaux de 3G en constituent un exemple pertinent. Dans le cadre de la méthode suggérée de la soumission comparative, l'ARCEP, et avant elle l'ART, faisait de l'aménagement numérique du territoire un critère valorisant de sélection. Les critères liés à l'aménagement numérique du territoire pesaient plus de 1/5 de la totalité des critères de sélection[2].

1134. Encore plus récemment, l'ARCEP a pris acte du souhait du Gouvernement exprimé en 2017 de favoriser l'objectif de l'aménagement numérique du territoire lors des procédures de réattribution des fréquences dans les bandes 900/1800/2100 MHz. Les autorisations actuelles arriveront à échéance entre 2021 et 2024. Profitant de sa position d'expert neutre, l'ARCEP a mené des concertations avec les opérateurs mobiles. À la suite de la concertation, l'autorité a proposé au Gouvernement un projet d'accord dénommé *New Deal Mobile*. Il consiste à concilier à la fois l'orientation stratégique du Gouvernement avec les intérêts des opérateurs mobiles. L'accord a été signé en janvier 2018 entre le Gouvernement, l'ARCEP et les quatre M.N.O.[3]. Il prévoit tout particulièrement des nouveaux engagements des opérateurs mobiles d'une couverture accélérée et améliorée dans les zones

---

[1] C.P.C.E., art. L. 42-2.

[2] ART, décision n° 00–835 du 28 juill. 2000, préc., III–2–3° ; ARCEP, décision n° 2009-0610 du 16 juillet 2009 proposant au ministre chargé des communications électroniques les modalités et les conditions d'attribution d'une autorisation d'utilisation de fréquences dans la bande 2,1 GHz en France métropolitaine pour établir et exploiter un système mobile de troisième génération (J.O.R.F. n° 0176, du 1er août 2009, texte n°116), document II, 3.3.3°.

[3] Mobile Network Operators (M.N.O.).

peu denses. Ces engagements, juridiquement contraignants, ont été retranscrits dès 2018 dans leurs autorisations d'utilisation des fréquences en vigueur. Ils seront repris également dans les autorisations futures. En contrepartie, l'État s'engage à ne pas mettre aux enchères les fréquences à réattribuer, garantissant ainsi aux opérateurs télécoms une stabilité dans les redevances à verser à l'État[1].

1135. De son côté, le régulateur égyptien se contente d'intégrer l'aménagement numérique du territoire dans les processus d'attribution des fréquences radioélectriques en tant que condition fixe, et non pas comme critère de sélection. Il s'agit donc d'une condition spécifiée *ex ante* par le régulateur et inscrite dans l'autorisation de l'opérateur titulaire.

II. Permettre le partage de l'infrastructure pour accompagner l'aménagement numérique du territoire

1136. Les caractéristiques géographiques et la dispersion des zones de concentration de l'habitat jouent un rôle primordial dans les dynamiques du déploiement des réseaux mobiles. Comme l'explique l'ARCEP :

> « Les caractéristiques géographiques de la zone à couvrir jouent un rôle important : il est plus facile et moins coûteux de déployer un réseau sur une zone de faible étendue et où la population est concentrée. La France métropolitaine présente une grande diversité de territoires, et notamment de larges zones où l'habitat est très dispersé : 2/3 du territoire accueillent [*sic*] seulement 1/5 de la population, ce qui rend plus difficile le déploiement d'un réseau mobile pour l'ensemble de la population que dans d'autres pays (Royaume-Uni ou Allemagne) »[2].

1137. Afin d'assurer les objectifs de l'aménagement numérique du territoire en France, l'ARCEP privilégie le recours au partage d'infrastructures comme moyen de réduction des coûts du déploiement des réseaux dans les zones peu

---

[1] ARCEP, communiqué de presse, « New Deal Mobile. Accord historique entre le Gouvernement, l'ARCEP et les opérateurs mobiles pour accélérer la couverture numérique des territoires », 14 jan. 2018 ; ARCEP et la Direction générale des entreprises (DGE), « description des engagements des opérateurs sur la généralisation d'une couverture mobile de qualité pour l'ensemble des français », 22 jan. 2018, élément disponible sur le site : https://www.arcep.fr/actualites/les-communiques-de-presse/detail/n/new-deal-mobile-2.html, consulté le 30 oct. 2019). V. à cet égard C. GUERRIER, « Accord du 14 janvier 2018 et zones blanches fin d'une certaine fracture numérique ? », *Revue Lamy Droit de l'Immatériel*, 2018.

[2] ARCEP, avis n° 2012-1627, préc., p. 15.

denses. Pour l'ARCEP, ce « partage de réseaux mobiles peut permettre aux opérateurs d'atteindre plus rapidement un certain niveau de couverture, d'atteindre une couverture plus étendue, ou encore d'améliorer la qualité du service fourni aux utilisateurs »[1].

1138. La modalité privilégiée du partage d'infrastructures est choisie par l'ARCEP en fonction des caractéristiques géographiques de la zone à couvrir et des propriétés techniques de la bande de fréquences utilisée. L'enjeu concerne principalement le partage des éléments actifs des réseaux, le partage des éléments passifs étant, en tout cas, encouragé sous le cadre réglementaire en vigueur.

1139. Ainsi, pour les zones blanches, c'est-à-dire les zones les plus rurales du territoire qui ne sont desservies par aucun opérateur, le cadre réglementaire mis en place prévoyait, en plus du partage de l'infrastructure passive, un dispositif d'itinérance entre les réseaux en 2G[2]. Ultérieurement, pour assurer un déploiement accéléré des réseaux en 3G dans les mêmes zones, le cadre réglementaire prévoyait une mutualisation des réseaux actifs (*RAN sharing*)[3]. De plus, en vue de faciliter le développement des réseaux mobiles en 4G dans les zones blanches, les cadres réglementaires ultérieurs imposent une mutualisation des fréquences aux opérateurs titulaires des fréquences dans les bandes 800[4] et 700 MHz[5].

1140. Dans les zones prioritaires de déploiement, comptant 18% de la population métropolitaine et 63% de la surface du territoire, le cadre réglementaire s'appuie également sur le partage de l'infrastructure. C'est ainsi que les opérateurs Bouygues Télécom et SFR doivent faire droit aux demandes raisonnables de mutualisation des réseaux ou des fréquences dans cette zone[6]. De plus, l'opérateur Free Mobile, qui ne détient pas de fréquences

---

[1] ARCEP, lignes directrices sur le partage de réseaux mobiles, préc., p. 16.

[2] Convention nationale de mise en œuvre du plan d'extension de la couverture du territoire par les réseaux de téléphonie mobile signée le 15 juillet 2003 par le ministre de la Fonction Publique, de la réforme de l'État et de l'aménagement du territoire ; la ministre déléguée à l'industrie ; le ministre délégué aux libertés locales ; l'Autorité de régulation des télécommunications ; l'Association des Maires de France ; Bouygues Télécom ; Orange France ; et la Société française du radiotéléphone.

[3] ARCEP, décision n° 2009-0328 du 9 avril 2009 fixant la mesure et les conditions dans lesquelles sera mis en œuvre un partage d'installations de réseau mobile de troisième génération en métropole (J.O.R.F. n° 0125, du 31 mai 2009, texte n° 26), pp. 9-10.

[4] Section 3.3 des décisions n° 2012-0037, 2012-0038 et 2012-0039 de l'ARCEP du 17 jan. 2012 autorisant respectivement les sociétés Bouygues Telecom, Orange France et SFR à utiliser des fréquences dans la bande 800 MHz en France métropolitaine pour établir et exploiter un réseau radioélectrique mobile ouvert au public.

[5] ARCEP, déc. n° 2015-0825, préc., annexe I, °1.3.2.5.

[6] ARCEP, déc. n° 2012-0037 et 2012-0039, préc., section 3.4.

dans la bande 800 MHz, profite d'un droit d'itinérance sur le réseau de l'opérateur SFR dans cette bande, dans la limite de cette zone[1].

1141. Encore plus récemment, pour donner une impulsion aux déploiements des réseaux en 4G, l'ARCEP partageait sa position, de principe, favorable aux accords cadre de mutualisation des réseaux dans les parties les moins denses du territoire[2].

1142. En somme, en s'appuyant sur le partage de l'infrastructure, la stratégie de l'ARCEP devrait permettre un déploiement plus rapide et plus efficace des réseaux en haut et très haut débit dans les zones peu denses, ce qui devrait amener *in fine* à une réalisation des objectifs de l'aménagement numérique du territoire ainsi que des objectifs de dynamisation des offres proposés aux clients finaux dans les zones concernées.

1143. S'agissant de la NTRA, il semble que sa stratégie ne diffère pas de celle de l'ARCEP, appliquée sur une moindre échelle. Ainsi, il s'avère que le régulateur encourage le partage d'infrastructures pour le déploiement des réseaux mobiles sur les nouveaux axes routiers, s'inscrivant dans le nouveau plan national des routes en place depuis 2014. Les opérateurs télécoms peuvent donc mettre en commun leurs éléments de réseau pour ainsi assurer une couverture rapide et de qualité de ces nouvelles routes étendues[3].

B. L'ARCEP joue le rôle d'architecte du déploiement des réseaux fibrés dans les zones peu denses

1144. Pour le déploiement des réseaux fixes en fibre optique, l'ARCEP adopte des actions stratégiques visant à inciter les opérateurs à intensifier leurs efforts en vue du déploiement des réseaux fixes dans les zones peu denses.

1145. Ces actions stratégiques s'inscrivent dans le contexte du déploiement de nouveaux réseaux en fibre optique. Ce contexte donnait à l'ARCEP une opportunité précieuse pour repenser l'architecture des réseaux (I). Au travers des multiples mesures prises dans ce cadre, l'ARCEP cherche à atteindre les objectifs de l'aménagement numérique du territoire (II).

---

[1] ARCEP, avis n° 2014-0657, préc., p. 22.

[2] ARCEP, lignes directrices sur le partage de réseaux mobiles, préc., p. 4.

[3] H. OTHMAN, *op.cit.*

I. Le déploiement de la fibre optique : une opportunité saisie

1146. Avec le déploiement progressif des réseaux en fibre optique jusqu'au poste de l'abonné (FTTH)[1], les risques d'un accroissement de l'écart numérique se sont renouvelés. Autant que la fibre optique peut assurer une meilleure connectivité, elle peut de la même manière « contribuer à l'accroissement des fractures numériques, qu'elles soient sociales ou géographiques »[2].

1147. Or, en changeant de perspective, le déploiement de la fibre optique peut apparaître aussi comme une opportunité pour l'ARCEP pour redessiner l'ancienne architecture des réseaux, héritée de l'ère monopolistique de France Télécom. La nouvelle architecture des réseaux en fibre optique ne suit pas forcément les mêmes tracés que l'architecture des réseaux en cuivre. Les caractéristiques économiques et techniques de ces deux types de réseaux diffèrent considérablement. C'est ainsi que l'ARCEP retrouve son nouveau rôle d'architecte des réseaux.

1148. En exerçant ce rôle, le régulateur français affiche une attention toute particulière aux déploiements des réseaux en fibre optique en dehors des zones très denses. Cette attention spécifique est justifiable au regard des contraintes économiques de ces zones. Ces contraintes peuvent inciter les opérateurs commerciaux à opter pour des déploiements économiquement sous-optimaux. Comme l'explique l'ARCEP dans son avis envoyé au Sénat en 2017 portant sur la couverture numérique du territoire :

> « Les volontés renouvelées de plusieurs opérateurs de déployer des infrastructures FttH peuvent contribuer à accélérer l'équipement du territoire. Elles peuvent néanmoins également se traduire par des déploiements qui ne s'articulent pas entre eux, qu'il s'agisse du déploiement de deux réseaux en superposition sur une même zone, ou au contraire du délaissement de portions de territoires de moindre densité pour la couverture des seules zones les plus agglomérées »[3].

---

[1] Le FTTH est une abréviation de « *Fibre To The Homes* ». Il s'agit du déploiement d'un réseau en fibre optique qui couvre les couches de transport et de collecte, arrivant jusqu'à l'abonné. Grace à ses propriétés physiques, un réseau entièrement composé de la fibre optique permet une connexion d'internet à très haut-débit. Cela se traduit par un accès à internet, d'une haute stabilité, à des débits se situant entre 20 et 100 Mbits.

[2] J. CATTAN, *op. cit.*, p. 112.

[3] ARCEP, avis n° 2017-1293 du 23 oct. 2017 rendu à la demande du Sénat et portant sur la couverture numérique des territoires, préc., p. 10.

1149. Le déploiement de la fibre optique s'avérait ainsi à la fois une chance et un défi pour réorganiser les réseaux. C'est ainsi que l'ARCEP fait usage des instruments de régulation pour créer un environnement incitateur au déploiement dans les zones les moins denses du territoire.

II. La mobilisation des instruments de régulation pour le déploiement effectif de la fibre optique

1150. Au travers des pouvoirs qui lui sont confiés par l'article L. 34-8-3 du C.P.C.E.[1] en matière de déploiement des réseaux à très haut débit, l'ARCEP a mis en place un cadre réglementaire pour le déploiement des lignes F.T.T.H. Le cadre réglementaire spécifié pour les zones peu denses[2] prend dûment en compte les contraintes d'ordre économique, technique et topographique de ces zones. Le cadre réglementaire adopté reflète une stratégie d'optimisation du déploiement des réseaux (a) complétée par des obligations spécifiques du déploiement (b).

a. Une stratégie d'optimisation du déploiement

1151. Pour assurer un déploiement optimal des réseaux F.T.T.H. hors des zones très denses, l'ARCEP a élaboré une stratégie spécifique. Celle-ci s'appuie sur une architecture technique spécifique (i), des

---

[1] « Toute personne établissant ou ayant établi dans un immeuble bâti ou exploitant une ligne de communications électroniques à très haut débit en fibre optique permettant de desservir un utilisateur final fait droit aux demandes raisonnables d'accès à ladite ligne et aux moyens qui y sont associés émanant d'opérateurs, en vue de fournir des services de communications électroniques à cet utilisateur final.
L'accès est fourni dans des conditions transparentes et non discriminatoires en un point situé, sauf dans les cas définis par l'Autorité de régulation des communications électroniques et des postes, hors des limites de propriété privée et permettant le raccordement effectif d'opérateurs tiers, à des conditions économiques, techniques et d'accessibilité raisonnables. Dans les cas définis par l'Autorité de régulation des communications électroniques et des postes, l'accès peut consister en la mise à disposition d'installations et d'éléments de réseau spécifiques demandés par un opérateur antérieurement à l'équipement de l'immeuble en lignes de communications électroniques à très haut débit en fibre optique, moyennant la prise en charge d'une part équitable des coûts par cet opérateur ».

[2] ARCEP, décision n° 2010-1312 du 14 déc. 2010 précisant les modalités de l'accès aux lignes de communications électroniques à très haut débit en fibre optique sur l'ensemble du territoire à l'exception des zones très denses (J.O.R.F. n° 0014, du 18 jan. 2011, texte n° 46).

obligations de concertation (ii) et un modèle particulier de financement (iii).

i. L'architecture technique spécifique des réseaux en fibre optique dans les zones peu denses

1152. Les zones peu denses sont caractérisées par une disparité au niveau de l'habitat et une faiblesse au niveau des perspectives de la demande. Afin de prendre en compte ces spécificités, l'ARCEP met en place une architecture technique spécifique des réseaux de fibre optique dans ces zones.

1153. L'architecture technique est basée notamment sur la mutualisation. La mutualisation répond à une nécessité d'ordre économique et technique. Elle vise à éviter un doublement inutile des réseaux dans les zones où les perspectives de demandes sont assez faibles. Ces investissements, s'ils sont effectués, ne représenteront qu'une source d'inefficacité économique et un risque de congestion pour le génie civil[1]. C'est pour ces raisons que l'allègement du coût de l'investissement, pour correspondre au volume de la demande en perspective, devient un moyen important pour atteindre une optimisation de l'utilisation des ressources.

1154. Sur le plan technique, la mutualisation consiste en la fixation d'un point de mutualisation (PM) situé à un niveau pertinent du réseau. Les réseaux des opérateurs tiers convergent sur ce PM. À partir de ce point, il incombe à un seul opérateur de prendre en charge les travaux de déploiement des réseaux dans la partie terminale jusqu'à l'abonné. Ce fonctionnement conduit à faire des économies considérables, notamment en épargnant un doublement inutile de l'infrastructure.

[1] « En dehors des zones très denses, les caractéristiques de l'habitat, la densité de la population, la disponibilité des infrastructures de génie civil et la viabilité des déploiements en parallèle des opérateurs sont très hétérogènes. De ce fait, le caractère raisonnable d'un schéma multi-fibres serait difficile à établir de manière générale et serait, en tout état de cause, à examiner au cas par cas suivant les caractéristiques locales. Selon les premières études ou déploiements menés, il apparaît que la remontée d'un réseau en point-à-point multi-fibres jusqu'à un point de mutualisation de quelques centaines à quelques milliers de lignes est susceptible d'engendrer des problèmes de saturation dans l'infrastructure de génie civil. Par ailleurs, le déploiement d'un réseau multi-fibres en aval du point de mutualisation a également un impact sur le volume du point de mutualisation, ce qui crée donc, pour une même zone arrière de logements, des contraintes supplémentaires sur l'implantation locale de ces équipements » (ARCEP, décision n° 2010-1312 du 14 déc. 2010, préc., p. 29).

1155. De plus, le cadre réglementaire impose que chaque PM couvre une maille géographique d'une certaine densité. Elle doit compter au moins mille logements ou locaux à usages professionnels[1].

ii. Les obligations de concertation et d'échange d'informations

1156. Les règles mises en place par l'ARCEP visent à éviter l'avènement de deux situations extrêmes : la superposition des réseaux dans des parties mutualisées des territoires et l'apparition des trous de couverture durables. Dans les deux cas, le manque de concertation entre les opérateurs impliqués dans le déploiement reste la cause principale de ces déploiements sous-optimaux.

1157. Afin de remédier à cette difficulté, l'ARCEP impose deux sortes de mesures aux opérateurs impliqués dans le déploiement. D'abord, l'opérateur souhaitant déployer un réseau FTTH doit inscrire la zone de mutualisation cible, la zone où l'opérateur sera seul chargé de déployer le réseau, dans un maillage géographique plus large. Ce maillage géographique, dessiné éventuellement au niveau de la commune, comprend donc un découpage fin et cohérent des autres zones de déploiement. Chaque zone couvre un certain nombre de logements comme relevé précédemment. Ensuite, l'ARCEP oblige les opérateurs des communications électroniques de se concerter avant de déclarer une certaine zone en tant que zone cible de déploiement. La concertation et la finesse du découpage des zones de déploiement devraient garantir un schéma technique équilibré et harmonieux. Elles permettent notamment d'éviter les trous de couverture difficiles à couvrir ultérieurement sans engager des modifications importantes dans l'architecture du réseau. Plus de concertation conduit également à se prémunir contre les éventuelles superpositions d'infrastructures génératrices de l'inefficacité économique.

iii. Le modèle particulier du financement des parties terminales des réseaux FTTH

1158. Un déploiement efficace et rapide des réseaux FTTH requiert une rationalisation de l'utilisation des ressources rares. Cette rationalisation est illustrée à travers l'imposition de la mutualisation dans un point déterminé de

[1] ARCEP, décision n° 2010-1312 du 14 déc. 2010, préc., art. 3.

la zone, comme précisé précédemment. Elle se manifeste également par la mise en place d'un mode incitatif d'investissement.

1159. En effet, l'ARCEP a mis en place un modèle financier du co-investissement pour la partie terminale du réseau : la zone arrière du point de mutualisation (ZAPM). Même si le déploiement effectif dans la ZAPM incombe à un seul opérateur, ce dernier se trouve dans l'obligation de publier une offre de co-financement à destination des autres opérateurs de communications électroniques. En contrepartie de leurs partages aux coûts, les opérateurs tiers obtiennent un droit d'usage pérenne sur l'infrastructure. À part l'effet positif de ce mode de financement sur la concurrence par les infrastructures, il a notamment le mérite de réaliser une facilité pour le financement du déploiement. La rationalisation économique et les facilités financières de participation dans le financement des réseaux dans la ZAPM devraient déboucher sur un déploiement plus rapide des réseaux en fibre optique dans les zones moins denses[1].

b. Des obligations spécifiques relatives au déploiement dans les ZAPMs

1160. Au-delà des considérations architecturales du réseau, l'ARCEP impose deux types d'obligations complémentaires à l'opérateur de la ZAPM. Dans leur totalité, ces obligations visent à garantir un déploiement rapide et effectif des réseaux dans les zones peu denses du territoire.

1161. D'abord, l'ARCEP voulait faire face au phénomène de la préemption. Celui-ci « consiste pour un opérateur d'infrastructure à déclarer un projet de déploiement sur un territoire avec notamment pour effet de dissuader d'autres acteurs de déployer leurs propres réseaux sur ce même territoire »[2]. Une telle pratique risque de ralentir les dynamiques du déploiement et d'entraver ainsi l'aménagement numérique du territoire. Pour mettre fin à ce phénomène, l'ARCEP requiert de l'opérateur de la ZAPM qu'il atteste que « des travaux tangibles de déploiement ont été engagés »[3] dans les douze mois suivant la déclaration de la zone cible.

1162. Ensuite, en vue d'assurer un déploiement effectif dans les zones cibles déclarées et d'éviter l'écrémage, l'ARCEP impose à l'opérateur intéressé une obligation de complétude du déploiement. L'opérateur doit terminer les travaux de déploiement dans la ZAPM déclarée dans un délai raisonnable,

---

[1] ARCEP, décision n° 2010-1312 du 14 déc. 2010, préc., p. 31.

[2] ARCEP, Recommandation du 24 juill. 2018 relative à la cohérence des déploiements des réseaux en fibre optique jusqu'à l'abonné, point 2.1 sous a). Disponible sur : https://www.arcep.fr/uploads/tx_gspublication/recommandation-coherence-deploiements-ftth-juil2018.pdf.

[3] ARCEP, Recommandation du 24 juill. 2018, préc., 3.2.2°.

estimé entre deux et cinq ans. À l'horizon de ce délai, tous les logements et locaux à usage professionnel devraient être raccordables[1].

Conclusion du chapitre

La libéralisation du secteur des télécommunications ne signifiait pas un désintérêt de l'État pour le secteur. Des considérations telles que la vie sociale des citoyens, l'égalité des chances économiques entre les territoires et le développement économique équilibré de la nation tout entière justifient que le développement du secteur des communications électroniques ne soit pas laissé au seul jeu de la loi de l'offre et de la demande. Une véritable politique publique doit être mise en œuvre pour assurer la cohésion sociale et territoriale. Les modalités d'application de cette politique publique doivent être compatibles avec la concurrence.

Le régulateur des communications électroniques contribue à la réalisation des objectifs sociaux et territoriaux. Il oriente les actions des opérateurs de communications électroniques, au travers des procédés neutres à l'égard de la concurrence, pour servir des objectifs d'intérêt général. Le régulateur reste donc au centre de ces enjeux. Si son rôle n'est pas d'adopter des politiques publiques, il demeure néanmoins, compte tenu de son expertise, un acteur incontournable pour évaluer leur pertinence. Les actions concertées menées par le régulateur avec les acteurs publics et privés lui donnent une influence certaine, qui est d'autant plus forte que le régulateur est indépendant du gouvernement.

Conclusion du titre

Les régulateurs français et égyptien des communications électroniques partagent les grandes missions concurrentielles et extra-concurrentielles.

D'une part, ils exercent des missions économiques destinées à l'instauration de la concurrence sur les marchés des communications électroniques. Plus précisément, les régulateurs français et égyptien des communications électroniques permettent l'accès des opérateurs économiques aux différents marchés des communications électroniques. Cela comprend l'accès aux activités économiques, l'accès aux ressources rares et l'accès aux

---

[1] ARCEP, décision n° 2010-1312, préc., p. 23. Il convient de noter ici que les zones isolées font l'exception de cette règle de complétude du déploiement dans la ZAPM. Elles peuvent être sujettes à des déploiements différés pour ne pas entraver le projet de déploiement dans la partie restante de la ZAPM (3° de la recommandation de l'ARCEP du 3 décembre 2015 relative à la mise en œuvre de l'obligation de complétude des déploiements des réseaux en fibre optique jusqu'à l'abonné en dehors des zones très denses, disponible sur le site internet de l'ARCEP : https://archives.arcep.fr/uploads/tx_gspublication/recommandation-completude-fibre-dec2015.pdf).

éléments des réseaux et aux facilités essentielles. Les régulateurs français et égyptien veillent tout particulièrement à ce que l'opérateur historique n'utilise pas son pouvoir de marché pour empêcher l'entrée effective des nouveaux opérateurs sur les marchés des communications électroniques.

En sus des missions concurrentielles, les régulateurs français et égyptien des communications électroniques contribuent à la réalisation des missions visant la cohésion sociale et territoriale. Cet ensemble de missions n'est pas moins important que les missions concurrentielles, mais représente plutôt un complément nécessaire pour combler les inégalités entre les utilisateurs finals. Ces fossés se creusent à cause de la position géographique défavorable de l'utilisateur final, ou de l'insuffisance des moyens financiers à sa disposition.

D'une manière générale, le régulateur doit assurer la conciliation entre ces deux groupes de missions. Autrement dit, il veille à assurer l'équilibre entre l'application effective des politiques publiques destinées à achever des objectifs sociaux ou territoriaux et le fonctionnement concurrentiel du marché.

Conclusion du tome I

Avec la libéralisation du secteur des télécommunications, la fonction de régulation s'est institutionnalisée, dans le sens organique et matériel.

Dans le sens organique, les États français et égyptien ont choisi de créer une autorité de régulation distincte du gouvernement. L'institution de cette autorité couronnait une longue phase d'évolution, marquant souvent l'hésitation de ces deux pays envers l'ouverture à la concurrence du secteur. Cependant, il s'avère que l'État français était plus déterminé à ouvrir le secteur des télécommunications à la concurrence que l'État égyptien. Celui-ci a entamé les processus d'ouverture à la concurrence sous une forte pression des institutions financières internationales auprès desquelles l'Égypte a obtenu des prêts d'assistance pour accompagner sa nouvelle orientation vers l'économie du marché.

L'étude de la généalogie des autorités français et égyptienne de régulation des communications électroniques montre la divergence du statut entre ces deux autorités. L'ARCEP est dotée du statut d'.A.A.I. Elle conserve donc une sphère d'action propre, protégée contre toute influence du gouvernement. En revanche, la NTRA est un établissement public administratif. Le gouvernement exerce à son égard de larges pouvoirs de tutelle. Cette tutelle se manifeste de différentes manières, notamment par la présidence du collège de l'autorité par le ministre des C.T.I.

Dans le sens matériel, la fonction de régulation s'est institutionnalisée en dotant les l'ARCEP et la NTRA des missions concurrentielles et extra-concurrentielles. D'une part, elles veillent à l'instauration et au développement de la concurrence dans le secteur des télécommunications. D'autre part, elles contribuent à la réalisation des objectifs sociaux de service universel et de l'aménagement numérique du territoire.

En plus de ces missions concurrentielles et extra-concurrentielles, la NTRA joue un rôle plus important que l'ARCEP en matière des fréquences radioélectriques. En effet, l'autorité égyptienne établit le plan national des fréquences. Ce rôle sensible, notamment du fait de son attachement à la sécurité nationale de l'État, est attribué en France à l'ANFR (E.P.A.) et non pas à l'ARCEP.

Il me semble que l'établissement et la mise à jour du plan national des fréquences impliquent des conséquences importantes pour le statut de la NTRA. En effet, lorsqu'elle se voit attribuée une telle tâche sensible, il devient indispensable pour l'État de contrôler directement et au plus haut niveau le fonctionnement de l'autorité. Par conséquent, il n'est pas possible d'envisager plus de liberté d'action pour l'autorité sans penser au préalable aux raisons profondes expliquant sa subordination au gouvernement. Il me semble que l'externalisation de cette tâche sensible à une autorité administrative, ministérielle ou personnalisée, permettra d'alléger le poids pesant sur le régulateur, ouvrant ainsi la voie à l'évolution de son statut. Cela est d'autant plus aisé que cette tâche administrative n'a pas d'implications concurrentielles. Elle est donc dissociable de la mission d'instauration de la concurrence incombant à la NTRA.

BIBLIOGRAPHIE

§1. Bibliographies des sciences économiques et politique

I. Ouvrages, ouvrages collectifs et travaux académiques

BADRAN Ahmed, « Understanding the Egyptian regulatory state: Independant regulators in theory and practice », in *The Rise of the Regulatory State of the South. Infrastructure and Development in Emerging Economies*, 2013, Oxford, Oxford University Press, coll. Law and Global Governance, p. 45-59.

BRAUD Élise, *Le tournant néolibéral des années 1990 en Égypte, des réformes économiques aux compounds du désert Une approche d'économie politique*, mémoire du master I (économie politique), mémoire du master, École des hautes études en sciences sociales de Paris, 2012, 70 p.

CHARBON Paul, « Genèse du vote de la loi de 1837, origine du monopole des télécommunications », in BERTHO-LAVENIR Catherine (dir.), *l'État et les télécommunications en France et à l'étranger 1837-1987*, 1987, Paris, Librairie Droz, p. 11-22.

CRANDALL Robert W., « Telecommunications Liberalization: The U.S. Model », in *Deregulation and Interdependence in the Asia-Pacific Region, NBER-EASE*, 2000, Chicago, Univ. of Chicago Press, coll. NBER-East Asia seminar on economics, v. 8, p. 415-436, en ligne sur : https://www.nber.org/system/files/chapters/c8489/c8489.pdf.

CURIEN Nicolas et GENSOLLEN Michel, *Économie des télécommunications : ouverture et réglementation*, 1992, Paris, Economica, coll. Management - communication - réseaux, 318 p.

CURIEN Nicolas, *Économie des réseaux*, 2005, Paris, La Découverte, 123 p.

DANG-NGUYEN Godefroy et PENARD Thierry, « Interconnection agreements in telecommunications networks: from strategic behaviors to property rights », in BROUSSEAU Eric et al. (dir.), *The Economics of Contracts*, 2002, Cambridge, Cambridge University Press, p. 358-372.

DUBASH Navroz K. et MORGAN Brownen, *The Rise of the Regulatory State of the South: Infrastructure and Development in Emerging Economies*, 2013, Oxford University Press, 489 p.

ESTACHE Antonio et WREN-LOUIS Liam, « On the Theory and Evidence on Regulation of Network Industries in Developing Countries », in *The*

Oxford Handbook of Regulation, 9 sept. 2010, Oxford, Oxford University Press, p. 371-406.

GALAL Ahmed, « Welfare impact of telecom reform in Egypt: An ex ante analysis », in *Partners for development. New roles for government and private sector in the Middle East and North Africa*, 1999, Washington, The World Bank, p. 133-149.

GRISET Pascal, « La France et les télécommunications européennes face aux mutations des années 1980 », in *Milieux économiques et intégration européenne au XXe siècle. La relance des années quatre-vingt (1979-1992)*, Institut de la gestion publique et du développement économique, Comité pour l'histoire économique et financière de la France, 2007, Paris, p. 315-331.

HALL Peter A. et SOSKICE David W. (dir.), *Varieties of capitalism: the institutional foundations of comparative advantage*, 2001, New York, Oxford University Press, 540 p.

HATEM Tarek, « Turning around a state owned entreprise: the case of Telecom Egypt », in *Innovations in Governance in the Middle East, North Africa, and Western Balkans: Making Governments Work Better in the Mediterranean Region*, 2007, New-York, United Nations Publications, p. 87-102.

HENRY Claude et MATHEAU Michel, « New regulations for public services in competition », *in* HENRY Claude et al. (dir.), *Regulations of network utilities. The European experience*, 2001, New-York, Oxford University Press, p. 1-38.

JEAMMAUD Antoine, « Théorie de la régulation sociale et intelligence du droit », in *La théorie de la régulation sociale de Jean-Daniel Reynaud*, 2003, Paris, La Découverte, p. 219-230

KAMEL Sherif, « Evolution of Mobile Technology in Egypt », in *Innovations Through Information Technology*, vol. 1, 2004, Hershey, IDEA Group publishing, p. 726-728.

KRUGMAN Paul R. et WELLS Robin, *Macroéconomie*, 2009, Bruxelles, De Boeck, coll. Ouvertures économiques, 998 p.

KRUGMAN Paul R. et WELLS Robin, *Microéconomie*, 2. éd., 2013, Bruxelles, De Boeck, 1090 p.

LEFEBVRE Rémi, *Leçons d'introduction à la science politique*, 2017, Paris, Éd. Ellipses, 350 p.

LEROUX Véronique, « Les fondements économiques de la monopolisation du réseau téléphonique en 1889 », in *l'État et les télécommunications en France et à l'étranger 1837-1987*, 1987, Paris, Librairie Droz, p. 23-46.

LÉVÊQUE François, *Économie de la réglementation*, 2009, Paris, La Découverte, coll. Repères, 122 p.

LEVI-FAUR Davidet et FABRIZIO Gilardi, *Handbook on the Politics of Regulation*, 2011, Cheltenham, Edward Elgar Publishing, 712 p.

MAJONE Giandomenico, « Independent Agencies and the Delegation Problem: Theoretical and Normative Dimensions », in STEUNENBERG Bernard et al. (dir.), *Political Institutions and Public Policy*, 1997, Dordrecht, Springer Netherlands, p. 139-156.

MAJONE Giandomenico, « The Transformations of the Regulatory State », in LEISERING Lutz (dir.), *The New Regulatory State*, 2011, London, Palgrave Macmillan UK, p. 31-56.

MÉNARD Claude et SHRIELY Mary M. (dir.), *Handbook of new institutional economics*, 2005, Dordrecht, Springer, 884 p.

MOE Terry, « The Politics of Structural Choice: Toward a Theory of Public Bureaucracy », in WILLIAMSON Oliver E. (dir.), *Organization Theory: From Chester Barnard to the Present and Beyond*, 1995, Oxford, Oxford University Press, p. 116-153.

NOAM Eli M., *Telecommunications in Africa*, Oxford Scholarship Online, 1991, Oxford, 203 p.

PINDYCK Robert S. et al., *Microéconomie*, 2011, Paris, Pearson Education, 798 p.

RACHTY Gehan, « Egypt », in *Telecommunications in Africa*, 1991, Oxford, Oxford Scholarship Online, p. 37-54.

STIGLITZ Joseph E., *Principes d'économie moderne*, 2004, Bruxelles, De Boeck, 982 p.

WALKER Kathryn, « Independence », in *The Encyclopedia of Political Thought*, 2014, New-York, Wiley-Blackwell, vol. IV, p. 1795-1800.

II. Études, actes de colloques et rapports

ALISSA Sufyan, *The Political Economy of Reform in Egypt: Understanding the Role of Institutions*, Beirut, Carnegie Endowment for International Peace, n° 5, 2007, en ligne sur : https://carnegie-mec.org/2007/10/24/political-economy-of-reform-in-egypt-understanding-role-of-institutions-pub-19660.

BENDORT Jonathan et al., « Theories of Delegation in Political Science », *Graduate School of Business, Stanford University*, étude n° 1165, 2000, en ligne sur : https://www.gsb.stanford.edu/faculty-research/working-papers/theories-delegation-political-science.

BORTOLOTTI Bernardo et al., « Regulatory Independence, Ownership and Firm Value: The Role of Political Institutions », *RSCAS Working Papers 2011/43, European University Institute,* 2011.

BRESSIE Kent et al., « Telecommunications trade liberalization and the WTO », papier présenté à la conférence *Changing peoples, socities and companies: Telecoms in the 21st Century*, 2004, Berlin, en ligne sur : https://www.hwglaw.com/wp-content/uploads/2004/09/69A7C2994A9A82580D112146E5FB0E0C.pdf

CAMBINI Carlo et RONDI Laura, « Regulatory Independence, Investment and Political Interference : Evidence from EU », colloque SEPIO, université Paris I Panthéon Sorbonne, Paris, 9 novembre 2010, en ligne sur : https://www.researchgate.net/publication/228839680_Regulatory_Independence_Investment_and_Political_Interference_Evidence_from_EU.

DUBOIS Ute, « Pablo Spiller et les principes du design institutionnel des réformes », *GRJM, Université de Paris-Sud 11* 2007, p. 1-35, en ligne sur : https://www.researchgate.net/publication/228740265_Pablo_Spiller_et_les_principes_du_design_institutionnel_des_reformes.

ÉGERT Balázs, *Infrastructure Investment in Network Industries: The Role of Incentive Regulation and Regulatory Independence*, OECD Economic Department Working Papers, étude n° 2642, 2009, en ligne sur : https://ideas.repec.org/p/oec/ecoaaa/688-en.html.

EL-HADDAD Amirah et ATTIA Khaled, *Welfare effects of institutional reform in public utilities*, Cairo, Economic Research Forum, 2012, en ligne sur : https://erf.org.eg/publications/12609/.

GILARDI Fabrizio, *Principal-Agent Models Go to Europe: Independent Regulatory Agencies as Ultimate Step of Delegation*, Paper presented at the ECPR General Conference, Canterbury (UK), 6 septembre 2001, en ligne sur : http://citeseerx.ist.psu.edu/viewdoc/summary?doi=10.1.1.202.2258.

GOLDSTEIN Andrea, *Institutional endowment and regulatory reform in telecoms: a five-country comparison in the MEDA region*, 2002, en ligne sur : http://www.mafhoum.com/press4/136E11.pdf.

GUAL Jordi et TRILLAS JANE Frencesco, *Telecommunications Policies: Determinants and Impact*, 2004, en ligne sur : http://www.ssrn.com/abstract=459220.

GUTNER Tamer, *The Political Economy Of Foor Subsidy Reform in Egypt*, Washington, IFPRI, n° 77, 1999.

HERTOG J. A. Den, *Review of economic theories of regulation*, discussion paper n° 8-10, Utrecht School of Economics, n° 10-18, déc. 2010, en ligne sur : https://ideas.repec.org/p/use/tkiwps/1018.html

LI Yan et PRICE Catherine, *Effect of regulatory reform on the efficiency of mobile telecommunications,* Research Database, The University of East Anglia, CCP Working Paper, 2012, en ligne sur : https://people.uea.ac.uk/en/publications/effect-of-regulatory-reform-on-the-efficiency-of-mobile-telecommunications(992323f5-dde7-4d2e-b076-369f858ccd13).html.

LOW Patrick et MATTO Aaditya, *Reform in Basic Telecommunications and the WTO Negotiations: The Asian Experience*, WTO Staff Working

Papers ERAD-98-01, World Trade Organization (WTO), Economic Research and Statistics Division, 1998.

MAJONE Giandomenico, *Temporal Consistency and Policy Credibility: Why Democracies Need Non-Majoritarian Institutions*, European University Institute, Working Papers of the Robert Schuman Centre, 1996, en ligne sur : https://www.eui.eu/DepartmentsAndCentres/RobertSchumanCentre/Publications/WorkingPapers/9657.aspx.

MATTOO Aaditya et al., *Liberalizing Basic Telecommunications. The Asian Experience*, The World Bank, 21 novembre 2001, en ligne sur : http://elibrary.worldbank.org/doi/book/10.1596/1813-9450-2718.

NOUMBA UM Paul et al., *A Model for Calculating Interconnection Costs in Telecommunications*, 2004, The World Bank, en ligne sur : http://elibrary.worldbank.org/doi/book/10.1596/0-8213-5671-2.

PÉNARD Thierry, *La théorie des jeux et les outils d'analyse des comportements stratégiques*, Université de Rennes 1, CREM, 2004, en ligne sur : http://perso.univ-rennes1.fr/thierry.penard/biblio/manueljeux.pdf.

SMITH Warrick, *Utility Regulators—The Independence Debate*, World Bank Other Operational Studies, étude n° 11570, The World Bank, 1997, en ligne sur : https://openknowledge.worldbank.org/bitstream/handle/10986/11570/multi0page.pdf?sequence=1.

SPILLER Pablo T., *Transaction Cost Regulation*, National Bureau of Economic Research, n° 16735, jan. 2011, en ligne sur : http://www.nber.org/papers/w16735.

STERN Jon, *The Regulatory and Institutional Dimension of Infrastructure Services*, UNCTAD and CCRP Working Paper, fév. 2009, en ligne sur : https://digitallibrary.un.org/record/650165.

SVOLIK Milan, *Power-Sharing and Leadership Dynamics in Authoritarian Regimes*, Rochester, NY, Social Science Research Network, n° ID 860744, 2008, en ligne sur : https://papers.ssrn.com/abstract=860744.

WEISS Martin B. H. et al., *A tool for restructuring the Economy: To develop the strategic telecommunications policy model for sustainable egyptian economic growth*, 1996, sur : https://www.researchgate.net/publication/235324005_A_Tool_for_Restructuring_the_Economy_To_Develop_the_Strategic_Telecommunications_Policy_Model_for_Sustainable_Egyptian_Economic_Growth.

III. Articles

ABDEL-WAHAB Mohammed, « Economic Reform and Structural Adjustment Program (ERSAP) & Privatization », *Middle East Review of Public Administration (MERPA)* 2017, p. 1-18.

ARMSTRONG Mark, « Network Interconnection in Telecommunications », *The Economic Journal* 1998, n° 108, p. 540-558.

BADRAN Ahmed, « Revisiting regulatory independence: The relationship between the formal and de-facto independence of the Egyptian telecoms regulator », *Public Policy and Administration* 2017, vol. 32, n° 1, p. 66-84.

BARANES Edmond, « Réglementation et ouverture à la concurrence des activités en réseaux : le cas des télécommunications », *Revue française d'économie* 1998, vol. 13, n° 4, p. 161-186.

BARREAU Jocelyne et MOULINE **Abdelaziz**, « La déréglementation américaine des télécommunications et l'Europe : les exemples français et britanniques », *Revue d'économie industrielle* 1987, n° 39, p. 170-179.

BERTELLI Anthony M. et WHITEFORD Andrew B., « Perceiving Credible Commitments: How Independent Regulators Shape Elite Perceptions of Regulatory Quality », *British Journal of Political Science* 2009, vol. 39, n° 3, p. 517-537.

BERTHO Cathérine, « Les réseaux téléphoniques de Paris - 1879-1927 », *Réseaux* 1984, vol. 2, n° 24, Réseaux urbains, p. 25-53.

BERTHO Catherine, « Pneumatique, télégraphe, téléphone. Les réseaux de télécommunications à Paris. 1879-1927 », *Annales de la recherche urbaine* 1984, n° 23-24, p. 143-155.

BOURREAU Marc et al., « Incitations à l'entrée et incitations aux investissements dans le secteur des télécoms », *Revue française d'économie* 2010, n° 4, p. 147-181.

CONAC Pierre-Henri, « Renforcement du contrôle démocratique des autorités administratives et publiques indépendantes », *Revue des sociétés* 2017, n° 4, p. 250-255

COTTENET-DJOUFELKIT Hélène, « L'industrialisation de l'Égypte au XXe siècle. Des volontés politiques aux réalisations économiques », *Égypte/Monde arabe* 2001, n° 4-5, p. 135-171.

CUBBIN John et STERN Jon, « The Impact of Regulatory Governance and Privatization on Electricity Industry Generation Capacity in Developing Economies », *The World Bank Economic Review* 2006, vol. 20, n° 1, p. 115-141.

CURIEN Nicolas, « La libéralisation des télécommunications en Europe », *Flux* 2001, vol. 44-45, n° 2, p. 28-35.

CURIEN Nicolas, « Le financement des infrastructures de télécommunications interconnexion et service universel », *Revue d'économie financière* 1999, vol. 51, n° 1, p. 195-216.

DELAHAYE Jean-Paul, « Le dilemme du prisonnier et l'illusion de l'extorsion », *Pour la Science* 2014, n° 435, p. 78-83.

EDWARDS Geoff et WAVERMAN Leonard, « The Effects of Public Ownership and Regulatory Independence on Regulatory Outcomes: A Study of Interconnect Rates in EU Telecommunications », *Journal of Regulatory Economics* 2006, vol. 29, n° 1, p. 23-67.

EL-HADDAD Amirah, « The causal chain of market-based reform in Egyptian voice telecommunications », *Journal of Development Effectiveness* 2015, vol. 7, n° 4, p. 499-518.

EL-HADDAD Amirah, « Welfare gains from utility reforms in Egyptian telecommunications », *Utilities Policy* 2017, vol. 45, p. 1-26.

ENCAOUA David et KOEBEL Philippe « Réglementation et déréglementation des télécommunications : leçons anglo-saxonnes et perspectives d'évolution en France », *Revue économique* 1987, vol. 38, n° 2, p. 475-520.

EZZAT Riham Ahmed, « Paving the Way for Better Telecom Performance: Evidence from the Telecommunication Sector in MENA Countries », *Review of Network Economics* 2015, vol. 14, n° 3, p. 155-199.

FINK Carsten et al., « An Assessment of Telecommunications Reform in Developing Countries », *Information Economics and Policy* 2003, vol. 15, n° 4, p. 443-466

GILARDI Fabrizio, « Policy credibility and delegation to independent regulatory agencies: a comparative empirical analysis », *Journal of European Public Policy* 2002, vol. 9, n° 6, p. 873-893.

GILARDI Fabrizio, « The Institutional Foundations of Regulatory Capitalism: The Diffusion of Independent Regulatory Agencies in Western Europe », *The ANNALS of the American Academy of Political and Social Science* 2005, vol. 598, n° 1, p. 84-101.

GOLDBERG Victor P., « Regulation and Administered Contracts », *The Bell Journal of Economics* 1976, vol. 7, n° 2, p. 426-448.

GUARDIANCICH Igor et GUIDI Mattia, « Formal independence of regulatory agencies and Varieties of Capitalism: A case of institutional complementarity?: Regulatory Agencies and VoC », *Regulation & Governance* 2016, vol. 10, n° 3, p. 211-229.

GUASCH J. Luis et al., « Renegotiation of concession contracts in Latin America », *International Journal of Industrial Organization* 2008, vol. 26, n° 2, p. 421-442.

GUILLAUME Dominique M. et SATASAVAGE David., « Improving Policy Credibility: Is There a Case for African Monetary Unions? », *World Development* 2000, vol. 28, n° 8, p. 1391-1407.

GUILLAUMONT Patrick et GUILLAUMONT Sylvaine, « Les conséquences sociales de l'ajustement en Afrique selon la politique de change », *Politique africaine* 1992, n° 45, p. 101-122.

GUTIERREZ Luis et BERG Sanford, « Telecommunications liberalization and regulatory governance: lessons from Latin American », *Telecommunications Policy* 2000, vol. 24, n° 10-11, p. 865-884.

HAFTEL Yoram Z. et THOMPSON Alexander, « The Independence of International Organizations. Concept and applications. », *Journal of conflict resolution* 2006, vol. 50, n° 2, p. 253-257.

HANRETTY Chris et KOOP Christel, « Shall the law set them free? The formal and actual independence of regulatory agencies: Formal and actual agency independence », *Regulation & Governance* 2013, vol. 7, n° 2, p. 195-214.

HINNEBUSCH Raymond A., « The politics of economic reform in Egypt », *Third World Quarterly* 1993, vol. 14, n° 1, p. 159-171.

JANSON Michael A. et YOO Christopher S., « The Wires Go to War: The U.S. Experiment with Government Ownership of the Telephone System During World War I », *Faculty Scholarship at Penn Law* 2013, vol. 91, n° 467, p. 984-1049.

JOHN Richard R., « Theodore N. Vail and the Civic Origins of Universal Service », *Buisness and Economic History* 1999, vol. 28, n° 2, p. 71-83

JORDANA Jacint et al., « The Global Diffusion of Regulatory Agencies: Channels of Transfer and Stages of Diffusion », *Comparative Political Studies* 2011, vol. 44, n° 10, p. 1343-1369.

JORDANA Jacint et RAMEO Carles, « Delegation, Presidential Regimes, and Latin American Regulatory Agencies », *Journal of Politics in Latin America* 2010, vol. 2, n° 1, p. 3-30.

KOOP Christel et al., « Political Independence, Accountability, and the Quality of Regulatory Decision-Making », *Comparative Political Studies* 2018, vol. 51, n° 1, p. 38-75.

KYDLAND Finn E. et PRESCOTT Edward C.., « Rules Rather than Discretion: The Inconsistency of Optimal Plans », *Journal of Political Economy* 1977, vol. 85, n° 3, p. 473-491.

LEVI-FAUR David, « The politics of liberalisation: Privatisation and regulation-for-competition in Europe's and Latin America's telecoms and electricity industries », *European Journal of Political Research* 2003, vol. 42, n° 5, p. 705-740.

LEVY Brian et SPILLER Pablo T., « The Institutional Foundations of Regulatory Commitment: A Comparative Analysis of Telecommunications Regulation », *Journal of Law, Economics, & Organization* 1994, vol. 10, n° 2, p. 201-246.

LI Yan et LYONS Bruce, « Market structure, regulation and the speed of mobile network penetration », *International Journal of Industrial Organization* 2012, vol. 30, n° 6, p. 697-707.

MAGGETTI Martino, « De facto independence after delegation: A fuzzy-set analysis », *Regulation & Governance* déc. 2007, vol. 1, n° 4, p. 271-294.
MAGGETTI Martino, « The role of independent regulatory agencies in policy-making: a comparative analysis », *Journal of European Public Policy* 2009, vol. 16, n° 3, p. 450-470
MAJONE Giandomenico, « The regulatory state and its legitimacy problems », *West European Politics* 1999, vol. 22, n° 1, p. 1-24.
MAJONE Giandomenico, « The rise of the regulatory state in Europe », *West European Politics* 1994, vol. 17, n° 3, p. 77-101.
MAJONE Giandomenico, « Two Logics of Delegation: Agency and Fiduciary Relations in EU Governance », *SAGE* 2001, vol. 2, p. 103-122.
MARTIMORT David, « The Life Cycle of Regulatory Agencies: Dynamic Capture and Transaction Costs », *Review of Economic Studies* 1999, vol. 66, n° 4, p. 929-947.
MARTORANA Megan, « Pareto Efficiency », *Region Focus* 2007, vol. 11, p. 1-8
MCNAMARA Kathleen, « Rational Fictions: Central Bank Independence and the Social Logic of Delegation », *West European Politics* 2002, vol. 25, n° 1, p. 47-76.
MONTOYA Miguel Á. et TRILLAS JANE Frencesco, « The measurement of the independence of telecommunications regulatory agencies in Latin America and the Caribbean », *Utilities Policy* 2007, vol. 15, n° 3, p. 182-190.
MONTOYA Miguel Angel et TRILLAS JANE Frencesco, « Commitment and regulatory independence in practice in Latin American and Caribbean countries », *Competition and Regulation in Network Industries, Intersentia* 2011, vol. 12, n° 1, p. 27-56.
MONTOYA Miguel Angel et TRILLAS JANE Frencesco, « Independent regulators: Theory, evidence and reform proposals », *Info* 2013, vol. 15, n° 3, p. 39-53.
MOSCA Manuela, « On the Origins of the Concept of Natural Monopoly », *European Journal of the History of Economic Thought* 2008, vol. 15, n° 2, p. 317-353.
MUELLER Milton, « Le service universel dans l'histoire du téléphone, une reconstruction », *Réseaux* 1994, vol. 12, n° 66, p. 11-36.
MUSSO Pierre, « Aux origines de « l'autonomie » des télécommunications françaises, la loi de 1923 », *Réseaux* 1994, vol. 12, n° 66, p. 99-177.
NOORIHSAN Mohamed, « Telecommunications reform and efficiency performance: Do good institutions matter? », *Telecommunications Policy* 2014, vol. 38, n° 1, p. 49-65.
NUMA Guy, « Note sur le monopole naturel et le monopole pratique chez J. S. Mill », *Revue Économique* 2010, vol. 61, n° 2, p. 341-352.

OZEL Isik, « The politics of de-delegation: Regulatory (in)dependence in Turkey: The politics of de-delegation », *Regulation & Governance* mars 2012, vol. 6, n° 1, p. 119-129.

ÖZEL Işık D. et UNAN Asli, « Decoupling trends: Drivers of agency independence in telecommunications: An analysis of high and middle-income countries », *Regulation & Governance* 2019, p. 1-31.

PAVÓN MEDIANO Andrés, « Agencies' formal independence and credible commitment in the Latin American regulatory state: A comparative analysis of 8 countries and 13 sectors: Agency delegation in Latin America », *Regulation & Governance* 15 févr. 2018, vol. 14, p. 102-120.

POLILLO Simone et GUILLEN Mauro F., « Globalization Pressures and the State: The Worldwide Spread of Central Bank Independence », *American Journal of Sociology* 2005, vol. 110, n° 6, p. 1764-1802.

ROGOFF Kenneth, « The Optimal Degree of Commitment to an Intermediate Monetary Target », *Quarterly Journal of Economics* 1985, vol. 100, p. 1169-1189.

ROS Agustin J., « The Impact of the Regulatory Process and Price Cap Regulation in Latin American Telecommunications Markets », *Review of Network Economics* 2003, vol. 2, n° 3, p. 270-286.

SIMMONS Beth A. et ELKINS Zakari, « The Globalization of Liberalization: Policy Diffusion in the International Political Economy », *American Political Science Review* 2004, vol. 98, n° 1, p. 171-189.

SPILLER Pablo T. et LEVY Brian, « Regulation, Institutions, and Commitment in Telecommunuications », *The World Bank Economic Review* 1993, vol. 7, p. 215–252.

STERN Jon, « What Makes an Independent Regulator Independent? », *Business Strategy Review* 1997, vol. 8, n° 2, p. 67-74.

THEIRER Adam D., « Unnatural Monopoly: Critical moments in the development of the Bell system monopoly », *Cato Journal* 1994, vol. 14, n° 2, p. 267-285.

TRAINAR Philippe, « L'économiste et le régulateur », *Sociétal* 2000, n° 30, p. 82-85.

VAN DE KLUNDERT Theo, « On the determinants of institutional design », *European Journal of Political Economy* 2010, vol. 26, n° 2, p. 167-175.

WALLSTEN Scott J., « An Econometric Analysis of Telecom Competition, Privatization, and Regulation in Africa and Latin America », *Journal of Industrial Economics* 2001, vol. 49, n° 1, p. 1-19.

§2. Bibliographie juridique

I Ouvrages généraux et spéciaux, manuels et traités

A. Droit français

ALLBEURY Kelly et FRISON-ROCHE Marie-Anne (dir.), *Les risques de régulation*, 2005, Paris, Presses de Sciences Po, coll. Thèmes & commentaires, n° 3, 334 p.

AMORY BERNARD et al. (dir.), *Vers une nouvelle reglementation des telecommunications*, 1990, Namur, E.Story-Scientia, 249 p.

BANCEL-CHARENSOL Laurence, *La déréglementation des télécommunications dans les grands pays industriels*, 1996, Paris, Economica, coll. « Management, communication, réseaux », 350 p.

BARREAU Jocelyne, *La réforme des PTT*, 1995, Paris, La Découverte, 274 p.

BENSOUSSAN Alain, *Les télécoms et le droit*, 2. éd., 1996, Hermes, 1071 p.

BIOY Xavier et al. (dir.), *La personnalité juridique: traditions et évolutions ; journées des 24 et 25 novembre 2011*, 2013, Toulouse, Presses de l'Univ. Toulouse 1 Capitole, coll. Les travaux de l'IFR Mutation des normes juridiques, n° 14, 334 p.

BOUVIER Michel et al., *Finances publiques*, 19. éd., 2020, Paris, L.G.D.J.-Lextenso Éd., 990 p.

BRUGUIÈRE Michel et al., *Administration et contrôle de l'économie 1800 - 1914*, 1985, Paris, Geneve Librarie Droz, 161 p., en ligne sur : shorturl.at/bhvAE.

BUREAU INTERNATIONAL DES ADMINISTRATION TÉLÉGRAPHIQUES (éd.), *La législation télégraphique*, 1876, Berne, Imprimerie Rieder & Simmen, 533 p.

CARPENTER Marie, *La bataille des télécoms. Vers une France numérique*, 2011, Paris, Economica, 593 p.

CHAPUS René, *Droit administratif général*, T. 1, 15. éd., 2001, Paris, Montchrestien, coll. Domat droit public, 1427 p.

CHAPUS René, *Droit du contentieux administratif*, 13. éd., 2008, Paris, Montchrestien, coll. Domat droit public, 1540 p.

CHEFFERT Jean-Marie et al., *Service universel, concurrence et télécommunications*, 1999, Namur, E. Story Scientia, 223 p.

CHEVALLIER Jacques, *L'État post-moderne*, vol. 35, 3. éd., 2008, Paris, L.G.D.J.-Lextenso Éd., coll. Droit et société, 266 p.

CLAPIÉ Michel (dir.), *Independance(s): études offertes au professeur Jean-Louis Autin*, vol. 1, 2012, Montpellier, Univ. Montpellier, coll. Collection Mélanges / Faculté de droit et science politique de Montpellier, 763 p.

COESTER Gilles et DUCASS Alain, *L'aménagement numérique du territoire*, 2007, Paris, Documentation française, 103 p.

CONSTANTINESCO Léontin-Jean, *Traité de droit comparé*, T. II, 1974, Paris, L.G.D.J, 412 p.

DECOCQ André et DECOCQ Georges, *Droit de la concurrence : droit interne et droit de l'Union européenne*, 8. éd., 2018, Issy-les-Moulineaux, L.G.D.J.-Lextenso Éd, coll. Manuel, 602 p.

DU MARAIS Bertrand, *Droit public de la régulation économique*, 1. éd., 2004, Paris, Presses de Sciences Po & Dalloz, coll. Amphi, 602 p.

DUGUIT Léon, *Traité de droit constitutionnel*, T. II « La théorie générale de l'État, Paris, Ancienne librairie Fontemoing & Ciés, 1928.

FRISON-ROCHE Marie-Anne (dir.), *Régles et pouvoirs dans les systèmes de régulation*, 2004, Paris, Presses de Sciences Po : Dalloz, 192 p.

FRISON-ROCHE Marie-Anne, *Internet, espace d'interrégulation*, 2016, Paris, Dalloz, 207 p.

GAUDEMET Yves, *Droit administratif*, 23e, 2020, Paris, L.G.D.J.-Lextenso Éd., 648 p.

GIRAUD Claude, *Bureaucratie et changements. Les cas de l'administration des télécommunications « du 22 à Asnières à la télématique »*, L'Harmattan, 1987, Paris, 262 p.

GONOD Pascale (dir.), *Traité de droit administratif. T. 1: ...*, 2011, Paris, Dalloz, coll. Traités Dalloz, 841 p.

GONOD Pascale (dir.), *Traité de droit administratif. T. 2: ...*, 2011, Paris, Dalloz, coll. Traités Dalloz, 711 p.

GRISET Pascal (dir.), *Les ingénieurs des Télécommunications dans la France contemporaine. Réseaux, innovation et territoires (XIXe-XXe siècles)*, 2014, Paris, Institut de la gestion publique et du développement économique, Comité pour l'histoire économique et financière de la France, coll. Histoire économique et financière - XIXe-XXe, 384 p., en ligne sur : shorturl.at/cjpCE.

GUÉDON Marie-José, *Les autorités administratives indépendantes*, 1991, Paris, L.G.D.J., coll. Collection Systèmes Droit administratif, 142 p.

HAGUENAU-MOIZARD Catherine, *Introduction au droit comparé*, 1. éd., 2018, Paris, Dalloz, coll. Séquences, 304 p.

LACOUT Marcel (dir.), *Les télécommunications françaises*, Ministère des PTT, Direction générale des télécommunications, 1982, 1008 p.

LEGRAND Pierre, *Le droit comparé*, 5e, 1999, Paris, Presses Universitaires de France, coll. Que sais-je ?, 128 p.

LERAY A (pseudo), *Les télécoms en questions : privatisation ou service public?*, 1994, Paris, Ed. de l'atelier, 207 p., en ligne sur : https://gallica.bnf.fr/ark:/12148/bpt6k3334487p/f44.item.zoom.

MORGAN Bronwen et al., *An Introduction to Law and Regulation: Text and Materials*, 2007, Cambridge, Cambridge University Press, 372 p., en ligne sur : http://ebooks.cambridge.org/ref/id/CBO9780511801112

NIHOUL Paul, *Droit européen des télécommunications. L'organisation des marchés*, 1999, Bruxelles, De Boeck & Larcier, 384 p.

PÉRARDEL Claude (dir.), *Postes, Télégraphes, Téléphones en France*, FNARHe, 2013, FNARH, coll. Une chronologie illustrée du XIXe siècle, 405 p.

PEZ Thomas, *Le domaine public hertzien. Attribution et exploitation des fréquences radioélectriques.*, 2011, L.G.D.J., coll. Systèmes, 214 p.

RAMBAUD Thierry, *Introduction au droit comparé: les grandes traditions juridiques dans le monde*, 2. éd., 2017, Paris, Presses Universitaires de France, coll. Quadrige manuels, 342 p.

RICARD J.-D., *Droit et jurisprudence en matière de postes, télégraphes, téléphones. T. 1, Le service public, l'Administration et le Personnel des P.T.T. ; II1 ; II2 ; III*, 1931, Paris, Librairie du Recueil Sirey.

RICOU Benjamin et TOUZEIL-DIVINA Mathieu (dir.), *Communications électroniques. objets juridiques au coeur de l'Unité des droits*, 2012, Le Mans, L'Epitoge, 170 p.

SAMUEL Geoffrey, « Epistomology and comparative Law : contribution from the sciences and social sciences », in *Epistomology and Methodology of Comparative Law*, 2004, Oxford, Heart Publishing, p. 35-78.

SERAFINI Filippo, *Le Télégraphe dans ses relations avec la jurisprudence civile et commerciale*, 1863, Impr. de l'Illustration, trad. DE LAMEILLÈRE Lavialle, 169 p.

TRUCHET Didier, *Droit administratif*, 8. éd., 2019, Paris, Presses universitaires de France, coll. Thémis Droit, 460 p.

WALINE Jean, *Droit administratif*, 27. éd., 2018, Paris, Dalloz, 835 p.

WORLD TRADE ORGANIZATION, *Understanding the WTO*, 2011, Geneva, World Trade Organization, Information and External Relations Div., en ligne sur https://www.wto.org/english/thewto_e/whatis_e/tif_e/understanding_e.pdf.

ZWEIGERT Konrad et al., *An introduction to comparative law*, 1998, Oxford, Oxford University Press, trad. WEIR Tony, 714 p.

B. Droit égyptien

ABDEL-HADI Mohamed Fathi, *نحو تمهيد الطريق المصرى السريع للمعلومات وتحديات التنمية القومية [Vers une route égyptienne de l'information et les défis du développement national]*, Al-Maktaba Al-Academia, 1995, Le Caire, 360 p.

ABDELBASSET **Mohamed Fouad**, *القضاء الإداري [La justice administrative]*, 2005, Alexandrie, Dar Al-gam'aa Al-gadid, 368 p.
ABDELLATIF **Mohammed Mohammed**, *الاتجاهات المعاصرة في ادارة المرافق الاقتصادية [Les tendances contemporaines dans la gestion des services économiques]*, 2000, Le Caire, Dar Al-nahda Al-arabia, 120 p.
AL-CHÉRIF **Omar**, *شرح لمبادئ وأحكام قوانين الاتصالات [Explication des principes et des dispositions des lois des télécommunications]*, 2èmee, 2010, Alexandrie, 153 p.
AL-HELW **Maged Ragheb**, *القانون الإداري [Le droit administratif]*, 2000, Alexandrie, Dar Al-matbou'at Al-game'ia, 656 p.
AL-HELW **Maged Ragheb**, *القضاء الإداري [La justice administrative]*, 1995, Alexandrie, Dar Al-matbou'at Al-game'ia, 659 p.
AL-SANHOURI **Abdul-razaq**, *حق الملكية[Le droit de propriété]*, vol. 8, 1967, Beirut, Dar Ehia'a Al-tourath Al-Arabi, coll. الوسيط فى شرح القانون المدنى [Traité de droit civil], 1108 p.
AL-SHAL **Ensherah**, *محاولات الانسان الاتصال عن بعد سلكيا ولاسلكيا [Les tentatives de l'Homme de communiquer par et sans fil]*, , Le Caire, Dar Al-nahda Al-arabia, 604 p.
ALI **Said El-said**, *أسس وقواعد القانون الإداري [Principes de droit administratif]*, 2009, Le Caire, Dar Al-nahda Al-arabia, 234 p.
ATTIA **Mahmoud Hamdi Abass**, *أثر تغير الظروف في القرار الإداري والطعن فيه. دراسة تحليلية مقارنة في النظامين القانونيين الفرنسي والمصرى [L'effet du changement des circonistances sur la décision administrative et son contentieux. Etude analytique comparée de systèmes juridiques français et égyptien]*, 2010, Le Caire, Dar Abo-elmagd Lel-teba'aa, 814 p.
BARAKAT **Ali,** *الوسيط في شرح قانون المرافعات المدنية والتجارية [Manuel du droit des proécdures civiles et commerciales]*, 1èree, 2016, Le Caire, Dar Al-nahda Al-arabia, 1045 p.
BELAL **Abdul-Moneim**, *الاتصالات والمعلوماتية في مصر. الواقع والمستقبل حتى عام 2000[Les télécommunications et l'informatique en Égypte. Le présent et le futur jusqu'à l'année 2020]*, Al-Maktaba Al-Academiae, 2003, Le Caire, en ligne sur : https://books.google.fr/books?id=sN4lDwAAQBAJ&printsec=frontcover#v=onepage&q&f=true, 223 p.
EBEID **Mohamed Kamel et** HECHAM **Abdelmoneim**, *مبادئ القضاء الإداري [Les principes de la justice administrative]*, vol. 1, 2014, Le Caire, Dar Al-thakafa Al-Arabia, 456 p.
EL-HADI **Mohamed**, *تكنولوجيا الاتصالات وشبكات المعلومات*, Al-Maktaba Al-Academiae, 2018, Le Caire, 295 p., en ligne sur : shorturl.at/mvU58., 396 p.
FOUDA **Rafaat**, *سلطة التقرير المستقلة. دراسة مقارنة [Le pouvoir réglementaire autonome. Etude comparée]*, 1994, Le Caire, Dar Al-nahda Al-arabia, 295 p.

GA'FAR Anas et GA'FAR Achraf Anas, القضاء الإداري *[La justice administrative]*, 2015, Le Caire, Dar Al-nahda Al-arabia, 415 p.
HANAFI Abdallah, السلطات الإدارية المستقلة *[les autorités administratives indépendantes]*, 2000, Le Caire, Dar Al-nahda Al-arabia, 195 p.
MECHREF Abdul-Aleim, النظرية العامة للقانون الإداري *[La théorie générale du droit administratif]*, 2015, Le Caire, Dar Al-thakafa Al-Arabia, 453 p.
MOHAMMED Ali Abdel-Fatah, الوجيز فى القضاء الإدارى *[Le précis en justice administrative]*, 2009, Alexandrie, Dar Al-Gama'a Al-Gadida, 419 p.
NASSAR Gaber Gad, الوسيط فى القانون الدستورى *[Droit constitutionnel]*, 2010, Le Caire, Dar Al-nahda Al-arabia, 474 p.
SEDIK Radaman, الوجيز فى المالية العامة و التشريع الضريبى *[Les finances publics et la législation fiscale]*, 2015, Banha - Égypte, université de Banha, 550 p.

II. Thèses et mémoires

A. Droit français

AOUN Charbel, *L'indépendance de l'autorité de régulation des communications électroniques et des postes (ARCEP)*, thèse de droit, université Cergy-Pontoise, 2006, Cergy, 430 p.
BLOCH Lucien, *De l'autonomie du budget des postes, télégraphes et téléphones*, thèse de droit, Faculté de droit de Rennes, 1905, Rennes, 128 p.
BULATOVIC Vladimir, *Les enjeux économiques de l'interconnexion des réseaux de télécommunications*, thèse d'économie, université d'Orleans, 2004, 396 p.
CALANDRI Laurence, *Recherche sur la notion de régulation en droit administratif français*, thèse de droit, université Toulouse I, 2005, L.G.D.J., Paris, 2008, 733 p.
CATTAN Jean, *Le droit de l'accès aux communications électroniques*, thèse de droit, université Aix-Marseille, 2012, Presse universitaire d'Aix-Marseille, coll. Droit de l'information et de la communication, Aix-en-Provence, 2015, 360 p.
DELZANGLES Hubert, *L'indépendance des autorités de régulation sectorielles : communications électroniques, énergie et postes*, thèse de droit, université Bordeaux-IV, 2009, 903 p.
DEZOBRY Guillaume, *La théorie des facilités essentielles : essentialité et droit communautaire de la concurrence*, thèse de droit, université Paris 10, 2007, Paris, L.G.D.J.-Lextenso Éd, coll. Bibliothèque de droit international et communautaire, 2009, 507 p.

MANSON Stéphane, *La notion d'indépendance en droit administratif*, thèse de droit, université Paris II Panthéon Assas, 1995, Paris, 507 p.

PALMA-AMALRIC Valérie, *L'autonomie financière des autorités indépendantes*, thèse de droit, université Toulouse I, 2017, L'Harmattan, Paris, 615 p.

POPOVIC Dusan, *Le droit communautaire de la concurrence et les communications électroniques*, thèse de droit, université Paris X, 2007, L.G.D.J. Lextenso Éd., 2009, Paris, 335 p.

PRADELLE Pierre, *Le service des postes, télégraphes et téléphones*, thèse de droit, université de Lyon, 1903, Lyon, 231 p.

RAMBAUD Romain, *L'institution juridique de régulation : recherches sur les rapports entre droit administratif et théorie économique*, thèse de droit, université Paris I Sorbonne-Panthéon, 2011, L'Harmattan, Paris, 2012, 930 p.

RIEG Alexandre, *La mise en oeuvre du service universel des communications électroniques*, mémoire du master II, université de Strasbourg, 2014, Strasbourg, 61 p.

TANSUG Çagla, *La régulation des services publics de réseau en France et en Turquie : électricité et communications électroniques*, thèse de droit, université Paris I Panthéon-Sorbonne, 2009, L'Harmattan, coll. Logiques juridiques, 2009, Paris, 614 p.

ZIANI Salim, *Du service public à l'obligation du service public*, thèse de droit, université de Strasbourg, 2013, Issy-les-Moulineaux, L.G.D.J.-Lextenso Éd, coll. Bibliothèque de droit public, 2015, 442 p.

B. Droit égyptien

AL-CHINAWI Waleed, *الدور التنظيمي للإدارة فى المجال الاقتصادى [La fonction de régulation de l'administration dans le domaine économique]*, thèse de droit, université du Mansoura (Égypte), 2004, 937 p.

ADEL Fatma Al-Zahraa, *L'effectivité du droit égyptien de la concurrence. Essais de mise en perspective,* thèse de doctorat en droit, université Paris I Panthéon Sorbonne, 2019, Paris, 561 p.

MOHAMMED Hecham Abdelghaffar, *التنظيم القانون للاتصالات والبث الاذاعى والتلفزيونى [L'organisation juridique des télécommunications et de l'audiovisuel]*, thèse de droit, université du Caire, 2017, 718 p.

RAMADAN Alaa et al., *Enquête : Vodafone Egypt Telecommunications*, mémoire du master II (droit), Institut de droit des affaires internationales (IDAI), université du Caire et université de Paris I Panthéon Sorbonne, oct. 2004, Le Caire, 38 p.

SHEHA Abdelmohssen, *Le délai raisonnable de jugement : une part indissociable de la justice. Vers une réforme du Conseil d'État égyptien,* *à la lumière de l'expérience de la juridiction administrative française*, mémoire du master II, École nationale d'administration (Ena) et université de Strasbourg, 2014, Strasbourg, 46 p.

III Actes de colloques ou de journées d'études et ouvrages collectifs

ASSOCIATION FRANÇAISE POUR LA RECHERCHE EN DROIT ADMINISTRATIF (dir.), *L'utilisation du domaine public : actes du colloque du 12 décembre 2014*, 2016, 119 p.

BARRAUD Boris, « Le droit comparé », in *La recherche juridique (les branches de la recherche juridique)*, 2016, Paris, L'Harmattan, coll. Logiques juridiques, p. 91-103.

BARRUÉ-BELOU Rémi, « Méthodes et enjeux de la comparaison : la question de la comparabilité », 8e congrès français de droit constitutionnel, Association Française de Droit Constitutionnel (AFDC), Institut de Recherche sur l'Évolution de la Nation Et de l'État (IRENEE), université Nancy II, Nancy, France, juin 2011, en ligne sur : https://hal.univ-reunion.fr/hal-02403834.

BLANDIN Annie, « L'équilibre entre service universel et concurrence dans le régime juridique communautaire des télécommunications », in *Service public et Communauté européenne : entre l'intérêt général et le marché*, T. I : Introductions et approche sectorielle, 1998, Paris, La Documentation française, p. 103-113.

BRONCKERS Marco et LAROUCHE Pierre, « A Review of the WTO Regime for Telecommunications Services », in *The World Trade Organization and Trade in Services*, 2008, Leiden, Koninklijke Brill NV, p. 319-379.

CHEFFERT Jean-Marie, « Le service universel : une notion à cerner pour un champ politique à identifier », in *Service universel, concurrence et télécommunications*, 1999, Namur, E. Story Scientia, p. 7-31.

CURIEN Nicolas, « Le service universel des télécommunications en France », in *Service universel, concurrence et télécommunications*, 1999, Namur, E. Story Scientia, p. 131-142.

DELION André, « Notion de régulation et droit de l'économie », in *Annales de la régulation*, vol. 1, 2006, Paris, L.G.D.J., p. 3-43

DELVOLVÉ Pierre et al. (dir.), *Le patrimoine immatériel des personnes publiques [actes d'] un colloque organisé par le Conseil d'État le 16 mars 2012 à l'École nationale d'administration, Paris*, 2013, Paris, La Documentation française, 148 p.

DILHAC Jean-Marie, *Edouard Estaunié, ingénieur, enseignant, romancier*, 2009, en ligne sur : https://hal.archives-ouvertes.fr/hal-00446427/document.

DUPORT Shanti, « Elements de réflexion sur le phénomène d'autonomisation des autorités administratives indépendantes », in *Indépendance(s)*, vol. 1, 2012, Montpellier, Univ. Montpellier, p. 355-364.

ECKERT Gabriel et KOVAR Jean-Philippe, « Séparation des fonctions d'opérateur et de régulateur », in *Répertoire de droit européen*, 2011, Dalloz, p. 100-103.

GUILLERMINET Cédric, « L'autonomie budgétaire : une ombre au tableau de l'indépendance des AAI », in *Indépendance(s)*, vol. 1, 2012, Montpellier, université de Montpellier, p. 365-387.

LEAUTIER Frannie. A. et NOUMBA UM Paul, « La régulation des industries de réseau est-elle en crise ? Regard sur l'Amérique latine et l'Afrique », in *Économie et droit de la régulation des infrastructures. Perspectives des pays en voie de développement*, 2008, Paris, L.G.D.J., coll. Droit & Économie, p. 3-28.

MIAILLE Michel, « L'éloge de l'autonomie contre l'indépendance ? », in *Indépendance(s)*, vol. 1, 2012, Montpellier, université de Montpellier, p. 55-70.

MONGIN Bernard, « Quelques éléments sur le financement des activités non rentables dans le secteur des télécommunications et de la poste », in *Service public et Communauté européenne : entre l'intérêt général et le marché*, T. I : Introductions et approche sectorielle, 1998, Paris, La Documentation française, p. 151-163.

SHERMAN Laura B., « World Trade Organization Agreement On Telecommunications Services (Fourth Protocol To General Agreement On Trade In Services) », in *International Legal Materials*, vol. 36, 1997, Cambridge, Cambridge University Press, p. 354–374.

TOUSCOZ Jean et DUMONT Olivier, « Le service universel dans le secteur des télécommunications en droit communautaire et en droit français (quelques remarques juridiques) », in *Service public et Communauté européenne : entre l'intérêt général et le marché*, T. I : Introductions et approche sectorielle, 1998, Paris, La Documentation française, p. 165-176.

VALCKE Cathérine, « « Droit » : réflexions sur une définition aux fins de comparaison », in *Comparer les droits, résolument*, 2009, Paris, Presses Universitaires de France, coll. Les voies de droit, p. 99-122.

VAN DER MENSBRUGGHE François, « Le service universel des télécommunications aux États-Unis », in *Service universel, concurrence et télécommunications*, 1999, Namur, E. Story Scientia, p. 89-129.

WACHSMANN Patrick, « Sur l'« indépendance » des autorités administratives d'État », in *Indépendance(s)*, vol. 1, 2012, Montpellier, université de Montpellier, p. 481-500.

IV. Articles, Notes et Chroniques

ABDEREMANE Karine, « Pas de remise en cause du plan de numérotation pour les numéros non géographiques », *Revue Lamy de la concurrence* 2006, n° 8, p. 128-129.

ACHILLEAS Philippe et BINET Laurent, « Un an de régulation du marché des communications électroniques », *Communications, commerce électronique* 2018, n° 5, p. 19-23.

AGUADO Ana, « Développement des infrastructures », *Revue du droit de l'Union européenne* 2000, n° 4, p. 923-931.

ALAIN Giraud, « Le mouvement de dérégulation. », *Réseaux* 1987, vol. 5, n° 23, Monopole et concurrence, p. 85-96.

ALBERTI Jacopo, « L'utilisation d'actes de soft law par les agences de l'Union européenne », *Revue de l'Union européenne* 2014, n° 576, p. 161-170.

ARCEP, « La notion d'infrastructure essentielle dans la régulation sectorielle », *Lettre de l'Autorité de régulation des communications électroniques et des postes* 2008, n° 59, p. 21.

ARCEP, « Partage d'installations 3G : l'Autorité souhaite un accord entre les opérateurs », *Lettre de l'Autorité de régulation des communications électroniques et des postes* 2009, n° 66, p. 33.

ARLANDIS Jacques et LE PELTIER Valérie, « La déréglementation des télécommunications au Japon : pragmatisme économique et stabilité institutionnelle », *Réseaux* 1990, vol. 8, n° 40, p. 7-23.

ART, « Interconnexion : L'Autorité approuve le catalogue d'interconnexion de France Télécom pour 2002 », *Lettre d'information bimestrielle de l'Autorité de régulation des télécommunications* 2002, n° 22, p. 21.

ART, « L'Autorité et la télématique », *La lettre de l'autorité. Lettre d'information bimestriel de l'Autorité de régulation des télécommunications* 1998, n° 2, p. 3.

BADAWI Amr, « Investing in Egyptian telecom », *Connect-world* 2007, n° 3, Africa and the Middle-East, p. 2.

BAZEX Michel et BLAZI Sophie, « Qualification du mécanisme de financement du service universel en matière de communications électroniques », *DA* 2005, n° 7, p. 34-35.

BERLIN Dominique, « L'accès au marché français des télécommunications », *AJDA* 1997, n° 3, p. 229-245.

BONIFAY Jacque, « La régulation a permis aux MVNO d'innover », *Les Cahiers de l'ARCEP* juill. 2011, n° 6, p. 40-41.

BOURREAU Marc, « La tarification dans le domaine des télécoms », *Revue Lamy de la concurrence* 2010, n° 23, p. 154-157.

BOY Laurence, « Réflexions sur « le droit de la régulation » », *Recueil Dalloz Sirey* 2001, n° 37, p. 3031-3038.
BRACONNIER Stéphane, « La régulation des services publics », *RFDA* 2001, n° 1, p. 43-57.
BRESSIE Kent et al., « Telecommunications trade liberalization and the WTO », *The Journal of Policy, Regulation and Strategy for Telecommunications* 2005, vol. 7, n° 2, p. 3-24.
BRUGUIÈRE Jean-Michel, « Note sous arrêt : CE 29 janvier 2003, Syndicat national de la télématique », *Propriétés Intellectuelles (PI)* 2003, n° 9, p. 460-463.
CALLEY Grégorie, « La loi n. 2005-516 du 20 mai 2005 relative à la régulation des activités postales », *RFDA* 2006, n° 1, p. 96-118.
CAMBOT Pierre, « Collectivités locales et initiatives privées en matière de télécommunications », *AJDA* 1999, n° 12, p. 965-984.
CANNON Robert, « The Legacy of the Federal Communications Commission's Computer Inquiries », *Federal Communications Law Journal* 2003, vol. 55, n° 3, p. 167-205.
CAVEDON Frédéric et **FORSTER Frédéric**, « La mise en œuvre du service universel d'annuaires et de renseignements », *Gazette du Palais* 2007, n° 291, p. 15-18.
CHAMINADE André, « Régime juridique des autorisations d'utilisation des fréquences radioélectriques », *JCP G Semaine Juridique (édition générale)* 2007, n° 43, p. 34-38.
CHATILLON Georges, « L'interconnexion dans les télécommunications : Le concept d'ONP comme outil d'une régulation concurrentielle », *Revue de Droit de l'Informatique et des Télécoms (DIT)* 1998, n° 2, p. 102-106.
CHAUVET Clément, « La personnalité contentieuse et les autorités administratives indépendantes », *RDP* 2007, n° 2, p. 379-400.
CHEVALLIER Jacques, « La mise en œuvre de la réforme des télécommunications », *RFDA* 1997, n° 6, p. 1115-1128.
CHEVALLIER Jacques, « La mutation des postes et télécommunications », *AJDA* 1990, n° 10, p. 667-687.
CHEVALLIER Jacques, « La nouvelle réforme des télécommunications : rupture et continuités », *RFDA* 1996, n° 5, p. 909-952.
CHEVALLIER Jacques, « La réglementation des télécommunications », *AJDA* 1991, n° 3, p. 203-213.
CHEVALLIER Jacques, « Le statut des autorités administratives indépendantes : harmonisation ou diversification ? », *RFDA* 2010, n° 5, p. 896-900.
CIUPA Isabelle, « Le concept communautaire d'offre de réseau ouvert ONP, un des outils de la régulation de l'interconnexion dans les télécommunications », *Revue de Droit de l'Informatique et des Télécoms (DIT)* 1998, n° 1, p. 80-86.

CIUPA Isabelle, « Les réseaux indépendants filaires : Cadre juridique et intérêt économique », *Revue de Droit de l'Informatique et des Télécoms (DIT)* 1994, n° 1, p. 89-92.

COLBER Douglas W., « Reform of Japanese Telecommunications Law: Panacea or Placebo », *Northwestern Journal of International Law & Business* 1987, vol. 8, n° 1, p. 145-180.

COUR Laurence, « La révision du cadre européen des communications électroniques », *Revue Lamy droit de l'Immatériel* 2010, n° 56, p. 42-46.

DE MONTALIVET Pierre, « Constitution et autorités de régulation », *RDP* 2014, n° 2, p. 316-323.

DE MONTECLER Marie-Christine, « Le statut général des autorités administratives indépendantes adopté », *Concurrences* 2016, n° 2, p. 181-182.

DE STREEL Alexandre et al., « Un nouveau cadre réglementaire pour les communications électroniques en Europe », *Journal des tribunaux droit européen* 2003, n° 101, p. 193-202.

DEBÈNE Marc et RAYMUNDI Olivier, « Sur le service universel : renouveau du service public ou nouvelle mystification », *AJDA* 1996, n° 3, p. 183-191.

DEHOUSSE Franklin et al., « Le cadre réglementaire européen des communications électroniques de 2003 », *Courrier hebdomadaire du CRISP* 2004, n° 1857, n° 32, p. 5-44.

DELAUNAY Benoît, « L'attribution d'une quatrième licence de téléphonie mobile n'est pas discriminatoire. Note sous la décision du Conseil d'Etat, 27 avril 2009, société Bouygues Télécom, n° 312741. », *AJDA* 2009, n° 23, p. 1248-1254.

DELCROS Bertrand et BROUANT Jean-Philippe, « La gestion de la ressource hertzienne », *Revue de Droit de l'Informatique et des Télécoms (DIT)* 1997, n° 4, p. 13-24.

DIDIER Gazagne, « Note sous Conseil d'État (CE), ordonnance en référé, 8 novembre 2002, Société Tiscali Télécom contre Ministre de l'Économie des Finances et de l'industrie », *La Gazette du Palais* 2003, n° 267, p. 27-35.

DISTLER Philippe, « La fibre n'est pas un problème de coûts, mais une question de revenus », *Les Cahiers de l'ARCEP* 2011, n° 6, p. 12-15.

DONGAR Olivier, « Faut-il repenser la notion de service public en France ? », *Revue de la recherche juridique. Droit prospectif* 2013, n° 2, p. 775-793.

DUPUIS-TOUBOL Frédérique, « Un détail qui a son importance ; l'attribution des préfixes E aux opérateurs longue distance », *Revue de Droit de l'Informatique et des Télécoms (DIT)* 1998, n° 1, p. 90-96.

DYSON Kenneth, « La réforme des télécommunications dans les années 80 : comparaison entre la Grande-Bretagne et la RFA », *Réseaux* 1990, vol. 8, n° 40, p. 35-48.

ECKERT Gabriel et KOVAR Jean-Philippe, « L'indépendance des autorités de régulation économique et financière : une approche comparée », *RFAP* 2012, vol. n° 143, n° 3, p. 621-628.
ECKERT Gabriel, « L'indépendance des autorités de régulation économique à l'égard du pouvoir politique », *RFAP* 2012, vol. 143, n° 3, p. 629-643.
ECKERT Gabriel, « Licence d'exploitation de réseaux de téléphonie mobile de troisième génération », *Contrats et Marchés publics* 2010, n° 12, p. 38-40.
EPRON Quentin, « Le statut des autorités de régulation et la séparation des pouvoirs », *RFDA* 2011, n° 5, p. 1007-1018.
ESPENEL Alexandre, « Le dégroupage de la boucle locale : Tabou ou réalité juridique », *Revue de Droit de l'Informatique et des Télécoms (DIT)* 1999, n° 1, p. 114-121.
ESTRYN Claire, « Le spectre des fréquences radioélectriques, bien public ou bien commercial ? », *Petites affiches* 2001, n° 138, p. 11-21.
FABER Stéphanie et SROUSSY Grégory, « Révision du « Paquet Télécom » : quel(s) régulateur(s) pour demain ? », *Revue Le Lamy droit de l'immatériel* 2009, n° 45, p. 68-71.
FARRELL Sean P., « Telecommunications in the United Kingdom: A Prototype for Deregulation Or a Flash in the Pan », *Hastings Communications and Entertainment Law Journal* 1995, vol. 18, n° 2, p. 321-375.
FASQUELLE Daniel, « Régulation numérique - Le droit de la concurrence à la croisée des chemins face à l'émergence du numérique », *Contrats Concurrence Consommation* 2019, n° 7, p. 30-36.
FAUQUEUX Olivier et GUILLAUME Emmanuel, « Transformation en société anonyme et ouverture du capital : La métamorphose juridique de France Télécom », *La semaine juridique Entreprises et Affaires* 1998, n° 13, p. 500-507.
FOULQUIER Norbert, « Le financement du service universel des télécommunications », *AJDA* 2003, n° 35, p. 1888-1891.
FRISON-ROCHE Marie-Anne, « Définition du droit de la régulation économique », *Recueil Dalloz Sirey* 2004, n° 2, p. 126-129.
FRISON-ROCHE Marie-Anne, « L'ARCEP propose un allégement de la régulation du marché de détail », *Revue Lamy de la concurrence* 2007, n° 11, p. 96.
FRISON-ROCHE Marie-Anne, « La régulation, objet d'une branche du droit », *Petites affiches* 2002, n° 110, p. 3-5.
FRISON-ROCHE Marie-Anne, « Régulateurs indépendants versus LOLF », *Revue Lamy de la concurrence* 2006, n° 7, p. 69-73.
GALLOT Jérôme, « Qu'est-ce que la régulation ? contribution pour une définition », *Revue de la concurrence et de la consommation* 2001, n° 119, p. 5-7.

GAZIER François et **CANNAC Yves**, *Étude sur les autorités administratives indépendantes*, Paris, La documentation Française, coll. E.D.C.E., n° 35, 1983-1984.

GÉRADIN Damien, « L'ouverture à la concurrence des entreprises de réseau : analyse des principaux enjeux du processus de libéralisation », *Cahiers de droit européen* 1999, vol. 1, n° 2, p. 13-48.

GUERRIER Claudine, « Accord du 14 janvier 2018 et zones blanches fin d'une certaine fracture numérique ? », *Revue Lamy droit de l'Immatériel* 2018, n° 146, p. 20-24.

GUILLAUME Emmanuel, « L'Autorité de régulation des communications et des Postes précise les modalités de partage des pylônes entre opérateurs mobiles », *Concurrences* 2016, n° 1, p. 197-199.

GUILLAUME Emmanuel, « La réforme des postes et télécommunications : le passage du statut d'usager d'un service administratif à celui de client d'un service public industriel et commercial », *RFDA* 1991, n° 2, p. 239-242.

HAGELSTEEN Marie-Dominique et CHONE Philippe, « Accès au réseau et efficacité économique : réglementation et concurrence », *Revue Lamy de la concurrence* 2010, n° 23, p. 139-141.

HAQUET Arnauld, « Le pouvoir réglementaire des autorités administratives indépendantes. Réflexions sur son objet et sa légitimité », *RDP* 2008, n° 2, p. 393-409.

HATZOPOULOS Vassilis, « L'ONP, moyen de dérégulation des télécommunications », *RTD eur.* 1994, n° 1, p. 63-100.

HIGHAM Nicholas, « Open network provision in the EC: A step-by-step approach to competition », *Telecommunications Policy* 1993, vol. 17, n° 4, p. 242-249.

HUET Pierre, « Allocation et gestion des ressources rares en matière de télécommunications », *AJDA* 1997, n° 3, p. 251-253.

IDOUX Pascale, « Le nouveau statut général des AAI et API », *AJDA* 2017, n° 19, p. 1115-1120.

JALUZOT Béatrice, « Méthodologie du droit comparé : bilan et prospective », *Revue internationale de droit comparé* 2005, vol. 57, n° 1, p. 29-48.

JEAN-BAPTISTE Michelle, « Audiovisuel et télécom : quelles convergences ? », *Annales Des Télécommunications* 2006, vol. 61, n° 7-8, p. 787-808.

KARAYANNIS Vassilios, « Le service universel de télécommunications en droit communautaire : entre intervention publique et concurrence », *Cahiers de droit européen* 2002, vol. 3, n° 4, p. 315-375.

LAGET-ANNAMAYER Aurore, « Les numéros de téléphone ne sont pas la propriété des opérateurs », *AJDA* 2003, n° 26, p. 1381-1382.

LASSERRE Bruno, « L'Autorité de régulation des télécommunications », *AJDA* 1997, n° 3, p. 224-228.

LASSERRE Bruno, « Régulation, mode d'emploi », *Sociétal* 2000, n° 30, p. 77-79.

LIVORY Agathe, « Les débuts chaotiques de la libéralisation du marché français des télécommunications », *Revue de Droit de l'Informatique et des Télécoms (DIT)* 1998, n° 2, p. 99-101.

LOMBARD Martine, « Brèves remarques sur la personnalité morale des institutions de régulation », *RJEP/CJEG* 2005, n° 619, p. 127-134.

LOTTIER Serge, « PTT 1969-1973 : Comment endiguer les réformes de structures et leurs répercussions sur le service public et le personnel », *Le Répertoire du Relais* 2009, n° 41, p. 6.

MAISL Herbert, « Commentaire de la loi n° 96-659 du 26 juillet 1996 de réglementation des télécommunications », *AJDA* 1996, n° 10, p. 762-779.

MAISL Herbert, « Droit des télécommunications : les transformations récentes », *AJDA* 1997, n° 3, p. 212-216.

MAISL Herbert, « La régulation des télécommunications, changements et perspectives », *RFDA* 1995, n° 3, p. 449-461.

MANSON Stéphane, « L'occupation contractuelle du domaine public : essai de clarification et de remise en ordre », *RDP* 2009, vol. 125, n° 1, p. 19-49.

MARCOU Gérard, « La notion juridique de régulation », *AJDA* 2006, n° 7, p. 347-353.

MATHARAN Xavier et ABBOUB Schéhérazade, « Le service public local des communications électroniques : bilan de dix années et perspectives d'évolutions », *RFDA* 2015, n° 2, p. 313-321.

MIGUÉ Jean-Luc, « Controls versus Subsidies in the Economic Theory of Regulation », *The Journal of Law and Economics* 1977, vol. 20, n° 1, p. 213-221.

MILLER Geoffrey P., « Introduction: The Debate over Independent Agencies in Light of Empirical Evidence », *Duke Law Journal* 1988, vol. 1988, n° 2/3, p. 215-222.

MOINE Gérard, « Le service universel des télécommunications », *AJDA* 1997, n° 3, p. 246-259.

MOINE Gérard, « Les habits neufs des postes et télécommunications », *RFDA* 1991, n° 2, p. 222-234.

MUSSO Pierre, « La symbolique de la dérégulation en France », *Quademi* 1989, n° 7, p. 41-54.

MUSSO Pierre, « Une nouvelle législation pour les télécommunications françaises », *Quaderni* 1996, n° 28, p. 29-36.

NEZIH Dincbudak, « Déréglementation de l'industrie des télécommunications : le cas américain. », *Réseaux* 1987, vol. 5, n° 23, p. 7-39.

NICINSKI Sophie, « Le mode de régulation », *RFDA* 2010, n° 4, p. 735-740.

NZALOUSSOU Christian, « À propos des redevances d'utilisation des fréquences UMTS en france (la décision du conseil constitutionnel du 28 décembre 2000 relative à la loi de finances pour 2001) », *RIDE* 2001, n° 2, p. 225-239.

ORSONI Gilbert, « Concurrence. Droit de la régulation économique. Note sous CE, S., 25 juin 2004, Sté Scoot France, Sté Fonecta, Req. n° 249300 et 249722, AJDA 2004. 1704, Chron. Cl. Landais et F. Lénica », *RTD com.* 2005, n° 1, p. 56-58.

PÉRINET-MARQUET Hugues, « L'évolution récente du droit communautaire de la concurrence. Les articles 85 et 86 du Traité C.E.E en 1985-86 », *La Semaine Juridique Entreprise et Affaires* 28 mai 1987, n° 22.

PEZ Thomas, « Les attributions des autorités de régulation économique », *RFDA* 2017, n° 1, p. 42-56.

PINHEIRO John, « AT&T Divestiture & the Telecommunications Market », *Berkeley Technology Law Journal* 1987, vol. 2, n° 2, p. 303-355.

PROSSER Tony, « Theorising Utility Regulation », *Modern Law Review* mars 1999, vol. 62, n° 2, p. 196-217.

QUIOT Gérard, « De l'inconstitutionnalité de la loi du 31 décembre 2003 relative aux obligations des télécommunications et à France Télécom », *AJDA* 2005, n° 15, p. 813-824.

RAPONE Denis, « La patrimonialité des actes administratifs en matière de communications électroniques », *RFDA* 2009, n° 1, p. 39-45.

RAPP Lucien, « France Télécom : privatisation An I », *Revue Lamy droit de l'Immatériel* 2005, n° 1, p. 30-32.

RAPP Lucien, « France Télécom entre service public et secteur privé ou la tentation de Madrid », *AJDA* 2004, n° 11, p. 579-590.

RAPP Lucien, « La nouvelle réglementation européenne des communications électroniques : du « paquet » au « paquetage » », *Revue Lamy Droit de l'Immatériel* 2010, n° 60, p. 75-79.

RAPP Lucien, « La politique de libéralisation des services en Europe, entre service public et service universel », *Revue de marché commun de l'Union européenne* 1995, n° 389, p. 352-357.

RAPP Lucien, « La réforme du régime juridique des télécommunications en France », *RFDA* 1991, n° 2, p. 243-266.

RAYNAUD Fabien et FOMBEUR Pascale, « Procédure et conditions de l'attribution des préfixes téléphoniques », *AJDA* 1998, n° 7, p. 565-569.

ROUYÈRE Aude, « La constitutionnalisation des autorités administratives indépendantes : quelle signification ? », *RFDA* 2010, n° 5, p. 887-895.

ROUYÈRE Aude, « Le statut : une mise en ordre pragmatique », *RFDA* 2017, n° 3, p. 413-424.

SABOURIN Paul, « Les autorités administratives indépendantes. Une catégorie nouvelle », *AJDA* 1983, n° 1, p. 275-295.

SALON Serge, « France Télécom est un établissement public à caractère industriel et commercial », *AJDA* 1995, n° 6, p. 475.

SCOTT Colin, « Accountability in the Regulatory State », *Cardiff University, Journal of Law and Society* 2000, vol. 27, n° 1, p. 38-60.

Sheha Abdelmohssen, « (Re)slicing The Cake for A Fair Share. Regulatory Powers Over Interconnection Agreements in Egypt », *LexisNexis MENA Business Law Review* 2020, n° 2, p. 52-61.

Tabaka Benoit, « Éclaircissements autour des définitions des communications électroniques », *Revue Lamy droit de l'Immatériel* 2006, n° 17, p. 56-60.

Taillefait Antony, « Réforme de France Télécom : maintien du statut de fonctionnaire du personnel », *La semaine juridique Administrations et collectivités territoriales* 2004, n° 4, p. 78.

Teitgen Colly Catherine, « Les instances de régulation et la constitution », *RDP* 1990, n° 1, p. 153-259.

Timsit Gérard, « La régulation. La notion et le phénomène », *RFAP* 2004, n° 109, p. 5-11.

Trémeau Jérôme, « Note sous arrêt : Décision n° 96-378 DC du 23 juillet 1996, Télécommunications, JO 27 juillet 1996, p. 11400 », *Revue française de droit constitutionnel* 1996, n° 28, p. 823-832.

Truchet Didier, « Unité et diversité des « grands principes » du service public », *AJDA* 1997, n° H.S, p. 38-47.

Tuot Thierry, « Pouvoir tarifaire - compétence législative : Une redevance qui n'est pas proportionnelle au service rendu est une taxe que seul le législateur peut créer. Note sous CE, 25 avril 2007, Société Free, n° 287486. », *Revue des droits de la concurrence* 2007, n° 3, p. 158-159.

Wachsmann Patrick, « Note sur la décision n° 86-217 DC du 18 septembre 1986 », *AJDA* 1987, n° 1, p. 111-114.

V. Rapports, Études, Communications, Avis, Résolutions et débats

A. Droit français

Arcep, « 1997–2017. 20 ans de régulation », rapport public, en ligne sur : https://www.arcep.fr/actualites/les-publications/gp-page/3.html.

Conseil d'État, *Réflexion sur les autorités administratives indépendantes*, Paris, La Documentation Française, coll. E.D.C.E., n° 52, 2001.

Conseil d'État, *Les agences : une nouvelle gestion publique ?*, Paris, La Documentation Française, coll. E.D.C.E., 2012.

Cour des comptes, *Rapport de la Cour des comptes, Autorités administratives et publiques indépendantes : politiques et pratiques de rémunération (2011-2016)*, Communication à la Commission des finances, de l'économie générale et du contrôle budgétaire de l'Assemblée nationale, 2017, en ligne sur :

https://www.ccomptes.fr/fr/publications/les-politiques-et-pratiques-de-remuneration-des-autorites-administratives-et-publiques.

GAUDEMET Yves et al., *Le système français d'exploitation du domaine public hertzien et d'attribution des fréquences radioélectriques*, Paris, Fondation pour le droit continental et Agence nationale des fréquences, 2009.

GÉLARD Patrice, *Rapport sur les autorités administratives indépendantes*, Assemblée nationale, n° 3166, 15 juin 2006.

GOUTEYRON Adrien, *Rapport fait au nom de la commission spéciale sur le projet de loi relatif à la liberté de communication*, Sénat, n° 413, 19 juin 1986.

HÉRISSON Pierre, *Rapport fait au nom de la commission des Affaires économiques et du plan sur le projet de loi relatif à la régulation des activités postales*, Paris, Sénat, n° 162, 21 janv. 2004.

LARCHER Gérard, *Rapport fait au nom de la commission des Affaires économiques et du plan sur le projet de loi relatif à l'entreprise nationale France Télécom*, Paris, Le Sénat, n° 406, 1996.

LARCHER Gérard, *Rapport fait au nom de la commission des Affaires économiques et du Plan sur le projet de loi adopté par l'Assemblée nationale, après déclaration d'urgence, de réglementations des télécommunications*, Paris, n° 389, mai 1996.

LEWIS Charles, *Lessons From Spectrum Auctions: A Benchmark Approach*, SSRN Electronic Journal, 2018, en ligne sur : https://www.ssrn.com/abstract=3185752.

PRASSAD, R.U.S., « Dispute Resolution Mechanisms in The Telecoms Sector: Relating International Practices to Indian Experience », university of Stanford, Center for International Development, working paper n° 372, 2008, en ligne sur: https://siepr.stanford.edu/sites/default/files/publications/372wp.pdf.

PRÉVOT Hubert, *L'avenir du service public de la poste et des télécommunications*, Paris, La Documentation Française, 1989.

PRORIOL Jean, *Rapport fait au nom de la commission des affaires économiques, de l'environnement et du territoire sur le projet de loi, adopté par le Sénat (n.1384), relatif à la régulation des activités postales*, Paris, Assemblée Nationale, n° 1988, 14 déc. 2004.

SENUNAS Eric, *The 1997 GATS Agreement on Basic Telecommunications: A Triumph for Multilateralism, or The Market?*, Boston College Intellectual Property & Technology Forum, 1997, en ligne sur : http://bciptf.org/wp-content/uploads/2011/07/55-iptf-senunas.pdf.

SHEHA Abdelmohssen, *Telecommunications And Beyond: What Is Next for Telecom Regulators?*, 2020, Global Telecom Policy Research Network (GTPRN), en ligne sur : https://gtprn.org/2020/08/05/telecommunications-and-beyond-what-is-next-for-telecom-regulators/.

TOLEDANO Joëlle, « Actes du débat : « Concurrence par les infrastructures ou sur les infrastructures ? » », 2010, en ligne sur : https://www.avicca.org/document/6557/dl.

B. Droit égyptien

***EGYPTIAN COMPETITION AUTHORITY* (ECA)**, rapport du 8 mars 2016 relatif aux plaintes déposées contre la société *Telecom Egypt*, p. 29, en ligne sur : http://www.eca.org.eg/ECA/News/View.aspx, consulté le 15 novembre 2018.

FINANCIAL REGULATORY AUTHORITY (FRA), rapport de l'Autorité pour l'année 2018 (http://www.fra.gov.eg/jtags/efsa_ar/pdf/fra-2018.pdf).

HASSANIN Leila, *Global information society watch*, Association for progressive communciations (APC) and third world institute (ITem), Uruguay, 2007.

KORAYEM Karima, *Egypt's Economic Reform and Structural Adjustment (ERSAP)*, 1997, The Egyptian Centre for Economic Studies (ECES), Le Caire, n° 19, en ligne sur : http://www.eces.org.eg/Publication.aspx?Id=209.

NTRA, « Universal service: The right of all to connect », 2015, en ligne sur http://www.mcit.gov.eg/TeleCommunications/USF.

NTRA, « *التقرير السنوى للجهاز 2017 : نهضة الاتصالات فى مصر [Le rapport annuel de l'autorité : la renaissance des communications en Égypte]* », 2017, en ligne sur : https://tra.gov.eg/ar/consumers/DocLib3/NTRA-Brochure.pdf.

VI. Autres documents

A. En France

AUBRY Olivier, « France Télécom privatisée », 2 sept. 2004, en ligne sur : http://www.leparisien.fr/economie/france-telecom-privatisee-02-09-2004-2005256869.php

SORIANO Sébastien, « Mieux réguler la GAFA permettra de libérer la capacité des autres acteurs à innover », prise de parole publié sur le site de l'ARCEP le 20 sep. 2019, en ligne sur : https://www.arcep.fr/actualites/les-prises-de-parole/detail/n/mieux-reguler-les-gafa-permettra-de-liberer-la-capacite-des-autres-acteurs-a-innover.html.

B. En Égypte

BADAWI Amr, « Investing in Egyptian telecom », *Connect-world* 2007, n° 3, Africa and the Middle-East, p. 2

EL-HAWARY Yousry, *« المصري اليوم» تنشر مسودة تعديل قانون الاتصالات / المصري اليوم [El-Masry El-Youm publie la brouillon du projet de modification de la loi des télécommunications]*, juill. 2014, Al-Masry Al-Youm, en ligne sur : https://www.almasryalyoum.com/news/details/484583, consulté le 4 sept. 2019

ELSAID Heba, « « *المصرية للاتصالات»: بدأنا بخدمة التلغراف منذ 160 عام قبل اختراع الهاتف*[Telecom Egypt : nous avons commencé le service de télégraphe il y a 160 ans avant l'invention du téléphone] », *Youm 7* juill. 2014, en ligne sur : https://www.youm7.com/story/2014/7/19/-المصرية-للاتصالات-بدأنا-بخدمة-التلغراف-منذ-160-عام-قبل-اختراع/1782324.

ELSAID Heba, « *اقتصاد زمان.. الشرقية للتليفونات تنشئ أول خط أرضى يربط القاهرة والإسكندرية عام 1881[L'économie de l'époque .. la société orientale des téléphones établit la première ligne fixe entre le Caire et Alexandrie en 1881]* », *Youm 7* nov. 2017, en ligne sur : https://www.youm7.com/story/2017/11/22/-اقتصاد-زمان-الشرقية-للتليفونات-تنشئ-أول-خط-أرضى-يربط-القاهرة/3520446.

ELSAID Heba, « *ثلاث شركات محمول تقدم خدمة التليفون الأرضى خلال 2018 [Trois opérateurs mobiles fournissent le service de la téléphonie fixe en 2018]* », *Youm 7* 2018, en ligne sur : https://www.youm7.com/story/2018/2/21/3--شركات-محمول-تقدم-خدمة-التليفون-الأرضى-خلال-2018/3659078.

ELSAID Heba, « *ما هى أسباب تأخر شركات المحمول فى تقديم خدمات التليفون الثابت؟ [Pourquoi les opérateurs mobiles sont-ils en retard en fournissant les services de la téléphonie fixe?]* », *Youm 7* 2017, en ligne sur : https://www.youm7.com/story/2017/6/26/-ما-هى-أسباب-تأخر-شركات-المحمول-فى-تقديم-خدمات-الهاتف/3299433.

ELSAID Heba, « *غدا.. بدء تغيير أرقام المحمول وإلزام الشركات بالتبديل آليا [Demain, le commencement de changement des numéros de portable, et les opérateurs sont obligés à mettre en place un mécanisme de remplacement automatique]* », 5 oct. 2011, Al-Youm Al-Sabi', en ligne sur : https://www.youm7.com/story/2011/10/5/-غدا-بدء-تغيير-أرقام-المحمول-وإلزام-الشركات-بالتبديل-آليا/506597.

GREGSON Reily, « *AIRTOUCH/VODAFONE GROUP WINS IN EGYPT* », 30 nov. 1999, RCR Wireless News, en ligne sur :

https://www.rcrwireless.com/19980309/archived-articles/airtouchvodafone-group-wins-in-egypt, consulté le 5 août 2019

OTHMAN Hassan, « *«القومى للطرق» يُشعل منافسة شركات المحمول حول «التغطية»* » *[Le projet national des routes enflamme la concurrence entre les opérateurs mobiles pour la couverture]* », 12 sept. 2018, El-Watan news, en ligne sur : https://www.elwatannews.com/news/details/3652441.

RADWAN Mahmoud, « *الدفاع» تتدخل لحل الخلافات بين شركات الاتصالات قبل تفعيل الرخصة الموحدة [Le ministère de la défense intervient pour régler les conflits entre les opérateurs télécoms avant l'activation de la licence unique]*, 27 oct. 2014, Al-bourse News, en ligne sur : https://alborsaanews.com/2014/10/27/612282.

RIZK Yunan Labib, « Wireless comes to Egypt. A Diwan of contemporary life (375) », *Al-Ahram* 2001, en ligne sur : http://weekly.ahram.org.eg/Archive/2001/519/chrncls.htm.

SALEH Amira, «*حماية المنافسة يقبل التصالح مع الشركة المصرية للاتصالات* *[L'autorité de la protection de la concurrence accepte la conciliation avec Telecom Egypt]* », 3 août 2016, Al-Masry Al-Youm, en ligne sur : https://www.almasryalyoum.com/news/details/988726.

(n/a), « *هل تعود الحياة من جديد إلى الهواتف الأرضية؟ الإجابة لدى شركات الاتصالات الثلاثة* *[Est-ce que la vie reviendra aux téléphones fixes ? La réponse chez les trois opérateurs télécoms]* », *Sout Al-Omma* , en ligne sur : http://www.soutalomma.com/Article/823879/هل-تعود-الحياة-من-جديد-إلى-الهواتف-الأرضية-الإجابة-لدى.

(n/a), «*فودافون تطالب بكسر احتكار «المصرية للاتصالات » لكابلات الفايبر* *[Vodafone appelle à arrêter le monopole de Telecom Egypt sur les réseaux fibrés]* », 8 mai 2011, اليوم السابع, en ligne sur : https://www.youm7.com/story/2011/5/8/فودافون-تطالب-بكسر-احتكار-المصرية-للاتصالات-لكابلات-الفايبر/407439.

(n/a), « *MobiNil negotiating with NTRA over international gateway licence* » , 2011, TeleGeography, en ligne sur : https://www.telegeography.com/products/commsupdate/articles/2011/12/20/mobinil-negotiating-with-ntra-over-international-gateway-licence/.

INDEX TEXTUEL

(Cet index contient les principaux textes juridiques auxquels se réfèrent les développements de l'étude)

§1. Sources juridiques du droit international public

Règlement télégraphique international du 11 avril 1973, Actes finals de la Conférence administrative mondiale télégraphique et téléphonique, Genève, 1973, art. 6-3.
Accord instituant l'Organisation mondiale du commerce (accord de Marrakech), fait à Marrakech le 15 avril 1994 (Rec. ONU, n° 31874, 1996, p. 104).
Quatrième protocole annexe à l'Accord Général sur le Commerce des Services, fait à Genève le 30 avril 1996 (Rec. OMC, n° 96-1750, 30 avril 1996).
Document de référence, Groupe des négociateurs sur les services de base de télécommunications, 24 avril 1996 (publié sur le site internet de l'O.M.C. : https://www.wto.org/english/tratop_e/serv_e/telecom_e/tel23_e.htm.

§2. Sources juridiques du droit de l'Union européenne

A. Droit primaire

Traité instituant la Communauté européenne (T.C.E.) signé à Rome le 25 mars 1957.
Acte unique européen signé à Luxembourg les 17 et 28 février 1986, art. 13 (J.O.C.E. L 169, 29 juin 1987, p. 1).
Traité de Lisbonne sur le fonctionnement de l'Union européenne (T.F.U.E.) du 13 décembre 2007 modifiant le traité sur l'Union européenne et le traité instituant la Communauté européenne, signé à Lisbonne le 13 déc. 2007 (J.O.U.E. 2007/C 306 du 17 déc. 2007, p. 1).

B. Droit dérivé

I. Règlements

Règlement C.E. 2887/2000 du Parlement européen et du Conseil du 18 déc. 2000 relatif au dégroupage de l'accès à la boucle locale (J.O.U.E. L. 336, 30 déc. 2000, p. 4).
Règlement 1211/2009 du Parlement européen et du Conseil du 25 nov. 2009 instituant l'Organe des régulateurs européens des communications électroniques (ORECE) ainsi que l'Office (J.O.U.E. L 337, 18 déc. 2009, p. 1).
Règlement 2015/2120/UE du Parlement européen et du Conseil du 25 nov. 2015 établissant des mesures relatives à l'accès à un internet ouvert et modifiant la directive 2002/22/CE concernant le service universel et les droits des utilisateurs au regard des réseaux et services de communications électroniques et le règlement (UE) no 531/2012 concernant l'itinérance sur les réseaux publics de communications mobiles à l'intérieur de l'Union (J.O.U.E. L 310, 26 nov. 2015, p. 1).
Règlement 2018/1971 du Parlement européen et du Conseil du 11 déc. 2018 établissant l'Organe des régulateurs européens des communications électroniques (ORECE) et l'Agence de soutien à l'ORECE (Office de l'ORECE), modifiant le règlement (UE) 2015/2120 et abrogeant le règlement (CE) no 1211/2009 Règlement (CE) ((J.O.U.E. L 321, 17 déc. 2018, p. 1).

II. Directives

Directive 88/301/CEE de la Commission du 16 mai 1988 relative à la concurrence dans les marchés de terminaux de télécommunication (J.O.C.E. L 131, du 27 mai 1988, p. 73).
Directive 90/387/ CEE du Conseil du 28 juin 1990 relative à l'établissement du marché intérieur des services de télécommunications par la mise en œuvre de la fourniture d'un réseau ouvert de télécommunications (J.O.C.E. L 192, du 24 juill. 1990, p. 1).
Directive 90/388/CEE de la Commission du 28 juin 1990 relative à la concurrence dans les marchés des services de télécommunications (J.O.C.E., L 192, du 24 juill. 1990, p. 10).
Directive 92/44/CEE du Conseil du 5 juin 1992 relative à l'application de la fourniture d'un réseau ouvert aux lignes louées (J.O.U.E. L 165, du 19 juin 1992, p. 27).

Directive 94/46/CE de la Commission du 13 oct. 1994 modifiant les directives 88/301/CEE et 90/388/CEE en ce qui concerne en particulier les communications par satellite (J.O.C.E. L 268, du 19 oct. 1994, p. 15).
Directive 95/51/CE de la Commission du 18 oct. 1995 modifiant la directive 90/388/CEE en ce qui concerne la suppression des restrictions à l'utilisation des réseaux câblés de télévision pour la fourniture de services de télécommunications déjà libéralisés (J.O.C.E. L 256, du 26 oct. 1995, p. 0049).
Directive 95/62 du Parlement européen et du Conseil du 13 déc. 1995 relative à l'application de la fourniture d'un réseau ouvert (ONP) à la téléphonie vocale (J.O.U.E. L 321, du 30 déc. 1995, p. 6).
Directive 96/2/CE de la Commission du 16 jan. 1996 modifiant la directive 90/388/CEE en ce qui concerne les communications mobiles et personnelles (J.O.C.E. L 020, 26 jan. 1996, p. 0066).
Directive 96/19/CE de la Commission du 13 mars 1996 modifiant la directive 90/388/CEE en ce qui concerne la réalisation de la pleine concurrence sur le marché des télécommunications (J.O.C.E., L 74, du 22 mars 1996, p. 13).
Directive 96/92/CE du parlement européen et du conseil du 19 déc. 1996 concernant des règles communes pour le marché intérieur de l'électricité (J.O.C.E., n° L. 027, du 30 jan. 1997, p. 2).
Directive 97/33/CE du Parlement européen et du Conseil du 30 juin 1997 relative à l'interconnexion dans le secteur des télécommunications en vue d'assurer un service universel et l'interopérabilité par l'application des principes de fourniture d'un réseau ouvert (ONP) (J.O.U.E. L 199, du 26 juill. 1997, p. 32).
Directive 97/51/CE du Parlement européen et du Conseil du 6 oct. 1997 modifiant les directives 90/387/CEE et 92/44/CEE en vue de les adapter à un environnement concurrentiel dans le secteur des télécommunications (J.O.C.E., L 74, du 22 mars 1996, p. 13)
Directive 98/30/CE du Parlement européen et du Conseil du 22 juin 1998 concernant des règles communes pour le marché intérieur du gaz naturel (J.O.C.E., n° L. 204, du 21 juill. 1998, p. 1).
Directive 2002/19/CE du Parlement européen et du Conseil du 7 mars 2002 relative à l'accès aux réseaux de communications électroniques et aux ressources associées, ainsi qu'à leur interconnexion (J.O.C.E. L 108, 24 avril 2002, p. 7), dite directive « accès ».
Directive 2002/20/CE du Parlement européen et du Conseil du 7 mars 2002 relative à l'autorisation de réseaux et de services de communications électroniques (J.O.C.E. L 108, du 24 avril 2002, p. 21), dite directive « autorisation »
Directive 2002/21/CE du Parlement européen et du Conseil du 7 mars 2002 relative à un cadre réglementaire commun pour les réseaux et services de communications électroniques (J.O.C.E. L 108, du 24 avril 2002, p.33), dite directive « cadre ».

Directive 2002/22/CE du Parlement européen et du Conseil du 7 mars 2002 concernant le service universel et les droits des utilisateurs au regard des réseaux et services de communications électroniques (J.O.C.E. L 108, du 24 avril 2002, p. 51), dite directive « service universel ».
Directive 2002/39/CE du Parlement européen et du Conseil du 10 juin 2002 modifiant la directive 97/67/CE en ce qui concerne la poursuite de l'ouverture à la concurrence des services postaux de la Communauté (J.O.C.E. L 176, du 5 juill. 2002, p. 21).
Directive 2002/77/CE de la Commission du 16 sep. 2002 relative à la concurrence dans les marchés des réseaux et des services de communications électroniques (J.O.C.E. L 249, du 17 sep. 2002, p. 21).
Directive 2003/54/CE du Parlement européen et du Conseil du 26 juin 2003 concernant des règles communes pour le marché intérieur de l'électricité et abrogeant la directive 96/92/CE (J.O.C.E. n° L. 176, du 15 juill. 2003, p. 36
Directive 2003/55/CE du Parlement européen et du Conseil du 26 juin 2003 concernant des règles communes pour le marché intérieur du gaz naturel et abrogeant la directive 98/30/CE (J.O.C.E. n° L. 176, du 15 juill. 2003, p. 57).
Directive 2009/140/CE du Parlement européen et du Conseil du 25 nov. 2009 modifiant les directives 2002/21/CE relative à un cadre réglementaire commun pour les réseaux et services de communications électroniques, 2002/19/CE relative à l'accès aux réseaux de communications électroniques et aux ressources associées, ainsi qu'à leur interconnexion, et 2002/20/CE relative à l'autorisation des réseaux et services de communications électroniques ((J.O.U.E. L. 337, du 18 déc. 2009, p. 37).
Directive 2014/61/UE du Parlement européen et du Conseil du 15 mai 2014 relative à des mesures visant à réduire le coût du déploiement de réseaux de communications électroniques à haut débit (J.O.U.E. L. 155, du 23 mai 2014, p. 1).

III. Décisions, recommandations et avis

Commission des communautés européennes, Communication au Conseil, au Parlement européen, au comité économique et social et au comité des régions « Vers un nouveau cadre pour les infrastructures de communications électroniques et les services associés. Réexamen 1999 du cadre réglementaire des communications », Com(1999) 539 final, p. 9.
Commission des Communautés européennes, communication relative au dégroupage de l'accès à la boucle locale : permettre la fourniture concurrentielle d'une gamme complète de services de communications électroniques, notamment les services multimédias à large bande et l'internet à haut débit, COM(2000) 237 final, 26 avril 2000.

Parlement européen et Conseil, décision 676/2002/CE du 7 mars 2002 relative à un cadre réglementaire pour la politique en matière de spectre radioélectrique dans la Communauté européenne (J.O.C.E. L 108, du 24 avril 2002, p. 1), dite décision « spectre radioélectrique ».
Commission des Communautés européennes, lignes directrices sur l'analyse du marché et l'évaluation de la puissance sur le marché en application du cadre réglementaire communautaire pour les réseaux et les services de communications électroniques, 2002/C 165/03, (J.O.U.E. C 165, du 11 juill. 2002, p. 6).
Commission européenne, décision 2002/627/CE du 29 juill. 2002 instituant le groupe des régulateurs européen dans le domaine des réseaux et services de communications (J.O.U.E. L 200, du 30 juill. 2002, p.38).
Commission européenne, recommandation du 11 fév. 2003 concernant les marchés pertinents de produits et de services dans le secteur des communications électroniques susceptibles d'être soumis à une réglementation ex ante conformément à la directive 2002/21/CE du Parlement européen et du Conseil relative à un cadre réglementaire commun pour les réseaux et services de communications électroniques, 2003/311/CE, C (2003) 497, (J.O.U.E. L 114, du 8 mai 2003, p. 45).
Commission européenne, recommandation du 17 déc. 2007 concernant les marchés pertinents de produits et de services dans le secteur des communications électroniques susceptibles d'être soumis à une réglementation ex ante conformément à la directive 2002/21/CE du Parlement européen et du Conseil relative à un cadre réglementaire commun pour les réseaux et services de communications électroniques, 2007/879/CE, C(2007) 5406, (J.O.U.E. L 344, du 28 déc. 2007, p. 65).
Commission européenne, recommandation du 9 oct. 2014 concernant les marchés pertinents de produits et de services dans le secteur des communications électroniques susceptibles d'être soumis à une réglementation ex ante conformément à la directive 2002/21/CE du Parlement européen et du Conseil relative à un cadre réglementaire commun pour les réseaux et services de communications électroniques, 2014/710/UE, (J.O.U.E. L 295, du 11 oct. 2014, p. 79).

IV. Propositions

Commission européenne, Livre vert de la Commission sur le développement du marché commun des services et équipements des télécommunications, COM (87) 290 final, spéc., 30 juin 1987, p. 26.
Commission européenne, Livre vert sur la libéralisation des infrastructures de télécommunications et des réseaux de télévision par câble du 25 octobre 1994, première partie "principes et calendriers", Com (94) 440 final.

Commission européenne, Livre vert sur la convergence des secteurs des télécommunications, des médias et des technologies de l'information, et les implications pour la réglementation, COM (97) 623 final.

V. Résolutions

Résolution 88/C 257/01 du Conseil du 30 juin 1988 concernant le développement du marché commun des services et équipements des télécommunications d'ici à 1992 (J.O.C.E., C 257, du 4 oct. 1988, p. 1).
Résolution 93/C 213/01 du Conseil des Communautés européennes du 22 juill. 1993 sur le réexamen de la situation du secteur des télécommunications et de la nécessité de nouveaux développements sur ce marché (J.O.C.E. C 213, du 6 août 1993, p. 1).
Résolution 94/C 379/03 du Conseil du 22 déc. 1994 relative aux principes et au calendrier de la libéralisation des infrastructures de télécommunications (J.O.C.E., C 379, du 31 déc. 1994, p. 4).

§2. Sources juridiques du droit français

A. Textes constitutionnels

Constitution du 4 oct. 1958 (J.O.R.F. n° 234, du 5 oct. 1958, p. 9151).

B. Textes législatifs

I. Lois organiques

Ordonnance n° 59-2 du 2 jan. 1959 portant loi organique relative aux lois de finances (J.O.R.F. n° 2, du 3 jan. 1959, p. 180).
Loi organique n° 2001-692 du 1er août 2001 relative aux lois de finances (J.O.R.F. n° 177, du 2 août 2001, p. 12480, texte n° 1).

II. Lois ordinaires

Loi n° 73-6 du 3 jan. 1973 instituant le médiateur de la République (J.O.R.F. n° 3, du 4 jan. 1973, p. 161).

Loi n° 77-806 du 19 juill. 1977 relative au contrôle de la concentration économique et à la répression des ententes illicites et des abus de position dominante (J.O.R.F. n° 166, du 20 juill. 1977, p. 3833).

Loi n° 78-17 du 6 jan. 1978 relative à l'informatique, aux fichiers et aux libertés (J.O.R.F. n° 6, du 7 jan. 1978, p. 227).

Loi n° 82-652 du 29 juill. 1982 sur la communication audiovisuelle (J.O.R.F. n° 175, du 30 juill. 1982, p. 2429).

Loi n° 84-743 du 1er août 1984 relative à l'exploitation des services de radio-télévision mis à disposition du public sur réseau câblé (J.O.R.F. n° 179, du 2 août 1984, p. 2549).

Loi n° 84-937 du 23 oct. 1984 visant à limiter la concentration et à assurer la transparence financière et le pluralisme des entreprises de presse (J.O.R.F. n° 249, du 24 oct. 1984, p. 3323).

Loi n° 85-1408 du 30 déc. 1985 portant amélioration de la concurrence (J.O.R.F. n° 303, du 31 déc. 1985, p. 15513).

Loi n° 86-1067 du 30 sep. 1986 relative à la liberté de communication (J.O.R.F. n° 228, du 30 sep. 1986, p. 11755).

Loi n° 89-18 du 13 jan. 1989 portant diverses mesures d'ordre social (J.O.R.F. n° 12, du 14 jan. 1989, p. 548).

Loi n° 89-25 du 17 jan. 1989 modifiant la loi n° 86-1067 du 30 sep. 1986 relative à la liberté de communication (J.O.R.F. n° 15, du 18 jan. 1989, p. 728).

Loi n° 90-568 du 2 juill. 1990 relative à l'organisation du service public de la poste et des télécommunications (J.O.R.F. n° 157, du 8 juill. 1990, p. 8069).

Loi n° 90-1170 du 29 déc. 1990 sur la réglementation des télécommunications (J.O.R.F. n° 303, du 30 déc. 1990, p. 16439).

Loi n° 93-923 du 19 juill. 1993 de privatisation (J.O.R.F. n° 166, du 21 juill. 1993, p. 10255).

Loi n° 96-659 du 26 juill. 1996 de réglementation des télécommunications (J.O.R.F. n° 174, du 27 juill. 1996, p. 11384).

Loi n° 96-660 du 26 juill. 1996 relative à l'entreprise nationale France Télécom (J.O.R.F. n° 174, du 27 juill. 1996, p. 11398).

Loi n° 2003-1365 du 31 déc. 2003 relative aux obligations de service public des télécommunications et à France Télécom (J.O.R.F. n° 1, du 1er jan. 2004, p. 9).

Loi n° 2004-669 du 9 juill. 2004 relative aux communications électroniques et aux services de communication audiovisuelle (J.O.R.F. n° 159, du 10 juill. 2004, p. 12483).

Loi n° 2005-516, du 20 mai 2005, relative à la régulation des activités postales (J.O.R.F. n° 117, du 21 mai 2005, p. 8825, texte n° 1).

Loi n° 2008-776 du 4 août 2008 de modernisation de l'économie (J.O.R.F. n° 0181, du 5 août 2008, p. 12471, texte n° 1).

Ordonnance n° 2011-1012 du 24 août 2011 relative aux communications électroniques (J.O.R.F. n° 0197, du 26 août 2011, p. 14473, texte n°49).

Loi n° 2015-990 du 6 août 2015 pour la croissance, l'activité et l'égalité des chances économique (J.O.R.F. n° 0181, du 7 août 2015, p. 13537, texte n° 1).

Loi n° 2016-1321 du 7 oct. 2016 pour une République numérique (J.O.R.F. n° 235, du 8 oct. 2016, texte n° 1).

Loi n° 2017-55 du 20 jan. 2017 portant statut général des autorités administratives indépendantes et des autorités publiques indépendantes (J.O.R.F. n° 18, du 21 jan. 2017, texte n° 2).

Loi n° 2019-1063 du 18 oct. 2019 relative à la modernisation de la distribution de la presse (J.O.R.F. n° 0244, du 19 oct. 2019, texte n° 1).

Ordonnance n° 2021-650 du 26 mai 2021 portant transposition de la directive (UE) 2018/1972 du Parlement européen et du Conseil du 11 décembre 2018 établissant le code des communications électroniques européen et relative aux mesures d'adaptation des pouvoirs de l'Autorité de régulation des communications électroniques, des postes et de la distribution de la presse (J.O.R.F., n° 0121 du 27 mai 2021, texte n° 13)).

Code des postes et des communications électroniques (C.P.C.E.)

- L. 31, L. 32-1, L. 32-4, L. 33, L. 33-1, L. 34, L. 35-1, L. 36-6, L. 36-7, L. 36-8, L. 36-11, L. 36-13, L. 37-1, L. 38, L. 38-1, L. 42-2, L. 44, L. 130, L. 131, L. 132, L. 133.

Code de justice administrative (C.J.A.)

- L. 311-1, L. 142-1, L. 421-1, L. 511, L. 521-1, L. 522-3, L. 521-1, L. 821-2.

Code de relation entre le public et l'administration (C.R.P.A.)

- L. 221-2, L. 300-2, L. 311-5, L. 312-1.

Code de commerce

- L. 151-1, L. 233-16.

Code général de la propriété des personnes publiques (C.G.P.P.P.)

- L. 2122-1.

Code de l'énergie

- L. 311-10, L. 445-3.

Code des tribunaux administratifs et des cours administratives d'appel (C.T.A.C.A.A.)

- L. 10.

Code monétaire et financier

- L. 613-23.

C. Textes réglementaires

I. Décrets

Décret n° 89-327 du 19 mai 1989 modifiant le décret n° 86-129 du 28 janvier 1986 portant organisation de l'administration centrale du ministère des P.T.T (J.O.R.F. n° 117, du 21 mai 1989, p. 6412).
Décret n° 97-13 du 13 jan. 1997 autorisant le transfert au secteur privé d'une participation minoritaire de l'État au capital de l'entreprise nationale France Télécom (J.O.R.F. n° 11, du 14 jan. 1997, p. 649)
Décret n° 2004-387 du 3 mai 2004 relatif au transfert du secteur public au secteur privé de la société France Télécom en application de la loi n° 2003-1365 du 31 décembre 2003 (J.O.R.F. n° 104, du 4 mai 2004, p. 7928).
Décret n° 2007-1531 du 24 oct. 2007 instituant une redevance destinée à couvrir les coûts exposés par l'État pour la gestion de fréquences radioélectriques (J.O.R.F. n° 250, du 27 oct. 2007, texte n° 10).
Décret n° 2007-1532 du 24 oct. 2007 relatif aux redevances d'utilisation des fréquences radioélectriques dues par les titulaires d'autorisations d'utilisation de fréquences délivrées par l'Autorité de régulation des communications électroniques et des postes (J.O.R.F. n° 250, du 27 oct. 2007, texte n° 11).
Décret n° 2012-1246 du 7 nov. 2012 relatif à la gestion budgétaire et comptable publique (J.O.R.F. n° 0262, du 10 nov. 2012, p. 17713, texte n° 6).
Code des postes et des communications électroniques (C.P.C.E.)
- R. 9-5, I, R. 20-30, R. 20-33, R. 20-34, R. 20-36, R. 20-37, R. 20-39.

Code de justice administrative (C.J.A.)
- R. 311-1, R. 311-2, R. 312-14.

II. Arrêtés ministériels

Arrêté du 30 juill. 1997 homologuant la décision n° 97-196 de l'Autorité de régulation des télécommunications en date du 16 juill. 1997 relative aux modalités d'attribution d'un chiffre de sélection du transporteur (J.O.R.F. n° 178, du 2 août 1997, p. 11498).
Arrêté du 6 oct. 1997 fixant les modalités du transfert au secteur privé et aux membres et anciens membres du personnel d'une participation minoritaire de l'État au capital de l'entreprise nationale France Télécom (J.O.R.F. n° 233, du 7 oct. 1997, p. 14515).
Arrêté du 3 sep. 2004 fixant le prix et les modalités d'attribution d'actions de la société France Télécom (J.O.R.F. n° 206, du 4 sep. 2004, p. 15673).

Arrêté du 6 juill. 2015 relatif aux modalités et aux conditions d'attribution d'autorisations d'utilisation de fréquences dans la bande 700 MHz en France métropolitaine pour établir et exploiter un système mobile terrestre (J.O.R.F. n° 0157, du 9 juill. 2015, texte n° 71).

III. Textes réglementaires adoptés par l'ARCEP

ART, décision n° 97-196 du 16 juill. 1997 relative aux modalités d'attribution d'un chiffre de sélection du transporteur (J.O.R.F. 178, du 2 août 1997, p. 11518).
ARCEP, décision n° 05-1084 du 15 déc. 2005 approuvant les règles de gestion du plan national de numérotation (https://archives.arcep.fr/uploads/tx_gsavis/05-1084.pdf).
ARCEP, décision n° 2009-0328 du 9 avril 2009 fixant la mesure et les conditions dans lesquelles sera mis en œuvre un partage d'installations de réseau mobile de troisième génération en métropole (J.O.R.F. n° 0125, du 31 mai 2009, texte n° 26).
ARCEP, décision n° 2010-1312 du 14 déc. 2010 précisant les modalités de l'accès aux lignes de communications électroniques à très haut débit en fibre optique sur l'ensemble du territoire à l'exception des zones très denses (J.O.R.F. n° 0014, du 18 jan. 2011, texte n° 46).
ARCEP, lignes directrices sur le partage de réseaux mobiles, mai 2016 (https://www.arcep.fr/uploads/tx_gspublication/2016-05-25-partage-reseaux-mobiles-lignes-directrices.pdf).
ARCEP, Recommandation du 24 juill. 2018 relative à la cohérence des déploiements des réseaux en fibre optique jusqu'à l'abonné, en ligne sur : https://www.arcep.fr/uploads/tx_gspublication/recommandation-coherence-deploiements-ftth-juil2018.pdf).
ARCEP, décision n° 2018-0881 du 24 juill. 2018 établissant le plan national de numérotation et ses règles de gestion (J.O.R.F. n° 0174, du 31 juill. 2018, texte n° 96),
ARCEP, décision n° 2019-1685 du 10 déc. 2019 portant adoption du règlement intérieur (J.O.R.F. n° 37, du 13 fév. 2020, texte n° 90).

D. Textes non-réglementaires

I. Décisions de l'ARCEP

ART, décision n° 97-277 du 12 sep. 1997 relative à l'attribution des préfixes de sélection d'un réseau de transport à quatre chiffres et au format des appels correspondants (J.O.R.F. n° 283, du 6 déc. 1997, p. 17670).
ART, décision du 24 juin 1998 se prononçant sur un différend entre Copper Communications et France Télécom (J.O.R.F. n° 208, du 9 sep. 1998, p. 13778).
ART, décision n° 98-1046 du 23 déc. 1998 relative à l'évolution du plan de numérotation pour les numéros non géographiques de la forme 08ABPQMCDU (J.O.R.F. n° 29, du 4 fév. 1999, p. 1821).
ART, décision n° 99–829 du 6 oct. 1999 proposant au ministre chargé des télécommunications des appels à candidatures pour l'établissement et l'exploitation de réseaux de boucle locale radio dans les bandes 3,5 GHz et 26 GHz et désignant les fréquences dans les bandes 3,5 GHz et 26 GHz pour la boucle locale radio (J.O.R.F. n° 277, du 30 nov. 1999, p. 17823).
ART, décision n° 00–835 du 28 juill. 2000 proposant au ministre chargé des télécommunications les modalités et les conditions d'attribution des autorisations pour l'introduction en France métropolitaine des systèmes mobiles de troisième génération, point 2-1 sous III du document II annexé (J.O.R.F. n°190, du 18 août 2000, p. 12678).
ART, décision n° 01-1112 du 16 nov. 2001 se prononçant sur le différend opposant Liberty Surf à France Telecom relatif aux conditions de choix de modems clients dans le cadre du contrat d'accès IP/ADSL (https://www.arcep.fr/uploads/tx_gsavis/01-1112.pdf).
ARCEP, décision n° 2005-0646 du 7 juill. 2005 proposant au ministre chargé des communications électroniques les modalités et les conditions d'autorisation d'utilisation des fréquences de boucle locale radio disponibles dans la bande 3,4-3,6 GHz en France métropolitaine (J.O.R.F. n°182, du 6 août 2005, p. 12909, texte n° 144).
ARCEP, décision n° 2007-1114 du 4 déc. 2007 fixant les conditions de renouvellement de l'autorisation d'utilisation de fréquences de Bouygues Télécom dans les bandes 900 et 1800 MHz (J.O.R.F. n° 0013, du 16 jan. 2008, texte n° 82).
ARCEP, décision n° 08-1176 du 2 déc. 2008 portant définition de l'encadrement tarifaire des prestations de terminaison d'appel vocal mobile des opérateurs Orange France, SFR et Bouygues Telecom pour la période du 1er juillet 2009 au 31 décembre 2010 (https://www.arcep.fr/uploads/tx_gsavis/08-1176.pdf).

ARCEP, décision n° 2009-0610 du 16 juill. 2009 proposant au ministre chargé des communications électroniques les modalités et les conditions d'attribution d'une autorisation d'utilisation de fréquences dans la bande 2,1 GHz en France métropolitaine pour établir et exploiter un système mobile de troisième génération (J.O.R.F. n° 0176, du 1er août 2009, texte n°116).
ARCEP, décision n° 2011-0600 du 31 mai 2011 proposant au ministre chargé des communications électroniques les modalités et les conditions d'attribution d'autorisations d'utilisation de fréquences dans la bande 800 MHz en France métropolitaine pour établir et exploiter un réseau radioélectrique mobile ouvert au public (J.O.R.F. n° 0137, du 15 juin 2011, texte n° 95).
ARCEP, décision n° 2011-0598 du 31 mai 2011 proposant au ministre chargé des communications électroniques les modalités et les conditions d'attribution d'autorisations d'utilisation de fréquences dans la bande 2,6 GHz en France métropolitaine pour établir et exploiter un réseau radioélectrique mobile ouvert au public, document II annexé, point 4.1 (J.O.R.F. n° 0137, du 15 juin 2011, texte n° 93).
ARCEP, décisions n° 2012-0037, 2012-0038 et 2012-0039 du 17 jan. 2012 autorisant respectivement les sociétés Bouygues Telecom, Orange France et SFR à utiliser des fréquences dans la bande 800 MHz en France métropolitaine pour établir et exploiter un réseau radioélectrique mobile ouvert au public (J.O.R.F. n° 35, du 10 fév. 2012, texte n° 103).
ARCEP, décision n° 2013-0363 du 14 mars 2013 relative à la demande de la société Bouygues Telecom de réexamen des restrictions technologiques de son autorisation d'utilisation de fréquences dans la bande 1800 MHz au titre du II de l'article 59 de l'ordonnance n° 2011-1012 du 24 août 2011 (https://archives.arcep.fr/uploads/tx_gsavis/13-0363.pdf).
ARCEP, décision n° 2015-0825 du 2 juill. 2015 proposant au ministre chargé des communications électroniques les modalités et les conditions d'attribution d'autorisations d'utilisation de fréquences dans la bande 700 MHz en France métropolitaine pour établir et exploiter un réseau radioélectrique mobile ouvert au public (J.O.R.F. n° 0157, du 9 juill. 2015, texte n°100)
ARCEP, décision n° 2017 0468 du 20 avril 2017 fixant l'évaluation définitive du coût net du service universel et les contributions des opérateurs pour l'année 2015 (https://archives.arcep.fr/uploads/tx_gsavis/17-0468.pdf).
ARCEP, décision n° 2018-0401 du 24 avril 2018 fixant l'évaluation définitive du coût net du service universel et les contributions des opérateurs pour l'année 2016 (J.O.R.F. n° 0108, du 12 mai 2018, texte n° 103).
ARCEP, décision n° 2019-1386 du 21 nov. 2019 proposant au ministre chargé des communications électroniques les modalités et les conditions d'attribution d'autorisations d'utilisation de fréquences dans la bande 3,4-3,8 GHz en France métropolitaine pour établir et exploiter un réseau radioélectrique mobile ouvert au public (J.O.R.F. n° 303, du 31 déc. 2019, texte n° 237).

ARCEP, décision n° 2020-1160 du 20 oct. 2020 relative au compte rendu et au résultat de la procédure d'attribution d'autorisations d'utilisation de fréquences dans la bande 3,4 - 3,8 GHz en France métropolitaine pour établir et exploiter un réseaux radioélectrique mobile ouvert au public (https://www.arcep.fr/uploads/tx_gsavis/20-1160.pdf).
ARCEP, décisions n° 2020-1254, 2020-1255, 2020-1256 et 2020-1257 du 12 nov. 2020 autorisant les sociétés Bouygues Télécom, Free Mobile, Orange et SFR à utiliser des fréquences dans la bande 3,4 - 3,8 GHz en France métropolitaine pour établir et exploiter un réseau radioélectriques mobile ouvert au public (https://www.arcep.fr/la-regulation/grands-dossiers-reseaux-mobiles/la-5g/frequences-5g-procedure-dattribution-de-la-bande-34-38-ghz-en-metropole.html).

II. Avis des autorités de régulation

Conseil de la concurrence, avis n° 02-A-08 du 22 mai 2002 relatif à la saisine de l'Association pour la promotion de la distribution de la presse (https://www.autoritedelaconcurrence.fr/sites/default/files/commitments//02a08.pdf).
ARCEP, avis n° 2012-1627 du 20 déc. 2012 sur la demande d'avis de l'Autorité de la concurrence relatif aux conditions de mutualisation et d'itinérance sur les réseaux mobiles (https://archives.arcep.fr/fileadmin/uploads/tx_gsavis/temp/12-1627.pdf).
ARCEP, avis n° 2014-0657 du 10 juin 2014 rendu à la demande de l'Autorité de la concurrence et portant sur la saisine de la société Orange relative à l'accord de mutualisation de réseaux mobiles conclu entre les sociétés SFR et Bouygues Telecom (https://archives.arcep.fr/uploads/tx_gsavis/14-0657.pdf).
ARCEP, avis n° 2017 1169 du 5 oct. 2017 sur un projet d'arrêté portant désignation de l'opérateur chargé de fournir les prestations « raccordement » et « service téléphonique » de la composante du service universel prévue au 1° de l'article L. 35 1 du code des postes et communications électroniques (téléphonie fixe) (J.O.R.F. n° 282, du 3 déc. 2017, texte n° 37).
ARCEP, avis n° 2017-1293 du 23 oct. 2017 rendu à la demande du Sénat et portant sur la couverture numérique des territoires, en ligne sur : https://www.arcep.fr/uploads/tx_gsavis/17-1293.pdf).

III. Documents divers

ART, recommandations du 30 oct. 2000 relatives à la définition des prestations d'accès à la boucle locale et à sa mise en œuvre opérationnelle, en ligne sur : https://www.arcep.fr/fileadmin/reprise/publications/rec-pgs.htm.

ART, position sur le partage d'infrastructures dans les réseaux mobiles de troisième génération du 10 déc. 2001, en ligne sur : https://www.arcep.fr/fileadmin/cru-1604308075/user_upload/grands_dossiers/Reseaux_mobiles/Partage_d_infrastructures_mobiles/Position_de_l_Arcep_sur_le_partage_d_infrastructures_3G__10_decembre_2010_.pdf.

ARCEP, document d'orientation pour l'introduction de la neutralité technologique dans la bande 1800 MHz, publié le 13 mars 2013, en ligne sur : https://archives.arcep.fr/fileadmin/uploads/tx_gspublication/temp/Document_dorientation_pour_lintroduction_de_la_neutralite_technologique_dans_la_bande_1800_MHz.pdf.

ARCEP, Recommandation du 3 déc. 2015 relative à la mise en œuvre de l'obligation de complétude des déploiements des réseaux en fibre optique jusqu'à l'abonné en dehors des zones très denses, en ligne sur : https://archives.arcep.fr/uploads/tx_gspublication/recommandation-completude-fibre-dec2015.pdf.

ARCEP, rapport final de la revue stratégique, 2016, en ligne sur : https://www.arcep.fr/la-regulation/grands-dossiers-thematiques-transverses/la-revue-strategique-de-larcep.html.

ARCEP, communiqué de presse du 14 jan. 2018, « New Deal Mobile. Accord historique entre le Gouvernement, l'ARCEP et les opérateurs mobiles pour accélérer la couverture numérique des territoires », en ligne sur : https://www.arcep.fr/actualites/les-communiques-de-presse/detail/n/new-deal-mobile-2.html.

ARCEP et la Direction générale des entreprises (DGE), « description des engagements des opérateurs sur la généralisation d'une couverture mobile de qualité pour l'ensemble des français », 22 jan. 2018, en ligne sur : https://www.arcep.fr/actualites/les-communiques-de-presse/detail/n/new-deal-mobile-2.html.

§4. Sources juridiques du droit égyptien

A. Textes constitutionnels

Constitution de 1923 (J.O.F.E. n° 42, du 30 avril 1923, p. 2).
Constitution de 1971 (J.O.R.A.E. n° 36*bis* (a), du 12 sep. 1971, p. 2).
Constitution de 2012 (J.O.R.A.E. n° 294 (a), du 27 déc. 2012, p.2).
Constitution de 2014 (J.O.R.A.E. n° 14*bis*, du 19 jan. 2014, p. 2).

B. Textes législatifs

Loi n° 52-1942 portant création de la Cour des comptes (J.O.F.E. n° 157, du 23 août 1942, p. 3).
Loi n° 112-1946 du 15 août 1946 portant création du Conseil d'État (J.O.F.E. n° 83, du 15 août 1946, p. 1).
Loi n° 117-1958 relative à l'organisation du parquet administratif (J.O.R.A.E. n° 24*bis* (exceptionnel), du 24 août 1958, p. 1).
Loi n° 230-1960 portant création de la Cour des comptes (J.O.R.A.E. n° 160, du 18 juill. 1960, p. 1344).
Loi n° 129-1964 portant création de l'Autorité centrale des comptes (J.O.R.A.E. n° 69, du 24 mars 1964, p. 760).
Loi n° 31-1975 portant organisation de la relation entre l'Autorité centrale des comptes et le Parlement (J.O.R.A.E. n° 25, du 19 juin 1975, p. 468).
Loi n° 47-1978 relative aux fonctionnaires publics de l'État (J.O.R.A.E. n° 29 (b), du 20 juill. 1978, p. 588).
Loi n° 127-1981 du 25 juill. 1981 relative à la comptabilité gouvernementale (J.O.R.A.E. n°31*bis*, du 30 juill. 1981, p. 6).
Loi n° 17-1983 relative au métier d'avocat (J.O.R.A.E. n°13*bis*, du 31 mars 1983, p. 2).
Loi n° 144-1988 portant création de l'Autorité centrale des comptes (J.O.R.A.E. n°23*bis*, du 9 juin 1988, p. 2).
Loi n° 19-1998 relative à la transformation de l'ARENTO en une société anonyme (J.O.R.A.E, n° 13*bis*, du 26 mars 1998, p. 9).
Loi n° 157-1998 modifiant des dispositions de la loi n° 144-1988 portant sur l'Autorité centrale des comptes (J.O.R.A.E, n° 24*bis* (a), du 11 juin 1998, p. 7).
Loi n° 10-2003 relative à la régulation des communications (J.O.R.A.E. n°5*bis* (a), du 4 fév. 2003, p. 3).
Loi n° 3-2005 relative à la protection de la concurrence et l'interdiction des pratiques anticoncurrentielles (J.O.R.A.E. n°6*bis*, du 15 fév. 2005, p. 5).

Loi n° 56-2014 modifiant la loi n° 3-2005 relative à la protection de la concurrence et l'interdiction des pratiques anticoncurrentielles (J.O.R.A.E. n° 26*bis* (h), du 2 juill. 2014, p. 18).
Loi n° 87-2015 du 7 juill. 2015 relative à l'électricité (J.O.R.A.E. n° 27*bis* (g), du 8 juill. 2015, p. 2).
Loi n° 72-2017 relative à l'investissement (J.O.R.A.E. n° 21*bis* (g), du 31 mai 2017, p. 2).
Loi n° 196-2017 relative à la régulation des marchés du gaz (J.O.R.A.E. n° 30*bis* (b), du 1er août 2017, p. 3).
Loi n° 73-2019 relative à l'autorité de régulation de la transportation nationale et internationale (J.O.R.A.E. n°23*bis* (w), du 10 juin 2019, p. 3).

C. Textes réglementaires

I. Les décrets du président de la République

Décret n° 72-1995 du 20 mars 1995 autorisant l'adhésion de la République Arabe d'Égypte à l'Organisation mondiale de commerce et les accords inclus dans le document final contenant les résultats du cycle des négociations commerciales multilatérales d'Uruguay, et les engagements de la République Arabe d'Égypte en matière de commerce des biens et services, signés à Marrakech au Royaume du Maroc le 15 avril 1994 (J.O.R.A.E. n°24*bis*, du 15 juin 1995, p. 8).
Décret n° 101-1998 du 4 avril 1998 relatif à la création de l'autorité de régulation du secteur des télécommunications (J.O.R.A.E. n° 14*bis*, du 4 avril 1998, p. 2).
Décret n° 379-1999 relatif à l'organisation du ministère des communications et de l'information (J.O.R.A.E. n° 43*bis* (b), du 31 oct. 1999, p. 8).

II. Décrets du Premier ministre

Décret n° 1115-2012 du 25 oct. 2012 relatif à la composition du comité interministériel de règlement des différends d'investissement (J.O.R.A.E. n° 44, du 1er nov. 2012, p. 34).

III. Arrêtés ministériels

Arrêté du ministre de l'économie du 29 août 2002 relatif aux engagements de l'Égypte auprès de l'O.M.C. (J.O.R.A.E, n° 35*bis*, du 29 août 2002).

§5. Sources juridiques du droit étatsunien

A. Textes législatifs

***The Communications Act of* 1934** , 47 U.S.C. § 151 et seq.
***Telecommunications Act of* 1996**. Pub. Law No. 104-104, 110 Stat. 56 (1996).

B. Décisions de la F.C.C.

F.C.C., Carterfone, 13 FCC 2d 420 (1968).

§6. Sources juridiques du droit britannique

Textes législatifs

***British Telecommunications Act of* 1981**, ch. 38, §§ 1,10 (Eng.) (*establishing British Telecommunications as a public corporation to provide telecommunications equipment and services*).

§7. Sources juridiques du droit japonais

Textes législatifs

Law No 85 of December 25, 1984 *concerning Nippon Telegraph and Telephone Corporation.*
Law No. 86 of December 25, 1984 *concerning the Telecommunications Business Law.*

INDEX JURISPRUDENTIEL

(Cet index présente, selon la juridiction et dans un ordre chronologique, les principales jurisprudences citées dans cette étude. Pour des raisons de commodité et alors qu'ils n'ont pas de valeur jurisprudentielle, les avis rendus par les différentes juridictions ont été cités parmi leurs jurisprudences)

§1. Juridictions françaises

A. Conseil constitutionnel

Cons. const., décision n° 84-173 DC du 26 juill. 1984, *Loi relative à l'exploitation des services de radio-télévision mis à la disposition du public sur un réseau câblé*, J.O.R.F. n° 175, du 28 juill. 1984, p. 2496.
Cons. const., décision n° 84-185 DC du 18 jan. 1985, *Loi modifiant et complétant la loi n° 83-663 du 22 juillet 1983 et portant dispositions diverses relatives aux rapports entre l'Etat et les collectivités territoriales*, J.O.R.F. n° 17, du 20 jan. 1985, p. 821.
Cons. const., décision n° 86-217 DC du 18 sep. 1986, *Loi relative à la liberté de communication*, J.O.R.F. n° 218, du 19 sep. 1986, p. 11294 ; AJDA, 1987, p. 111-114, note WACHSMANN.
Cons. const., décision n° 88-248 DC du 17 jan. 1989, *Loi modifiant la loi n° 86-1067 du 30 septembre 1986 relative à la liberté de communication*, J.O.R.F. n° 15, du 18 jan. 1989, p. 754.
Cons. const., décision n° 93-333 DC du 21 jan. 1994, *Loi modifiant la loi n° 86-1067 du 30 septembre 1986 relative à la liberté de communication*, J.O.R.F. n° 21, du 26 jan. 1994, p. 1377.
Cons. const., décision n° 96-378 DC du 23 juill. 1996, *Loi de réglementation des télécommunications*, J.O.R.F. n° 174, du 27 juill. 1996, p. 11400 ; Revue française de droit constitutionnel, 1996, n° 28, p. 823-832, note TRÉMEAU.
Cons. const., décision n° 96-380 DC du 23 juill. 1996, *Loi relative à l'entreprise nationale France télécom*, J.O.R.F. n° 174, du 27 juill. 1996, p. 11408.
Cons. const., décision n° 2013-331 QPC du 5 juill. 2013, *Société Numéricâble SAS et autre*, J.O.R.F. n° 156, du 7 juill. 2013, p. 11356, texte n° 27.

B. Tribunal des conflits

T.C., 22 nov. 1993, ***Matisse*****, n° 2876**, Rec. p. 410.
T.C., 19 jan. 1998, ***Syndicat Français de l'Express International (SFEI)*****, n° 3084**, Rec. p. 534.

C. Juridictions administratives

I. Conseil d'État

C.E., Sect., 7 fév. 1936, ***Jamart*****, n° 43321**, Rec. p. 172.
C.E., avis, 6 mars 1986, n° 339710, EDCE 1987, n° 38, p. 178
C.E., Ass., 7 juill. 1989, ***P. Ordonneau*****, n° 56627**, Rec. p. 161.
C.E., Ass., 22 déc. 1989, ***Morin*****, n° 82237**, Rec. p. 279.
C.E., 2/6 S.S.R., 5 nov. 1993, ***COB*****, n° 143973**, Rec. T. p. 944.
C.E., avis S.R., 18 nov. 1993, n° 355 255-18.
C.E., avis de la section des travaux publics, 7 juill. 1994, diversification des activités d'EDF/GDF, n° 356089.
C.E., Ass., 8 avril 1998, ***Sté. Senc Fun Radio*****, n° 161411**, Rec. p. 138.
C.E., Ass., 26 juin 1998, ***Sté. AXS Télécom*** **et** ***Sté. Esprit Télécom*****, n° 194151, 194152, 195427, 195428, 195429, 195430**, Concl. M. HUBERT, Rec. p. 248.
C.E., 2/1 S.S.R., 29 jan. 2003, ***Syndicat national de la télématique*****, n° 237618**, concl. E. PRADA BORDENAVA, Rec. T (n/a) ; Propriétés Intellectuelles (PI), 2003, p. 460-463, note BRUGUIÈRE.
C.E., 2/1 S.S.R., 18 juin 2003, ***Sté. Tiscali Télécom*****, n° 250608**, Concl. E. PRADA BORDENAVA, Rec. p. 255.
C.E., Sect., 25 juin 2004, ***Sté. Scoot France et Sté. Fonecta*****, n° 249300 et 249722**, concl. E. PRADA BORDENAVA, Rec. p. 274 ; RTD com., 2005, p. 56-58, note ORSONI.
C.E., 2/7 S.S.R., 11 avril 2005, ***Sté. Bouygues Télécom et autres*****, n° 251239, 251240, 251241 et 252734**, Concl. E. PRADA BORDENAVA, E., Rec. p. 144.
C.E., 2ème S.S., 12 déc. 2005, ***Sté. Bouygues Télécom*****, n° 252659**, Concl. E. PRADA BORDENAVA, inédit.
C.E., 2/7 S.S.R., 29 déc. 2006, ***Sté. UPC France*****, n° 288251**, concl. E. PRADA BORDENAVA, 29 nov. 2006, Rec. p. 283.
C.E., 2/7 S.S.R., 25 avril 2007, ***Sté. Free*****, n° 287486**, inédit ; *Revue des droits de la concurrence*, 2007, p. 158, note TUOT, « Pouvoir tarifaire - compétence

législative : Une redevance qui n'est pas proportionnelle au service rendu est une taxe que seul le législateur peut créer ».

C.E., 2/7 S.S.R., 25 avril 2007, *Sté. AFORST*, n° 290019, Concl. E. PRADA BORDENAVA, 30 mars 2007, inédit.

C.E., 2/7 S.S.R., 27 avril 2009, *Sté. Bouygues Télécom,* n° 312741, concl. F. LENICA, Rec. p. 168 ; AJDA, 2009, p. 1248-1254, DELAUNAY, « L'attribution d'une quatrième licence de téléphonie mobile n'est pas discriminatoire ».

C.E., 2/7 S.S.R., 24 juill. 2009, *Sté. Orange France et Sté. Française de la radiotéléphonie*, n° 324642 et 324687, Concl. F. LENICA, 10 juill. 2009, Rec. p. 299.

C.E., 2/7 S.S.R., 12 oct. 2010, *Sté. Bouygues Télécom*, n° 332393, 332394, 332421, concl. B. BOURGEOIS-MACHUREAU, Rec. p. 378.

C.E., 2/7 S.S.R., 11 juin 2014, *Sté. towerCast* et autres, n° 363920, 363949 et 365455, concl. B. BOURGEOIS-MACHUREAU, Rec. T. p. 969.

C.E., 2/7 S.S.R., 18 juin 2014, *Sté. Orange France*, n° 369077, Concl. X. DOMINO, inédit.

C.E., 2/7 S.S.R., 9 oct. 2015, *Sté. Bouygues Télécom*, n° 379579, Rec. T. p. 1020.

C.E., ord., 18 nov. 2020, *Asso. Priartem et Asso. agir pour l'environnement*, n° 446301, inédit.

C.E., 2/7 C.R., 6 oct. 2021, *Asso. Priartem et Asso. agir pour l'environnement*, n° 446302, Rec. T.

C.E., 2/7 C.R., *Sté. Bouygues Télécom et Sté. SFR*, 15 déc. 2021, n° 448067 et 448601, Rec. T.

II. Tribunaux administratifs

T.A. Marseille, 28 jan. 1992.

T.A. Nantes, 7 avril 1993, *Baraud.*

§2. Juridictions de l'Union européenne

Cour de justice de l'Union européenne

C.J.C.E., 20 mars 1985, *République Italienne c/ Commission*, aff. 41/83, concl. M. DARMON, 16 jan. 1985, Rec. 1985 p. 873.

C.J.C.E., 19 mars 1991, *République française c/ Commission*, aff. C-202/88, Rec. 1991 p. I-1223.

C.J.C.E., 27 oct. 1993, ***Taillandier*****, aff. C-92/91**, concl. M. G. TESAURO, Rec. 1993 p. I-05383.
C.J.C.E., 27 oct. 1993, ***Decoster,*** **aff. C-69/91**, concl. M. G. TESAURO, Rec. 1993 p. I-05373.
C.J.C.E., 9 nov. 1995, ***Tranchant*****, aff. C-91/94**, concl. M. G. TESAURO, Rec. 1995 p. I-3922.
C.J.C.E., 6 déc. 2001, ***Commission c/ République française*****, aff. C-146/00**, concl. M. L. A. GEELHOED, 7 juin 2001, Rec. 2001 p. I-9767.
C.J.C.E., 19 juin 2008, ***Commission c/ France*****, aff. C-220/07**, Rec. 2008, p. I-95.
C.J.U.E., 11 juin 2015, ***Base Company NV et Mobistar NV c/ Ministerraad*****, aff. C-1/14**, concl. M. P. CRUZ VAILLALON.
C.J.U.E., gr. ch., 15 sep. 2020, ***Telenor Magyarország Zrt. C. Nemzeti Média- és Hírközlési Hatóság Elnöke*****, aff. C-807/18 et C-39/19**, concl. M. CAMPOS SANCHEZ-BORDONA.

§3. Juridictions égyptiennes

A. Cour constitutionnelle suprême

C.C.S., 6 juin 2004, n° 128 de l'année judiciaire n° 22, Rec. bureau technique n° 11, 1ère partie, p. 861.
C.C.S., 10 juin 2007, n° 68 de l'année judiciaire n° 25, J.O.R.A.E. n° 26*bis* (a), du 17 juill. 2007, p. 496.
C.C.S., 4 fév. 2017, n° 14 de l'année judiciaire n° 37, J.O.R.A.E. n° 6*bis* (b), du 15 fév. 2017, p. 28.
C.C.S., 12 déc. 2018, n° 118 de l'année judicaire n° 26.

B. Juridictions administratives

I. Haute cour administrative

H.C.A., 12 avril 1958, n° 608 de l'année judiciaire n° 3 (non publié).
H.C.A., 24 fév. 2007, n° 17017 de l'année judiciaire n° 50, Rec. du bureau technique n° 52, partie 1ère, p. 396.
H.C.A., 27 oct. 2007, n° 5557 de l'année judiciaire n° 48, Rec. du bureau technique n° 53, partie 1ère, p. 59.
H.C.A., 22 juin 2014, n° 13647 de l'année judiciaire n° 58 (non publié).

II. Cour du contentieux administratif

C.C.A., 7ème ch. statuant en urgence, 5 juin 2010, *Sté. Mobinil Egypt Telecom*, n° 3248-63 et 20220-64 (non publié).
C.C.A., 1ère ch. (fond), 21 juin 2016, *Sté. Orange Egypt Telecoms (ex Mobinil Egypte Telecoms)*, n° 3248-63 et 20220-64 (non publié).

III. Avis des sections consultatives

C.E.E., avis Ass., avis, 20 juill. 1994, n° 88/1/56 (non publié).
C.E.E., avis Ass., 6 mai 2017, n° 1953/4/86 (non publié).
C.E.E., avis de l'Ass., 24 fév. 2019, n° 483/1/58 (non publié).

§4. Juridictions étasuniennes

Supreme Court of the United States of America, United States v. Terminal Railroad Association of Saint Louis, 224 U.S. 383 (1912).
***U.S. Court of Appeals, District of Columbia circuit, Hush-A-Phone Corp. v. United States*., November 8, 1956**, 238 F.2d 266 (D.C. Cir. 1956).
***U.S. District Court for the District of Columbia, United States v. American Tel. and Tel. Co*., August 11, 1982**.- 552 F. Supp. 131 (D.D.C. 1983).

§5. Organe de règlement des différends de l'OMC

Organe de règlements de différends (O.R.D.), rapport du groupe spécial, WT/DS204/R, *Mexique-Mesures visant les services de télécommunication*, rapport du 2 avril 2004.

INDEX THÉMATIQUE

(Cet index contient les principaux thèmes étudiés. Lorsqu'une question est examinée dans plusieurs numéros qui se suivent, seul le premier d'entre eux est indiqué. Les chiffres renvoient aux numéros de paragraphes)

U

TABLE DES MATIÈRES

Structures éditoriales du groupe L'Harmattan

L'Harmattan Italie
Via degli Artisti, 15
10124 Torino
harmattan.italia@gmail.com

L'Harmattan Hongrie
Kossuth l. u. 14-16.
1053 Budapest
harmattan@harmattan.hu

L'Harmattan Sénégal
10 VDN en face Mermoz
BP 45034 Dakar-Fann
senharmattan@gmail.com

L'Harmattan Cameroun
TSINGA/FECAFOOT
BP 11486 Yaoundé
inkoukam@gmail.com

L'Harmattan Burkina Faso
Achille Somé – tengnule@hotmail.fr

L'Harmattan Guinée
Almamya, rue KA 028 OKB Agency
BP 3470 Conakry
harmattanguinee@yahoo.fr

L'Harmattan RDC
185, avenue Nyangwe
Commune de Lingwala – Kinshasa
matangilamusadila@yahoo.fr

L'Harmattan Congo
67, boulevard Denis-Sassou-N'Guesso
BP 2874 Brazzaville
harmattan.congo@yahoo.fr

L'Harmattan Mali
ACI 2000 - Immeuble Mgr Jean Marie Cisse
Bureau 10
BP 145 Bamako-Mali
mali@harmattan.fr

L'Harmattan Togo
Djidjole – Lomé
Maison Amela
face EPP BATOME
ddamela@aol.com

L'Harmattan Côte d'Ivoire
Résidence Karl – Cité des Arts
Abidjan-Cocody
03 BP 1588 Abidjan
espace_harmattan.ci@hotmail.fr

Nos librairies en France

Librairie internationale
16, rue des Écoles
75005 Paris
librairie.internationale@harmattan.fr
01 40 46 79 11
www.librairieharmattan.com

Librairie des savoirs
21, rue des Écoles
75005 Paris
librairie.sh@harmattan.fr
01 46 34 13 71
www.librairieharmattansh.com

Librairie Le Lucernaire
53, rue Notre-Dame-des-Champs
75006 Paris
librairie@lucernaire.fr
01 42 22 67 13

www.ingramcontent.com/pod-product-compliance
Lightning Source LLC
LaVergne TN
LVHW011136061026
849535LV00003B/508